财政部“十三五”规划教材

政府会计学

主　编　朱久霞　徐丽军
副主编　孙　莉

中国财经出版传媒集团
经济科学出版社
Economic Science Press

图书在版编目（CIP）数据

政府会计学/朱久霞，徐丽军主编．—北京：经济科学出版社，2018.8
（财政部“十三五”规划教材）
ISBN 978－7－5141－9702－0

Ⅰ.①政…　Ⅱ.①朱…②徐…　Ⅲ.①预算会计－高等学校－教材　Ⅳ.①F810.6

中国版本图书馆CIP数据核字（2018）第202670号

责任编辑：刘　丽
责任校对：杨　海
版式设计：齐　杰
责任印制：王世伟

政府会计学
主　编　朱久霞　徐丽军
副主编　孙　莉
经济科学出版社出版、发行　新华书店经销
社址：北京市海淀区阜成路甲28号　邮编：100142
总编部电话：010－88191217　发行部电话：010－88191522
网址：www.esp.com.cn
电子邮件：esp@esp.com.cn
天猫网店：经济科学出版社旗舰店
网址：http://jjkxcbs.tmall.com
北京季蜂印刷有限公司印装
787×1092　16开　23.25印张　600000字
2018年8月第1版　2018年8月第1次印刷
ISBN 978－7－5141－9702－0　定价：56.00元
（图书出现印装问题，本社负责调换。电话：010－88191510）

前言

政府会计学是面向“十三五”高等教育推出的财会系列规划教材。本书依据财政部发布的《政府会计准则——基本准则》（2017年1月1日执行）、《财政总预算会计制度》（2016年1月1日执行）、《政府会计制度——行政事业单位会计科目和报表》（2019年1月1日执行），以及已经发布实施的六项政府会计具体准则等编写而成。

本书可以作为高等学校本专科财经类专业课程教学使用，也可以满足社会相关人员学习政府会计知识的需要。

本书在编写理念、结构体系和内容等方面具有以下特点。

（1）实践性强。本书具有较强的实用性和操作性，不仅在理论层面引入了最新的政府会计理论和方法，而且做到理论紧密结合财会专业实际，向学生展现政府会计实际业务，有利于增强学生的实际操作能力，获取实践性知识。

（2）结构体系实用有效。本书充分考虑到学生学习本课程时已经具备了一定的会计专业知识，尽量简化了对一些会计理论的烦琐阐述，对内容由浅入深，循序渐进进行阐述，便于学生理解和掌握，从而培养了学生的学习兴趣。

（3）教材内容更新。本书在编写过程中融入最新的政府会计改革内容，例如本书中行政事业单位会计是依据最新发布的《政府会计制度——行政事业单位会计科目和报表》（2019年1月1日执行）；财政总预算会计是依据最新的2016年1月1日发布实施的《财政总预算会计制度》等。

（4）学与练有效结合。本书每章后配备了复习思考题，在有具体会计业务的各章根据讲授内容有针对性地配备了练习题，有利于学生掌握各章重点内容，增强学生的实际操作技能。

本书共计四篇二十二章。由沈阳大学朱久霞教授、徐丽军教授和孙莉副教授共同完成。第一章至第九章由朱久霞编写，第十章至第十六章由徐丽军编写，第十七章至第二十二章由孙莉编写。

本书在编写过程中参考了很多专家、学者的相关著作，在此向有关作者表示深深的感谢！

由于编者水平有限，难免有不足之处，恳请广大读者批评指正。

编　者

2018 年 6 月

目 录

第一篇 总 论

第二篇 政府会计——事业单位会计

第三篇　政府会计——行政单位会计

第四篇 财政总预算会计

第一篇　总　　论

第一章　政府会计概述

学习目标：通过本章学习，要求了解政府会计的含义、组成体系和特点；理解政府会计要素及各要素之间的关系；掌握政府会计的政府财务会计与预算会计的核算模式。

第一节　政府会计及其组成体系

一、政府会计的概念

中国的预算会计诞生于20世纪50年代。20世纪90年代中国的预算会计经历了重大变革：1996年财政部发布征求意见稿，将预算会计分为财政总预算会计、行政单位会计和事业单位会计；自1998年1月1日起开始执行新的《财政总预算会计制度》《行政单位会计制度》《事业单位会计制度》《事业单位会计准则（试行）》，这标志着我国预算会计已经走上了建立适应市场经济需要，符合中国特色的预算会计模式道路。

为了进一步规范行政事业单位、政府财政总预算会计的会计核算，提高会计信息质量，财政部又先后修订和实施了新的会计制度，主要有2012年修订发布的《事业单位会计制度》，2013年1月1日开始执行；2013年修订发布的《行政单位会计制度》，2014年1月1日开始执行；2015年修订发布的《财政总预算会计制度》，2016年1月1日开始执行。

随着经济体制改革的加快，特别是财政体制改革的深入，促进了现有预算会计体系的改革。2013年党的十八届三中全会通过的《中共中央关于全面深化改革若干重大问题的决定》中提出“建立权责发生制的政府综合财务报告制度，建立规范合理的中央和地方政府债务管理及风险预警机制”。2014年8月通过的新《预算法》第九十七条规定“各级政府财政部门应当按年度编制以权责发生制为基础的政府综合财务报告，报告政府整体财务状况、运行情况和财政中长期可持续性发展情况，报本级人民代表大会常务委员会备案”。2014年12月《国务院关于批转财政部权责发生制政府综合财务报告制度改革方案的通知》中提出了政府会计改革的总体目标、改革的主要任务、改革的具体内容和改革的实施步骤。

同时，财政部陆续颁布和实施了一系列新的政府会计准则和制度，主要包括以下几项。

（1）《政府会计准则——基本准则》，2015年10月23日发布，自2017年1月1日起施行。

（2）四项具体准则：《政府会计准则第1号——存货》《政府会计准则第2号——投资》《政府会计准则第3号——固定资产》《政府会计准则第4号——无形资产》，2016年7月6日印发，2017年1月1日执行。

（3）第五项具体准则《政府会计准则第5号——公共基础设施》，2017年4月25日印发，2018年1月1日执行。

（4）第六项具体准则《政府会计准则第6号——政府储备物资》，2018年1月1日执行。

（5）《政府会计制度——行政事业单位会计科目和报表》（以下简称《政府会计制度》），2017 年 11 月 9 日印发，2019 年 1 月 1 日执行。

其中《政府会计准则——基本准则》规定，“政府会计由预算会计和财务会计构成。预算会计实行收付实现制，国务院另有规定的，依照其规定。财务会计实行权责发生制。”

以上这些变化和有关制度、准则的颁布与实施，标志着我国政府会计改革的步伐不断加快，我国原有的预算会计将发展为政府会计，而政府会计由政府财务会计和政府预算会计两部分组成。

我国现行的政府会计主要由财政总预算会计、行政单位会计、事业单位会计组成。

按照已颁布的《政府会计制度》规定，目前只有行政事业单位会计采用政府预算会计和政府财务会计核算模式。其中政府预算会计，是指以收付实现制为基础对政府会计主体预算执行过程中发生的全部收入和全部支出进行会计核算，主要反映和监督预算收支执行情况的会计。政府财务会计，是指以权责发生制为基础对政府会计主体发生的各项经济业务或者事项进行会计核算，主要反映和监督政府会计主体财务状况、运行情况及现金流量等的会计。

综上所述，可以把政府会计定义为：政府会计是指用于确认、计量、记录和报告政府与政府单位财务收支活动及受托责任的履行情况的会计。

二、政府会计的组成体系

我国是以公有制为主体的社会主义市场经济国家，财政预算的管理体系决定了预算会计的组成体系，我国国家预算组成体系，与国家政权机构和行政区划相一致，一级政府相应设置一级预算。现行的政府会计主要由财政总预算会计、行政单位会计、事业单位会计组成。

财政总预算会计（简称总会计）是各级政府财政核算、反映、监督政府一般公共预算资金、政府性基金预算资金、国有资本经营预算资金、社会保险基金预算资金以及财政专户管理资金、专用基金和代管资金等资金活动的专业会计。根据“一级政府、一级预算”的原则，我国财政总预算会计的管理体系分成五级：财政部设立中央级财政总预算会计；省（自治区、直辖市）财政厅（局）设立省级财政总预算会计；市（地、州）财政局设立市级财政总预算会计；县财政局设立县级财政总预算会计；乡（镇）财政所设立乡（镇）级财政总预算会计。

根据《政府会计准则——基本准则》规定，政府会计由政府预算会计和政府财务会计组成。按照已颁布的《政府会计制度——行政事业单位会计科目和报表》的规定，目前只有行政事业单位会计采用政府预算会计和政府财务会计核算模式。即行政单位会计和事业单位会计均由政府预算会计和政府财务会计组成。其中行政单位是指进行国家行政管理，组织经济建设和文化建设，维护社会公共秩序的单位，包括国家权力机关、行政机关、司法检察机关以及各级党派和人民团体。事业单位是为了社会公益目的，由国家机关举办，或者其他组织利用国有资产举办的从事教育、科技、卫生等活动的社会服务组织。包括：科学、教育、文化、广播电视、信息、卫生、体育等科学文化事业单位；气象、水利、环保、计划生育、社会福利等公益事业单位；公证、法律服务等中介机构。

另外，中国人民银行负责办理国库业务过程中设立的国库会计，税务部门负责办理税款征解过程中设立的收入征解会计等，担负一定的预算会计业务，也包括在广义的财政总预算会计范围内。

三、政府会计的特点

政府会计与企业会计相比，具有以下特点。

（1）不以盈利为目的。政府会计的资金大部分来源于纳税人，纳税人向政府提供资源，其目的不是为了获得提供资源的回报。政府及其部门主要是以服务于社会、服务于公众为宗旨，其活动大都不以盈利为目的。而企业会计则适合于以盈利为目的的从事生产经营活动的各类企业。

（2）会计核算基础不同。政府会计中的政府预算会计采用收付实现制作为会计核算基础，而政府财务会计采用权责发生制为会计核算基础；而企业会计采用权责发生制为会计核算基础。

（3）会计要素构成和会计等式不同。政府会计——行政事业单位会计要素包括财务会计要素和预算会计要素。财务会计要素包括资产、负债、净资产、收入和费用。预算会计要素包括预算收入、预算支出和预算结余。其财务会计等式为：资产 = 负债 + 净资产。现行的财政总预算会计要素包括资产、负债、净资产、收入和支出五项。其会计恒等式为：资产 = 负债 + 净资产。而企业会计要素分成六大类：资产、负债、所有者权益、收入、费用和利润。其会计恒等式为：资产 = 负债 + 所有者权益。

（4）会计核算内容及方法有其特殊性。例如，现行的财政总预算会计一些会计要素的核算采用“双分录”形式；行政事业单位会计核算采用财务会计和预算会计平行记账。而企业会计则不需要采用“双分录”形式和平行记账。

第二节 政府会计假设和会计信息质量要求

一、政府会计的基本假设

政府会计的基本假设是对政府会计赖以活动的客观环境所作的合乎事理的基本规定。它是组织政府会计工作必备的前提条件。政府会计假设包括：会计主体、持续经营、会计分期和货币计量。

（一）会计主体假设

会计主体是指会计为之服务的特定单位。会计主体假设是对其会计对象以及会计工作的空间范围所作的限定。政府会计核算应当以特定的政府预算资金和其他资金活动的过程和结果为对象，只记录、反映和报告其会计主体本身的各项业务活动。

政府会计基本准则规定，政府会计的会计主体是各级政府、各部门和各单位，各部门、各单位是指与本级政府财政部门直接或者间接发生预算拨款关系的国家机关、军队、政党组织、社会团体、事业单位和其他单位（军队，已纳入企业财务管理体系的单位不包括在内）。政府会计主体应当对其自身发生的经济业务或者事项进行会计核算。

（二）持续经营假设

持续经营假设是对会计核算期间无限性的规定。这一规定要求政府会计以持续、正常的业务活动为前提，连续记录和报告企业的经营活动和结果。持续经营假设要求会计工作按照公认的会计原则和制度对其会计主体的经济活动进行连续的记录、计量和报告；对会计要素的计价应当按照正常的程序、方法进行。

1. 财务会计要素

政府财务会计要素包括资产、负债、净资产、收入和费用。

(1) 资产。资产是指政府会计主体过去的经济业务或者事项形成的，由政府会计主体控制的，预期能够产生服务潜力或者带来经济利益流入的经济资源。

服务潜力是指政府会计主体利用资产提供公共产品和服务以履行政府职能的潜在能力。经济利益流入表现为现金及现金等价物的流入，或者现金及现金等价物流出的减少。政府会计主体的资产按照流动性，分为流动资产和非流动资产。流动资产是指预计在1年内（含1年）耗用或者可以变现的资产，包括货币资金、短期投资、应收及预付款项、存货等。非流动资产是指流动资产以外的资产，包括固定资产、在建工程、无形资产、长期投资、公共基础设施、政府储备资产、文物文化资产、保障性住房和自然资源资产等。

符合本政府会计准则规定的资产定义的经济资源，在同时满足以下条件时，确认为资产。

①与该经济资源相关的服务潜力很可能实现或者经济利益很可能流入政府会计主体。

②该经济资源的成本或者价值能够可靠地计量。

资产的计量属性主要包括历史成本、重置成本、现值、公允价值和名义金额。政府会计主体在对资产进行计量时，一般应当采用历史成本。

(2) 负债。负债是指政府会计主体过去的经济业务或者事项形成的，预期会导致经济资源流出政府会计主体的现时义务。

现时义务是指政府会计主体在现行条件下已承担的义务。未来发生的经济业务或者事项形成的义务不属于现时义务，不应当确认为负债。政府会计主体的负债按照流动性，分为流动负债和非流动负债。流动负债是指预计在1年内（含1年）偿还的负债，包括应付及预收款项、应付职工薪酬、应缴款项等。非流动负债是指流动负债以外的负债，包括长期应付款、应付政府债券和政府依法担保形成的债务等。

符合负债定义的义务，在同时满足以下条件时，确认为负债。

①履行该义务很可能导致含有服务潜力或者经济利益的经济资源流出政府会计主体。

②该义务的金额能够可靠地计量。

负债的计量属性主要包括历史成本、现值和公允价值。政府会计主体在对负债进行计量时，一般应当采用历史成本。

(3) 净资产。净资产是指政府会计主体资产扣除负债后的净额。净资产金额取决于资产和负债的计量。

(4) 收入。收入是指报告期内导致政府会计主体净资产增加的、含有服务潜力或者经济利益的经济资源的流入。收入的确认应当同时满足以下条件。

①与收入相关的含有服务潜力或者经济利益的经济资源很可能流入政府会计主体。

②含有服务潜力或者经济利益的经济资源流入会导致政府会计主体资产增加或者负债减少。

③流入金额能够可靠地计量。

(5) 费用。费用是指报告期内导致政府会计主体净资产减少的、含有服务潜力或者经济利益的经济资源的流出。

费用的确认应当同时满足以下条件。

①与费用相关的含有服务潜力或者经济利益的经济资源很可能流出政府会计主体。

②含有服务潜力或者经济利益的经济资源流出会导致政府会计主体资产减少或者负债增加。

③流出金额能够可靠地计量。

2. 预算会计要素

政府预算会计要素包括预算收入、预算支出与预算结余。

（1）预算收入。预算收入是指政府会计主体在预算年度内依法取得的并纳入预算管理的现金流入。

预算收入一般在实际收到时予以确认，以实际收到的金额计量。

（2）预算支出。预算支出是指政府会计主体在预算年度内依法发生并纳入预算管理的现金流出。

预算支出一般在实际支付时予以确认，以实际支付的金额计量。

（3）预算结余。预算结余是指政府会计主体预算年度内预算收入扣除预算支出后的资金余额，以及历年滚存的资金余额。

预算结余包括结余资金和结转资金。结余资金是指年度预算执行终了，预算收入实际完成数扣除预算支出和结转资金后剩余的资金。结转资金是指预算安排项目的支出年终尚未执行完毕或者因故未执行，且下年需要按原用途继续使用的资金。

符合预算收入、预算支出和预算结余定义及其确认条件的项目应当列入政府决算报表。

二、政府会计等式

（一）行政事业单位财务会计等式

这里主要说明政府财务会计等式。政府财务会计的会计等式，是指资产、负债和净资产之间的关系。一个单位所拥有的资产与负债和净资产表现为同一资金的两个方面，即有一定数额的资产，就有一定数额的负债和净资产；反之，有一定数额的负债和净资产，也就必然有一定数额的资产。资产与负债、净资产是相互依存的，一个单位所拥有的资产决不能脱离负债和净资产而单独存在。因此，从数学角度看，一个单位所拥有的资产总额与负债和净资产的总额必然是相等的。在会计上将资产与负债和净资产之间的客观存在的恒等关系，称为会计等式。用公式表示为

$$资产=负债+净资产$$

（二）财政总预算会计等式

现行的财政总预算会计五要素，即会计要素包括资产、负债、净资产、收入和支出。其会计恒等式同样为

$$资产=负债+净资产$$

各级财政在经济业务活动过程中，必然会取得一定数额的收入，同时也必然发生一定数额的支出。收入与支出相抵后的余额为结余，即

$$收入-支出=结余$$

单位在一定会计期间发生的结余可以增加净资产；反之，如果收入小于支出，即结余为负数，则会使单位的净资产减少。

等式“资产＝负债＋净资产”，反映的是单位在某一特定时点的资产、负债、净资产之间的恒等关系，是静态等式；等式“收入－支出＝结余”反映财政总预算会计在经济业务活动过程中的收支结余情况，是动态等式。

本章小结

政府会计是指用于确认、计量、记录和报告政府和政府单位财务收支活动及受托责任的履行情况的会计。政府会计组成体系主要包括政府财政总预算会计、行政单位会计和事业单位会计。

财政总预算会计要素分为资产、负债、净资产、收入和支出五大类。其会计等式为：资产 = 负债 + 净资产。政府会计——行政事业单位会计要素包括政府财务会计要素和政府预算会计要素，财务会计要素包括资产、负债、净资产、收入和费用五类；预算会计要素包括预算收入、预算支出和预算结余三类。政府财务会计等式为：资产 = 负债 + 净资产。

复习思考题

1. 政府会计的组成体系主要包括哪几部分？
2. 什么是财政总预算会计？
3. 政府预算会计和政府财务会计的含义是什么？
4. 什么是行政单位和事业单位？
5. 政府会计有哪些特点？
6. 政府会计核算的会计假设有哪些？
7. 政府会计信息质量要求有哪些？
8. 政府财务会计和预算会计要素各包括哪些？

第二章　政府会计核算方法

学习目标： 通过本章学习，要求了解政府会计科目的分类、会计凭证、会计账簿的内容；掌握政府会计的记账方法。

第一节　政府会计科目及记账方法

一、会计科目

会计科目是对会计要素按其经济内容或用途所作的科学分类。每一会计科目都要规定一定的名称、编号和核算内容，它是设置账户的依据。科学地设置和正确地使用会计科目，是做好会计核算工作的重要条件。

政府会计的会计科目按核算层次分为总账科目和明细科目两大类。为了保证会计信息的可比性，便于有关部门和单位对会计指标的逐级汇总和利用分析，财政部分别规定了财政总预算会计、政府会计——行政事业单位的会计科目。明细科目可根据单位需要设置。

（一）各级财政总预算会计科目

财政总预算会计的会计科目按其反映的经济内容或用途结构不同分为资产、负债、净资产、收入、支出五大类，其会计科目见表2－1。

表2－1　财政总预算会计科目表

序号	科目编号	科目名称
		一、资产类
1	1001	国库存款
2	1003	国库现金管理存款
3	1004	其他财政存款
4	1005	财政零余额账户存款
5	1006	有价证券
6	1007	在途款
7	1011	预拨经费
8	1021	借出款项
9	1022	应收股利
10	1031	与下级往来

续表

序号	科目编号	科目名称
		一、资产类
11	1036	其他应收款
12	1041	应收地方政府债券转贷款
13	1045	应收主权外债转贷款
14	1071	股权投资
15	1081	待发国债
		二、负债类
16	2001	应付短期政府债券
17	2011	应付国库集中支付结余
18	2012	与上级往来
19	2015	其他应付款
20	2017	应付代管资金
21	2021	应付长期政府债券
22	2022	借入款项
23	2026	应付地方政府债券转贷款
24	2027	应付主权外债转贷款
25	2045	其他负债
26	2091	已结报支出
		三、净资产类
27	3001	一般公共预算结转结余
28	3002	政府性基金预算结转结余
29	3003	国有资本经营预算结转结余
30	3005	财政专户管理资金结余
31	3007	专用基金结余
32	3031	预算稳定调节基金
33	3033	预算周转金
34	3081	资产基金
35	3082	待偿债净资产
		四、收入类
36	4001	一般公共预算本级收入
37	4002	政府性基金预算本级收入
38	4003	国有资本经营预算本级收入
39	4005	财政专户管理资金收入
40	4007	专用基金收入

续表

序号	科目编号	科目名称
		四、收入类
41	4011	补助收入
42	4012	上解收入
43	4013	地区间援助收入
44	4021	调入资金
45	4031	动用预算稳定调节基金
46	4041	债务收入
47	4042	债务转贷收入
		五、支出类
48	5001	一般公共预算本级支出
49	5002	政府性基金预算本级支出
50	5003	国有资本经营预算本级支出
51	5005	财政专户管理资金支出
52	5007	专用基金支出
53	5011	补助支出
54	5012	上解支出
55	5013	地区间援助支出
56	5021	调出资金
57	5031	安排预算稳定调节基金
58	5041	债务还本支出
59	5042	债务转贷支出

（二）行政事业单位会计科目

政府会计——行政事业单位会计的会计要素包括财务会计要素和预算会计要素，因此行政事业单位的会计科目按其会计要素分类也分成两类：财务会计科目和预算会计科目，财务会计科目包括五类，预算会计科目包括三类，其具体会计科目分别见表 2－2 和表 2－3。

表 2－2　　行政事业单位财务会计科目

序号	科目编号	科目名称
		一、资产类
1	1001	库存现金
2	1002	银行存款
3	1011	零余额账户用款额度
4	1021	其他货币资金

续表

序号	科目编号	科目名称
		一、资产类
5	1101	短期投资
6	1201	财政应返还额度
7	1211	应收票据
8	1212	应收账款
9	1214	预付账款
10	1215	应收股利
11	1216	应收利息
12	1218	其他应收款
13	1219	坏账准备
14	1301	在途物品
15	1302	库存物品
16	1303	加工物品
17	1401	待摊费用
18	1501	长期股权投资
19	1502	长期债券投资
20	1601	固定资产
21	1602	固定资产累计折旧
22	1611	工程物资
23	1613	在建工程
24	1701	无形资产
25	1702	无形资产累计摊销
26	1703	研发支出
27	1801	公共基础设施
28	1802	公共基础设施累计折旧（摊销）
29	1811	政府储备物资
30	1821	文物文化资产
31	1831	保障性住房
32	1832	保障性住房累计折旧
33	1891	受托代理资产
34	1901	长期待摊费用
35	1902	待处理财产损溢
		二、负债类
36	2001	短期借款
37	2101	应交增值税

续表

序号	科目编号	科目名称
		二、负债类
38	2102	其他应交税费
39	2103	应缴财政款
40	2201	应付职工薪酬
41	2301	应付票据
42	2302	应付账款
43	2303	应付政府补贴款
44	2304	应付利息
45	2305	预收账款
46	2307	其他应付款
47	2401	预提费用
48	2501	长期借款
49	2502	长期应付款
50	2601	预计负债
51	2901	受托代理负债
		三、净资产类
52	3001	累计盈余
53	3101	专用基金
54	3201	权益法调整
55	3301	本期盈余
56	3302	本年盈余分配
57	3401	无偿调拨净资产
58	3501	以前年度盈余调整
		四、收入类
59	4001	财政拨款收入
60	4101	事业收入
61	4201	上级补助收入
62	4301	附属单位上缴收入
63	4401	经营收入
64	4601	非同级财政拨款收入
65	4602	投资收益
66	4603	捐赠收入
67	4604	利息收入
68	4605	租金收入
69	4609	其他收入

续表

序号	科目编号	科目名称
		五、费用类
70	5001	业务活动费用
71	5101	单位管理费用
72	5201	经营费用
73	5301	资产处置费用
74	5401	上缴上级费用
75	5501	对附属单位补助费用
76	5801	所得税费用
77	5901	其他费用

表 2-3　　行政事业单位预算会计科目表

序号	科目编号	科目名称
		一、预算收入类
1	6001	财政拨款预算收入
2	6101	事业预算收入
3	6201	上级补助预算收入
4	6301	附属单位上缴预算收入
5	6401	经营预算收入
6	6501	债务预算收入
7	6601	非同级财政拨款预算收入
8	6602	投资预算收益
9	6609	其他预算收入
		二、预算支出类
10	7101	行政支出
11	7201	事业支出
12	7301	经营支出
13	7401	上缴上级支出
14	7501	对附属单位补助支出
15	7601	投资支出
16	7701	债务还本支出
17	7901	其他支出
		三、预算结余类
18	8001	资金结存
19	8101	财政拨款结转

续表

序号	科目编号	科目名称
		三、预算结余类
20	8102	财政拨款结余
21	8201	非财政拨款结转
22	8202	非财政拨款结余
23	8301	专用结余
24	8401	经营结余
25	8501	其他结余
26	8701	非财政拨款结余分配

二、记账方法

所谓记账方法，就是运用一定的记账符号、记账规则来编制会计分录和登记账簿的方法。政府会计采用国际通用的借贷记账法。借贷记账法是以“借”“贷”作为记账符号，以“有借必有贷，借贷必相等”为记账规则的一种复式记账法。

在政府会计中，借贷记账法中的“借”表示资产的增加、费用（或预算支出）的增加和负债的减少、净资产（或预算结余）的减少、收入或（预算收入）的减少或转出；“贷”表示资产的减少、费用或（预算支出）的减少或转出和负债的增加、净资产（或预算结余）的增加、收入（或预算收入）的增加。各类账户的运用见表2－4。

表2－4　　账户总结构

借　方	贷　方
1. 资产的增加 2. 负债的减少 3. 净资产（或预算结余）的减少 4. 收入（或预算收入）的减少或转出 5. 费用（或预算支出）的增加	1. 资产的减少 2. 负债的增加 3. 净资产（或预算结余）的增加 4. 收入（或预算收入）的增加 5. 费用（或预算支出）的减少或转出
余额：资产的结余或费用（预算支出）发生数	余额：负债、净资产（或预算结余）的期末数或收入（或预算收入）的发生数

在借贷记账法下，政府财务会计平衡公式为

资产＝负债＋净资产

在年度业务活动期间，收入、费用没有结转的情况下，会计平衡公式可表示为

资产＋费用＝负债＋净资产＋收入

使用借贷记账法，其试算平衡可以采用余额试算平衡或发生额平衡。其试算平衡公式分别为

全部账户期末借方余额合计＝全部账户期末贷方余额合计

全部账户本期借方发生额合计＝全部账户本期贷方发生额合计

现以行政单位发生的经济业务为例，说明财务会计下借贷记账法的具体应用。

【例2-1】同级财政部门拨入本月经费225 000元存入银行。

这项业务的发生涉及"财政拨款收入""银行存款"两个科目，引起收入和资产同时增加。应编制以下会计分录。

借：银行存款　　225 000

　　贷：财政拨款收入　　225 000

【例2-2】将现金20 000元送存银行。

这项业务的发生涉及"库存现金""银行存款"两个科目，引起资产内部的有增有减。应编制以下会计分录。

借：银行存款　　20 000

　　贷：库存现金　　20 000

【例2-3】收到应上缴财政的预算款300 000元存入银行。

这项业务的发生涉及"银行存款""应缴财政款"两个科目，引起资产和负债的同时增加。应编制以下会计分录。

借：银行存款　　300 000

　　贷：应缴财政款　　300 000

【例2-4】将应缴财政款共计402 500元上缴财政。

这项业务的发生涉及"银行存款""应缴财政款"两个科目，引起负债和资产的同时减少。应编制以下会计分录。

借：应缴财政款　　402 500

　　贷：银行存款　　402 500

【例2-5】用现金支付办公费400元。

这项业务的发生涉及"库存现金""业务活动费用"两个科目，引起费用的增加和资产的减少。应编制以下会计分录。

借：业务活动费用　　400

　　贷：库存现金　　400

【例2-6】用银行存款归还前欠货款25 000元。

这项业务的发生涉及"应付账款""银行存款"两个科目，引起负债的减少，资产的减少。应编制以下会计分录。

借：应付账款　　25 000

　　贷：银行存款　　25 000

【例2-7】年末将本年取得的财政拨款收入525 000元转入本期盈余。

这项业务的发生涉及"财政拨款收入""本期盈余"两个科目，引起收入的减少，净资产的增加。应编制以下会计分录。

借：财政拨款收入　　525 000

　　贷：本期盈余　　525 000

【例2-8】年末将本年度发生的业务活动费用420 000元转入本期盈余。

这项业务的发生涉及"业务活动费用""本期盈余"两个科目，引起费用和净资产同时减少。应编制以下会计分录。

借：本期盈余　　420 000

　　贷：业务活动费用　　420 000

根据上述经济业务编制的会计分录登记入账，求出账户的本期发生额和期末余额，由此可以进行试算平衡。假设本期期初有关账户的余额分别为

银行存款	22 400	财政拨款收入	300 000
库存现金	35 500	应付账款	75 000
业务活动费用	419 600	应缴财政款	102 500

在将上述业务登账、结出余额后，编制的总账科目试算平衡表见表2－5。

表2－5　　总账科目试算平衡表

会计科目	期初余额		本期发生额		期末余额	
	借方	贷方	借方	贷方	借方	贷方
库存现金	35 500		0	20 400	15 100	
银行存款	22 400		545 000	427 500	139 900	
业务活动费用	419 600		400	420 000	0	
应缴财政款		102 500	402 500	300 000		0
应付账款		75 000	25 000	0		50 000
财政拨款收入		300 000	525 000	225 000		0
本期盈余		0	420 000	525 000		105 000
合计	477 500	477 500	1 917 900	1 917 900	155 000	155 000

通过试算平衡表来检查账簿记录是否正确，如果借贷不平衡，就可以肯定账户的记录或计算有错误，但是如果借贷平衡，也不能肯定记账没有错误，因为有些错误并不影响借贷双方的平衡。如果在有关账户中重记或漏记某些业务，就不能通过试算平衡来发现。因此，试算平衡的检查只是相对的。

第二节　政府会计凭证和会计账簿

一、会计凭证

会计凭证，是记录经济业务、明确经济责任的书面证明，是登记账簿的依据。为了保证经济信息的真实可靠，能正确反映国家预算的执行情况，政府与非营利组织应该对发生的每项经济业务做到收支有凭据，登记账簿有依据。会计凭证按其填制程序和用途不同，可分为原始凭证和记账凭证。

（一）原始凭证

原始凭证是经济业务发生时取得的书面证明，是会计事项的唯一合法凭证，是填制记账凭证、登记明细账的依据。

1. 原始凭证的基本内容

政府会计原始凭证一般具备以下基本内容。

（1）原始凭证的名称、填制日期和编号。

（2）填制凭证的单位、填制人签章。

（3）接受凭证单位的名称。

（4）经济业务的摘要、数量、单价和金额。

（5）本单位经办人员签章。

2. 原始凭证的种类

由于政府会计中的财政会计、行政单位会计以及非营利组织会计经济业务内容不同，其原始凭证的种类也不完全一样。

（1）财政总预算会计的原始凭证。财政总预算会计的原始凭证主要有国库报来的各种收入日报表，如“缴款书”“收入退还书”和“更正通知书”；各种拨款和转账凭证，如预算拨款凭证、各种银行汇款凭证；主管部门报来的各种非包干专项拨款支出报表和基本建设支出月报表。

（2）行政单位和事业单位的原始凭证。行政单位和事业单位的原始凭证主要有各种收据、借款凭证、经费报销单据、预算拨款凭证、往来结算凭证、银行结算凭证、材料收发凭证，以及其他足以证明会计事项发生的凭证和文件等。

（二）记账凭证

记账凭证是会计人员根据审核无误的原始凭证填制的，用来确定会计分录的凭证，是登记账簿的依据。填制记账凭证时，必须附有原始凭证，摘要简明扼要、真实，金额与所附原始凭证一致，有关人员的签名盖章齐全。

1. 记账凭证的基本内容

（1）记账凭证的名称、日期和编号。

（2）经济业务的主要内容。

（3）会计科目名称。

（4）会计科目的方向及金额。

（5）所附原始凭证的张数。

（6）过账的标记。

（7）制单、复核、记账等人员的签章。

2. 记账凭证的种类

记账凭证按照经济业务所涉及对象及其运动方向的不同，分为收款凭证、付款凭证和转账凭证三种，其格式分别见表2－6～表2－8。

表2－6　收款凭证

出纳编号：

借方科目：　　　　年　月　日　　　　制单编号：

对方单位	摘要	贷方科目		金额										记账符号
		总账科目	明细科目	千	百	十	万	千	百	十	元	角	分	
附凭证　张		金额合计												

会计主管：　　记账：　　稽核：　　出纳：　　制单：

表 2-7　　付款凭证

出纳编号：

贷方科目：　　年　月　日　　制单编号：

对方单位	摘要	借方科目		金额										记账符号
		总账科目	明细科目	千	百	十	万	千	百	十	元	角	分	
附凭证　张		金额合计												

会计主管：　　记账：　　稽核：　　出纳：　　制单：

表 2-8　　转账凭证

年　月　日　　制单编号：

摘要	借方科目		贷方科目		金额										记账符号
	总账科目	明细科目	总账科目	明细科目	千	百	十	万	千	百	十	元	角	分	
合计															

会计主管：　　记账：　　稽核：　　出纳：　　制单：

二、会计账簿

政府会计账簿是由具有一定格式的账页组成，它是以会计凭证为依据，全面、连续地记录单位经济业务的簿籍。设置和登记账簿是会计核算的一种专门方法，也是会计核算的主要环节。

政府会计账簿一般分为总账、明细账和日记账。

（一）总账

总账是根据总账科目设置的，是反映政府总括情况的账簿，用以记录核算资产、负债、净资产、收入、支出、结余的总括情况，是编制资产负债表的依据。总账的格式一般采用三栏式订本账簿，其格式见表 2-9。

（二）明细账

明细账是按明细科目设置的，用以对总账科目进行明细核算的账簿，主要包括以下几类。

1. 三栏式明细账

三栏式明细账的账页内只设借方、贷方和余额三个金额栏。这种格式主要适用于只需要进行金额核算，不需要数量核算的结算科目。如政府会计中的应收款项明细账、应付款项明细账等，其格式见表 2-10。

表 2－9　总账

会计科目：　第　页

年		凭证		摘要	借方	贷方	余额	
月	日	字	号				借或贷	金额

表 2－10　明细账

明细科目或账户：　第　页

年		凭证		摘要	借方	贷方	余额	
月	日	字	号				借或贷	金额

2. 数量金额式明细账

数量金额式明细账的账页分别设有收入、发出和结存的数量栏和金额栏。它适用于既需要进行金额核算又需要进行数量核算的各种财产物资科目，如行政事业单位财务会计的库存物品、加工物品明细账等，其格式见表 2－11。

表 2－11　库存物品明细账

第　页

类别：　名称：　计量单位：　规格型号：

年		凭证		财产编号	摘要	单价	借方		贷方		余额	
月	日	字	号				数量	金额	数量	金额	数量	金额

3. 多栏式明细账

多栏式明细账是指根据各类经济业务内容和提供资料的要求，在一张账页上按明细项目分设专栏，用以提供经济业务的详细资料，如行政事业单位财务会计的业务活动费用明细账、单位管理费用明细账等。

（三）日记账

日记账，也称序时账，是按照经济业务发生的时间先后顺序连续进行登记的账簿。它主要是核算和控制各项货币资金。日记账包括现金日记账和银行存款日记账。日记账采用三栏式订本账，不能采用活页账。其格式见表2－12。

表2－12　现金（或银行存款）日记账

第　　页

年		凭证		摘要	对方科目名称	借方	贷方	余额
月	日	字	号					

（四）会计账簿的使用要求

为了保证账簿记录的正确和完整，明确记账的责任，提高会计核算的质量，应按照统一的要求使用账簿。

1. 账簿的启用

会计账簿的使用以每一会计年度为限。每一账簿在启用时，都应填写“经管人员一览表”和“账簿目录”，附于账簿扉页上。账簿经管人员一览表和账户目录的格式见表2－13和表2－14。

表2－13　经管人员一览表

财政机关名称			
账簿名称			
账簿页数	从第　　页起至第　　页止共　　页		
启用日期	年　　月　　日		
会计机构负责人		会计主管人员	
经管人员	经管日期	移交日期	
接办人员	接管日期	移交日期	

表 2－14 账户目录

科目编号和名称	页　号	科目编号和名称	页　号

2. 账簿的登记

手工记账时必须使用蓝、黑色墨水书写，不得使用铅笔、圆珠笔。红色墨水除登记收入负数使用外，只能在划线、改错、冲账时使用。账簿在登记时必须按照编定的页数连续记载，不得隔页、跳行。如因工作疏忽发生了跳行或隔页，必须将空行、空页划线注销，并由记账人员签名盖章，以明确责任。

会计账簿应该根据审核无误的会计凭证及时准确地进行登记，做到日清月结，文字、数字的书写要清晰。记账时，将记账凭证的编号记入账簿中，记账后要在记账凭证上打“√”，表示已登记入账。

（五）会计账簿的错误更正

账簿记录中可能发生各种各样的错误，如填制凭证或记账时发生的笔误，错用会计科目，过账错误等。由于发生错误的具体情况不同，更正错误的方法也不尽相同，主要有以下三种更正错账的方法。

1. 划线更正法

在结账以前，如果发现账簿记录文字或数字错误，而记账凭证并无错误，应采用划线更正法更正。更正时，应先在错误的文字或数字正中横向划一条红线，表示注销，但原有数字仍可辨认，以备查考。然后将正确的文字或数字用蓝字写在划线上面，更正后，记账人员应在划线的一端盖章，以示负责。

2. 红字更正法

在记账后，如果在当年内发现记账凭证所记的科目或金额有错误，可以采用红字更正法进行更正。红字更正法分为两种情况，第一种情况是：记账凭证中应借、应贷会计科目没有错误，只是所记金额大于应记金额。这种情况只需要用红字填制一张与原来错误凭证的借贷科目、方向相同的记账凭证，但金额是多记的数额。再用红字登记入账就可以把多记的金额冲销，求得正确的金额。第二种情况是：记账凭证科目或方向有错误，不论金额是否有错误，都需要用红字填制一张与原来错误凭证完全相同的凭证，用红字登记入账，冲销原有的错误记录，再用蓝字填制一张正确的记账凭证，据以登记入账。

3. 补充登记法

在记账后，发现记账凭证借贷科目和方向均没有错误，只是所记金额小于应记金额，可用补充登记法。更正时，只需要用蓝字填制一张与原来记账凭证会计科目、方向相同的凭证，但金额填制少写的差额。

本章小结

会计科目是对会计要素按其经济内容或用途所作的科学分类。每一会计科目都要规定一定的名称、编号和核算内容，它是设置账户的依据。政府财务会计的会计科目按其反映的经济内容或用途结构不同分为资产、负债、净资产、收入、费用五大类。

记账方法，就是运用一定的记账符号、记账规则来编制会计分录和登记账簿的方法。政府与非营利组织会计采用国际通用的借贷记账法。

会计凭证，是记录经济业务、明确经济责任的书面证明，是登记账簿的依据。政府与非营利组织的会计账簿是由具有一定格式的账页组成，它是以会计凭证为依据，全面、连续地记录单位经济业务的簿籍。

复习思考题

1. 什么是会计科目？财政总预算会计的会计科目分成哪几类？
2. 行政事业单位财务会计的会计科目分为哪几类？
3. 行政事业单位预算会计的会计科目分为哪几类？
4. 什么是记账方法？借贷记账法的含义是什么？
5. 借贷记账法下各类账户的结构是什么？
6. 会计凭证、原始凭证、记账凭证的含义是什么？
7. 记账凭证分成哪几类？
8. 什么是会计账簿？
9. 明细账的格式有哪几类？
10. 错账的更正方法有哪几种？

第二篇　政府会计——事业单位会计

第三章　事业单位会计概述

学习目标：通过本章的学习，要求理解事业单位财务会计与预算会计的含义；掌握事业单位财务会计与预算会计的要素及其分类；明确事业单位财务会计与预算会计的双功能要求。

第一节　事业单位财务会计概述

一、事业单位财务会计的含义

按照政府会计基本准则规定，政府会计由财务会计和预算会计组成。其中财务会计，是指以权责发生制为基础对政府会计主体发生的各项经济业务或者事项进行会计核算，主要反映和监督政府会计主体财务状况、运行情况和现金流量等的会计。

财务会计实行权责发生制。

《政府会计制度——行政事业单位会计科目和报表》规定单位会计核算应当具备财务会计与预算会计双重功能，实现财务会计与预算会计适度分离并相互衔接，全面、清晰反映单位财务信息和预算执行信息。

单位对于纳入部门预算管理的现金收支业务，在采用财务会计核算的同时应当进行预算会计核算；对于其他业务，仅需进行财务会计核算。

二、事业单位财务会计要素

事业单位财务会计要素包括资产、负债、净资产、收入和费用。

1. 资产

资产是指政府会计主体过去的经济业务或者事项形成的，由政府会计主体控制的，预期能够产生服务潜力或者带来经济利益流入的经济资源。服务潜力是指政府会计主体利用资产提供公共产品和服务以履行政府职能的潜在能力。经济利益流入表现为现金及现金等价物的流入，或者现金及现金等价物流出的减少。

事业单位的资产按照流动性，分为流动资产和非流动资产。

流动资产是指预计在1年内（含1年）耗用或者可以变现的资产，包括货币资金、短期投资、应收及预付款项、存货等。

非流动资产是指流动资产以外的资产，包括固定资产、在建工程、无形资产、长期投资、公共基础设施、政府储备资产、文物文化资产、保障性住房和自然资源资产等。

符合资产定义的经济资源，在同时满足以下条件时，确认为事业单位资产。

（1）与该经济资源相关的服务潜力很可能实现或者经济利益很可能流入政府会计主体。

（2）该经济资源的成本或者价值能够可靠地计量。

事业单位资产的计量属性主要包括历史成本、重置成本、现值、公允价值和名义金额。历史成本计量下，资产按照取得时支付的现金金额或者支付对价的公允价值计量。在重置成本计量下，资产按照现在购买相同或者相似资产所需支付的现金金额计量。在现值计量下，资产按照预计从其持续使用和最终处置中所产生的未来净现金流入量的折现金额计量。在公允价值计量下，资产按照市场参与者在计量日发生的有序交易中，出售资产所能收到的价格计量。无法采用上述计量属性的，采用名义金额（即人民币1元）计量。

事业单位对资产进行计量时，一般应当采用历史成本。采用重置成本、现值、公允价值计量的，应当保证所确定的资产金额能够持续、可靠计量。

2. 负债

事业单位负债是指政府会计主体过去的经济业务或者事项形成的，预期会导致经济资源流出政府会计主体的现时义务。现时义务是指政府会计主体在现行条件下已承担的义务。未来发生的经济业务或者事项形成的义务不属于现时义务，不应当确认为负债。

事业单位的负债按照流动性，分为流动负债和非流动负债。

流动负债是指预计在1年内（含1年）偿还的负债，包括应付及预收款项、应付职工薪酬、应缴款项等。

非流动负债是指流动负债以外的负债，包括长期应付款、应付政府债券和政府依法担保形成的债务等。

符合负债定义的义务，在同时满足以下条件时，确认为事业单位负债。

（1）履行该义务很可能导致含有服务潜力或者经济利益的经济资源流出政府会计主体。

（2）该义务的金额能够可靠地计量。

事业单位负债的计量属性主要包括历史成本、现值和公允价值。

在历史成本计量下，负债按照因承担现时义务而实际收到的款项或者资产的金额，或者承担现时义务的合同金额，或者按照为偿还负债预期需要支付的现金计量。在现值计量下，负债按照预计期限内需要偿还的未来净现金流出量的折现金额计量。在公允价值计量下，负债按照市场参与者在计量日发生的有序交易中，转移负债所需支付的价格计量。

事业单位在对负债进行计量时，一般应当采用历史成本。采用现值、公允价值计量的，应当保证所确定的负债金额能够持续、可靠计量。

3. 净资产

净资产是指政府会计主体资产扣除负债后的净额。净资产金额取决于资产和负债的计量。

4. 收入

事业单位收入是指报告期内导致政府会计主体净资产增加的、含有服务潜力或者经济利益的经济资源的流入。

事业单位收入的确认应当同时满足以下条件。

（1）与收入相关的含有服务潜力或者经济利益的经济资源很可能流入政府会计主体。

（2）含有服务潜力或者经济利益的经济资源流入会导致政府会计主体资产增加或者负债减少。

（3）流入金额能够可靠地计量。

5. 费用

事业单位费用是指报告期内导致政府会计主体净资产减少的、含有服务潜力或者经济利益的经济资源的流出。

事业单位费用的确认应当同时满足以下条件。

（1）与费用相关的含有服务潜力或者经济利益的经济资源很可能流出政府会计主体。

（2）含有服务潜力或者经济利益的经济资源流出会导致政府会计主体资产减少或者负债增加。

（3）流出金额能够可靠地计量。

三、事业单位财务报告

事业单位财务报告是反映事业单位某一特定日期的财务状况和某一会计期间的运行情况及现金流量等信息的文件。财务报告应当包括财务报表和其他应当在财务报告中披露的相关信息和资料。

事业单位财务报表包括会计报表和附注。会计报表主要包括资产负债表、收入费用表、净资产变动表、现金流量表和附注。

第二节　事业单位预算会计概述

一、事业单位预算会计的含义

预算会计，是指以收付实现制为基础对政府会计主体预算执行过程中发生的全部收入和全部支出进行会计核算，主要反映和监督预算收支执行情况的会计。

预算会计实行收付实现制，国务院另有规定的，依照其规定。

二、事业单位预算会计要素

事业单位预算会计要素包括预算收入、预算支出和预算结余。

1. 预算收入

事业单位预算收入是指政府会计主体在预算年度内依法取得的并纳入预算管理的现金流入。预算收入一般在实际收到时予以确认，以实际收到的金额计量。

2. 预算支出

事业单位预算支出是指政府会计主体在预算年度内依法发生并纳入预算管理的现金流出。预算支出一般在实际支付时予以确认，以实际支付的金额计量。

3. 预算结余

事业单位预算结余是指政府会计主体预算年度内预算收入扣除预算支出后的资金余额，以及历年滚存的资金余额。

预算结余包括结余资金和结转资金。结余资金是指年度预算执行终了，预算收入实际完成数扣除预算支出和结转资金后剩余的资金。结转资金是指预算安排项目的支出年终尚未执行完毕或者因故未执行，且下年需要按原用途继续使用的资金。

三、事业单位决算报告

事业单位决算报告是综合反映事业单位年度预算收支执行结果的文件。事业单位决算报告应当包括决算报表和其他应当在决算报告中反映的相关信息和资料。

事业单位的年度预算会计报表（决算报表）主要包括预算收入支出表、预算结转结余变动表和财政拨款预算收入支出表。

本章小结

按照政府会计基本准则规定，政府会计由财务会计和预算会计组成。其中财务会计，是指以权责发生制为基础对政府会计主体发生的各项经济业务或者事项进行会计核算，主要反映和监督政府会计主体财务状况、运行情况和现金流量等的会计。财务会计要素包括资产、负债、净资产、收入和费用。事业单位财务报告是反映事业单位某一特定日期的财务状况和某一会计期间的运行情况和现金流量等信息的文件。财务报告应当包括财务报表和其他应当在财务报告中披露的相关信息和资料。

预算会计，是指以收付实现制为基础对政府会计主体预算执行过程中发生的全部收入和全部支出进行会计核算，主要反映和监督预算收支执行情况的会计。事业单位预算会计要素包括预算收入、预算支出和预算结余。事业单位决算报告是综合反映事业单位年度预算收支执行结果的文件，其应当包括决算报表和其他应当在决算报告中反映的相关信息和资料。

复习思考题

1. 事业单位财务会计的含义是什么？
2. 事业单位财务会计要素有哪些？
3. 事业单位预算会计的含义是什么？
4. 事业单位预算会计要素有哪些？
5. 如何理解政府会计的双功能？

第四章　事业单位资产的核算

学习目标：通过本章的学习，要求了解事业单位资产的分类；理解事业单位各项资产的含义；掌握事业单位流动资产和非流动资产的核算。

第一节　流动资产的核算

流动资产是指预计在1年内（含1年）耗用或者可以变现的资产，包括货币资金、短期投资、应收及预付款项、存货等。

一、货币资金的核算

事业单位的货币资金主要包括库存现金、银行存款、零余额账户用款额度和其他货币资金。

（一）库存现金的核算

1. 库存现金的核算内容

库存现金是指事业单位库存的现金，包括库存的人民币和外币。根据国家现金管理制度和结算制度的规定，事业单位应当严格按照国家有关现金管理的规定收支现金，并按照政府会计制度规定核算现金的各项收支业务。事业单位收支的各种款项必须按照国务院颁发的《现金管理暂行条例》的规定办理，遵守现金的管理原则，在规定的范围内使用现金。

现金的管理主要遵循以下原则。

（1）账钱分管。为了保证现金的安全，防止各种错误和弊端的发生，现金的收付、结算、审核和登记等工作不能由一人兼管。一般来讲，各单位应单独设置现金出纳员岗位，由出纳员专门负责现金的收付工作，并登记现金账。现金出纳员不得兼管收入费用、债权债务的登记工作，不得兼任稽核和档案保管工作。会计和出纳应分开，实行会计管账不管钱，出纳管钱不管账的内部控制制度。

（2）遵守现金的使用范围。按照《现金管理暂行条例》的规定，各单位的现金使用有以下范围。

①职工工资、奖金、津贴。

②个人劳动报酬。

③根据国家规定颁发给个人的科学技术、文化技术、体育等各种奖金。

④各种劳保、福利费用，以及国家规定的对个人的其他支出。

⑤向个人收购农副产品和其他物资的价款。

⑥出差人员必须随身携带的差旅费。

⑦结算起点（1 000元）以下的零星支出。

⑧中国人民银行确定的需要支付现金的其他支出。

（3）严格现金的收付手续。事业单位办理任何现金收支，都必须以合法的原始凭证为依据。出纳员付出现金时，应当在原始单据上加盖“现金付讫”戳记；收取现金时，应当开给对方收款收据。

（4）遵守库存现金的限额。为了保证各单位使用现金的需要，又防止积压现金和保障现金的安全，银行对各单位核定了库存现金的限额。这个限额一般为不超过本单位3～5天的日常零星开支所需要的现金为准。边远地区和交通不便的地区可以多于5天，但不得超过15天。各单位应当严格遵守开户银行核定的库存现金限额，对于超过限额的部分，应当及时送存银行。

（5）不得坐支现金。坐支现金是指用收入的现金直接办理现金支出。各单位收入的现金，应当于当日或规定的时间内送存开户银行，需要支付现金时，从库存现金限额中支付，或者从银行提取现金后支付，不得从现金收入中支付。因特殊原因确需坐支现金的，应当事先报经开户银行审查批准，由开户银行核定坐支范围和限额，并由开户银行进行监督。

（6）如实反映现金库存情况。收付现金要及时记账，每天业务终了要结出余额，做到日清月结，账款相符。不得以借据或白条抵库。出纳员在将账面库存与实际库存核对时，如发现长款或短款，应及时查明原因，做出处理。

2. 现金核算的账务处理

为了总括反映事业单位库存现金的收支及结存情况，应设置“库存现金”科目。它是资产类科目，借方登记库存现金的增加数；贷方登记库存现金的减少数；借方余额表示库存现金余额。

为了加强现金的管理和核算，系统了解现金收付的动态，除了进行总分类核算外，还应进行明细分类核算。本科目应当设置“受托代理资产”明细科目，核算单位受托代理、代管的现金。

（1）从银行等金融机构提取现金，按照实际提取的金额，借记本科目，贷记“银行存款”科目；将现金存入银行等金融机构，按照实际存入金额，借记“银行存款”科目，贷记本科目。

根据规定从单位零余额账户提取现金，按照实际提取的金额，借记本科目，贷记“零余额账户用款额度”科目。将现金退回单位零余额账户，按照实际退回的金额，借记“零余额账户用款额度”科目，贷记本科目。

（2）因内部职工出差等原因借出的现金，按照实际借出的现金金额，借记“其他应收款”科目，贷记本科目。出差人员报销差旅费时，按照实际报销的金额，借记“业务活动费用”“单位管理费用”等科目，按照实际借出的现金金额，贷记“其他应收款”科目，按照其差额，借记或贷记本科目。

（3）因提供服务、物品或者其他事项收到现金，按照实际收到的金额，借记本科目，贷记“事业收入”“应收账款”等相关科目。因购买服务、物品或者其他事项支付现金，按照实际支付的金额，借记“业务活动费用”“单位管理费用”“库存物品”等相关科目，贷记本科目。涉及增值税业务的，相关账务处理参见“应交增值税”科目。以库存现金对外捐赠，按照实际捐出的金额，借记“其他费用”科目，贷记本科目。

（4）收到受托代理、代管的现金，按照实际收到的金额，借记本科目（受托代理资产），贷记“受托代理负债”科目；支付受托代理、代管的现金，按照实际支付的金额，借记“受托代理负债”科目，贷记本科目（受托代理资产）。

事业单位应当设置“库存现金日记账”，由出纳人员根据收付款凭证，按照业务发生顺序逐笔登记。每日终了，应当计算当日的现金收入合计数、现金支出合计数和结余数，并将结余数与实际库存数相核对，做到账款相符。

每日账款核对中发现有待查明原因的现金短缺或溢余的，应当通过“待处理财产损溢”科目核算。属于现金溢余，应当按照实际溢余的金额，借记本科目，贷记“待处理财产损溢”科目；属于现金短缺，应当按照实际短缺的金额，借记“待处理财产损溢”科目，贷记本科目。待查明原因后及时进行账务处理。

现金收入业务繁多、单独设有收款部门的单位，收款部门的收款员应当将每天所收现金连同收款凭据一并交财务部门核收记账，或者将每天所收现金直接送存开户银行后，将收款凭据及向银行送存现金的凭证等一并交财务部门核收记账。

【例4-1】 某事业单位发生以下有关现金的业务。

(1) 开出支票，从银行提取现金6 500元。

借：库存现金	6 500	
贷：银行存款		6 500

(2) 业务人员王平出差借差旅费4 000元。

借：其他应收款——王平	4 000	
贷：库存现金		4 000

(3) 王平出差回来，报销差旅费3 500元，余款500元退回现金。

借：业务活动费用	3 500	
库存现金	500	
贷：其他应收款——王平		4 000

(4) 为后勤管理部门用现金180元购买直接领用的办公品。

借：单位管理费用	180	
贷：库存现金		180

(5) 当日核对库存现金数额，发现短缺1 200元。

借：待处理财产损溢	1 200	
贷：库存现金		1 200

(6) 经查，上述短少的现金无法查明原因，经批准进行核销。

借：资产处置费用	1 200	
贷：待处理财产损溢		1 200

(二) 银行存款的核算

1. 银行存款科目的开立和管理

银行存款是指事业单位存入银行和其他金融机构的各种存款，我国事业单位的银行存款包括人民币存款和外币存款两种。按照中国人民银行《支付结算办法》的规定，事业单位应在银行开立账户，以办理存款、取款和转账等结算。凡是在银行开立存款账户的单位，必须遵守中国人民银行颁布的《银行账户管理办法》的各项规定。事业单位应由会计部门统一在银行开户，避免多头开户。

事业单位应当严格按照国家有关支付结算办法的规定办理银行存款收支业务，并按照本制度规定核算银行存款的各项收支业务。不准出租、出借账户；不准签发空头支票和远期支票；不准套取银行信用。

2. 银行存款核算的账务处理

为了总括反映事业单位银行存款的收支和结存情况，应设置“银行存款”科目。它是资产类科目，借方登记银行存款的增加数，贷方登记银行存款的减少数，期末借方余额表示银行存款的实有数额。“银行存款”总账与“库存现金”总账一样，应由不从事出纳工作的会计人员负责登记。它既可以根据银行存款收付款凭证逐笔登记，也可以定期填制汇总收付款凭证于月末汇总登记。

事业单位每天都可能发生通过银行进行结算的业务。为了随时掌握银行存款的收支和结存情况，事业单位应按开户银行、其他金融机构、存款种类及货币种类分别设置“银行存款日记账”，进行序时核算。

银行存款日记账是由出纳员根据审核无误的原始凭证或收付款的记账凭证逐日逐笔序时登记的。每日终了应结出余额，月末结出本月收入、付出的合计数和月末结存数，并且与银行核对账目。

对事业单位银行存款应作以下主要账务处理。

（1）将款项存入银行或者其他金融机构，按照实际存入的金额，借记本科目，贷记“库存现金”“应收账款”“事业收入”“经营收入”“其他收入”等相关科目。收到银行存款利息，按照实际收到的金额，借记本科目，贷记“利息收入”科目。

（2）从银行等金融机构提取现金，按照实际提取的金额，借记“库存现金”科目，贷记本科目。

（3）以银行存款支付相关费用，按照实际支付的金额，借记“业务活动费用”“单位管理费用”“其他费用”等相关科目，贷记本科目。涉及增值税业务的，相关账务处理参见“应交增值税”科目。以银行存款对外捐赠，按照实际捐出的金额，借记“其他费用”科目，贷记本科目。

（4）收到受托代理、代管的银行存款，按照实际收到的金额，借记本科目（受托代理资产），贷记“受托代理负债”科目；支付受托代理、代管的银行存款，按照实际支付的金额，借记“受托代理负债”科目，贷记本科目（受托代理资产）。

单位发生外币业务的，应当按照业务发生当日的即期汇率，将外币金额折算为人民币金额记账，并登记外币金额和汇率。

期末，各种外币账户的期末余额，应当按照期末的即期汇率折算为人民币，作为外币账户期末人民币余额。调整后的各种外币账户人民币余额与原账面余额的差额，作为汇兑损益计入当期费用。

（1）以外币购买物资、设备等，按照购入当日的即期汇率将支付的外币或应支付的外币折算为人民币金额，借记“库存物品”等科目，贷记本科目、“应付账款”等科目的外币账户。

（2）销售物品、提供服务以外币收取相关款项等，按照收入确认当日的即期汇率将收取的外币或应收取的外币折算为人民币金额，借记本科目、“应收账款”等科目的外币账户，贷记“事业收入”等相关科目。

（3）期末，根据各外币银行存款账户按照期末汇率调整后的人民币余额与原账面人民币余额的差额，作为汇兑损益，借记或贷记本科目，贷记或借记“业务活动费用”“单位管理费用”等科目。

【例 4－2】某事业单位发生以下银行存款业务。

(1) 收到财政部门拨入事业经费300 000元存入银行。

借：银行存款 300 000

　　贷：财政拨款收入 300 000

(2) 销售产品收到货款30 000元存入银行。

借：银行存款 3 600

　　贷：经营收入 3 600

(3) 收回外单位前欠货款5 000元存入银行。

借：银行存款 5 000

　　贷：应收账款 5 000

(4) 将现金3 000元送存银行。

借：银行存款 3 000

　　贷：库存现金 3 000

(5) 开出支票60 000元，支付后勤管理部门房屋租金。

借：单位管理费用 60 000

　　贷：银行存款 60 000

(6) 由于专业业务活动需要，外雇有关人员，用银行存款3 500元支付其工资。

借：业务活动费用 3 500

　　贷：银行存款 3 500

3. 银行存款的对账

为了防止银行存款日记账发生差错，准确掌握银行存款实际金额，事业单位应按期与银行对账，至少每月核对一次。“银行存款日记账”应定期与“银行对账单”核对，至少每月核对一次。月度终了，单位银行存款日记账账面余额与银行对账单余额之间如有差额，应当逐笔查明原因并进行处理，按月编制“银行存款余额调节表”，调节相符。银行存款日记账的核对主要包括三个环节：一是银行存款日记账与银行存款收款凭证、付款凭证要相互核对，做到账证相符；二是银行存款日记账与银行存款总账要相互核对，做到账账相符；三是银行存款日记账与银行开出的银行存款对账单要相互核对，以便准确地掌握单位可动用的银行存款实有数。将银行存款日记账与银行对账单进行核对时，如发现存款余额不一致，其原因有二：一是记账有错漏；二是未达账项。所谓未达账项，是指对于同一经济业务，在单位与开户银行之间，由于凭证传递上的时间差，一方已经登记入账，而另一方尚未登记入账的款项。

事业单位与银行之间发生的未达账项有下列四种情况。

(1) 事业单位已经收款入账，而银行尚未入账的款项。如事业单位收到的转账支票，事业单位已经增加银行存款，而银行尚未作账务处理。

(2) 事业单位已经付款入账，而银行尚未入账的款项。例如事业单位签发的转账支票，事业单位已经减少银行存款，由于持票人尚未到银行办理转账手续，而银行尚未作账务处理。

(3) 银行已经收款入账，而事业单位尚未入账的款项。例如事业单位的存款利息，银行已经增加事业单位的存款，而事业单位尚未接到存款结息通知，而尚未入账。

(4) 银行已经付款入账，而事业单位尚未入账的款项。例如银行代事业单位支付的水电费，银行已经付款入账，而事业单位还未接到银行的付款通知，尚未入账。

以上任何一种情况的发生，都会使事业单位和银行双方的账面余额不等。因此，事业单位在接到银行转来的对账单时，应尽快与银行存款日记账核对，核对时，若发现未达款项，应编制“银行存款余额调节表”进行调节。调节后，双方余额如果相等，一般说明双方记账没有错误；如果不等，表明记账有错误，需要进一步核对，找出原因，更正错误记录。

银行存款余额调节表的编制方法主要是将银行对账单上的余额与事业单位银行存款账面余额都调整为正确数额，以相互核对。

现举例说明“银行存款余额调节表”的编制方法。

【例4－3】 某事业单位某月底的银行存款账面余额为95 000元，银行对账单的余额为87 000元。经逐笔核对，发现以下未达账项。

（1）月末收到外单位购买图书的转账支票一张，金额为6 500元，银行尚未入账。

（2）银行代本单位支付水电费5 400元，但本单位尚未接到付款通知。

（3）委托银行收取的商品销售款1 800元，银行已经收到入账，但单位尚未收到银行的收款通知。

（4）本单位开出转账支票一张，金额2 100元，支付购买图书款，银行尚未转账付款。

根据上述情况编制的“银行存款余额调节表”见表4－1。

表4－1　　银行存款余额调节表

201×年×月31日　　单位：元

项目	金额	项目	金额
单位银行存款账面余额	95 000	银行对账单账面余额	87 000
加：单位未收，银行已收的款项		加：银行未收，单位已收的款项	
（3）委托银行收取的货款	1 800	（1）银行未入账的支票	6 500
减：单位未付，银行已付的款项		减：银行未付，单位已付的款项	
（2）银行代付水电费	5 400	（4）银行未付款的支票	2 100
调整后单位银行存款余额	91 400	调整后银行对账单存款余额	91 400

从表4－1看出，该单位本月末银行存款的实际结存数应该为91 400元。

值得说明的是，编制银行存款余额调节表，只是为了检查账簿记录的正确性，并不需要更改账面记录，对于银行已经入账而本单位尚未入账的业务和本单位已经入账而银行尚未入账的业务，均不做账务处理，待以后业务凭证到达后，再做账务处理。

（三）零余额账户用款额度的核算

1. 零余额账户用款额度核算的内容

在国库集中收付制度下，事业单位经财政部门审批，在国库集中支付代理银行开设单位零余额账户，用于财政授权支付的结算。财政部门根据预算安排和资金使用计划，定期向事业单位下达财政授权支付额度。事业单位可以根据下达的额度，自行签发授权支付指令，通知代理银行办理资金支付业务。

2. 零余额账户用款额度核算的账务处理

为了核算实行国库集中支付的事业单位根据财政部门批复的用款计划收到和支用的零余额账户用款额度，应设置“零余额账户用款额度”科目，它是资产类科目。借方登记收到的代理银行转来的“授权支付到账通知书”所列的财政授权支付到账额度数额；贷方登记使用的数额。收到用款额度时，借记本科目，贷记“财政拨款收入”科目；使用时借记有关科目，贷记本科目。

年度终了，事业单位依据代理银行提供的对账单作注销额度的相关账务处理，借记“财政应返还额度——财政授权支付”科目，贷记“零余额账户用款额度”科目。事业单位本年度财政授权支付预算指标数大于零余额账户用款额度下达数的，根据未下达的用款额度，借记“财政应返还额度——财政授权支付”科目，贷记“财政拨款收入”科目。

下年初，事业单位依据代理银行提供的额度恢复到账通知书作恢复额度的相关账务处理，借记“零余额账户用款额度”科目，贷记“财政应返还额度——财政授权支付”科目。

该科目期末借方余额，反映事业单位尚未支用的用款额度，本科目年末应无余额。

【例4－4】某事业单位1日收到代理银行转来的“授权支付到账通知书”，本月用于基本支出的财政授权支付额度200 000元。28日，事业单位开出授权支付凭证，通知银行支付本月专业事业活动电费6 500元。

事业单位应编制以下会计分录。

借：零余额账户用款额度	200 000	
贷：财政拨款收入——基本支出		200 000
借：业务活动费用——基本支出	6 500	
贷：零余额账户用款额度		6 500

（四）其他货币资金的核算

1. 其他货币资金的核算内容

其他货币资金是指除库存现金、银行存款和零余额账户用款额度以外的货币资金，其内容主要包括外埠存款、银行本票存款、银行汇票存款、信用卡存款等。

2. 其他货币资金核算的账务处理

为了核算单位的外埠存款、银行本票存款、银行汇票存款、信用卡存款等各种其他货币资金的增减变动情况，事业单位应设置“其他货币资金”科目。它是资产类科目，借方登记增加数，贷方登记减少数，期末借方余额，反映单位实际持有的其他货币资金。

对其他货币资金核算时应作以下主要账务处理。

（1）单位按照有关规定需要在异地开立银行账户，将款项委托本地银行汇往异地开立账户时，借记本科目，贷记“银行存款”科目。收到采购员交来供应单位发票账单等报销凭证时，借记“库存物品”等科目，贷记本科目。将多余的外埠存款转回本地银行时，根据银行的收账通知，借记“银行存款”科目，贷记本科目。

（2）将款项交存银行取得银行本票、银行汇票，按照取得的银行本票、银行汇票金额，借记本科目，贷记“银行存款”科目。使用银行本票、银行汇票购买库存物品等资产时，按照实际支付金额，借记“库存物品”等科目，贷记本科目。如有余款或因本票、汇票超过付款期等原因而退回款项，按照退款金额，借记“银行存款”科目，贷记本科目。

（3）将款项交存银行取得信用卡，按照交存金额，借记本科目，贷记“银行存款”科目。用信用卡购物或支付有关费用，按照实际支付金额，借记“单位管理费用”“库存物品”等科目，贷记本科目。单位信用卡在使用过程中，需向其账户续存资金的，按照续存金额，借记本科目，贷记“银行存款”科目。

【例4－5】某事业单位3月15日为了在外地某市采购物品，在异地某市开立银行账户，将款项50 000元委托本地银行汇往异地开立账户。4月3日收到从某市购买的物品，货款共计48 000元，余款2 000元退回本地银行账户。

事业单位应编制以下会计分录。

借：其他货币资金——外埠存款　　50 000

　　贷：银行存款　　50 000

借：库存物品　　48 000

　　银行存款　　2 000

　　贷：其他货币资金——外埠存款　　50 000

二、短期投资的核算

（一）短期投资的核算内容

短期投资，是指事业单位取得的持有时间不超过1年（含1年）的投资。

短期投资在取得时，应当按照实际成本（包括购买价款和相关税费，下同）作为初始投资成本。实际支付价款中包含的已到付息期但尚未领取的利息，应当于收到时冲减短期投资成本。短期投资持有期间的利息，应当于实际收到时确认为投资收益。期末，短期投资应当按照账面余额计量。事业单位按规定出售或到期收回短期投资，应当将收到的价款扣除短期投资账面余额和相关税费后的差额计入投资损益。

（二）短期投资核算的账务处理

为了核算事业单位按照规定取得的，持有时间不超过1年（含1年）的投资，事业单位应设置“短期投资”科目。它是资产类科目，借方登记短期投资成本的增加数，贷方登记出售、到期收回的短期投资账面余额，期末借方余额，反映事业单位持有短期投资的成本。本科目应当按照投资的种类等进行明细核算。

对短期投资应作以下主要账务处理。

（1）取得短期投资时，按照确定的投资成本，借记本科目，贷记“银行存款”等科目。收到取得投资时实际支付价款中包含的已到付息期但尚未领取的利息，按照实际收到的金额，借记“银行存款”科目，贷记本科目。

（2）收到短期投资持有期间的利息，按照实际收到的金额，借记“银行存款”科目，贷记“投资收益”科目。

（3）出售短期投资或到期收回短期投资本息，按照实际收到的金额，借记“银行存款”科目，按照出售或收回短期投资的账面余额，贷记本科目，按照其差额，借记或贷记“投资收益”科目。

【例4-6】某事业单位201×年1月1日以银行存款购买国库券进行短期投资，面值共计100 000元，票面利率为5%，每年末支付利息。支付手续费等2 000元。款项以银行存款支付。201×年6月2日，该事业单位将国库券全部出售，收到款项共计106 000元存入银行。

事业单位应编制以下会计分录。

借：短期投资　　102 000

　　贷：银行存款　　102 000

借：银行存款　　106 000

　　贷：短期投资　　102 000

　　　　投资收益　　4 000

三、财政应返还额度的核算

（一）财政应返还额度的核算内容

财政应返还额度是指事业单位年终注销的、需要在下年度恢复的年度未实现的用款额度。实行国库集中收付制度后，事业单位的财政经费由财政部门通过国库单一账户统一拨付。事业单位的年度财政预算指标包括财政直接支付额度和财政授权支付额度。年度终了，事业单位需要对未实现的用款额度进行注销，形成财政应返还额度，以后在下年度得以恢复。事业单位的财政应返还额度包括财政直接支付额度和财政授权支付额度。

（二）财政应返还额度的账务处理

为了核算年终财政应返还额度的注销、恢复和使用情况，事业单位应设置“财政应返还额度”科目，它是资产类科目。借方登记当年直接支付预算指标数与当年财政直接支付实际支出数的差额以及当年财政授权支付预算指标数大于零余额账户用款额度下达数的差额；贷方登记下年度恢复的财政直接支付额度的实际发生的支出以及下年度收到的恢复财政授权额度。本科目期末借方余额，反映事业单位应收财政返还的资金额度。本科目应当设置“财政直接支付”“财政授权支付”两个明细科目进行明细核算。

【例4－7】某事业单位本年度财政直接支付额度为4 000 000元，当年度实际完成支付数3 800 000元，需要注销未实现的财政直接支付额度200 000元。

事业单位应编制以下会计分录。

借：财政应返还额度——财政直接支付　　200 000
　　贷：财政拨款收入　　200 000

假设例4－7中，如果财政授权支付额度预算指标为4 000 000元，本年度实际下达的授权支付额度为3 800 000元，未使用的零余额账户用款额度为100 000元，未下达的额度为200 000元。

借：财政应返还额度——财政授权支付　　300 000
　　贷：零余额账户用款额度　　100 000
　　　　财政拨款收入　　200 000

下年初恢复额度时，对于恢复的财政直接支付额度，不进行账务处理，只记录预算数，实际使用恢复的财政直接支付额度时，借记有关支出科目，贷记“财政应返还额度——财政直接支付”科目；对于恢复的财政授权支付额度，借记“零余额账户用款额度”科目，贷记“财政应返还额度——财政授权支付”科目。

假设例4－7中，下年度，事业单位收到代理银行提供的恢复到账通知书，恢复上年注销财政授权额度300 000元（包括上年末未下达的零余额账户用款额度200 000元和未使用的授权额度100 000元），均已经下达到零余额账户。

借：零余额账户用款额度　　300 000
　　贷：财政应返还额度——财政授权支付　　300 000

四、应收及预付款项的核算

事业单位的应收及预付款项主要包括应收票据、应收账款、预付账款、应收股利、应收利息和其他应收款等。

（一）应收票据的核算

1. 应收票据的核算内容

应收票据是指事业单位因开展经营活动销售商品、提供有偿服务等而收到的商业汇票，包括银行承兑汇票和商业承兑汇票。商业汇票是由出票人签发的、指定付款人在一定日期支付一定金额给收款人或持票人的票据。

商业汇票按承兑人的不同，通常可以分为商业承兑汇票和银行承兑汇票两种。

商业承兑汇票是由付款人承兑的汇票，它可以由收款人签发，也可以由付款人签发，但必须由付款人承兑；银行承兑汇票是由收款人或承兑申请人签发，并由承兑申请人向银行申请，银行审查同意承兑的票据。

应收票据按是否计息划分，可分为带息票据和不带息票据。带息票据是指注明利率及付息日期的票据，带息票据可以在票据到期时一次付息。不带息票据是指到期只按面额支付，无须支付利息的票据。带息票据到期利息的计算公式为

$$应收票据利息 = 应收票据面值 \times 利率 \times 时间$$

上式中，利率一般以年利率表示，时间则以日或月表示。因此，应把年利率换算成与时间单位一致的日利率或月利率，然后才能计算。

事业单位的应收票据，在到期前可以用背书形式转让给银行。银行同意接受时，要预扣自贴现日至到期日的利息，将其余额即贴现净值支付给单位。这种利用票据向银行融资的做法，被称为应收票据贴现。银行所预扣的利息，称为贴现息。计算贴现的利率，称为贴现率。

计算贴现净值包括以下步骤。

（1）计算到期值：

$$票据到期值 = 面值 \times (1 + 利率 \times 期限)$$

对于无息票据来说，到期值就是其面值。

（2）计算贴现息：

$$贴现息 = 票据到期值 \times 银行贴现利率 \times 贴现期限$$

$$贴现期限 = 票据有效天数 - 单位持有天数$$

（3）计算贴现净值：

$$贴现净值 = 票据到期值 - 贴现息$$

2. 应收票据核算的账务处理

为了反映事业单位应收票据的取得和兑现情况，应设置“应收票据”科目。它是资产类科目，借方登记应收票据的金额，贷方登记到期收回的票面金额和已办理贴现的应收票据的票面金额，期末余额在借方，反映单位期末持有的应收票据的票面金额。本科目应当按照开出、承兑商业汇票的单位等进行明细核算。

对应收票据应作以下主要账务处理。

（1）因销售产品、提供服务等收到商业汇票，按照商业汇票的票面金额，借记本科目，按照确认的收入金额，贷记“经营收入”等科目。

（2）持未到期的商业汇票向银行贴现，按照实际收到的金额（即扣除贴现息后的净额），借记“银行存款”科目，按照贴现息金额，借记“经营费用”等科目，按照商业汇票的票面金额，贷记本科目（无追索权）或“短期借款”科目（有追索权）。附追索权的商业汇票到期未发生追索事项的，按照商业汇票的票面金额，借记“短期借款”科目，贷记本科目。

（3）将持有的商业汇票背书转让以取得所需物资时，按照取得物资的成本，借记“库存

物品”等科目，按照商业汇票的票面金额，贷记本科目，如有差额，借记或贷记“银行存款”等科目。涉及增值税业务的，相关账务处理参见“应交增值税”科目。

（4）商业汇票到期时，应当分别按照以下情况处理。

①收回票款时，按照实际收到的商业汇票票面金额，借记“银行存款”科目，贷记本科目。

②因付款人无力支付票款，收到银行退回的商业承兑汇票、委托收款凭证、未付票款通知书或拒付款证明等，按照商业汇票的票面金额，借记“应收账款”科目，贷记本科目。

事业单位应当设置“应收票据备查簿”，逐笔登记每一应收票据的种类、号数、出票日期、到期日、票面金额、交易合同号和付款人、承兑人、背书人姓名或单位名称、背书转让日、贴现日期、贴现率和贴现净额、收款日期、收回金额和退票情况等。

【例4－8】某一般纳税人事业单位销售A产品一批给N公司，价款20 000元，增值税3 200元，货已发出。按合同约定三个月后付款，事业单位收到一张三个月到期的商业承兑汇票，面值为23 200元。

（1）收到面值为23 200元的汇票。

借：应收票据　　23 200
　　贷：经营收入　　20 000
　　　　应交增值税——应交税金（销项税额）　　3 200

（2）上述票据到期收回面值23 200元。

借：银行存款　　23 200
　　贷：应收票据　　23 200

事业单位持未到期的应收票据向银行贴现，应按实际收到的金额（即扣除贴现息后的净额），借记“银行存款”等科目；按贴现息部分，借记“经营费用”科目；按应收票据的票面金额，贷记“应收票据”科目。

（3）假设例4－8中，单位急需资金，将票据持有两个月后，向银行申请贴现，贴现率为12%（该汇票无追索权）。则：该单位办理贴现时

贴现息＝23 200×12%×（30÷360）＝232（元）

贴现净额＝23 200－232＝22 968（元）

借：银行存款　　22 968
　　经营费用　　232
　　贷：应收票据　　23 200

贴现的应收票据到期，如果付款人按期支付款项给银行，则办理贴现单位的责任完全解除。该单位应在“应收票据备查簿”上注销该票据。

如果贴现的商业票据到期，承兑人的银行存款不足以支付票据款项，申请贴现的单位将会收到银行退回的应收票据和支款通知，银行将从贴现单位的账户上扣除票款。此时，贴现单位要按所付本息，借记“应收账款”科目，贷记“银行存款”科目。若申请贴现的单位的银行存款账户余额不足，银行作逾期贷款处理，贴现单位应借记“应收账款”科目，贷记“短期借款”科目。

（4）假设例4－8中，办理贴现的应收票据到期，付款单位未能按期付款，贴现银行将票据退回申请贴现的单位，并从贴现单位存款户中扣除票款。

借：应收账款　　23 200
　　贷：银行存款　　23 200

如果申请贴现单位账户的存款余额也不足以支付票款，银行则作为逾期贷款处理，申请贴现单位应编制以下会计分录。

借：应收账款　　23 200

　　贷：短期借款　　23 200

如果贴现票据是银行承兑的，一般不会出现到期不能付款的情况。票据到期时，承兑银行如数付款给收款单位，不构成贴现单位的经济业务，不需要编制会计分录。

（二）应收账款的核算

1. 应收账款核算的内容

应收账款是指事业单位提供服务、销售产品等应收取的款项，以及单位因出租资产、出售物资等应收取的款项。

2. 应收账款核算的账务处理

为了核算事业单位因提供服务、销售产品等应收取的款项，以及单位因出租资产、出售物资等应收取的款项，应设置“应收账款”科目。它是资产类科目，借方登记单位应收取的款项，贷方登记收回的款项，期末借方余额反映尚未收回的各种应收账款。本科目应按不同的债务单位（或个人）设置明细账，进行明细核算。

对应收账款应作以下主要账务处理。

（1）应收账款收回后不需上缴财政。单位发生应收账款时，按照应收未收金额，借记本科目，贷记“事业收入”“经营收入”“租金收入”“其他收入”等科目。收回应收账款时，按照实际收到的金额，借记“银行存款”等科目，贷记本科目。

（2）应收账款收回后需上缴财政。

①单位出租资产发生应收未收租金款项时，按照应收未收金额，借记本科目，贷记“应缴财政款”科目。收回应收账款时，按照实际收到的金额，借记“银行存款”等科目，贷记本科目。

②单位出售物资发生应收未收款项时，按照应收未收金额，借记本科目，贷记“应缴财政款”科目。收回应收账款时，按照实际收到的金额，借记“银行存款”等科目，贷记本科目。

（3）事业单位应当于每年年末，对收回后不需上缴财政的应收账款进行全面检查，如发生不能收回的迹象，应当计提坏账准备。

①对于账龄超过规定年限，确认无法收回的应收账款，按照规定报经批准后予以核销。按照核销金额，借记“坏账准备”科目，贷记本科目。核销的应收账款应在备查簿中保留登记。

②已核销的应收账款在以后期间又收回的，按照实际收回金额，借记本科目，贷记“坏账准备”科目；同时，借记“银行存款”等科目，贷记本科目。

（4）事业单位应当于每年年末，对收回后应当上缴财政的应收账款进行全面检查。

①对于账龄超过规定年限、确认无法收回的应收账款，按照规定报经批准后予以核销。按照核销金额，借记“应缴财政款”科目，贷记本科目。核销的应收账款应当在备查簿中保留登记。

②已核销的应收账款在以后期间又收回的，按照实际收回金额，借记“银行存款”等科目，贷记“应缴财政款”科目。

【例4－9】某事业单位发生以下应收账款业务。

（1）10月2日，向光明公司销售货物50件，单价200元，增值税税率16%，款项共计

11 600 元尚未收到。

借：应收账款——光明公司 11 600

贷：经营收入 10 000

应交增值税——应交税金（销项税额） 1 600

（2）光明公司于 10 月 8 日付款，收到款项 11 600 元存入银行。

借：银行存款 11 600

贷：应收账款——光明公司 11 600

（3）事业单位出租会议室，租金 5 000 元尚未收到（该租金需要上缴财政）。

借：应收账款 5 000

贷：应缴财政款 5 000

（4）年末，事业单位对应收账款进行全面清查，发现一笔收回后应上缴财政的应收账款 2 000 元已经超过规定年限，确实无法收回，经批准予以核销。

借：应缴财政款 2 000

贷：应收账款 2 000

（三）预付账款的核算

预付账款是指按照购货、服务合同或协议规定预付给供应单位（或个人）的款项，以及按照合同规定向承包工程的施工企业预付的备料款和工程款。

为了反映和监督事业单位预付货款的支出和结算情况，应设置“预付账款”科目，它是资产类科目，借方登记向供应单位预付的货款，贷方登记本单位收到所购物品时应结转的预付货款，期末余额一般在借方，反映本单位向供应单位已预付尚未结算的货款。

本科目应当按照供应单位（或个人）及具体项目进行明细核算；对于基本建设项目发生的预付账款，还应当在本科目所属基建项目明细科目下设置“预付备料款”“预付工程款”“其他预付款”等明细科目，进行明细核算。

对预付账款应作以下主要账务处理。

（1）根据购货、服务合同或协议规定预付款项时，按照预付金额，借记本科目，贷记“财政拨款收入”“零余额账户用款额度”“银行存款”等科目。

（2）收到所购资产或服务时，按照购入资产或服务的成本，借记“库存物品”“固定资产”“无形资产”“业务活动费用”等相关科目，按照相关预付账款的账面余额，贷记本科目，按照实际补付的金额，贷记“财政拨款收入”“零余额账户用款额度”“银行存款”等科目。

（3）根据工程进度结算工程价款及备料款时，按照结算金额，借记“在建工程”科目，按照相关预付账款的账面余额，贷记本科目，按照实际补付的金额，贷记“财政拨款收入”“零余额账户用款额度”“银行存款”等科目。

（4）发生预付账款退回的，按照实际退回金额，借记“财政拨款收入”（本年直接支付）、“财政应返还额度”（以前年度直接支付）、“零余额账户用款额度”“银行存款”等科目，贷记本科目。

（5）事业单位应当于每年年末，对预付账款进行全面检查。如果有确凿证据表明预付账款不再符合预付款项性质，或者因供应单位破产、撤销等原因可能无法收到所购货物、服务的，应当先将其转入其他应收款，再按照规定进行处理。将预付账款账面余额转入其他应收款时，借记“其他应收款”科目，贷记本科目。

【例4-10】某事业单位订购某项经营活动用货物，按合同规定预付货款50 000元。

借：预付账款　　50 000

　　贷：银行存款　　50 000

假设例4-10中，事业单位订购的货物到货，发票账单上列明价款60 000元，税金9 600元，用零余额账户用款额度补付货款20 800元。

借：库存物品　　60 000

　　应交增值税——应交税金（进项税额）　　9 600

　　贷：预付账款　　50 000

　　　　零余额账户用款额度　　19 600

（四）应收股利的核算

应收股利是指事业单位持有长期股权投资应当收取的现金股利或应当分得的利润。为了核算事业单位持有长期股权投资应当收取的现金股利或应当分得的利润情况，应设置“应收股利”科目。它是资产类科目，借方登记应收取股利的增加数，贷方登记已收到的股利。期末借方余额，反映事业单位应当收取但尚未收到的现金股利或利润。

对应收股利应作以下主要账务处理。

（1）取得长期股权投资，按照支付的价款中所包含的已宣告但尚未发放的现金股利，借记本科目，按照确定的长期股权投资成本，借记“长期股权投资”科目，按照实际支付的金额，贷记“银行存款”等科目。

收到取得投资时实际支付价款中所包含的已宣告但尚未发放的现金股利时，按照收到的金额，借记“银行存款”科目，贷记本科目。

（2）长期股权投资持有期间，被投资单位宣告发放现金股利或利润的，按照应享有的份额，借记本科目，贷记“投资收益”（成本法下）或“长期股权投资”（权益法下）科目。

（3）实际收到现金股利或利润时，按照收到的金额，借记“银行存款”等科目，贷记本科目。

【例4-11】某事业单位报经批准于20×6年1月8日以自行研发的专利技术作价出资，与A企业共同出资设立B有限责任公司（假定相关的产权手续于当日办理完毕）。该事业单位专利技术账面余额800 000元，无形资产累计摊销200 000元，评估价值6 000 000元。B公司注册资本10 000 000元，该事业单位股权比例为60%，A企业股权比例为40%。20×6年B公司全年实现净利润6 000 000元，20×7年4月B公司宣告向股东分派利润2 000 000元，5月收到现金股利1 200 000元。

则事业单位在20×7年应编制以下有关应收股利的会计分录（其他分录略）。

借：应收股利　　1 200 000

　　贷：长期股权投资——损益调整　　1 200 000

借：银行存款　　1 200 000

　　贷：应收股利　　1 200 000

（五）应收利息的核算

事业单位的应收利息是指长期债券投资应当收取的利息。为了核算事业单位持有长期债券投资应当收取的利息情况，应设置“应收利息”科目。它是资产类科目，借方登记分期付息的长期债券投资应收的利息，贷方登记收到的利息，期末借方余额，反映事业单位应收未收的长期债券投资利息。本科目应当按照被投资单位等进行明细核算。

对应收利息应作以下主要账务处理。

（1）取得长期债券投资，按照确定的投资成本，借记“长期债券投资”科目，按照支付的价款中包含的已到付息期但尚未领取的利息，借记本科目，按照实际支付的金额，贷记“银行存款”等科目。收到取得投资时实际支付价款中所包含的已到付息期但尚未领取的利息时，按照收到的金额，借记“银行存款”等科目，贷记本科目。

（2）按期计算确认长期债券投资利息收入时，对于分期付息、一次还本的长期债券投资，按照以票面金额和票面利率计算确定的应收未收利息金额，借记本科目，贷记“投资收益”科目。

（3）实际收到应收利息时，按照收到的金额，借记“银行存款”等科目，贷记本科目。

【例4－12】某事业单位20×6年1月2日从其他单位购入20×4年1月1日发行的5年期国库券1 000张，每张面值为100元，年利率为4%，每年付息一次，到期还本。支付款项共计105 000元，其中包含已经到期尚未支付的利息4 000元，款项以银行存款支付。20×6年1月5日收到20×5年的债券利息收入4 000元。

（1）20×6年1月购买国库券时应编制以下会计分录。

借：长期债券投资——成本	101 000	
应收利息	4 000	
贷：银行存款		105 000

（2）20×6年收到利息时应编制以下会计分录。

借：银行存款	4 000	
贷：应收利息		4 000

（六）其他应收款的核算

其他应收款是指除财政应返还额度、应收票据、应收账款、预付账款、应收股利、应收利息以外的其他各项应收及暂付款项，如职工预借的差旅费、已经偿还银行尚未报销的本单位公务卡欠款、拨付给内部有关部门的备用金、应向职工收取的各种垫付款项、支付的可以收回的订金或押金、应收的上级补助和附属单位上缴款项等。为了核算其他应收款的增减变动情况，事业单位应设置“其他应收款”科目。它是资产类科目，借方登记其他应收款的增加数，贷方登记收回数额，期末借方余额，反映单位尚未收回的其他应收款。本科目应当按照其他应收款的类别以及债务单位（或个人）进行明细核算。

对其他应收款应作以下主要账务处理。

（1）发生其他各种应收及暂付款项时，按照实际发生金额，借记本科目，贷记“零余额账户用款额度”“银行存款”“库存现金”“上级补助收入”“附属单位上缴收入”等科目。

（2）收回其他各种应收及暂付款项时，按照收回的金额，借记“库存现金”“银行存款”等科目，贷记本科目。

（3）单位内部实行备用金制度的，有关部门使用备用金以后应当及时到财务部门报销并补足备用金。

财务部门核定并发放备用金时，按照实际发放金额，借记本科目，贷记“库存现金”等科目。

根据报销金额用现金补足备用金定额时，借记“业务活动费用”“单位管理费用”等科目，贷记“库存现金”等科目，报销数和拨补数都不再通过本科目核算。

（4）偿还尚未报销的本单位公务卡欠款时，按照偿还的款项，借记本科目，贷记“零余额账户用款额度”“银行存款”等科目；持卡人报销时，按照报销金额，借记“业务活动费用”“单位管理费用”等科目，贷记本科目。

（5）将预付账款账面余额转入其他应收款时，借记本科目，贷记“预付账款”科目。具体说明参见“预付账款”科目。

事业单位应当于每年年末，对其他应收款进行全面检查，如发生不能收回的迹象，应当计提坏账准备。

（1）对于账龄超过规定年限、确认无法收回的其他应收款，按照规定报经批准后予以核销。按照核销金额，借记“坏账准备”科目，贷记本科目。核销的其他应收款应当在备查簿中保留登记。

（2）已核销的其他应收款在以后期间又收回的，按照实际收回金额，借记本科目，贷记“坏账准备”科目；同时，借记“银行存款”等科目，贷记本科目。

【例4－13】某事业单位发生以下其他应收款业务。

（1）单位专业业务人员李力借差旅费，付给其现金1 600元。

借：其他应收款——李力	1 600	
贷：库存现金		1 600

（2）单位内部办公部门领取备用金3 000元，以现金支付。

借：其他应收款——备用金	3 000	
贷：库存现金		3 000

（3）李力出差回来，报销差旅费1 560元，余款40元退回。

借：业务活动费用	1 560	
库存现金	40	
贷：其他应收款——李力		1 600

（4）单位后勤部门管理人员王军出差使用本单位公务卡支付差旅费共计5 800元尚未报销，还款日期已到，单位用零余额账户用款额度进行了偿还。

借：其他应收款——王军	5 800	
贷：零余额账户用款额度		5 800

（5）后勤部门管理人员王军到财务办理了报销手续，共计报销5 800元。

借：单位管理费用	5 800	
贷：其他应收款——王军		5 800

五、坏账准备的核算

事业单位的坏账准备是指事业单位对收回后不需上缴财政的应收账款和其他应收款提取的坏账准备金。为了核算事业单位对收回后不需上缴财政的应收账款和其他应收款的坏账准备金提取和使用情况，应设置“坏账准备”科目，贷方登记提取的坏账准备，借方登记确认发生的坏账损失，期末贷方余额，反映事业单位提取的坏账准备金额。

本科目应当分别对应收账款和其他应收款进行明细核算。

事业单位应当于每年年末，对收回后不需上缴财政的应收账款和其他应收款进行全面检查，分析其可收回性，对预计可能产生的坏账损失计提坏账准备、确认坏账损失。

事业单位可以采用应收款项余额百分比法、账龄分析法、个别认定法等方法计提坏账准备。

坏账准备计提方法一经确定，不得随意变更。如需变更，应当按照规定报经批准，并在财务报表附注中予以说明。

当期应补提或冲减的坏账准备金额的计算公式为

$$\text{当期应补提或冲减的坏账准备} = \text{按照期末应收账款和其他应收款计算应计提的坏账准备金额} - \text{本科目期末贷方余额}\left(\text{或} + \text{本科目期末借方余额}\right)$$

对坏账准备应作以下主要账务处理。

(1) 提取坏账准备时，借记“其他费用”科目，贷记本科目；冲减坏账准备时，借记本科目，贷记“其他费用”科目。

(2) 对于账龄超过规定年限并确认无法收回的应收账款、其他应收款，应当按照有关规定报经批准后，按照无法收回的金额，借记本科目，贷记“应收账款”“其他应收款”科目。

已核销的应收账款、其他应收款在以后期间又收回的，按照实际收回金额，借记“应收账款”“其他应收款”科目，贷记本科目；同时，借记“银行存款”等科目，贷记“应收账款”“其他应收款”科目。

【例 4－14】 某事业单位为增值税一般纳税人，增值税税率为16%，采用“应收账款余额百分比法”计提坏账准备，计提比例为5%，20×7 年 12 月 1 日，该事业单位“应收账款”借方余额为4 000 000 元，“坏账准备”账户贷方余额为200 000 元。20×7 年 12 月，该事业单位发生了以下业务。

(1) 12 月 2 日，向乙公司销售 W 产品 500 件，标价总额为 4 000 000 元（不含增值税）。事业单位已发出 W 产品，并向银行办理托收手续。

(2) 12 月 25 日，收回上年度已转销为坏账损失的应收账款 150 000 元并存入银行。

要求：

(1) 编制该事业单位 12 月 2 日销售商品时的会计分录。

(2) 编制该事业单位 12 月 25 日收回上年度已转销为坏账损失的应收账款的会计分录。

(3) 编制该事业单位 20×7 年年末计提（或冲销）坏账准备的会计分录。

（假设该事业单位没有其他不需上缴财政的应计提坏账准备的应收款项）。

(1) 借：应收账款　4 640 000
　　贷：经营收入　4 000 000
　　　　应交增值税——销项税额　640 000

(2) 借：应收账款　150 000
　　贷：坏账准备　150 000

同时，

借：银行存款　150 000
　贷：应收账款　150 000

(3) 借：其他费用　82 000
　　贷：坏账准备　82 000

六、存货的核算

（一）存货核算的内容

存货，是指事业单位在开展业务活动及其他活动中为耗用或出售而储存的资产，如材料、产品、包装物和低值易耗品等，以及未达到固定资产标准的用具、装具、动植物等。

存货同时满足下列条件的，应当予以确认。

（1）与该存货相关的服务潜力很可能实现或者经济利益很可能流入政府会计主体。

（2）该存货的成本或者价值能够可靠地计量。

事业单位存货核算需要设置“在途物品”“库存物品”和“加工物品”科目。

（二）在途物品的核算

在途物品是指事业单位采购材料等物资时货款已付或已开出商业汇票但尚未验收入库的物品。为了核算在途物品的采购成本，应设置“在途物品”科目。它是资产类科目，借方登记外购物品的实际采购成本，贷方登记到达验收入库的外购物品的采购成本，期末借方余额，反映单位在途物品的采购成本。

本科目可按照供应单位和物品种类进行明细核算。

对在途物品应作以下主要账务处理。

（1）事业单位购入材料等物品，按照确定的物品采购成本的金额，借记本科目，按照实际支付的金额，贷记“财政拨款收入”“零余额账户用款额度”“银行存款”等科目。

（2）所购材料等物品到达验收入库，按照确定的库存物品成本金额，借记“库存物品”科目，按照物品采购成本金额，贷记本科目，按照使得入库物品达到目前场所和状态所发生的其他支出，贷记“银行存款”等科目。

【例 4－15】 某小规模纳税人事业单位 3 月 28 日通过零余额账户用款额度支付购入事业活动用甲材料 1 000 千克，单价 20 元，增值税为 3 200 元，价税款合计 23 200 元，3 月末材料尚未到达。

借：在途物品——材料　　23 200

　　贷：零余额账户用款额度　　23 200

假设 4 月 5 日，上述外购材料 1 000 千克到达验收入库。

借：库存物品——材料　　23 200

　　贷：在途物品——材料　　23 200

（三）库存物品的核算

库存物品是指事业单位在开展业务活动及其他活动中为耗用或出售而储存的各种材料、产品、包装物和低值易耗品，以及达不到固定资产标准的用具、装具、动植物等的成本。

为了核算事业单位在开展业务活动及其他活动中为耗用或出售而储存的各种材料、产品、包装物和低值易耗品，以及达不到固定资产标准的用具、装具、动植物等的成本情况，应设置“库存物品”科目。它是资产类科目，借方登记验收入库的库存物品成本，贷方登记领用出库的成本，期末借方余额，反映单位库存物品的实际成本。

已完成的测绘、地质勘察、设计成果等的成本，也通过本科目核算。单位随买随用的零星办公用品，可以在购进时直接列作费用，不通过本科目核算。

单位控制的政府储备物资，应当通过“政府储备物资”科目核算，不通过本科目核算。单位受托存储保管的物资和受托转赠的物资，应当通过“受托代理资产”科目核算，不通过本科目核算。

单位为在建工程购买和使用的材料物资，应当通过“工程物资”科目核算，不通过本科目核算。

本科目应当按照库存物品的种类、规格、保管地点等进行明细核算。

单位储存的低值易耗品、包装物较多的，可以在本科目（低值易耗品、包装物）下按照

"在库""在用"和"摊销"等进行明细核算。

1. 取得库存物品的账务处理

（1）外购的库存物品验收入库，按照确定的成本，借记本科目，贷记"财政拨款收入""零余额账户用款额度""银行存款""应付账款""在途物品"等科目。

（2）自制的库存物品加工完成并验收入库，按照确定的成本，借记本科目，贷记"加工物品——自制物品"科目。

（3）委托外单位加工收回的库存物品验收入库，按照确定的成本，借记本科目，贷记"加工物品——委托加工物品"等科目。

（4）接受捐赠的库存物品验收入库，按照确定的成本，借记本科目，按照发生的相关税费、运输费等，贷记"银行存款"等科目，按照其差额，贷记"捐赠收入"科目。接受捐赠的库存物品按照名义金额入账的，按照名义金额，借记本科目，贷记"捐赠收入"科目；同时，按照发生的相关税费、运输费等，借记"其他费用"科目，贷记"银行存款"等科目。

（5）无偿调入的库存物品验收入库，按照确定的成本，借记本科目，按照发生的相关税费、运输费等，贷记"银行存款"等科目，按照其差额，贷记"无偿调拨净资产"科目。

（6）置换换入的库存物品验收入库，按照确定的成本，借记本科目，按照换出资产的账面余额，贷记相关资产科目（换出资产为固定资产、无形资产的，还应当借记"固定资产累计折旧""无形资产累计摊销"科目），按照置换过程中发生的其他相关支出，贷记"银行存款"等科目，按照借贷方差额，借记"资产处置费用"科目或贷记"其他收入"科目。涉及补价的，分别按以下情况处理。

①支付补价的，按照确定的成本，借记本科目，按照换出资产的账面余额，贷记相关资产科目（换出资产为固定资产、无形资产的，还应当借记"固定资产累计折旧""无形资产累计摊销"科目），按照支付的补价和置换过程中发生的其他相关支出，贷记"银行存款"等科目，按照借贷方差额，借记"资产处置费用"科目或贷记"其他收入"科目。

②收到补价的，按照确定的成本，借记本科目，按照收到的补价，借记"银行存款"等科目，按照换出资产的账面余额，贷记相关资产科目（换出资产为固定资产、无形资产的，应当借记"固定资产累计折旧""无形资产累计摊销"科目），按照置换过程中发生的其他相关支出，贷记"银行存款"等科目，按照补价扣减其他相关支出后的净收入，贷记"应缴财政款"科目，按照借贷方差额，借记"资产处置费用"科目或贷记"其他收入"科目。

2. 发出库存物品的账务处理

（1）单位开展业务活动等领用、按照规定自主出售发出或加工发出库存物品，按照领用、出售等发出物品的实际成本，借记"业务活动费用""单位管理费用""经营费用""加工物品"等科目，贷记本科目。

采用一次转销法摊销低值易耗品、包装物的，在首次领用时将其账面余额一次性摊销计入有关成本费用，借记有关科目，贷记本科目。采用五五摊销法摊销低值易耗品、包装物的，首次领用时，将其账面余额的50%摊销计入有关成本费用，借记有关科目，贷记本科目；使用完时，将剩余的账面余额转销计入有关成本费用，借记有关科目，贷记本科目。

（2）经批准对外出售的库存物品（不含可自主出售的库存物品）发出时，按照库存物品的账面余额，借记"资产处置费用"科目，贷记本科目；同时，按照收到的价款，借记"银行存款"等科目，按照处置过程中发生的相关费用，贷记"银行存款"等科目，按照其差额，贷记"应缴财政款"科目。

（3）经批准对外捐赠的库存物品发出时，按照库存物品的账面余额和对外捐赠过程中发生的归属于捐出方的相关费用合计数，借记“资产处置费用”科目，按照库存物品账面余额，贷记本科目，按照对外捐赠过程中发生的归属于捐出方的相关费用，贷记“银行存款”等科目。

（4）经批准无偿调出的库存物品发出时，按照库存物品的账面余额，借记“无偿调拨净资产”科目，贷记本科目；同时，按照无偿调出过程中发生的归属于调出方的相关费用，借记“资产处置费用”科目，贷记“银行存款”等科目。

（5）经批准置换换出的库存物品，参照本科目有关置换换入库存物品的规定进行账务处理。

3. 库存物品清查的账务处理

单位应当定期对库存物品进行清查盘点，每年至少盘点一次。对于发生的库存物品盘盈、盘亏或者报废、毁损，应当先记入“待处理财产损溢”科目，按照规定报经批准后及时进行后续账务处理。

（1）盘盈的库存物品，其成本按照有关凭据注明的金额确定；没有相关凭据、但按照规定经过资产评估的，其成本按照评估价值确定；没有相关凭据、也未经过评估的，其成本按照重置成本确定。如无法采用上述方法确定盘盈的库存物品成本的，按照名义金额入账。盘盈的库存物品，按照确定的入账成本，借记本科目，贷记“待处理财产损溢”科目。

（2）盘亏或者毁损、报废的库存物品，按照待处理库存物品的账面余额，借记“待处理财产损溢”科目，贷记本科目。

属于增值税一般纳税人的单位，若因非正常原因导致的库存物品盘亏或毁损，还应当将与该库存物品相关的增值税进项税额转出，按照其增值税进项税额，借记“待处理财产损溢”科目，贷记“应交增值税——应交税金（进项税额转出）”科目。

【例 4－16】 某事业单位发生以下有关库存物品的业务。

（1）购入甲材料 1 000 千克，单价 20 元，价款合计 20 000 元，用零余额账户用款额度支付，材料入库。

借：库存物品——材料　　20 000
　　贷：零余额账户用款额度　　20 000

（2）从外地购入 A 材料 300 千克，单价 20 元，价款计 6 000 元；购入 B 材料 200 千克，单价 15 元，价款计 3 000 元。材料已经验收入库，用银行存款支付价款总计 9 000 元，另外支付运杂费 500 元，运杂费按材料重量比例分配。

$$运杂费分配率=\frac{500}{300+200}=1\ （元/千克）$$

A 材料应分配的运杂费 $=300\times1=300$（元）

B 材料应分配的运杂费 $=200\times1=200$（元）

购入材料时应编制以下会计分录。

借：库存物品——材料——A 材料　　6 300
　　　　　　——材料——B 材料　　3 200
　　贷：银行存款　　9 500

（3）单位修缮后勤办公楼领用材料，成本 450 元。

借：单位管理费用　　450

　　贷：库存物品——材料　　450

（4）事业单位经营活动领用材料 1 200 元。

借：经营费用　　1 200

　　贷：库存物品——材料　　1 200

（5）系统内其他单位无偿调入库存物品甲一批，价值 30 000 元，用银行存款支付运输等费用 1 500 元，物品入库。

借：库存物品　　31 500

　　贷：银行存款　　1 500

　　　　无偿调拨净资产　　30 000

（6）接受外单位捐赠的库存物品乙一批，价值 20 000 元，用银行存款支付运输等费用 1 000 元，物品入库。

借：库存物品　　21 000

　　贷：银行存款　　1 000

　　　　捐赠收入　　20 000

（7）年终进行财产清查，发现盘亏乙材料 100 千克，单价 15 元，共计 1 500 元；盘盈 A 材料 30 千克，按同类材料注明的成本计价 600 元。

事业单位盘亏的乙材料 1 500 元转入待处理财产损溢时应编制以下会计分录。

借：待处理财产损溢　　1 500

　　贷：库存物品——材料——乙材料　　1 500

报经批准后应编制以下会计分录。

借：资产处置费用　　1 500

　　贷：待处理财产损溢　　1 500

盘盈的 A 材料 600 元，应编制以下会计分录。

借：库存物品——材料——A 材料　　600

　　贷：待处理财产损溢　　600

报经批准后应编制以下会计分录。

借：待处理财产损溢　　600

　　贷：单位管理费用　　600

（四）加工物品的核算

加工物品是指事业单位自制或委托外单位加工的各种物品。为了核算事业单位自制或委托外单位加工的各种物品的实际成本，事业单位应设置“加工物品”科目。它是资产类科目，借方登记加工物品的成本，贷方登记加工完成验收入库物品的成本，期末借方余额，反映单位自制或委托外单位加工但尚未完工的各种物品的实际成本。

未完成的测绘、地质勘察、设计成果的实际成本，也通过本科目核算。

本科目应当设置“自制物品”“委托加工物品”两个一级明细科目，并按照物品类别、品种、项目等设置明细账，进行明细核算。

本科目“自制物品”一级明细科目下应当设置“直接材料”“直接人工”“其他直接费用”等二级明细科目归集自制物品发生的直接材料、直接人工（专门从事物品制造人员的人工费）等直接费用；对于自制物品发生的间接费用，应当在本科目“自制物品”一级明细科目下单独设置“间接费用”二级明细科目予以归集，期末，再按照一定的分配标准和方法，分配计入有关物品的成本。

1. 自制物品核算的主要账务处理

（1）为自制物品领用材料等，按照材料成本，借记本科目（自制物品——直接材料），贷记“库存物品”科目。

（2）专门从事物品制造的人员发生的直接人工费用，按照实际发生的金额，借记本科目（自制物品——直接人工），贷记“应付职工薪酬”科目。

（3）为自制物品发生的其他直接费用，按照实际发生的金额，借记本科目（自制物品——其他直接费用），贷记“零余额账户用款额度”“银行存款”等科目。

（4）为自制物品发生的间接费用，按照实际发生的金额，借记本科目（自制物品——间接费用），贷记“零余额账户用款额度”“银行存款”“应付职工薪酬”“固定资产累计折旧”“无形资产累计摊销”等科目。

间接费用一般按照生产人员工资、生产人员工时、机器工时、耗用材料的数量或成本、直接费用（直接材料和直接人工）或产品产量等进行分配。单位可根据具体情况自行选择间接费用的分配方法。分配方法一经确定，不得随意变更。

（5）已经制造完成并验收入库的物品，按照所发生的实际成本（包括耗用的直接材料费用、直接人工费用、其他直接费用和分配的间接费用），借记“库存物品”科目，贷记本科目（自制物品）。

2. 委托加工物品核算的主要账务处理

（1）发给外单位加工的材料等，按照其实际成本，借记本科目（委托加工物品），贷记“库存物品”科目。

（2）支付加工费、运输费等费用，按照实际支付的金额，借记本科目（委托加工物品），贷记“零余额账户用款额度”“银行存款”等科目。

（3）委托加工完成的材料等验收入库，按照加工前发出材料的成本和加工、运输成本等，借记“库存物品”等科目，贷记本科目（委托加工物品）。

【例4-17】某事业单位发生以下有关加工物品的业务。

（1）单位自行加工甲、乙产品，加工产品领用材料8 000元，其中甲产品领用5 000元，乙产品领用3 000元。

借：加工物品——直接材料（甲产品）	5 000	
——直接材料（乙产品）	3 000	
贷：库存物品——材料		8 000

（2）自制甲乙产品发生直接人工费共计6 000元，其中甲产品领用4 000元，乙产品领用2 000元。

借：加工物品——直接人工（甲产品）	4 000	
——直接人工（乙产品）	2 000	
贷：应付职工薪酬		6 000

（3）用银行存款支付加工甲乙产品的水电费共计3 000元，按生产工人工资比例分配。

借：加工物品——间接费用（甲产品）	2 000	
——间接费用（乙产品）	1 000	
贷：银行存款		3 000

（4）月末生产的甲产品全部完工验收入库，结转其实际加工成本 11 000 元。

借：库存物品——甲产品　　11 000

　　贷：加工物品——自制物品　　11 000

（五）存货的盘存制度

存货的盘存制度是指确定特定会计期间存货减少与结存存货量的方法，它包括实地盘存制和永续盘存制两种。

（1）实地盘存制（也称定期盘存制）。它是指事业单位在每个会计期间增加的存货，要依据会计凭证，依次记入存货明细账及其总账，但对各个会计期间销售或者耗用的存货平时不予记录，到了会计期末，通过实地盘点，确定存货的期末结存数量，并按存货的一定计价方法确定期末存货的金额，然后通过倒挤的方法，确定本期已经销售或者耗用存货的数量和金额。

实地盘存制的优点是平时只登记进货的成本和数量，不需要登记发出存货的数量和金额，月末通过实地盘点确定结存存货的数量和金额，汇总倒挤出本期减少的存货数量和金额，一次登记入账，简化了日常的登记存货账簿的工作。缺点是不能随时结转发出存货的成本，只能月末一次结转，加大了期末的核算工作量；同时以存计销，掩盖了存货管理中存在的自然损耗和人为损耗因素，从而导致发出存货成本计算不实的问题；由于平时不记录存货的减少数量和金额，不能随时反映存货收、发、存的信息，不利于日常对存货的计划管理和控制。

【例 4－18】以下为某事业单位 A 材料的期初结存及本期购进和发出数量的资料。

10 月 1 日，结存 100 千克，单价 50 元，金额 5 000 元。

10 月 8 日，发出 80 千克。

10 月 12 日，购进 200 千克，单价 50 元，金额 10 000 元。

10 月 25 日，购进 80 千克，单价 50 元，金额 4 000 元。

10 月 30 日，发出 240 千克。

10 月 31 日，盘点 A 材料的期末结存数量为 50 千克。采用实地盘存制，登记 A 材料明细账，见表 4－2。

表 4－2　　**材料明细账**

计量单位：千克

材料名称：A 材料　　金额单位：元

年		凭证	摘要	购进			发出			结存		
月	日			数量	单价	金额	数量	单价	金额	数量	单价	金额
10	1		期初结存							100	50	5 000
	12		购进	200	50	10 000						
	25		购进	80	50	4 000						
	31		盘点							50		2 500
	31		发出				330	50	16 500		50	
10	31		合计	280	50	14 000	330	50	16 500	50	50	2 500

通过本例可以看出，采用实地盘存制，平时只记录购进存货的数量和成本，不记录发出存货的数量和成本，可以简化存货的核算工作。但这种盘存制度不能从账面上反映存货的购

进、发出和结存情况，只能通过定期盘点，计算结转发出存货的成本。由于用倒挤方法确定发出存货的数量和成本，使结转的发出存货数量和成本可能包含非正常耗用的数量和成本，从而不利于存货的管理。如在例4－9中，发出A材料的数量应该为320千克（80＋240），金额为16 000元，但采用实地盘存制，确定的发出存货的数量为330千克，金额为16 500元，比实际发出数量多10千克，成本多500元。

（2）永续盘存制（也称账面盘存制），是指事业单位在每个会计期间增加、减少的存货（销售或者耗用），都要根据存货收发凭证，依次记入材料明细账，对存货的增减变动情况进行连续记录，并根据存货增减数量的登记，随时在存货明细账中结出存货的结存数量。这种方法下，在存货的明细账中的收入数量和金额可以根据购进存货的原始记录进行登记，发出存货的数量可以根据发出存货的原始记录进行登记，在每次收发存货后，要随时结出存货的数量。存货明细账中是否随时登记发出存货和结存存货的金额，应根据事业单位采取的期末存货计价方法而定。会计实务中，一般都在会计期末通过期末存货的计价，集中计算和结转本期发出存货的成本。无论事业单位采用哪种存货计价方法，都能在每次收发存货后，在存货的明细账中及时结出存货的数量。因此，永续盘存制又称账面盘存制。

永续盘存制的应用，要求为存货设置明细分类账，以反映每种品名及型号存货收入、发出和结存的数量和金额。有了这种明细账记录，一方面可据以同存货的总分类账相互核对，以便在它们之间保持数量和金额上的钩稽关系，增强存货核算的正确性；另一方面也便于存货的管理和控制，可以弥补实地盘存制的不足。

【例4－19】 仍以例4－18为例，采用永续盘存制，登记的材料明细账见表4－3。

表4－3　　　　材料明细账

计量单位：千克

材料名称：A材料　　　　金额单位：元

年		凭证	摘要	购进			发出			结存		
月	日			数量	单价	金额	数量	单价	金额	数量	单价	金额
10	1		期初结存							100	50	5 000
	8		发出				80	50	4 000	20	50	1 000
	12		购进	200	50	10 000				220	50	11 000
	25		购进	80	50	4 000				300	50	15 000
	30		发出				240	50	12 000	60	50	3 000
10	31		合计	280	50	14 000	320	50	16 000	60	50	3 000

通过例4－19可以看出，采用永续盘存制，可以在账簿中反映存货的购进、发出和结存的情况，并从数量和金额两方面进行管理控制；账簿上结存数量60千克，可以通过实地盘点进行核对，如果账簿上的结存数量与实存数量不符可以及时查明原因，本例中实际比账面少10千克。但是，永续盘存制要求每一品种的存货都要开设一个明细账，使存货的明细分类核算工作量大大增加。由于永续盘存制便于存货的日常核算，有利于存货的计划与控制，又能通过实地盘点来及时发现和处理存货各种不正常的损失。因而，永续盘存制在企业和事业单位被广泛采用。

（六）发出存货的计价

按照存货准则的规定，事业单位领用或发出存货可以根据单位的实际情况，选择先进先出法、加权平均法或个别计价法确定其实际成本。计价方法一经确定，不得随意变更。

（1）先进先出法。它是假定先购进的材料先发出去，对发出材料和期末材料进行计价的方法。采用这种计价方法，购进材料时要逐笔登记购进材料的数量、单价和金额；发出材料时，按先进先出的原则确定单价，逐笔登记发出材料和结存材料金额。

【例 4－20】某事业单位期初结存 A 材料 200 千克，单价 10 元，金额 2 000 元，其他资料见表 4－4。

表 4－4　　材料明细账

材料名称：A 材料　　计量单位：千克　金额单位：元

年		摘要	购进		发出		结存		
月	日		数量	单价	数量	单价	数量	单价	金额
10	1	月初余额					200	10	2 000
	8	领用			200				
	10	购进	500	11					
	23	购进	300	9					
	29	领用			600				
10	31	合计	800		800		200		

第一次发出材料的实际成本＝200×10＝2 000（元）

第二次发出材料的实际成本＝500×11＋100×9＝6 400（元）

本月发出 A 材料的实际成本＝2 000＋6 400＝8 400（元）

（2）加权平均法。它是用本月初库存材料的实际成本加上本月购进材料的实际成本，除以本月初结存材料的数量加上本月购进材料的数量，求出材料的加权平均单价，作为发出材料的计价标准的方法。采用这种方法，可以在每月月末根据材料明细分类账的有关数字计算出材料平均单价后，求出发出和结存材料的金额。因此，这种计价工作一般要在月末进行。其计算公式为

$$\text{加权平均单价}=\frac{\text{期初结存材料金额}+\text{本期购进材料金额}}{\text{期初结存材料数量}+\text{本期购进材料数量}}$$

$$\text{期末结存材料金额}=\text{加权平均单价}\times\text{期末结存材料数量}$$

$$\text{本期发出材料成本}=\text{期初结存材料成本}+\text{本期购进材料成本}-\text{期末结存材料成本}$$

根据例 4－20 的已知资料，用加权平均计价法计算发出材料的实际成本为

$$\text{加权平均单价}=\frac{2\ 000+5\ 500+2\ 700}{200+500+300}=10.2\ (\text{元/千克})$$

本期发出 A 材料的实际成本＝（200＋600）×10.2＝8 160（元）

期末结存 A 材料的实际成本＝200×10.2＝2 040（元）

（3）个别计价法。这种方法是指本期发出存货和期末结存存货的成本，完全按照该存货所属验收入库的批次的实际成本进行计价的方法。

七、待摊费用的核算

待摊费用是指事业单位已经支付，但应当由本期和以后各期分别负担的，分摊期在 1 年以内（含 1 年）的各项费用，如预付航空保险费、预付租金等。

为了核算事业单位已经支付，但应当由本期和以后各期分别负担的，分摊期在 1 年以内（含 1 年）的各项费用，事业单位应设置“待摊费用”科目，它是资产类科目，借方登记待摊费用的支付数，贷方登记摊销数，期末借方余额，反映单位各种已支付但尚未摊销的分摊期在 1 年以内（含 1 年）的费用。

摊销期限在 1 年以上的租入固定资产改良支出和其他费用，应当通过“长期待摊费用”科目核算，不通过本科目核算。

待摊费用应当在其受益期限内分期平均摊销，如预付航空保险费应在保险期的有效期内、预付租金应在租赁期内分期平均摊销，计入当期费用。

本科目应当按照待摊费用种类进行明细核算。

对待摊费用应作以下主要账务处理。

（1）发生待摊费用时，按照实际预付的金额，借记本科目，贷记“财政拨款收入”“零余额账户用款额度”“银行存款”等科目。

（2）按照受益期限分期平均摊销时，按照摊销金额，借记“业务活动费用”“单位管理费用”“经营费用”等科目，贷记本科目。

（3）如果某项待摊费用已经不能使单位受益，应当将其摊余金额一次全部转入当期费用。按照摊销金额，借记“业务活动费用”“单位管理费用”“经营费用”等科目，贷记本科目。

【例 4－21】某事业单位 20×7 年 12 月 31 日用零余额账户用款额度预付下年度全年财产保险费 24 000 元。

借：待摊费用	24 000	
贷：零余额账户用款额度		24 000

假设 20×8 年 1 月摊销财产保险费 2 000 元。

借：单位管理费用	2 000	
贷：待摊费用		2 000

第二节　长期投资的核算

一、事业单位长期投资概述

长期投资是指事业单位取得的除短期投资以外的债权和股权性质的投资。长期投资分为长期股权投资和长期债券投资。

长期股权投资是指事业单位按照规定取得的，持有时间超过 1 年（不含 1 年）的股权性质的投资。

长期债券投资是指事业单位按照规定取得的，持有时间超过 1 年（不含 1 年）的债券投资。

（一）长期股权投资的计量

1. 长期股权投资的初始计量

长期股权投资在取得时，应当按照实际成本作为初始投资成本。

（1）以支付现金取得的长期股权投资，按照实际支付的全部价款（包括购买价款和相关税费）作为实际成本。实际支付价款中包含的已宣告但尚未发放的现金股利，应当单独确认为应收股利，不计入长期股权投资初始投资成本。

（2）以现金以外的其他资产置换取得的长期股权投资，其成本按照换出资产的评估价值加上支付的补价或减去收到的补价，加上换入长期股权投资发生的其他相关支出确定。

（3）接受捐赠的长期股权投资，其成本按照有关凭据注明的金额加上相关税费确定；没有相关凭据可供取得，但按规定经过资产评估的，其成本按照评估价值加上相关税费确定；没有相关凭据可供取得、也未经资产评估的，其成本比照同类或类似资产的市场价格加上相关税费确定。

（4）无偿调入的长期股权投资，其成本按照调出方账面价值加上相关税费确定。

2. 长期股权投资的后续计量

长期股权投资在持有期间，通常应当采用权益法进行核算。政府会计主体无权决定被投资单位的财务和经营政策或无权参与被投资单位的财务和经营政策决策的，应当采用成本法进行核算。

成本法，是指投资按照投资成本计量的方法。

权益法，是指投资最初以投资成本计量，以后根据政府会计主体在被投资单位所享有的所有者权益份额的变动对投资的账面余额进行调整的方法。

（二）长期债券投资的计量

1. 长期债券投资的初始计量

长期债券投资在取得时，应当按照实际成本作为初始投资成本。

实际支付价款中包含的已到付息期但尚未领取的债券利息，应当单独确认为应收利息，不计入长期债券投资初始投资成本。

2. 长期债券投资的后续计量

长期债券投资持有期间，应当按期以票面金额与票面利率计算确认利息收入。对于分期付息、一次还本的长期债券投资，应当将计算确定的应收未收利息确认为应收利息，计入投资收益；对于一次还本付息的长期债券投资，应当将计算确定的应收未收利息计入投资收益，并增加长期债券投资的账面余额。

二、长期股权投资的核算

为了核算事业单位按照规定取得的，持有时间超过1年（不含1年）的股权性质的投资，事业单位应设置“长期股权投资”科目。它是资产类科目，借方登记长期股权投资的增加额，贷方登记长期股权投资的减少额，期末借方有余额，反映事业单位持有的长期股权投资的价值。

本科目应当按照被投资单位和长期股权投资取得方式等进行明细核算。

长期股权投资采用权益法核算的，还应当按照“成本”“损益调整”“其他权益变动”设置明细科目，进行明细核算。

对长期股权投资应作以下主要账务处理。

（一）长期股权投资在取得时，应当按照其实际成本作为初始投资成本

（1）以现金取得的长期股权投资，按照确定的投资成本，借记本科目或本科目（成本），按照支付的价款中包含的已宣告但尚未发放的现金股利，借记“应收股利”科目，按照实际支付的全部价款，贷记“银行存款”等科目。

实际收到取得投资时所支付价款中包含的已宣告但尚未发放的现金股利时，借记“银行存款”科目，贷记“应收股利”科目。

（2）以现金以外其他资产置换取得的长期股权投资，可以参照资产置换取得的库存物品核算规定。

（3）以未入账的无形资产取得的长期股权投资，按照评估价值加相关税费作为投资成本，借记本科目，按照发生的相关税费，贷记“银行存款”“其他应交税费”等科目，按其差额，贷记“其他收入”科目。

（4）接受捐赠的长期股权投资，按照确定的投资成本，借记本科目或本科目（成本），按照发生的相关税费，贷记“银行存款”等科目，按照其差额，贷记“捐赠收入”科目。

（5）无偿调入的长期股权投资，按照确定的投资成本，借记本科目或本科目（成本），按照发生的相关税费，贷记“银行存款”等科目，按照其差额，贷记“无偿调拨净资产”科目。

（二）长期股权投资持有期间，应当按照规定采用成本法或权益法进行核算

1. 采用成本法核算

被投资单位宣告发放现金股利或利润时，按照应收的金额，借记“应收股利”科目，贷记“投资收益”科目。收到现金股利或利润时，按照实际收到的金额，借记“银行存款”等科目，贷记“应收股利”科目。

2. 采用权益法核算

（1）被投资单位实现净利润的，按照应享有的份额，借记本科目（损益调整），贷记“投资收益”科目。

被投资单位发生净亏损的，按照应分担的份额，借记“投资收益”科目，贷记本科目（损益调整），但以本科目的账面余额减记至零为限。发生亏损的被投资单位以后年度又实现净利润的，按照收益分享额弥补未确认的亏损分担额后的金额，借记本科目（损益调整），贷记“投资收益”科目。

（2）被投资单位宣告分派现金股利或利润的，按照应享有的份额，借记“应收股利”科目，贷记本科目（损益调整）。

（3）被投资单位发生除净损益和利润分配以外的所有者权益变动的，按照应享有或应分担的份额，借记或贷记“权益法调整”科目，贷记或借记本科目（其他权益变动）。

3. 成本法与权益法的转换

（1）单位因处置部分长期股权投资等原因而对处置后的剩余股权投资由权益法改按成本法核算的，应当按照权益法下本科目账面余额作为成本法下本科目账面余额（成本）。其后，被投资单位宣告分派现金股利或利润时，属于单位已计入投资账面余额的部分，按照应分得的现金股利或利润份额，借记“应收股利”科目，贷记本科目。

（2）单位因追加投资等原因对长期股权投资的核算从成本法改为权益法的，应当按照成本法下本科目账面余额与追加投资成本的合计金额，借记本科目（成本），按照成本法下本科目账面余额，贷记本科目，按照追加投资的成本，贷记“银行存款”等科目。

（三）按照规定报经批准处置长期股权投资

（1）按照规定报经批准出售（转让）长期股权投资时，应当区分长期股权投资取得方式分别进行处理。

①处置以现金取得的长期股权投资，按照实际取得的价款，借记“银行存款”等科目，按照被处置长期股权投资的账面余额，贷记本科目，按照尚未领取的现金股利或利润，贷记“应收股利”科目，按照发生的相关税费等支出，贷记“银行存款”等科目，按照借贷方差额，借记或贷记“投资收益”科目。

②处置以现金以外的其他资产取得的长期股权投资，按照被处置长期股权投资的账面余额，借记“资产处置费用”科目，贷记本科目；同时，按照实际取得的价款，借记“银行存款”等科目，按照尚未领取的现金股利或利润，贷记“应收股利”科目，按照发生的相关税费等支出，贷记“银行存款”等科目，按照贷方差额，贷记“应缴财政款”科目。按照规定将处置时取得的投资收益纳入本单位预算管理的，应当按照所取得价款大于被处置长期股权投资账面余额、应收股利账面余额和相关税费支出合计的差额，贷记“投资收益”科目。

（2）因被投资单位破产清算等原因，有确凿证据表明长期股权投资发生损失，按照规定报经批准后予以核销时，按照予以核销的长期股权投资的账面余额，借记“资产处置费用”科目，贷记本科目。

（3）报经批准置换转出长期股权投资时，参照“库存物品”科目中置换换入库存物品的规定进行账务处理。

（4）采用权益法核算的长期股权投资的处置，除进行上述账务处理外，还应结转原直接计入净资产的相关金额，借记或贷记“权益法调整”科目，贷记或借记“投资收益”科目。

【例4－22】（1）甲事业单位报经批准于20×6年1月10日以自行研发的专利技术作价出资，与乙企业共同出资设立丙有限责任公司（假定相关的产权手续于当日办理完毕）。甲事业单位该专利技术账面余额400 000元，无形资产累计摊销100 000元。评估价值3 000 000元。丙公司注册资本5 000 000元，甲单位股权比例为60%，乙公司股权比例为40%。

（2）20×6年丙公司全年实现净利润3 000 000元，除净利润以外的所有者权益减少额为500 000元。

（3）20×7年4月丙公司宣告向股东分派利润1 000 000元。

（4）20×7年丙公司全年发生净亏损7 000 000元。

（5）20×8年丙公司全年实现净利润1 500 000元。

（6）20×9年1月8日甲事业单位将对丙公司的投资全部转让，转让价格为12 000 000元。

甲事业单位应作以下会计处理。

（1）20×6年1月10日投资时应编制以下会计分录。

借：长期股权投资——丙公司（成本）	3 000 000	
无形资产累计摊销	100 000	
贷：无形资产		400 000
其他收入		2 700 000

（2）20×6年年末实现净利润时应编制以下会计分录。

①借：长期股权投资——丙公司（损益调整）	1 800 000	
贷：投资收益		1 800 000

其他净资产变动时应编制以下会计分录。

②借：权益法调整　　300 000

　　贷：长期股权投资——丙公司（其他权益变动）　　300 000

（3）20×7 年 4 月宣告分派利润时应编制以下会计分录。

借：应收股利　　600 000

　　贷：长期股权投资——丙公司（损益调整）　　600 000

宣告分派利润后“长期股权投资——丙公司”科目的账面余额为

3 000 000 + 1 800 000 − 300 000 − 600 000 = 3 900 000（元）

（4）20×7 年 12 月 31 日期末账面余额调整。

“长期股权投资——丙公司”科目的账面余额为：3 900 000 元，丙公司发生亏损，甲单位要减记对丙公司长期股权投资的账面余额，但以减记到“0”为限时应编制以下会计分录。

借：投资收益　　3 900 000

　　贷：长期股权投资——丙公司（损益调整）　　3 900 000

在备查簿中记录未减记的对丙公司长期股权投资的金额 300 000 元（7 000 000 × 60% − 3 900 000 = 300 000 元）

（5）20×8 年 12 月 31 日实现净利润。

丙公司实现净利润 150 万元，按比例增加“长期股权投资——丙公司”科目的账面余额为 600 000 元（1 500 000 × 60% − 300 000 = 600 000 元）。

借：长期股权投资——丙公司（损益调整）　　600 000

　　贷：投资收益　　600 000

（6）20×9 年 1 月 8 日事业单位转让投资时应编制以下会计分录。

①借：资产处置费用　　600 000

　　贷：长期股权投资　　600 000

②借：银行存款　　1 200 000

　　贷：应缴财政款　　1 200 000

③借：投资收益　　300 000

　　贷：权益法调整　　300 000

三、长期债券投资的核算

为了核算事业单位按照规定取得的，持有时间超过 1 年（不含 1 年）的债券投资的形成及投资的收回情况，应设置“长期债券投资”科目。它是资产类科目，借方登记长期债券投资的增加数，贷方登记到期收回的长期债券投资本金，期末借方有余额，反映事业单位持有的长期债券投资的价值。

本科目应当设置“成本”和“应计利息”明细科目，并按照债券投资的种类进行明细核算。

对长期债券投资应作以下主要账务处理。

（1）长期债券投资在取得时，应当按照其实际成本作为投资成本。取得的长期债券投资，按照确定的投资成本，借记本科目（成本），按照支付的价款中包含的已到付息期但尚未领取的利息，借记“应收利息”科目，按照实际支付的金额，贷记“银行存款”等科目。实际收到取得债券时所支付价款中包含的已到付息期但尚未领取的利息时，借记“银行存款”科目，贷记“应收利息”科目。

（2）长期债券投资持有期间，按期以债券票面金额与票面利率计算确认利息收入时，如为到期一次还本付息的债券投资，借记本科目（应计利息），贷记“投资收益”科目；如为分期付息、到期一次还本的债券投资，借记“应收利息”科目，贷记“投资收益”科目。收到分期支付的利息时，按照实收的金额，借记“银行存款”等科目，贷记“应收利息”科目。

（3）到期收回长期债券投资，按照实际收到的金额，借记“银行存款”科目，按照长期债券投资的账面余额，贷记本科目，按照相关应收利息金额，贷记“应收利息”科目，按照其差额，贷记“投资收益”科目。

（4）对外出售长期债券投资，按照实际收到的金额，借记“银行存款”科目，按照长期债券投资的账面余额，贷记本科目，按照已记入“应收利息”科目但尚未收取的金额，贷记“应收利息”科目，按照其差额，贷记或借记“投资收益”科目。

【例4-23】（1）某事业单位20×8年1月1日购入甲公司20×7年1月1日发行的债券，债券面值20 000元，还本期3年，年利率为6%，到期还本，每年付息一次。购入时实际支付的价格为22 000元（其中包含已到付息期但尚未领取的利息1 200元）。

借：长期债券投资（成本）	20 800	
应收利息	1 200	
贷：银行存款		22 000

（2）20×8年1月8日事业单位将收到上述债券取得时包含的利息1 200元存入银行。

借：银行存款	1 200	
贷：应收利息		1 200

（3）20×8年12月31日事业单位确认债券投资利息收入1 200元。

借：应收利息	1 200	
贷：投资收益		1 200

第三节　固定资产的核算

一、固定资产概述

（一）固定资产的定义及分类

固定资产是指事业单位为满足自身开展业务活动或其他活动需要而控制的，使用年限超过1年（不含1年）、单位价值在规定标准以上，并在使用过程中基本保持原有物质形态的资产，一般包括房屋及构筑物、专用设备、通用设备等。

单位价值虽未达到规定标准，但是使用年限超过1年（不含1年）的大批同类物资，如图书、家具、用具、装具等，应当确认为固定资产。

固定资产一般分为六类：房屋及构筑物；专用设备；通用设备；文物和陈列品；图书、档案；家具、用具、装具及动植物。

固定资产同时满足下列条件的，应当予以确认。

（1）与该固定资产相关的服务潜力很可能实现或者经济利益很可能流入政府会计主体。

（2）该固定资产的成本或者价值能够可靠地计量。

（二）固定资产的计量

固定资产在取得时应当按照成本进行初始计量。

（1）外购的固定资产，其成本包括购买价款、相关税费以及固定资产交付使用前所发生的可归属于该项资产的运输费、装卸费、安装费和专业人员服务费等。

以一笔款项购入多项没有单独标价的固定资产，应当按照各项固定资产同类或类似资产市场价格的比例对总成本进行分配，分别确定各项固定资产的成本。

（2）自行建造的固定资产，其成本包括该项资产至交付使用前所发生的全部必要支出。

在原有固定资产基础上进行改建、扩建、修缮后的固定资产，其成本按照原固定资产账面价值加上改建、扩建、修缮发生的支出，再扣除固定资产被替换部分的账面价值后的金额确定。

为建造固定资产借入的专门借款的利息，属于建设期间发生的，计入在建工程成本；不属于建设期间发生的，计入当期费用。已交付使用但尚未办理竣工决算手续的固定资产，应当按照估计价值入账，待办理竣工决算后再按实际成本调整原来的暂估价值。

（3）置换取得的固定资产，其成本按照换出资产的评估价值加上支付的补价或减去收到的补价，加上换入固定资产发生的其他相关支出确定。

（4）接受捐赠的固定资产，其成本按照有关凭据注明的金额加上相关税费、运输费等确定；没有相关凭据可供取得，但按规定经过资产评估的，其成本按照评估价值加上相关税费、运输费等确定；没有相关凭据可供取得、也未经资产评估的，其成本比照同类或类似资产的市场价格加上相关税费、运输费等确定；没有相关凭据可供取得且未经资产评估、同类或类似资产的市场价格也无法可靠取得的，按照名义金额入账，相关税费、运输费等计入当期费用。

（5）无偿调入的固定资产，其成本按照调出方账面价值加上相关税费、运输费等确定。

（6）盘盈的固定资产，其成本按照有关凭据注明的金额确定；没有相关凭据、但按照规定经过资产评估的，其成本按照评估价值确定；没有相关凭据、也未经过评估的，其成本按照重置成本确定。如无法采用上述方法确定盘盈固定资产成本的，按照名义金额（人民币1元）入账。

（7）融资租赁取得的固定资产，其成本按照租赁协议或者合同确定的租赁价款、相关税费以及固定资产交付使用前所发生的可归属于该项资产的运输费、途中保险费、安装调试费等确定。

单位应当对固定资产计提折旧。折旧，是指在固定资产的预计使用年限内，按照确定的方法对应计的折旧额进行系统分摊。固定资产应计的折旧额为其成本，计提固定资产折旧时不考虑预计净残值。

单位对暂估入账的固定资产计提折旧，实际成本确定后不需调整原已计提的折旧额。

下列各项固定资产不计提折旧：文物和陈列品；动植物；图书、档案；单独计价入账的土地；以名义金额计量的固定资产。

一般应当采用年限平均法或者工作量法计提固定资产折旧。在确定固定资产的折旧方法时，应当考虑与固定资产相关的服务潜力或经济利益的预期实现方式。固定资产折旧方法一经确定，不得随意变更。固定资产提足折旧后，无论能否继续使用，均不再计提折旧；提前报废的固定资产，也不再补提折旧。已提足折旧的固定资产，可以继续使用的，应当继续使用，规范实物管理。固定资产因改建、扩建或修缮等原因而延长其使用年限的，应当按照重新确定的固定资产的成本以及重新确定的折旧年限计算折旧额。

二、固定资产核算使用的会计科目

固定资产核算使用的主要科目包括“固定资产”“固定资产累计折旧”“工程物资”“在

建工程”等科目。

（一）“固定资产”科目

“固定资产”是资产类科目，用来核算固定资产的原始价值。“固定资产”科目的借方登记增加的固定资产原值，贷方登记减少的固定资产原值，期末余额在借方，反映事业单位现有固定资产原值。

为了反映和监督各项不同性能、不同用途的固定资产增减变化情况，除了进行总分类核算外，还应设置“固定资产卡片”和“固定资产登记簿”进行固定资产的明细核算。

“固定资产卡片”是进行固定资产明细分类核算的账簿，应以每一个独立的固定资产项目为对象分别设置，一个独立的固定资产设置一张卡片，并按固定资产的类别、保管和使用单位顺序排列。在每一张卡片中，应载明该项固定资产的编号、名称、规格、技术特征、使用单位、开始使用日期、原价、预计使用年限、停用以及大修理等详细资料。

凡是增加固定资产，都应设置新的卡片；凡是有关大修理、停用、在事业单位内部改变使用单位、进行清理或售出等，都应在卡片内进行登记；凡是减少的固定资产，都应将卡片抽出，另行保管。

“固定资产登记簿”应按固定资产的类别开设账页，每个账页内按使用单位设置专栏。年初分别按固定资产增加或减少的日期序时登记，反映各类、各部门固定资产原值的增减变动。“固定资产登记簿”“固定资产卡片”“固定资产”总账科目的余额要定期核对。

（二）“固定资产累计折旧”科目

“固定资产累计折旧”是资产类科目，用来核算事业单位固定资产计提的累计折旧。借方登记处置固定资产时，转出的已计提的折旧数，贷方登记按月计提的折旧数，期末贷方余额，反映事业单位计提的固定资产折旧累计数。本科目应当按照所对应固定资产的明细分类进行明细核算。

（三）“工程物资”科目

“工程物资”是资产类科目，用来核算单位为在建工程准备的各种物资的成本，包括工程用材料、设备等。借方登记购入工程物资增加的成本，贷方登记领用工程物资等减少的成本，期末借方余额，反映单位为在建工程准备的各种物资的成本。本科目可按照“库存材料”“库存设备”等工程物资类别进行明细核算。

（四）“在建工程”科目

“在建工程”是资产类科目，核算单位在建的建设项目工程的实际成本。借方登记发生的实际成本，贷方登记完工交付使用的建筑工程实际成本，期末借方余额，反映事业单位尚未完工的在建工程发生的实际成本。

单位在建的信息系统项目工程、公共基础设施项目工程、保障性住房项目工程的实际成本，也通过本科目核算。

本科目应当设置“建筑安装工程投资”“设备投资”“待摊投资”“其他投资”“待核销基建支出”“基建转出投资”等明细科目，并按照具体项目进行明细核算。

（1）“建筑安装工程投资”明细科目，核算单位发生的构成建设项目实际支出的建筑工程和安装工程的实际成本，不包括被安装设备本身的价值以及按照合同规定支付给施工单位的预付备料款和预付工程款。本明细科目应当设置“建筑工程”和“安装工程”两个明细科目进行明细核算。

（2）“设备投资”明细科目，核算单位发生的构成建设项目实际支出的各种设备的实际成本。

（3）“待摊投资”明细科目，核算单位发生的构成建设项目实际支出的，按照规定应当分摊计入有关工程成本和设备成本的各项间接费用和税费支出。本明细科目的具体核算内容包括以下几方面。

①勘察费、设计费、研究试验费、可行性研究费及项目其他前期费用。

②土地征用及迁移补偿费、土地复垦及补偿费、森林植被恢复费及其他为取得土地使用权、租用权而发生的费用。

③土地使用税、耕地占用税、契税、车船税、印花税及按照规定缴纳的其他税费。

④项目建设管理费、代建管理费、临时设施费、监理费、招投标费、社会中介审计（审查）费及其他管理性质的费用。项目建设管理费是指项目建设单位从项目筹建之日起至办理竣工财务决算之日止发生的管理性质的支出，包括不在原单位发工资的工作人员工资及相关费用、办公费、办公场地租用费、差旅交通费、劳动保护费、工具用具使用费、固定资产使用费、招募生产工人费、技术图书资料费（含软件）、业务招待费、施工现场津贴、竣工验收费等。

⑤项目建设期间发生的各类专门借款利息支出或融资费用。

⑥工程检测费、设备检验费、负荷联合试车费及其他检验检测类费用。

⑦固定资产损失、器材处理亏损、设备盘亏及毁损、单项工程或单位工程报废、毁损净损失及其他损失。

⑧系统集成等信息工程的费用支出。

⑨其他待摊性质支出。本明细科目应当按照上述费用项目进行明细核算，其中有些费用（如项目建设管理费等），还应当按照更为具体的费用项目进行明细核算。

（4）“其他投资”明细科目，核算单位发生的构成建设项目实际支出的房屋购置支出，基本畜禽、林木等购置、饲养、培育支出，办公生活用家具、器具购置支出，软件研发和不能计入设备投资的软件购置等支出。单位为进行可行性研究而购置的固定资产，以及取得土地使用权支付的土地出让金，也通过本明细科目核算。本明细科目应当设置“房屋购置”“基本畜禽支出”“林木支出”“办公生活用家具、器具购置”“可行性研究固定资产购置”“无形资产”等明细科目。

（5）“待核销基建支出”明细科目，核算建设项目发生的江河清障、航道清淤、飞播造林、补助群众造林、水土保持、城市绿化、取消项目的可行性研究费以及项目整体报废等不能形成资产部分的基建投资支出。本明细科目应按照待核销基建支出的类别进行明细核算。

（6）“基建转出投资”明细科目，核算为建设项目配套而建成的、产权不归属本单位的专用设施的实际成本。本明细科目应按照转出投资的类别进行明细核算。

三、固定资产核算的账务处理

（一）固定资产的取得

（1）购入不需安装的固定资产验收合格时，按照确定的固定资产成本，借记“固定资产”科目，贷记“财政拨款收入”“零余额账户用款额度”“应付账款”“银行存款”等科目。

购入需要安装的固定资产，在安装完毕交付使用前通过“在建工程”科目核算，安装完毕交付使用时再转入本科目。

购入固定资产扣留质量保证金的，应当在取得固定资产时，按照确定的固定资产成本，借记“固定资产”科目（不需安装）或“在建工程”科目（需要安装），按照实际支付或应付的金额，贷记“财政拨款收入”“零余额账户用款额度”“应付账款”（不含质量保证金）、“银行存款”等科目，按照扣留的质量保证金数额，贷记“其他应付款”（扣留期在1年以内（含1年））或“长期应付款”（扣留期超过1年）科目。

质保期满支付质量保证金时，借记“其他应付款”“长期应付款”科目，贷记“财政拨款收入”“零余额账户用款额度”“银行存款”等科目。

（2）自行建造的固定资产交付使用时，按照在建工程成本，借记“固定资产”科目，贷记“在建工程”科目。

已交付使用但尚未办理竣工决算手续的固定资产，按照估计价值入账，待办理竣工决算后再按照实际成本调整原来的暂估价值。

（3）融资租赁取得的固定资产，按照确定的成本，借记“固定资产”科目（不需安装）或“在建工程”科目（需安装），按照租赁协议或者合同确定的租赁付款额，贷记“长期应付款”科目，按照支付的运输费、途中保险费、安装调试费等金额，贷记“财政拨款收入”“零余额账户用款额度”“银行存款”等科目。

定期支付租金时，按照实际支付金额，借记“长期应付款”科目，贷记“财政拨款收入”“零余额账户用款额度”“银行存款”等科目。

（4）按照规定跨年度分期付款购入固定资产的账务处理，参照融资租入固定资产。

（5）接受捐赠的固定资产，按照确定的固定资产成本，借记“固定资产”科目（不需安装）或“在建工程”科目（需安装），按照发生的相关税费、运输费等，贷记“零余额账户用款额度”“银行存款”等科目，按照其差额，贷记“捐赠收入”科目。

接受捐赠的固定资产按照名义金额入账的，按照名义金额，借记“固定资产”科目，贷记“捐赠收入”科目；按照发生的相关税费、运输费等，借记“其他费用”科目，贷记“零余额账户用款额度”、“银行存款”等科目。

（6）无偿调入的固定资产，按照确定的固定资产成本，借记“固定资产”科目（不需安装）或“在建工程”科目（需安装），按照发生的相关税费、运输费等，贷记“零余额账户用款额度”“银行存款”等科目，按照其差额，贷记“无偿调拨净资产”科目。

（7）置换取得的固定资产，参照“库存物品”科目中置换取得库存物品的相关规定进行账务处理。

（二）固定资产的后续支出

（1）符合固定资产确认条件的后续支出。通常情况下，将固定资产转入改建、扩建时，按照固定资产的账面价值，借记“在建工程”科目，按照固定资产已计提折旧，借记“固定资产累计折旧”科目，按照固定资产的账面余额，贷记“固定资产”科目。

为增加固定资产使用效能或延长其使用年限而发生的改建、扩建等后续支出，借记“在建工程”科目，贷记“财政拨款收入”“零余额账户用款额度”“银行存款”等科目。

固定资产改建、扩建等完成交付使用时，按照在建工程成本，借记“固定资产”科目，贷记“在建工程”科目。

（2）不符合固定资产确认条件的后续支出。为保证固定资产正常使用发生的日常维修等支出，借记“业务活动费用”“单位管理费用”等科目，贷记“财政拨款收入”“零余额账户用款额度”“银行存款”等科目。

（三）固定资产的折旧与处置

（1）按月计提固定资产折旧时，按照应计提折旧金额，借记“业务活动费用”“单位管理费用”“经营费用”“加工物品”“在建工程”等科目，贷记“固定资产累计折旧”科目。

（2）报经批准出售、转让固定资产，按照被出售、转让固定资产的账面价值，借记“资产处置费用”科目，按照固定资产已计提的折旧，借记“固定资产累计折旧”科目，按照固定资产账面余额，贷记“固定资产”科目；同时，按照收到的价款，借记“银行存款”等科目，按照处置过程中发生的相关费用，贷记“银行存款”等科目，按照其差额，贷记“应缴财政款”科目。

（3）报经批准对外捐赠固定资产，按照固定资产已计提的折旧，借记“固定资产累计折旧”科目，按照被处置固定资产账面余额，贷记“固定资产”科目，按照捐赠过程中发生的归属于捐出方的相关费用，贷记“银行存款”等科目，按照其差额，借记“资产处置费用”科目。

（4）报经批准无偿调出固定资产，按照固定资产已计提的折旧，借记“固定资产累计折旧”科目，按照被处置固定资产账面余额，贷记“固定资产”科目，按照其差额，借记“无偿调拨净资产”科目；同时，按照无偿调出过程中发生的归属于调出方的相关费用，借记“资产处置费用”科目，贷记“银行存款”等科目。

（5）报经批准置换换出的固定资产，参照“库存物品”中置换换入库存物品的规定进行账务处理。

（四）固定资产的清查

事业单位应当定期对固定资产进行清查盘点，每年至少盘点一次。对于发生的固定资产盘盈、盘亏或毁损、报废，应当先记入“待处理财产损溢”科目，按照规定报经批准后及时进行后续账务处理。

（1）盘盈的固定资产，其成本按照有关凭据注明的金额确定；没有相关凭据、但按照规定经过资产评估的，其成本按照评估价值确定；没有相关凭据、也未经过评估的，其成本按照重置成本确定。如无法采用上述方法确定盘盈固定资产成本的，按照名义金额（人民币1元）入账。

盘盈的固定资产，按照确定的入账成本，借记“固定资产”科目，贷记“待处理财产损溢”科目。

（2）盘亏、毁损或报废的固定资产，按照待处理固定资产的账面价值，借记“待处理财产损溢”科目，按照已计提折旧，借记“固定资产累计折旧”科目，按照固定资产的账面余额，贷记“固定资产”科目。

【例4-24】某事业单位发生以下有关固定资产的业务。

（1）购入一台设备，价值25 000元，款项通过财政直接支付方式支付。

借：固定资产　　25 000

　　贷：财政拨款收入　　25 000

（2）购置一台不需要安装的大型设备交付使用，价值500 000元，用零余额账户用款额度支付400 000元，另外扣留质量保证金100 000元，如无问题两年后归还质量保证金。

借：固定资产　　500 000

　　贷：零余额账户用款额度　　400 000

　　　　长期应付款　　100 000

（3）以融资方式租入需要安装设备一台，该设备用于事业单位的经营活动，按租赁合同规定，设备的价款 150 000 元，运输费 3 000 元，途中保险费 2 000 元，安装调试费 5 000 元，以银行存款支付。设备款项分 5 年支付。设备安装完毕交付使用。

①租入设备时应编制以下会计分录。

借：在建工程——融资租入固定资产　160 000
　贷：长期应付款　150 000
　　银行存款　10 000

②安装完毕交付使用时应编制以下会计分录。

借：固定资产——融资租入固定资产　160 000
　贷：在建工程——融资租入固定资产　160 000

③每年用银行存款支付租金时应编制以下会计分录。

借：长期应付款　30 000
　贷：银行存款　30 000

（4）接受捐赠全新的设备一台，其发票上列明价值 40 000 元。同时，用银行存款支付运输和包装等有关费用 3 000 元。

借：固定资产　43 000
　贷：银行存款　3 000
　　捐赠收入　40 000

（5）接受其他单位一台无偿调入的设备，价值 60 000 元，运输费 5 000 元，款项通过单位的零余额账户用款额度支付。

借：固定资产　65 000
　贷：零余额账户用款额度　5 000
　　无偿调拨净资产　60 000

（6）计提本月固定资产折旧，本月应提折旧额为 36 000 元，其中后勤管理部门办公楼应提折旧 24 000 元，经营活动设备应提折旧 12 000 元。

借：单位管理费用　24 000
　经营费用　12 000
　贷：固定资产累计折旧　36 000

（7）经批准将一台不需用的设备出售，该设备原价 25 000 元，已计提折旧 6 000 元，售价 18 000 元，货款收到存入银行。

借：资产处置费用　19 000
　固定资产累计折旧　6 000
　贷：固定资产　25 000

同时应编制以下会计分录。

借：银行存款　18 000
　贷：应缴财政款　18 000

（8）经批准将一台不需用的设备捐出，该设备原价 30 000 元，已计提折旧 14 000 元，用现金支付运输费 500 元。

借：固定资产累计折旧　14 000
　资产处置费用　16 500

贷：固定资产　　30 000
　　库存现金　　500

（9）年终进行财产清查，发现盘盈 A 设备一台，该设备经评估价值 2 300 元。

借：固定资产　　2 300
　　贷：待处理财产损溢　　2 300

（10）经批准报废一台设备，该设备账面余额 20 000 元，已提折旧 17 000 元。在报废清理过程中，取得残值变价收入 4 000 元存入银行，用现金支付清理费 300 元。

①将固定资产转入待处理资产时应编制以下会计分录。

借：待处理财产损溢　　3 000
　　固定资产累计折旧　　17 000
　　贷：固定资产　　20 000

②报经批准实际报废时应编制以下会计分录。

借：资产处置费用　　3 000
　　贷：待处理财产损溢　　3 000

③取得残值收入时应编制以下会计分录。

借：银行存款　　4 000
　　贷：待处理财产损溢　　4 000

④支付清理费时应编制以下会计分录。

借：待处理财产损溢　　300
　　贷：库存现金　　300

⑤结转处理资产净收入时应编制以下会计分录。

借：待处理财产损溢——处理净收入　　3 700
　　贷：应缴财政款　　3 700

四、工程物资与在建工程核算的账务处理

（一）工程物资的核算

（1）购入为工程准备的物资，按照确定的物资成本，借记“工程物资”科目，贷记“财政拨款收入”“零余额账户用款额度”“银行存款”“应付账款”等科目。

（2）领用工程物资，按照物资成本，借记“在建工程”科目，贷记“工程物资”科目。工程完工后将领出的剩余物资退库时做相反的会计分录。

（3）工程完工后将剩余的工程物资转作本单位存货的，按照物资成本，借记“库存物品”等科目，贷记“工程物资”科目。

（二）在建工程的核算

1. 建筑安装工程投资

（1）将固定资产等资产转入改建、扩建等时，按照固定资产等资产的账面价值，借记“在建工程”科目（建筑安装工程投资），按照已计提的折旧或摊销，借记“固定资产累计折旧”等科目，按照固定资产等资产的原值，贷记“固定资产”等科目。

固定资产等资产改建、扩建过程中涉及替换（或拆除）原资产的某些组成部分的，按照被替换（或拆除）部分的账面价值，借记“待处理财产损溢”科目，贷记“在建工程”科目（建筑安装工程投资）。

（2）单位对于发包的建筑安装工程，根据建筑安装工程价款结算账单与施工企业结算工程价款时，按照应承付的工程价款，借记“在建工程”科目（建筑安装工程投资），按照预付工程款余额，贷记“预付账款”科目，按照其差额，贷记“财政拨款收入”“零余额账户用款额度”“银行存款”“应付账款”等科目。

（3）单位自行施工的小型建筑安装工程，按照发生的各项支出金额，借记“在建工程”科目（建筑安装工程投资），贷记“工程物资”“零余额账户用款额度”“银行存款”“应付职工薪酬”等科目。

（4）工程竣工，办妥竣工验收交接手续交付使用时，按照建筑安装工程成本（含应分摊的待摊投资），借记“固定资产”等科目，贷记“在建工程”科目（建筑安装工程投资）。

2. 设备投资

（1）购入设备时，按照购入成本，借记“在建工程”科目（设备投资），贷记“财政拨款收入”“零余额账户用款额度”“银行存款”等科目；采用预付款方式购入设备的，有关预付款的账务处理参照本科目有关“建筑安装工程投资”明细科目的规定。

（2）设备安装完毕，办妥竣工验收交接手续交付使用时，按照设备投资成本（含设备安装工程成本和分摊的待摊投资），借记“固定资产”等科目，贷记“在建工程”科目（设备投资、建筑安装工程投资——安装工程）。将不需要安装的设备和达不到固定资产标准的工具、器具交付使用时，按照相关设备、工具、器具的实际成本，借记“固定资产”“库存物品”科目，贷记“在建工程”科目（设备投资）。

3. 待摊投资

建设工程发生的构成建设项目实际支出的、按照规定应当分摊计入有关工程成本和设备成本的各项间接费用和税费支出，先在本明细科目中归集；建设工程办妥竣工验收手续交付使用时，按照合理的分配方法，摊入相关工程成本、在安装设备成本等。

（1）单位发生的构成待摊投资的各类费用，按照实际发生金额，借记“在建工程”科目（待摊投资），贷记“财政拨款收入”“零余额账户用款额度”“银行存款”“应付利息”“长期借款”“其他应交税费”“固定资产累计折旧”“无形资产累计摊销”等科目。

（2）对于建设过程中试生产、设备调试等产生的收入，按照取得的收入金额，借记“银行存款”等科目，按照有关规定应当冲减建设工程成本的部分，贷记“在建工程”科目（待摊投资），按照其差额贷记“应缴财政款”或“其他收入”科目。

（3）由于自然灾害、管理不善等原因造成的单项工程或单位工程报废或毁损，扣除残料价值和过失人或保险公司等赔款后的净损失，报经批准后计入继续施工的工程成本的，按照工程成本扣除残料价值和过失人或保险公司等赔款后的净损失，借记“在建工程”科目（待摊投资），按照残料变价收入、过失人或保险公司赔款等，借记“银行存款”“其他应收款”等科目，按照报废或毁损的工程成本，贷记“在建工程”科目（建筑安装工程投资）。

（4）工程交付使用时，按照合理的分配方法分配待摊投资，借记“在建工程”科目（建筑安装工程投资、设备投资），贷记“在建工程”科目（待摊投资）。

待摊投资的分配方法，可按照下列公式计算。

①按照实际分配率分配。适用于建设工期较短、整个项目的所有单项工程一次竣工的建设项目。

$$\text{实际分配率}=\frac{\text{待摊投资明细科目余额}}{\text{建筑工程明细科目余额}+\text{安装工程明细科目余额}+\text{设备投资明细科目余额}}\times 100\%$$

②按照概算分配率分配。适用于建设工期长、单项工程分期分批建成投入使用的建设项目。

$$概算分配率=\frac{概算中各待摊投资项目的合计数-其中可直接分配部分}{概算中建筑工程和安装工程及设备投资合计数}\times 100\%$$

③某项固定资产应分配的待摊投资 = 该项固定资产的建筑工程成本或该项固定资产（设备）的采购成本和安装成本合计 × 分配率。

4. 其他投资

（1）单位为建设工程发生的房屋购置支出，基本畜禽、林木等的购置、饲养、培育支出，办公生活用家具、器具购置支出，软件研发和不能计入设备投资的软件购置等支出，按照实际发生金额，借记“在建工程”科目（其他投资），贷记“财政拨款收入”“零余额账户用款额度”“银行存款”等科目。

（2）工程完成将形成的房屋、基本畜禽、林木等各种财产以及无形资产交付使用时，按照其实际成本，借记“固定资产”“无形资产”等科目，贷记“在建工程”科目（其他投资）。

5. 待核销基建支出

（1）建设项目发生的江河清障、航道清淤、飞播造林、补助群众造林、水土保持、城市绿化等不能形成资产的各类待核销基建支出，按照实际发生金额，借记“在建工程”科目（待核销基建支出），贷记“财政拨款收入”“零余额账户用款额度”“银行存款”等科目。

（2）取消的建设项目发生的可行性研究费，按照实际发生金额，借记“在建工程”科目（待核销基建支出），贷记“在建工程”科目（待摊投资）。

（3）由于自然灾害等原因发生的建设项目整体报废所形成的净损失，报经批准后转入待核销基建支出，按照项目整体报废所形成的净损失，借记“在建工程”科目（待核销基建支出），按照报废工程回收的残料变价收入、保险公司赔款等，借记“银行存款”“其他应收款”等科目，按照报废的工程成本，贷记“在建工程”科目（建筑安装工程投资等）。

（4）建设项目竣工验收交付使用时，对发生的待核销基建支出进行冲销，借记“资产处置费用”科目，贷记“在建工程”科目（待核销基建支出）。

6. 基建转出投资

为建设项目配套而建成的、产权不归属本单位的专用设施，在项目竣工验收交付使用时，按照转出的专用设施的成本，借记“在建工程”科目（基建转出投资），贷记“在建工程”科目（建筑安装工程投资）；同时，借记“无偿调拨净资产”科目，贷记本科目（基建转出投资）。

【例 4－25】 某事业单位发生以下有关工程物资与在建工程的业务。

（1）单位为自行施工的一小型仓库购入甲材料，款项 300 000 元通过财政直接支付方式支付。

借：工程物资——甲材料	300 000	
贷：财政拨款收入		300 000

（2）该小型仓库建设领用甲材料价值 300 000 元。

借：在建工程——建筑安装工程投资（小型仓库）	300 000	
贷：工程物资——甲材料		300 000

（3）结算小型仓库施工人员的工资，共计 150 000 元。

借：在建工程——建筑安装工程投资（小型仓库）	150 000	
贷：应付职工薪酬		150 000

（4）小型建筑安装工程（小型仓库）施工完成交付使用，其实际成本为 450 000 元。

借：固定资产——小型仓库　　450 000
　　贷：在建工程——建筑安装工程投资（小型仓库）　　450 000

（5）经批准单位对行政办公大楼进行改扩建，该办公楼原值 2 000 000 元，已提折旧 600 000 元。

借：在建工程——建筑安装工程投资（办公楼）　　1 400 000
　　固定资产累计折旧　　600 000
　　贷：固定资产——办公楼　　2 000 000

（6）续（5），假设该单位拆除了办公楼的一层中的 4 间房间，估计价值 280 000 元。

借：待处理财产损溢　　280 000
　　贷：在建工程——建筑安装工程投资（办公楼）　　280 000

（7）续（5），假设该单位根据工程进度通过单位零余额账户支付工程款 160 000 元。

借：在建工程——建筑安装工程投资　　160 000
　　贷：零余额账户用款额度　　160 000

（8）续（5），假设该单位办公楼改扩建结束，办公楼交付使用，工程实际成本 1 280 000 元。

借：固定资产——办公楼　　1 280 000
　　贷：在建工程——建筑安装工程投资　　1 280 000

第四节　无形资产的核算

一、无形资产及其内容

无形资产是指事业单位控制的没有实物形态的可辨认非货币性资产，如专利权、商标权、著作权、土地使用权和非专利技术等。

1. 专利权

专利权是指专利人在法定期限内，对某一项发明创造所拥有的独占权和专有权。专利权的主体是依据专利法被授予专利权的个人或单位，专利权的客体是受专利法保护的专利范围。并不是所有的专利权都能给持有者带来经济利益，有的专利权可能没有经济价值或具有很小的经济价值；有的专利权会被另外更有经济价值的专利权所取代等。因此，并不需要把所有的专利权都作为无形资产核算。只有那些能够给事业单位带来较大经济价值，并且为此花费了支出的专利权才能作为无形资产核算。

2. 商标权

商标权是指专门在某类指定的商品或产品上使用特定的名称或图案的权利。根据我国商标法的规定，经商标局核准注册的商标为注册商标，商标注册人享有商标专用权，受法律保护。商标权的内容包括独占使用权和禁止使用权。商标权的价值在于它能使享有人获得较高的盈利能力。我国商标法规定，商标权的有效期限为 10 年，期满前可继续申请延长注册期。

3. 土地使用权

土地使用权是指事业单位依法取得的国有土地在一定时间内享有开发、利用、经营等活动的权利。事业单位拥有的并未入账的土地使用权，不能作为无形资产核算；花费较大代价取得的土地使用权，应予以资本化，将取得时所发生的一切支出，作为土地使用权成本，记入无形资产科目。根据《中华人民共和国土地管理法》的规定，我国土地实行公有制，任何单位和个人不得侵占、买卖或者以其他形式非法转让。国有土地可依法确定给国有企业、集体企业等单位，其使用权可依法转让。

4. 著作权

著作权是指著作权人对其著作依法享有的出版、发行等方面的专有权利。著作权可以转让、出售或者赠予。著作权包括发表权、署名权、修改权、保护作品完整权、使用权和获得报酬权等。

5. 非专利技术

非专利技术也称专有技术，是指发明人垄断的、不公开的、具有实用价值的先进技术、资料、技能、知识等。非专利技术具有经济性、机密性、动态性等特点。

由于非专利技术未经公开，也未申请专利，所以不受法律保护，但事实上具有专利权的效用。

非专利技术可以是自己开发的，也可以是根据合同规定，从外部购入的。如果是自己开发研究，可能成功，也可能失败，研制过程中发生的相关费用，会计核算上一般将其全部列作当期费用处理，不作为无形资产核算。从外部购入的，应按实际发生的一切支出，予以资本化，作为无形资产入账核算。

可辨认标准是指符合以下条件之一。

（1）能够从政府会计主体中分离或者划分出来，并能单独或者与相关合同、资产或负债一起，用于出售、转移、授予许可、租赁或者交换。

（2）源自合同性权利或其他法定权利，无论这些权利是否可以从政府会计主体或其他权利和义务中转移或者分离。

二、无形资产的确认

（一）无形资产的确认条件

（1）与该无形资产相关的服务潜力很可能实现或者经济利益很可能流入政府会计主体。

（2）该无形资产的成本或价值能够可靠地计量。

事业单位在判断无形资产的服务潜力或经济利益是否很可能实现或流入时，应当对无形资产在预计使用年限内可能存在的各种社会、经济、科技因素做出合理估计，并且应当有确凿的证据支持。

与无形资产有关的后续支出，符合上述规定的确认条件的，应当计入无形资产成本；不符合本规定的确认条件的，应当在发生时计入当期费用或者相关资产成本。

（二）研发支出

事业单位自行研究开发项目的支出，应当区分研究阶段支出与开发阶段支出。研究是指为获取并理解新的科学或技术知识而进行的独创性的有计划调查。开发是指在进行生产或使用前，将研究成果或其他知识应用于某项计划或设计，以生产出新的或具有实质性改进的材料、装置、产品等。

自行研究开发项目研究阶段的支出，应当于发生时计入当期费用。自行研究开发项目开发阶段的支出，先按合理方法进行归集，如果最终形成无形资产的，应当确认为无形资产；如果最终未形成无形资产的，应当计入当期费用。

自行研究开发项目尚未进入开发阶段，或者确实无法区分研究阶段支出和开发阶段支出，但按法律程序已申请取得无形资产的，应当将依法取得时发生的注册费、聘请律师费等费用确认为无形资产。

三、无形资产的计量

（一）无形资产的初始计量

无形资产在取得时应当按照成本进行初始计量。

（1）事业单位外购的无形资产，其成本包括购买价款、相关税费以及可归属于该项资产达到预定用途前所发生的其他支出。

委托软件公司开发的软件，视同外购无形资产确定其成本。

（2）自行开发的无形资产，其成本包括自该项目进入开发阶段后至达到预定用途前所发生的支出总额。

（3）通过置换取得的无形资产，其成本按照换出资产的评估价值加上支付的补价或减去收到的补价，加上换入无形资产发生的其他相关支出确定。

（4）接受捐赠的无形资产，其成本按照有关凭据注明的金额加上相关税费确定；没有相关凭据可供取得，但按规定经过资产评估的，其成本按照评估价值加上相关税费确定；没有相关凭据可供取得、也未经资产评估的，其成本比照同类或类似资产的市场价格加上相关税费确定；没有相关凭据可供取得且未经资产评估、同类或类似资产的市场价格也无法可靠取得的，按照名义金额入账，相关税费计入当期费用。

（5）无偿调入的无形资产，其成本按照调出方账面价值加上相关税费确定。

（二）无形资产的后续计量

1. 无形资产的摊销

摊销是指在无形资产使用年限内，按照确定的方法对应摊销金额进行系统分摊。事业单位应当于取得或形成无形资产时合理确定其使用年限。无形资产的使用年限为有限的，应当估计该使用年限。无法预见无形资产为事业单位提供服务潜力或者带来经济利益期限的，应当视为使用年限不确定的无形资产。

单位应当对使用年限有限的无形资产进行摊销，但已摊销完毕仍继续使用的无形资产和以名义金额计量的无形资产除外。

对于使用年限有限的无形资产，事业单位应当按照以下原则确定无形资产的摊销年限。

（1）法律规定了有效年限的，按照法律规定的有效年限作为摊销年限。

（2）法律没有规定有效年限的，按照相关合同或单位申请书中的受益年限作为摊销年限。

（3）法律没有规定有效年限、相关合同或单位申请书也没有规定受益年限的，应当根据无形资产为事业单位带来服务潜力或经济利益的实际情况，预计其使用年限。

（4）非大批量购入、单价小于 1 000 元的无形资产，可以于购买的当期将其成本一次性全部转销。

事业单位应当按月对使用年限有限的无形资产进行摊销，使用年限不确定的无形资产不应摊销。

2. 无形资产的处置

（1）事业单位按规定报经批准出售无形资产，应当将无形资产账面价值转销计入当期费用，并将处置收入大于相关处置税费后的差额按规定计入当期收入或者做应缴款项处理，将处置收入小于相关处置税费后的差额计入当期费用。

（2）事业单位按规定报经批准对外捐赠、无偿调出无形资产的，应当将无形资产的账面价值予以转销，对外捐赠、无偿调出中发生的归属于捐出方、调出方的相关费用应当计入当期费用。

（3）事业单位按规定报经批准以无形资产对外投资的，应当将该无形资产的账面价值予以转销，并将无形资产在对外投资时的评估价值与其账面价值的差额计入当期收入或费用。

（4）无形资产预期不能为事业单位带来服务潜力或者经济利益的，应当在报经批准后将该无形资产的账面价值予以转销。

四、无形资产核算应设置的会计科目

（一）“无形资产”科目

为了核算事业单位的专利权、非专利技术、著作权、商标权、土地使用权等各种无形资产的价值，应设置“无形资产”科目。它是资产类科目，借方登记按各种方式取得的无形资产成本，贷方登记无形资产转出的账面余额。期末借方余额，反映单位无形资产的成本。该科目按无形资产的类别、项目等设置明细账，进行明细核算。

（二）“无形资产累计摊销”科目

为了核算事业单位计提的无形资产累计摊销情况，应设置“无形资产累计摊销”科目。它是资产类科目，借方登记处置无形资产时转出的无形资产累计摊销额，贷方登记按月计提的摊销额，期末贷方余额，反映事业单位计提的无形资产摊销累计数。本科目应当按照所对应无形资产的明细分类进行明细核算。

（三）“研发支出”科目

为了核算事业单位自行研究开发项目研究阶段和开发阶段发生的各项支出情况，应设置“研发支出”科目，它是资产类科目，借方登记研发的实际支出数，贷方登记期末转出的研究阶段的支出和达到预定用途的无形资产开发阶段的支出及预计不能达到预定用途转入当期费用的支出，期末借方余额，反映单位预计能达到预定用途的研究开发项目在开发阶段发生的累计支出数。

五、无形资产核算的账务处理

（一）无形资产的取得

（1）外购的无形资产，按照确定的成本，借记“无形资产”科目，贷记“财政拨款收入”“零余额账户用款额度”“应付账款”“银行存款”等科目。

（2）委托软件公司开发软件，视同外购无形资产进行处理。合同中约定预付开发费用的，按照预付金额，借记“预付账款”科目，贷记“财政拨款收入”“零余额账户用款额度”“银行存款”等科目。

软件开发完成交付使用并支付剩余或全部软件开发费用时，按照软件开发费用总额，借记“无形资产”科目，按照相关预付账款金额，贷记“预付账款”科目，按照支付的剩余金额，贷记“财政拨款收入”“零余额账户用款额度”“银行存款”等科目。

（3）自行研究开发形成的无形资产，按照研究开发项目进入开发阶段后至达到预定用途前所发生的支出总额，借记“无形资产”科目，贷记“研发支出——开发支出”科目。

自行研究开发项目尚未进入开发阶段，或者确实无法区分研究阶段支出和开发阶段支出，但按照法律程序已申请取得无形资产的，按照依法取得时发生的注册费、聘请律师费等费用，借记“无形资产”科目，贷记“财政拨款收入”“零余额账户用款额度”“银行存款”等科目；按照依法取得前所发生的研究开发支出，借记“业务活动费用”等科目，贷记“研发支出”科目。

（4）接受捐赠的无形资产，按照确定的无形资产成本，借记“无形资产”科目，按照发生的相关税费等，贷记“零余额账户用款额度”“银行存款”等科目，按照其差额，贷记“捐赠收入”科目。

接受捐赠的无形资产按照名义金额入账的，按照名义金额，借记“无形资产”科目，贷记“捐赠收入”科目；同时，按照发生的相关税费等，借记“其他费用”科目，贷记“零余额账户用款额度”“银行存款”等科目。

（5）无偿调入的无形资产，按照确定的无形资产成本，借记“无形资产”科目，按照发生的相关税费等，贷记“零余额账户用款额度”“银行存款”等科目，按照其差额，贷记“无偿调拨净资产”科目。

（6）置换取得的无形资产，参照“库存物品”科目中置换取得库存物品的相关规定进行账务处理。

（二）与无形资产有关的后续支出

（1）符合无形资产确认条件的后续支出为增加无形资产的使用效能对其进行升级改造或扩展其功能时，如需暂停对无形资产进行摊销的，按照无形资产的账面价值，借记“在建工程”科目，按照无形资产已摊销金额，借记“无形资产累计摊销”科目，按照无形资产的账面余额，贷记“无形资产”科目。无形资产后续支出符合无形资产确认条件的，按照支出的金额，借记“无形资产”科目（无须暂停摊销的）或“在建工程”科目（需暂停摊销的），贷记“财政拨款收入”“零余额账户用款额度”“银行存款”等科目。暂停摊销的无形资产升级改造或扩展功能等完成交付使用时，按照在建工程成本，借记“无形资产”科目，贷记“在建工程”科目。

（2）不符合无形资产确认条件的后续支出为保证无形资产正常使用发生的日常维护等支出，借记“业务活动费用”“单位管理费用”等科目，贷记“财政拨款收入”“零余额账户用款额度”“银行存款”等科目。

（三）无形资产的摊销与处置

（1）按月对无形资产进行摊销时，按照应摊销金额，借记“业务活动费用”“单位管理费用”“加工物品”“在建工程”等科目，贷记“无形资产累计摊销”科目。

（2）报经批准出售、转让无形资产，按照被出售、转让无形资产的账面价值，借记“资产处置费用”科目，按照无形资产已计提的摊销，借记“无形资产累计摊销”科目，按照无形资产账面余额，贷记“无形资产”科目；同时，按照收到的价款，借记“银行存款”等科目，按照处置过程中发生的相关费用，贷记“银行存款”等科目，按照其差额，贷记“应缴财政款”（按照规定应上缴无形资产转让净收入的）或“其他收入”（按照规定将无形资产转让收入纳入本单位预算管理的）科目。

（3）报经批准对外捐赠无形资产，按照无形资产已计提的摊销，借记“无形资产累计摊销”科目，按照被处置无形资产账面余额，贷记“无形资产”科目，按照捐赠过程中发生的归属于捐出方的相关费用，贷记“银行存款”等科目，按照其差额，借记“资产处置费用”科目。

（4）报经批准无偿调出无形资产，按照无形资产已计提的摊销，借记“无形资产累计摊销”科目，按照被处置无形资产账面余额，贷记“无形资产”科目，按照其差额，借记“无偿调拨净资产”科目；同时，按照无偿调出过程中发生的归属于调出方的相关费用，借记“资产处置费用”科目，贷记“银行存款”等科目。

（5）报经批准置换换出无形资产，参照“库存物品”科目中置换换入库存物品的规定进行账务处理。

（6）无形资产预期不能为单位带来服务潜力或经济利益，按照规定报经批准核销时，按照待核销无形资产的账面价值，借记“资产处置费用”科目，按照已计提摊销，借记“无形资产累计摊销”科目，按照无形资产的账面余额，贷记“无形资产”科目。

无形资产的清查核算参照固定资产清查的核算处理。

（四）研发支出

（1）自行研究开发项目研究阶段的支出，应当先在“研发支出”科目归集。按照从事研究及其辅助活动人员计提的薪酬，研究活动领用的库存物品，发生的与研究活动相关的管理费用、间接费用和其他各项费用，借记“研发支出”科目（研究支出），贷记“应付职工薪酬”“库存物品”“财政拨款收入”“零余额账户用款额度”“固定资产累计折旧”“银行存款”等科目。

期（月）末，应当将“研发支出”科目归集的研究阶段的支出金额转入当期费用，借记“业务活动费用”等科目，贷记“研发支出”科目（研究支出）。

（2）自行研究开发项目开发阶段的支出，先通过“研发支出”科目进行归集。按照从事开发及其辅助活动人员计提的薪酬，开发活动领用的库存物品，发生的与开发活动相关的管理费、间接费和其他各项费用，借记“研发支出”科目（开发支出），贷记“应付职工薪酬”“库存物品”“财政拨款收入”“零余额账户用款额度”“固定资产累计折旧”“银行存款”等科目。自行研究开发项目完成，达到预定用途形成无形资产的，按照“研发支出”科目归集的开发阶段的支出金额，借记“无形资产”科目，贷记“研发支出”科目（开发支出）。

单位应于每年年度终了评估研究开发项目是否能达到预定用途，如预计不能达到预定用途（如无法最终完成开发项目并形成无形资产的），应当将已发生的开发支出金额全部转入当期费用，借记“业务活动费用”等科目，贷记“研发支出”科目（开发支出）。

【例 4－26】某事业单位发生以下有关无形资产的业务。

（1）购入一项专利权，价值 250 000 元，款项通过零余额账户支付。

借：无形资产——专利权	250 000	
贷：零余额账户用款额度		250 000

（2）接受其他单位捐赠著作权一项，该项著作权经评估价值 40 000 元。用银行存款支付有关评估等费用 3 000 元。

借：无形资产——著作权	43 000	
贷：银行存款		3 000
捐赠收入		40 000

（3）本月摊销业务活动用专利权金额 5 000 元。

借：业务活动费用	5 000	
贷：无形资产累计摊销		5 000

（4）经批准单位决定转让一项专利权，该项专利权的账面余额 30 000 元，已计提摊销 10 000 元，转让价格 25 000 元存入银行。

借：资产处置费用　　20 000
　　无形资产累计摊销　　10 000
　　贷：无形资产　　30 000

同时应编制以下会计分录。

借：银行存款　　25 000
　　贷：应缴财政款　　25 000

关于公共基础设施、政府储备物资、文物文化资产、保障性住房、受托代理资产、长期待摊费用等其他非流动资产的核算参见第十一章“第四节　其他非流动资产的核算”。

本章小结

事业单位的资产包括流动资产和非流动资产。流动资产是指预计在1年内（含1年）耗用或者可以变现的资产，包括货币资金、短期投资、应收及预付款项、存货等。

短期投资，是指事业单位取得的持有时间不超过1年（含1年）的投资。

存货，是指事业单位在开展业务活动及其他活动中为耗用或出售而储存的资产，如材料、产品、包装物和低值易耗品等，以及未达到固定资产标准的用具、装具、动植物等。

长期投资是指事业单位取得的除短期投资以外的债权和股权性质的投资。长期投资分为长期股权投资和长期债券投资。

长期股权投资是指事业单位按照规定取得的，持有时间超过1年（不含1年）的股权性质的投资。长期债券投资是指事业单位按照规定取得的，持有时间超过1年（不含1年）的债券投资。

固定资产是指事业单位为满足自身开展业务活动或其他活动需要而控制的，使用年限超过1年（不含1年），单位价值在规定标准以上，并在使用过程中基本保持原有物质形态的资产，一般包括房屋及构筑物、专用设备、通用设备等。

无形资产是指事业单位控制的没有实物形态的可辨认非货币性资产，如专利权、商标权、著作权、土地使用权、非专利技术等。

事业单位资产的核算需要设置“库存现金”“银行存款”“零余额账户用款额度”“短期投资”“在途物品”“库存物品”“加工物品”“长期股权投资”“固定资产”“固定资产累计折旧”“无形资产”“无形资产累计摊销”“在建工程”“待处理财产损溢”等科目。

复习思考题

1. 什么是未达账项？它包括哪几种情况？
2. 如何对未达账项进行调整？
3. 应收及预付款项的内容包括哪些？
4. 存货核算需要设置哪几个会计科目？
5. 长期股权投资的含义是什么？如何核算？
6. 长期债券投资的含义是什么？如何核算？
7. 什么是固定资产？分成哪些类别？
8. 如何对固定资产进行核算？
9. 什么是无形资产？它包括哪些内容？

练　习　题

习题一

一、目的　练习事业单位流动资产的核算。

二、资料　某事业单位20×8年1月发生以下有关经济业务。

1. 开出支票，从单位零余额账户提取现金8 000元备用。

2. 购买业务部门直接领用的办公用品一批，价款3 500元用转账支票支付。

3. 通过单位零余额账户支付本月业务活动用水电费7 900元。

4. 购入事业活动用甲材料500千克，单价100元，增值税税率16%。价税合计58 000元，款项通过财政直接支付方式支付，材料入库。

5. 单位后勤部门管理人员王华出差预借差旅费，财务部门支付其现金3 000元。

6. 从外地购入经营活动用乙材料100千克，单价300元。价款计30 000元，增值税4 800元（已经过认证），材料入库，款未付。

7. 事业单位经营活动领用乙材料一批，价值3 170元。

8. 事业单位1月1日以银行存款购买国库券进行短期投资，面值共计200 000元，票面利率为4%，每年年末支付利息。支付手续费等5 000元，款项以银行存款支付。

9. 收到银行通知，本月财政授权支付额度500 000元到账。

10. 事业单位1月10日用零余额账户用款额度预付下年度全年财产保险费18 000元。

三、要求　根据上述经济业务编制事业单位会计分录。

习题二

一、目的　练习事业单位非流动资产的核算。

二、资料　A事业单位20×8年发生以下有关经济业务。

1. 1月1日开出支票购买某公司当日发行的债券面值共计600 000元，还本期3年，年利率为5%，到期还本，每年付息一次。购入时实际支付的价格为606 000元。

2. 12月31日计算本年应收取的上述债券利息共计30 000元。

3. 经批准于1月10日以一台设备出资，A事业单位与B企业共同出资设立C有限责任公司（假定相关的产权手续于当日办理完毕）。A事业单位该设备账面余额260万元，已经计提折旧20万元。评估价值300万元。C公司注册资本500万元，A事业单位股权比例为60%，B公司股权比例为40%。

4. 12月31日C公司全年实现净利润200万元，除净利润以外的所有者权益减少额为30万元。

5. 购入不需要安装设备一台，价款40 000元，运输费5 000元，设备交付使用，款项通过零余额账户支付。

6. 融资租入一台需要安装设备，价款500 000元，用银行存款支付安装费4 000元，设备交付使用，设备价款分5年付清，该设备用于经营活动。

7. 通过银行转账支付上述设备第一年租赁费100 000元。

8. 计提固定资产折旧共计6 500元，其中业务活动固定资产折旧4 500元，经营活动固定资产折旧2 000元。

三、要求　根据上述经济业务编制事业单位会计分录。

第五章　事业单位负债的核算

学习目标：通过本章的学习，要求了解事业单位负债的分类和内容；理解应缴财政款、预提费用的含义；掌握事业单位短期借款、应交增值税、其他应交税费、应缴财政款、应付与预收款项、预提费用、长期借款、长期应付款项等负债的核算。

第一节　短期借款和应交税费及应缴财政款的核算

一、短期借款的核算

短期借款是指事业单位经批准向银行或其他金融机构等借入的期限在 1 年内（含 1 年）的各种借款。

为了核算事业单位经批准向银行或其他金融机构等借入的期限在 1 年内（含 1 年）的各种借款借入和归还情况，应设置“短期借款”科目。它是负债类科目，贷方登记借入的款项，借方登记归还的款项，期末贷方余额，反映事业单位尚未偿还的短期借款本金。本科目应当按照债权人和借款种类进行明细核算。

对短期借款应作以下主要账务处理。事业单位取得短期借款时，借记“银行存款”科目，贷记“短期借款”科目；银行承兑汇票到期，本单位无力支付票款的，按照应付票据的账面余额，借记“应付票据”科目，贷记本科目。归还借款时，借记“短期借款”科目，贷记“银行存款”科目。

支付利息时，借记“其他费用”等科目，贷记“银行存款”科目。

【例 5－1】某事业单位 7 月 1 日从银行取得借款 30 000 元，借期 6 个月，年利率 6%，到期一次还本付息。该项借款用于事业活动。

（1）7 月 1 日取得借款时应编制以下会计分录。

借：银行存款	30 000	
贷：短期借款		30 000

（2）12 月 31 日归还本金和利息时应编制以下会计分录。

借：短期借款	30 000	
其他费用	900	
贷：银行存款		30 900

二、应交增值税的核算

为了核算单位按照税法规定应计算交纳的增值税情况，应设置“应交增值税”科目。它是负债类科目，贷方登记应交增值税的增加数，借方登记已交纳的税额等，期末贷方余额，反映单位应交未交的增值税；期末如为借方余额，反映单位尚未抵扣或多交的增值税。

（一）“应交增值税”的明细科目

属于增值税一般纳税人的单位，应当在本科目下设置“应交税金”“未交税金”“预交税金”“待抵扣进项税额”“待认证进项税额”“待转销项税额”“简易计税”“转让金融商品应交增值税”“代扣代交增值税”等明细科目。

1. “应交税金”明细账

一般纳税人在“应交税金”明细账内应当设置“进项税额”“已交税金”“转出未交增值税”“减免税款”“销项税额”“进项税额转出”“转出多交增值税”等专栏。

（1）“进项税额”专栏，记录单位购进货物、加工修理修配劳务、服务、无形资产或不动产而支付或负担的、准予从当期销项税额中抵扣的增值税额。

（2）“已交税金”专栏，记录单位当月已交纳的应交增值税额。

（3）“转出未交增值税”和“转出多交增值税”专栏，分别记录一般纳税人月度终了转出当月应交未交或多交的增值税额。

（4）“减免税款”专栏，记录单位按照现行增值税制度规定准予减免的增值税额。

（5）“销项税额”专栏，记录单位销售货物、加工修理修配劳务、服务、无形资产或不动产应收取的增值税额。

（6）“进项税额转出”专栏，记录单位购进货物、加工修理修配劳务、服务、无形资产或不动产等发生非正常损失以及其他原因而不应从销项税额中抵扣、按照规定转出的进项税额。

2. “未交税金”明细科目

本科目核算一般纳税人单位月度终了从“应交税金”或“预交税金”明细科目转入当月应交未交、多交或预缴的增值税额，以及当月交纳以前期间未交的增值税额。

3. “预交税金”明细科目

本科目核算一般纳税人单位转让不动产、提供不动产经营租赁服务等，以及其他按照现行增值税制度规定应预缴的增值税额。

4. “待抵扣进项税额”明细科目

本科目核算一般纳税人单位已取得增值税扣税凭证并经税务机关认证，按照现行增值税制度规定准予以后期间从销项税额中抵扣的进项税额。

5. “待认证进项税额”明细科目

本科目核算一般纳税人单位由于未经税务机关认证而不得从当期销项税额中抵扣的进项税额。包括：一般纳税人已取得增值税扣税凭证并按规定准予从销项税额中抵扣，但尚未经税务机关认证的进项税额；一般纳税人已申请稽核但尚未取得稽核相符结果的海关缴款书进项税额。

6. “待转销项税额”明细科目

本科目核算一般纳税人单位销售货物、加工修理修配劳务、服务、无形资产或不动产，已确认相关收入（或利得）但尚未发生增值税纳税义务而需于以后期间确认为销项税额的增值税额。

7. “简易计税”明细科目

本科目核算一般纳税人单位采用简易计税方法发生的增值税计提、扣减、预缴、缴纳等业务。

8. “转让金融商品应交增值税”明细科目

本科目核算一般纳税人单位转让金融商品发生的增值税额。

9. “代扣代交增值税”明细科目

本科目核算一般纳税人单位购进在境内未设经营机构的境外单位或个人在境内的应税行为代扣代缴的增值税。

属于增值税小规模纳税人的单位只需在本科目下设置“转让金融商品应交增值税”“代扣代交增值税”明细科目。

（二）应交增值税的主要账务处理

1. 取得资产或接受劳务等业务

（1）采购等业务进项税额允许抵扣。一般纳税人单位购买用于增值税应税项目的资产或服务等时，按照应计入相关成本费用或资产的金额，借记“业务活动费用”“在途物品”“库存物品”“工程物资”“在建工程”“固定资产”“无形资产”等科目，按照当月已认证的可抵扣增值税额，借记本科目（应交税金——进项税额），按照当月未认证的可抵扣增值税额，借记本科目（待认证进项税额），按照应付或实际支付的金额，贷记“应付账款”“应付票据”“银行存款”“零余额账户用款额度”等科目。发生退货的，如原增值税专用发票已做认证，应根据税务机关开具的红字增值税专用发票编制相反的会计分录；如原增值税专用发票未做认证，应将发票退回并编制相反的会计分录。

小规模纳税人单位购买资产或服务等时不能抵扣增值税，发生的增值税计入资产成本或相关成本费用。

（2）采购等业务进项税额不得抵扣。一般纳税人单位购进资产或服务等，用于简易计税方法计税项目、免征增值税项目、集体福利或个人消费等，其进项税额按照现行增值税制度规定不得从销项税额中抵扣的，取得增值税专用发票时，应按照增值税发票注明的金额，借记相关成本费用或资产科目，按照待认证的增值税进项税额，借记本科目（待认证进项税额），按照实际支付或应付的金额，贷记“银行存款”“应付账款”“零余额账户用款额度”等科目。经税务机关认证为不可抵扣进项税时，借记本科目（应交税金——进项税额）科目，贷记本科目（待认证进项税额），同时，将进项税额转出，借记相关成本费用科目，贷记本科目（应交税金——进项税额转出）。

（3）购进不动产或不动产在建工程按照规定进项税额分年抵扣。一般纳税人单位取得应税项目为不动产或者不动产在建工程，其进项税额按照现行增值税制度规定自取得之日起分两年从销项税额中抵扣的，应当按照取得成本，借记“固定资产”“在建工程”等科目，按照当期可抵扣的增值税额，借记本科目（应交税金——进项税额），按照以后期间可抵扣的增值税额，借记本科目（待抵扣进项税额），按照应付或实际支付的金额，贷记“应付账款”“应付票据”“银行存款”“零余额账户用款额度”等科目。尚未抵扣的进项税额待以后期间允许抵扣时，按照允许抵扣的金额，借记本科目（应交税金——进项税额），贷记本科目（待抵扣进项税额）。

（4）进项税额抵扣情况发生改变。一般纳税人单位因发生非正常损失或改变用途等，原已计入进项税额、待抵扣进项税额或待认证进项税额，但按照现行增值税制度规定不得从销项税额中抵扣的，借记“待处理财产损益”“固定资产”“无形资产”等科目，贷记本科目（应交税金——进项税额转出）、本科目（待抵扣进项税额）或本科目（待认证进项税额）；原不得抵扣且未抵扣进项税额的固定资产、无形资产等，因改变用途等用于允许抵扣进项税额的应税项目的，应按照允许抵扣的进项税额，借记本科目（应交税金——进项税额），贷记“固定资产”“无形资产”等科目。固定资产、无形资产等经上述调整后，应按照调整后的账面价值在剩余尚可使用年限内计提折旧或摊销。

一般纳税人单位购进时已全额计入进项税额的货物或服务等转用于不动产在建工程的，对于结转以后期间的进项税额，应借记本科目（待抵扣进项税额），贷记本科目（应交税金——进项税额转出）。

（5）购买方作为扣缴义务人。按照现行增值税制度规定，境外单位或个人在境内发生应税行为，在境内未设有经营机构的，以购买方为增值税扣缴义务人。境内一般纳税人购进服务或资产时，按照应计入相关成本费用或资产的金额，借记“业务活动费用”“在途物品”“库存物品”“工程物资”“在建工程”“固定资产”“无形资产”等科目，按照可抵扣的增值税额，借记本科目（应交税金——进项税额）（小规模纳税人应借记相关成本费用或资产科目），按照应付或实际支付的金额，贷记“银行存款”“应付账款”等科目，按照应代扣代缴的增值税额，贷记本科目（代扣代交增值税）。实际缴纳代扣代缴增值税时，按照代扣代缴的增值税额，借记本科目（代扣代交增值税），贷记“银行存款”“零余额账户用款额度”等科目。

2. 销售资产或提供服务等业务

（1）销售资产或提供服务业务。一般纳税人单位销售货物或提供服务，应当按照应收或已收的金额，借记“应收账款”“应收票据”“银行存款”等科目，按照确认的收入金额，贷记“经营收入”“事业收入”等科目，按照现行增值税制度规定计算的销项税额（或采用简易计税方法计算的应纳增值税额），贷记本科目（应交税金——销项税额）或本科目（简易计税）（小规模纳税人应贷记本科目）。发生销售退回的，应根据按照规定开具的红字增值税专用发票编制相反的会计分录。

按照本制度及相关政府会计准则确认收入的时点早于按照增值税制度确认增值税纳税义务发生时点的，应将相关销项税额计入本科目（待转销项税额），待实际发生纳税义务时再转入本科目（应交税金——销项税额）或本科目（简易计税）。

按照增值税制度确认增值税纳税义务发生时点早于按照本制度及相关政府会计准则确认收入的时点的，应按照应纳增值税额，借记“应收账款”科目，贷记本科目（应交税金——销项税额）或本科目（简易计税）。

（2）金融商品转让按照规定以盈亏相抵后的余额作为销售额。金融商品实际转让月末，如产生转让收益，则按照应纳税额，借记“投资收益”科目，贷记本科目（转让金融商品应交增值税）；如产生转让损失，则按照可结转下月抵扣税额，借记本科目（转让金融商品应交增值税），贷记“投资收益”科目。交纳增值税时，应借记本科目（转让金融商品应交增值税），贷记“银行存款”等科目。年末，本科目（转让金融商品应交增值税）如有借方余额，则借记“投资收益”科目，贷记本科目（转让金融商品应交增值税）。

3. 月末转出多交增值税和未交增值税

月度终了，一般纳税人单位应当将当月应交未交或多交的增值税自“应交税金”明细科目转入“未交税金”明细科目。对于当月应交未交的增值税，借记本科目（应交税金——转出未交增值税），贷记本科目（未交税金）；对于当月多交的增值税，借记本科目（未交税金），贷记本科目（应交税金——转出多交增值税）。

4. 交纳增值税

(1) 交纳当月应交增值税。一般纳税人单位交纳当月应交的增值税，借记本科目（应交税金——已交税金）(小规模纳税人借记本科目)，贷记“银行存款”等科目。

(2) 交纳以前期间未交增值税。一般纳税人单位交纳以前期间未交的增值税，借记本科目（未交税金）(小规模纳税人借记本科目)，贷记“银行存款”等科目。

(3) 预交增值税。一般纳税人单位预交增值税时，借记本科目（预交税金），贷记“银行存款”等科目。月末，单位应将“预交税金”明细科目余额转入“未交税金”明细科目，借记本科目（未交税金），贷记本科目（预交税金）。

(4) 减免增值税。对于当期直接减免的增值税，借记本科目（应交税金——减免税款），贷记“业务活动费用”“经营费用”等科目。按照现行增值税制度规定，单位初次购买增值税税控系统专用设备支付的费用以及缴纳的技术维护费允许在增值税应纳税额中全额抵减的，按照规定抵减的增值税应纳税额，借记本科目（应交税金——减免税款）(小规模纳税人借记本科目)，贷记“业务活动费用”“经营费用”等科目。

【例 5－2】 某一般纳税人事业单位 20×8 年发生以下有关增值税业务。

(1) 从本地购入经营活动用甲材料，买价 30 000 元，进项增值税 4 800 元（假设已经过认证），材料入库，货款用银行存款支付。

借：库存物品——甲材料	30 000	
应交增值税——应交税金（进项税额）	4 800	
贷：银行存款		34 800

(2) 从外地购入经营活动用乙材料，买价 20 000 元，进项增值税 3 200 元未经过认证，货款用零余额账户支付，材料未到。

借：在途物品——乙材料	20 000	
应交增值税——待认证进项税额	3 200	
贷：零余额账户用款额度		23 200

(3) 向光明公司销售经营活动产品，应收取货款 50 000 元，增值税 8 000 元，产品已经发出，货款尚未收到。

借：应收账款——光明公司	58 000	
贷：经营收入		50 000
应交增值税——应交税金（销项税额）		8 000

(4) 单位原已经记入进项税额的购进物品改变用途，用于单位在建工程，该物品的成本 20 000 元，进项税额 3 200 元，其中用于在建工程后应由以后期间抵扣的为 1 600 元。

借：应交增值税——待抵扣进项税额	1 600	
贷：应交增值税——应交税金（进项税额转出）		1 600

(5) 月末开出支票 8 900 元交纳增值税。

借：应交增值税——应交税金（已交税金）	8 900	
贷：银行存款		8 900

三、其他应交税费的核算

其他应交税费是指除增值税以外的各种税费，包括城市维护建设税、教育费附加、地方教育费附加、车船税、房产税、城镇土地使用税、企业所得税以及单位代扣代缴的个人所得税等。

为了核算单位按照税法等规定计算应交纳的除增值税以外的各种税费情况，应设置“其他应交税费”科目。它是负债类科目，贷方登记其他应交税费的增加数，借方登记已交纳的其他税费等，期末贷方余额，反映单位应交未交的除增值税以外的税费金额；期末如为借方余额，反映单位多交纳的除增值税以外的税费金额。本科目应当按照应交纳的税费种类进行明细核算。

对其他应交税费应作以下主要账务处理。

（1）发生城市维护建设税、教育费附加、地方教育费附加、车船税、房产税、城镇土地使用税等纳税义务的，按照税法规定计算的应缴税费金额，借记“业务活动费用”“单位管理费用”“经营费用”等科目，贷记本科目（应交城市维护建设税、应交教育费附加、应交地方教育费附加、应交车船税、应交房产税、应交城镇土地使用税等）。

（2）按照税法规定计算应代扣代缴的职工（含长期聘用人员）个人所得税，借记“应付职工薪酬”科目，贷记本科目（应交个人所得税）。

按照税法规定计算应代扣代缴支付给职工（含长期聘用人员）以外人员劳务费的个人所得税，借记“业务活动费用”“单位管理费用”等科目，贷记本科目（应交个人所得税）。

（3）发生企业所得税纳税义务的，按照税法规定计算的应交所得税额，借记“所得税费用”科目，贷记本科目（单位应交所得税）。

（4）单位实际交纳上述各种税费时，借记本科目（应交城市维护建设税、应交教育费附加、应交地方教育费附加、应交车船税、应交房产税、应交城镇土地使用税、应交个人所得税、单位应交所得税等），贷记“财政拨款收入”“零余额账户用款额度”“银行存款”等科目。

【例5－3】某事业单位20×8年发生以下有关其他应交税费的业务。

（1）1月31日按照规定计算单位开展专业业务活动应交的城市维护建设税6 650元，教育费附加2 850元，共计9 500元。

借：业务活动费用　　9 500
　　贷：其他应交税费——应交城市维护建设税　　6 650
　　　　　　　　　　——应交教育费附加　　2 850

（2）2月10日按税法规定计算本月在职职工工资应代扣代缴的职工个人所得税为185 000元。

借：业务活动费用　　185 000
　　贷：其他应交税费——应交个人所得税　　185 000

（3）2月末单位通过零余额账户交纳本月应交个人所得税185 000元。

借：其他应交税费——应交个人所得税　　185 000
　　贷：零余额账户用款额度　　185 000

四、应缴财政款的核算

应缴财政款是指单位取得或应收的按照规定应当上缴财政的款项，包括应缴国库的款项和应缴财政专户的款项。主要包括事业单位代收的纳入预算管理的基金、行政性收费收入、罚没收入、无主财物变价收入和其他按规定应上缴财政的款项。

为了按照税法核算单位取得或应收的按照规定应当上缴财政的款项，应设置“应缴财政款”科目。它是负债类科目，贷方登记取得上缴财政的各项款项，借方登记实际上缴财政的各项款项，期末贷方余额，反映单位应当上缴财政但尚未缴纳的款项。年终清缴后，本科目一般应无余额。本科目应当按照应缴财政款项的类别进行明细核算。

对应缴财政款应作以下主要账务处理。

（1）单位取得或应收按照规定应缴财政的款项时，借记“银行存款”“应收账款”等科目，贷记本科目。

（2）单位处置资产取得的应上缴财政的处置净收入的账务处理，参见“待处理财产损溢”等科目。

（3）单位上缴应缴财政的款项时，按照实际上缴的金额，借记本科目，贷记“银行存款”科目。

【例5-4】某事业单位20×8年发生以下有关应缴财政款的业务。

（1）3月8日收到罚没收入4 000元存入银行。

借：银行存款	4 000	
贷：应缴财政款		4 000

（2）收到行政性收费收入20 000元存入银行。

借：银行存款	20 000	
贷：应缴财政款		20 000

（3）收到无主财物的变价收入6 000元存入银行。

借：银行存款	6 000	
贷：应缴财政款		6 000

（4）将应缴财政的款项30 000元上缴国库。

借：应缴财政款	30 000	
贷：银行存款		30 000

第二节 应付职工薪酬和应付利息的核算

一、应付职工薪酬的核算

应付职工薪酬是指单位按照有关规定应付给职工（含长期聘用人员）及为职工支付的各种薪酬，包括基本工资、国家统一规定的津贴补贴、规范津贴补贴（绩效工资）、改革性补贴、社会保险费（如职工基本养老保险费、职业年金、基本医疗保险费等）、住房公积金等。

为了核算事业单位按照有关规定应付给职工（含长期聘用人员）及为职工支付的各种薪酬，应设置“应付职工薪酬”科目。它是负债类科目，借方登记支付的工资、津贴补贴等薪酬，贷方登记计算的当期应付职工薪酬，期末贷方余额，反映单位应付未付的职工薪酬。

本科目应当根据国家有关规定按照“基本工资”（含离退休费）、“国家统一规定的津贴补贴”“规范津贴补贴（绩效工资）”“改革性补贴”“社会保险费”“住房公积金”“其他个人收入”等进行明细核算。其中，“社会保险费”“住房公积金”明细科目核算内容包括单位从职工工资中代扣代缴的社会保险费、住房公积金，以及单位为职工计算缴纳的社会保险费、住房公积金。

对应付职工薪酬应作以下主要账务处理。

（1）计算确认当期应付职工薪酬（含单位为职工计算缴纳的社会保险费、住房公积金）。

①计提从事专业及其辅助活动人员的职工薪酬，借记“业务活动费用”“单位管理费用”科目，贷记本科目。

②计提应由在建工程、加工物品、自行研发无形资产负担的职工薪酬，借记“在建工程”“加工物品”“研发支出”等科目，贷记本科目。

③计提从事专业及其辅助活动之外的经营活动人员的职工薪酬，借记“经营费用”科目，贷记本科目。

④因解除与职工的劳动关系而给予的补偿，借记“单位管理费用”等科目，贷记本科目。

（2）向职工支付工资、津贴补贴等薪酬时，按照实际支付的金额，借记本科目，贷记“财政拨款收入”“零余额账户用款额度”“银行存款”等科目。

（3）按照税法规定代扣职工个人所得税时，借记本科目（基本工资），贷记“其他应交税费——应交个人所得税”科目。从应付职工薪酬中代扣为职工垫付的水电费、房租等费用时，按照实际扣除的金额，借记本科目（基本工资），贷记“其他应收款”等科目。从应付职工薪酬中代扣社会保险费和住房公积金，按照代扣的金额，借记本科目（基本工资），贷记本科目（社会保险费、住房公积金）。

（4）按照国家有关规定缴纳职工社会保险费和住房公积金时，按照实际支付的金额，借记本科目（社会保险费、住房公积金）。贷记“财政拨款收入”“零余额账户用款额度”“银行存款”等科目。

（5）从应付职工薪酬中支付的其他款项，借记本科目，贷记“零余额账户用款额度”“银行存款”等科目。

【例5－5】某事业单位20×8年9月发生以下有关应付职工薪酬业务。

（1）计算本月在职事业编制人员工资共计5 200 000元，其中基本工资、绩效工资2 962 000元，津贴补贴1 352 000元，应付社会保险费632 000元（单位承担的），应付住房公积金254 000元（单位承担的）。

借：业务活动费用——财政补助支出	5 200 000	
贷：应付职工薪酬——基本工资		2 962 000
——津贴补贴		1 352 000
——社会保险费		632 000
——住房公积金		254 000

（2）该事业单位用零余额账户用款额度向职工支付工资，代扣个人所得税94 000元，住房公积金254 000元，社会保险费192 000元，实际支付3 774 000元。

借：应付职工薪酬——基本工资	2 962 000	
——津贴补贴	1 352 000	
贷：其他应交税费——应交个人所得税		94 000
应付职工薪酬——社会保险费		192 000
——住房公积金		254 000
零余额账户用款额度		3 774 000

（3）该事业单位通过零余额账户缴纳社会保险费824 000元、住房公积金508 000元、个人所得税94 000元。

借：应付职工薪酬——社会保险费	824 000	
——住房公积金	508 000	

其他应交税费——应交个人所得税　　94 000
贷：零余额账户用款额度　　1 426 000

二、应付利息的核算

应付利息是指事业单位按照合同约定应支付的借款利息，包括短期借款、分期付息到期还本的长期借款等应支付的利息。

为了核算事业单位按照合同约定应支付的借款利息情况，应设置“应付利息”科目，它是负债类科目，贷方登记应付利息费用的增加数，借方登记已付数，期末贷方余额，反映事业单位应付未付的利息金额。本科目应当按照债权人等进行明细核算。

对应付利息应作以下主要账务处理。

（1）建造固定资产、公共基础设施等借入的专门借款利息，属于建设期间发生的，按期计提利息费用时，按照计算确定额，借记“在建工程”科目，贷记本科目；不属于建设期间发生的，按期计提利息费用时，按照计算确定的金额，借记“其他费用”科目，贷记本科目。

（2）对于其他借款，按期计提利息费用时，按照计算确定的金额，借记“其他费用”科目，贷记本科目。

（3）实际支付应付利息时，按照支付的金额，借记本科目，贷记“银行存款”等科目。

【例5－6】某事业单位发生以下有关应付利息业务。

（1）20×7年1月1日为建造办公楼从银行取得长期借款900 000元存入银行，期限3年，利率5%，每年付息一次，到期还本。该办公楼建造期两年。

借：银行存款　　900 000
　　贷：长期借款　　900 000

（2）20×7年12月31日，单位计算（1）中长期借款应付本年利息为45 000元。

借：在建工程　　45 000
　　贷：应付利息　　45 000

（3）20×8年1月3日用银行存款支付应付利息45 000元。

借：应付利息　　45 000
　　贷：银行存款　　45 000

第三节　应付及预收款项和预提费用的核算

一、应付票据的核算

（一）应付票据核算的内容

应付票据是指事业单位因购买材料、物资等而开出、承兑的商业汇票，包括银行承兑汇票和商业承兑汇票。按国家的有关规定，单位之间只有在商品交易的情况下，才能使用商业汇票结算方式。在会计核算中，购买商品采用商业汇票结算方式下，如果是商业承兑汇票，承兑人是付款人（购买方）；如果是银行承兑汇票，承兑人是银行。在商业汇票尚未到期前，是单位的一项负债，期末反映在资产负债表上的应付票据项目内。付款单位在应付票据到期前，应把足够的票款交存银行，以便银行能在到期日凭票将款项划转给收款人、背书人或贴现银行。事业单位在收到银行的付款通知后，编制付款凭证，进行账务处理。

（二）应付票据核算的账务处理

为了反映事业单位因购买材料、物资等而开出、承兑的商业汇票的实际情况，应设置“应付票据”科目。它是负债类科目，贷方登记因购买材料、物资等开出、承兑的商业汇票；借方登记已支付的商业汇票款；期末余额在贷方，反映尚未到期支付的商业汇票。

各个事业单位还应设置“应付票据备查簿”，详细登记每一应付票据的种类、号数、签发日期、到期日、票面金额、收款人姓名或单位名称，以及付款日期和金额等详细资料。应付票据到期付清时，应在备查簿内逐笔注销。

对应付票据应作以下主要账务处理。

（1）开出、承兑商业汇票时，借记“库存物品”“固定资产”等科目，贷记本科目。以商业汇票抵付应付账款时，借记“应付账款”科目，贷记本科目。

（2）支付银行承兑汇票的手续费时，借记“业务活动费用”“经营费用”等科目，贷记“银行存款”“零余额账户用款额度”等科目。

（3）商业汇票到期时，应当分以下情况处理。

①收到银行支付到期票据的付款通知时，借记本科目，贷记“银行存款”科目。

②银行承兑汇票到期，单位无力支付票款的，按照应付票据账面余额，借记本科目，贷记“短期借款”科目。

③商业承兑汇票到期，单位无力支付票款的，按照应付票据账面余额，借记本科目，贷记“应付账款”科目。

【例5－7】某事业单位发生以下有关应付票据业务。

（1）20×8年3月1日采用商业汇票结算方式购入材料一批，货款20 000元，增值税3 200元（已经过认证），材料入库。事业单位开出为期3个月的商业承兑汇票。

借：库存物品——材料	20 000	
应交增值税——应交税金（进项税额）	3 200	
贷：应付票据		23 200

（2）20×8年6月1日票据到期用银行存款归还票据款23 200元。

借：应付票据	23 200	
贷：银行存款		23 200

（3）假设（1）中票据到期单位不能如期支付票款23 200元。

借：应付票据	23 200	
贷：应付账款		23 200

二、应付账款的核算

（一）应付账款核算的内容

应付账款是指事业单位因购买物资、接受服务、开展工程建设等而应付的偿还期限在1年以内（含1年）的款项。应付账款入账时间的确定，应区别情况处理：在货物和发票同时到达的情况下，一般待货物到达入库后，才按发票账单登记应付账款；在货物和发票不是同时到达的情况下，在实际中，一般是在月末将所购货物按估计价格登记入账。

（二）应付账款核算的账务处理

为了总括反映事业单位因购买物资、接受服务、开展工程建设等而应付的偿还期限在1

年以内（含1年）的款项情况，应设置“应付账款”科目。它是负债类科目，贷方登记应支付的款项，借方登记已支付、已转销或已转作商业汇票结算方式的款项，期末余额在贷方，反映尚未支付的应付款项。本科目应当按照债权人进行明细核算。对于建设项目，还应设置“应付器材款”“应付工程款”等明细科目，并按照具体项目进行明细核算。

对应付账款应作以下主要账务处理。

（1）收到所购材料、物资、设备或服务以及确认完成工程进度但尚未付款时，根据发票及账单等有关凭证，按照应付未付款项的金额，借记“库存物品”“固定资产”“在建工程”等科目，贷记本科目。

（2）偿付应付账款时，按照实际支付的金额，借记本科目，贷记“财政拨款收入”“零余额账户用款额度”“银行存款”等科目。

（3）开出、承兑商业汇票抵付应付账款时，借记本科目，贷记“应付票据”科目。

（4）无法偿付或债权人豁免偿还的应付账款，应当按照规定报经批准后进行账务处理。经批准核销时，借记本科目，贷记“其他收入”科目。核销的应付账款应在备查簿中保留登记。

【例5－8】 20×8年某事业单位发生以下采购经营活动用材料业务。

（1）1月9日购入甲材料一批，价款20 000元，增值税3 200元（已经过认证），材料入库，款未付。

借：库存物品——甲材料	20 000	
应交增值税——应交税金（进项税额）	3 200	
贷：应付账款		23 200

（2）1月末购入的乙材料一批价值50 000元，增值税8 000元。材料验收入库，款未付。但月末发票账单尚未到达，按材料暂估价60 000元入账。

借：库存物品——乙材料	60 000	
贷：应付账款		60 000

下月（2月）初用红字冲回时应编制以下会计分录。

借：库存物品——乙材料	[60 000]	
贷：应付账款		[60 000]

待收到对方发票账单时应编制以下会计分录。

借：库存物品——乙材料	50 000	
应交增值税——应交税金（进项税额）	8 000	
贷：应付账款		58 000

（3）2月5日事业单位用银行存款偿还前欠货款23 200元。

借：应付账款	23 200	
贷：银行存款		23 200

三、预收账款的核算

（一）预收账款核算的内容

预收账款是指事业单位按照合同规定向购货单位或接受劳务单位预收的款项。事业单位有时在销售产品或提供劳务以前，按合同规定，要预先收取全部或部分款项，这些预收款项需要事业单位在一定时间内以交付货物或提供劳务来偿还，但在未偿还之前构成单位的一项债务。

（二）预收账款核算的账务处理

为了核算事业单位预先收取但尚未结算的款项，应设置“预收账款”科目。它是负债类科目，贷方登记预收的货款，借方登记应收的货款或退回多收的货款。期末贷方余额反映尚未结清的预收账款。该科目应按债权人进行明细核算。

对预收账款应作以下主要账务处理。

（1）从付款方预收款项时，按照实际预收的金额，借记“银行存款”等科目，贷记本科目。

（2）确认有关收入时，按照预收账款账面余额，借记本科目，按照应确认的收入金额，贷记“事业收入”“经营收入”等科目，按照付款方补付或退回付款方的金额，借记或贷记“银行存款”等科目。

（3）无法偿付或债权人豁免偿还的预收账款，应当按照规定报经批准后进行账务处理。经批准核销时，借记本科目，贷记“其他收入”科目。核销的预收账款应在备查簿中保留登记。

【例5－9】 20×8年某一般纳税人事业单位发生以下有关预收账款业务。

（1）3月1日接受一批订货合同，货款总额23 200元。按合同规定对方先预付货款15 000元，待产品完工发出后，再补付8 200元。

借：银行存款	15 000	
贷：预收账款		15 000

（2）3月28日产品完工发出开出增值税专用发票，注明货款20 000元，增值税3 200元，收到对方单位补付货款8 200元存入银行。

借：预收账款	15 000	
银行存款	8 200	
贷：经营收入		20 000
应交增值税——应交税金（销项税额）		3 200

四、其他应付款的核算

（一）其他应付款核算的内容

其他应付款是指单位除应交增值税、其他应交税费、应缴财政款、应付职工薪酬、应付票据、应付账款、应付利息、预收账款以外，其他各项偿还期限在1年（含1年）的应付及暂收款项，如收取的押金、存入保证金、已经报销但尚未偿还银行的本单位公务卡欠款等。

（二）其他应付款核算的账务处理

为了总括反映单位其他应付款的应付、暂收情况，应设置“其他应付款”科目。它是负债类科目，贷方登记应付或暂收其他单位或个人的款项，借方登记偿还的款项。期末贷方余额反映单位尚未支付的其他应付款金额。期末余额在贷方，反映尚未偿还的款项。本科目应当按照其他应付款的类别以及债权人等进行明细核算。

对其他应付款应作以下主要账务处理。

（1）发生其他应付及暂收款项时，借记“银行存款”等科目，贷记本科目。支付（或退回）其他应付及暂收款项时，借记本科目，贷记“银行存款”等科目。将暂收款项转为收入时，借记本科目，贷记“事业收入”等科目。

（2）收到同级政府财政部门预拨的下期预算款和没有纳入预算的暂付款项，按照实际收到的金额，借记“银行存款”等科目，贷记本科目；待到下一预算期或批准纳入预算时，借记本科目，贷记“财政拨款收入”科目。采用实拨资金方式通过本单位转拨给下属单位的财政拨款，按照实际收到的金额，借记“银行存款”科目，贷记本科目；向下属单位转拨财政拨款时，按照转拨的金额，借记本科目，贷记“银行存款”科目。

（3）本单位公务卡持卡人报销时，按照审核报销的金额，借记“业务活动费用”“单位管理费用”等科目，贷记本科目；偿还公务卡欠款时，借记本科目，贷记“零余额账户用款额度”等科目。

（4）涉及质保金形成其他应付款的，相关账务处理参见“固定资产”科目。

（5）无法偿付或债权人豁免偿还的其他应付款项，应当按照规定报经批准后进行账务处理。经批准核销时，借记本科目，贷记“其他收入”科目。核销的其他应付款应在备查簿中保留登记。

【例 5－10】 20×8 年某事业单位发生以下其他应付款业务。

（1）收到甲单位租用包装物押金 4 000 元。

借：银行存款　　4 000
　　贷：其他应付款——甲单位　　4 000

（2）甲单位将包装物退还事业单位，事业单位用银行存款退还押金 4 000 元。

借：其他应付款——甲单位　　4 000
　　贷：银行存款　　4 000

（3）收到同级财政部门预拨的下期预算拨款存入银行 550 000 元。

借：银行存款　　550 000
　　贷：其他应付款　　550 000

（4）将（3）中同级财政预拨的预算款 550 000 元经批准纳入预算。

借：其他应付款　　550 000
　　贷：财政拨款收入　　550 000

五、预提费用的核算

预提费用是指单位预先提取的已经发生但尚未支付的费用，如预提租金费用等。为了核算单位预先提取的已经发生但尚未支付的费用，应设置“预提费用”科目。它是负债类科目，贷方登记预先提取的预提费用，借方支付的预提费用，期末贷方余额，反映单位已预提但尚未支付的各项费用。

本科目应当按照预提费用的种类进行明细核算。对于提取的项目间接费用或管理费，应当在本科目下设置“项目间接费用或管理费”明细科目，并按项目进行明细核算。

对预提费用应作以下主要账务处理。

（1）项目间接费用或管理费：按规定从科研项目收入中提取项目间接费用或管理费时，按照提取的金额，借记“单位管理费用”科目，贷记本科目（项目间接费用或管理费）。实际使用计提的项目间接费用或管理费时，按照实际支付的金额，借本科目（项目间接费用或管理费），贷记“银行存款”“库存现金”等科目。

（2）其他预提费用：按期预提租金等费用时，按照预提的金额，借记“业务活动费用”

“单位管理费用”“经营费用”等科目，贷记本科目。实际支付款项时，按照支付金额，借记本科目，贷记“零余额账户用款额度”“银行存款”等科目。

【例5-11】 20×8年某事业单位发生以下预提费用有关业务。

（1）2月1日租用乙单位设备一台，用于本单位的经营活动，租期三年，三年租金共计36 000元。租金每年支付一次，第一年末需要预提10 000元。

借：经营费用　　10 000
　　贷：预提费用　　10 000

（2）20×9年1月3日用银行存款支付上年度租金10 000元。

借：预提费用　　10 000
　　贷：银行存款　　10 000

第四节　长期借款和长期应付款的核算

一、长期借款的核算

长期借款是指事业单位经批准向银行或其他金融机构等借入的期限超过1年（不含1年）的各种借款本息。为了核算事业单位经批准向银行或其他金融机构等借入的长期借款，应设置“长期借款”科目。它是负债类科目，贷方登记长期借款的借入数额及到期付息的应计利息，借方登记归还的长期借款数，期末贷方余额，反映事业单位尚未偿还的长期借款本息金额。

本科目应当设置“本金”和“应计利息”明细科目，并按照贷款单位和贷款种类进行明细核算。对于建设项目借款，还应按照具体项目进行明细核算。

对长期借款应作以下主要账务处理。

（1）借入各项长期借款时，按照实际借入的金额，借记“银行存款”科目，贷记本科目（本金）。

（2）为建造固定资产、公共基础设施等应支付的专门借款利息，按期计提利息时，分别按以下情况处理。

①属于工程项目建设期间发生的利息，计入工程成本，按照计算确定的应支付的利息金额，借记“在建工程”科目，贷记“应付利息”科目。

②属于工程项目完工交付使用后发生的利息，计入当期费用，按照计算确定的应支付的利息金额，借记“其他费用”科目，贷记“应付利息”科目。

（3）按期计提其他长期借款的利息时，按照计算确定的应支付的利息金额，借记“其他费用”科目，贷记“应付利息”科目（分期付息、到期还本借款的利息）或本科目（应计利息）（到期一次还本付息借款的利息）。

（4）到期归还长期借款本金、利息时，借记本科目（本金、应计利息），贷记“银行存款”科目。

【例5-12】 某事业单位发生以下长期借款业务。

（1）20×6年1月1日为建造一后勤管理部门用办公楼，从银行取得长期借款1 200 000元存入银行，期限3年，利率6%，到期还本付息。该办公楼建造期两年。

借：银行存款　　1 200 000
　　贷：长期借款——本金　　1 200 000

(2) 20×6年12月31日，单位计算（1）中长期借款应付本年利息为72 000元。

借：在建工程　　72 000
　贷：长期借款——应计利息　　72 000

20×7年12月31日，单位计算应计利息72 000元，会计分录同上，而且当年年末工程完工交付使用。

(3) 20×8年12月31日，单位计算长期借款应付本年利息为72 000元。

借：单位管理费用　　72 000
　贷：长期借款——应计利息　　72 000

(4) 20×9年1月2日，单位用银行存款归还（1）~（3）中长期借款本息共计1 416 000元，其中本金1 200 000元，利息216 000元。

借：长期借款——本金　　1 200 000
　　　　　——应计利息　　216 000
　贷：银行存款　　1 416 000

二、长期应付款的核算

长期应付款是指事业单位发生的偿还期限超过1年（不含1年）的应付款项，如以融资租赁租入固定资产的租赁费等。为了核算事业单位长期应付款的发生和归还情况，事业单位应设置"长期应付款"科目。它是负债类科目，借方登记归还的长期应付款，贷方登记发生的长期应付款，期末贷方余额，反映事业单位尚未支付的长期应付款。

本科目应当按照长期应付款的类别以及债权人进行明细核算。

对长期应付款应作以下主要账务处理。

(1) 发生长期应付款时，借记"固定资产""在建工程"等科目，贷记本科目。

(2) 支付长期应付款时，按照实际支付的金额，借记本科目，贷记"财政拨款收入""零余额账户用款额度""银行存款"等科目。

(3) 无法偿付或债权人豁免偿还的长期应付款，应当按照规定报经批准后进行账务处理。经批准核销时，借记本科目，贷记"其他收入"科目。核销的长期应付款应在备查簿中保留登记。

长期应付款业务核算举例请参见第四章"第三节　固定资产的核算"。

关于预计负债和受托代理负债的核算参见行政单位会计第十二章"第三节　预计负债和受托代理负债的核算"。

本章小结

事业单位的负债主要包括短期借款、应交增值税、其他应交税费、应缴财政款、应付和预收款项、预提费用、长期借款、长期应付款项、预计负债等。应付职工薪酬、应付账款、预收款项、应付票据、其他应付款等负债的核算与企业会计基本相同。

应缴财政款是指单位取得或应收的按照规定应当上缴财政的款项，包括应缴国库的款项和应缴财政专户的款项。主要包括行政性收费收入、罚没收入、无主财物变价收入等款项，需要设置"应缴财政款"科目核算。

应交税费包括应交增值税和其他应交税费，"应交增值税"核算单位的增值税，"其他应交税费"核算除增值税以外的各种税费，包括城市维护建设税、教育费附加、地方教育费附加、车船税、房产税、城镇土地使用税、企业所得税以及单位代扣代缴的个人所得税等。

复习思考题

1. 事业单位核算增值税应设置哪个会计科目？如何核算？
2. 其他应交税费的含义是什么？其账务处理怎样？
3. 什么是应缴财政款？它包括哪些内容？
4. 什么是预提费用？
5. 应付职工薪酬包括哪些项目？
6. 应付利息如何核算？

练　习　题

一、目的　练习事业单位负债的核算。

二、资料　某事业单位20×8年发生以下有关经济业务。

1. 向银行借入款项300 000元存入银行，期限1年，利率5%。
2. 收到外单位交来的借用包装物押金6 000元存入银行。
3. 收到应上缴财政的罚没收入8 500元存入银行。
4. 购入生产产品用的甲材料500千克，单价100元，增值税税率16%（已取得认证）。价税合计58 000元，款未付，材料入库。
5. 用银行存款归还到期的用于事业活动的短期借款本金100 000元，利息5 000元。
6. 将收到的罚没款8 500元上缴财政。
7. 向大华公司销售经营活动产品，开出增值税专用发票，应收取货款40 000元，增值税6 400元，产品已经发出，货款收到存入银行。
8. 预提本期经营活动应负担的房屋租金4 000元。

三、要求　根据上述经济业务编制会计分录。

第六章　事业单位收入与费用的核算

学习目标：通过本章的学习，要求了解事业单位收入与费用的类别；掌握财政拨款收入、事业收入、上级补助收入、附属单位上缴收入、经营收入、非同级财政拨款收入、投资收益、捐赠收入、利息收入、租金收入、其他收入的核算；掌握业务活动费用、单位管理费用、经营费用、资产处置费用、上缴上级费用、对附属单位补助费用、所得税费用、其他费用的核算。

第一节　事业单位收入的核算

一、收入的含义及分类

（一）收入的含义

事业单位的收入是指报告期内导致事业单位净资产增加的、含有服务潜力或者经济利益的经济资源的流入。

收入的确认应当同时满足以下条件：①与收入相关的含有服务潜力或者经济利益的经济资源很可能流入政府会计主体；②含有服务潜力或者经济利益的经济资源流入会导致政府会计主体资产增加或者负债减少；③流入金额能够可靠地计量。

（二）收入的分类

（1）财政拨款收入。财政拨款收入是指事业单位从同级财政部门取得的各类财政拨款。

（2）事业收入。事业收入是指事业单位开展专业业务活动及其辅助活动实现的收入，不包括从同级政府财政部门取得的各类财政拨款。

（3）上级补助收入。上级补助收入是指事业单位从主管部门和上级单位取得的非财政拨款收入。

（4）附属单位上缴收入。附属单位上缴收入是指事业单位取得的附属独立核算单位按照有关规定上缴的收入。

（5）经营收入。经营收入是指事业单位在专业活动及辅助活动之外开展非独立核算经营活动取得的收入。

（6）非同级财政拨款收入。非同级财政拨款收入是指单位从非同级政府财政部门取得的经费拨款，包括从同级政府其他部门取得的横向转拨财政款、从上级或下级政府财政部门取得的经费拨款等。

（7）投资收益。投资收益是指事业单位股权投资和债券投资所实现的收益或发生的损失。

（8）捐赠收入。捐赠收入是指单位接受其他单位或者个人捐赠取得的收入。

（9）利息收入。利息收入是指单位取得的银行存款利息收入。

（10）租金收入。租金收入是指单位经批准利用国有资产出租取得并按照规定纳入本单位预算管理的租金收入。

（11）其他收入。其他收入是指单位取得的除财政拨款收入、事业收入、上级补助收入、附属单位上缴收入、经营收入、非同级财政拨款收入、投资收益、捐赠收入、利息收入、租金收入以外的各项收入，包括现金盘盈收入、按照规定纳入单位预算管理的科技成果转化收入等。

二、收入核算的账务处理

（一）财政拨款收入的核算

为了核算事业单位从同级财政部门取得的各类财政拨款，应设置“财政拨款收入”科目。它是收入类科目，贷方登记实际收到或使用的财政拨款收入，借方登记财政拨款收入的缴回或结转数；期末结转后，本科目应无余额。

同级政府财政部门预拨的下期预算款和没有纳入预算的暂付款项，以及采用实拨资金方式通过本单位转拨给下属单位的财政拨款，通过“其他应付款”科目核算，不通过本科目核算。

本科目应设置可按照一般公共预算财政拨款、政府性基金预算财政拨款等拨款种类进行明细核算。

对财政拨款收入应作以下主要账务处理。

（1）财政直接支付方式下，根据收到的“财政直接支付入账通知书”及相关原始凭证，按照通知书中的直接支付入账金额，借记“库存物品”“固定资产”“业务活动费用”“单位管理费用”“应付职工薪酬”等科目，贷记本科目。年末，根据本年度财政直接支付预算指标数与当年财政直接支付实际支付数的差额，借记“财政应返还额度——财政直接支付”科目，贷记本科目。

（2）财政授权支付方式下，根据收到的“财政授权支付额度到账通知书”，按照通知书中的授权支付额度，借记“零余额账户用款额度”科目，贷记本科目。

年末，本年度财政授权支付预算指标数大于零余额账户用款额度下达数的，根据未下达的用款额度，借记“财政应返还额度——财政授权支付”科目，贷记本科目。

（3）其他方式下收到财政拨款收入时，按照实际收到的金额，借记“银行存款”等科目，贷记本科目。

（4）因差错更正或购货退回等发生国库直接支付款项退回的，属于以前年度支付的款项，按照退回金额，借记“财政应返还额度——财政直接支付”科目，贷记“以前年度盈余调整”“库存物品”等科目；属于本年度支付的款项，按照退回金额，借记本科目，贷记“业务活动费用”“库存物品”等科目。

（5）期末，将本科目本期发生额转入本期盈余，借记本科目，贷记“本期盈余”科目。

【例 6－1】 某事业单位 20×8 年 12 月发生以下业务。

（1）8 日，通过财政直接支付方式购入事业活动用材料一批，价税合计 34 800 元。材料入库，已收到代理银行转来的“财政直接支付入账通知书”。

借：库存物品	34 800	
贷：财政拨款收入		34 800

（2）11 日，收到代理银行转来的“财政授权支付额度到账通知书”，本月事业单位财政

授权支付额度为 800 000 元已下达。

借：零余额账户用款额度　　800 000

　　贷：财政拨款收入　　800 000

（3）31 日，将“财政拨款收入”科目本期贷方发生额 7 900 000 元转入本期盈余。

借：财政拨款收入　　7 900 000

　　贷：本期盈余　　7 900 000

（二）事业收入的核算

为了核算事业单位开展专业业务活动及其辅助活动实现的收入，不包括从同级政府财政部门取得的各类财政拨款，应设置“事业收入”科目。它是收入类科目，贷方登记取得的事业收入或从财政专户返还的收入，借方登记转入本期盈余的本期发生额，期末结转后，本科目应无余额。

本科目应当按照事业收入的类别、来源等进行明细核算。对于因开展科研及其辅助活动从非同级政府财政部门取得的经费拨款，应当在本科目下单设“非同级财政拨款”明细科目进行核算。

对事业收入应作以下主要账务处理。

（1）采用财政专户返还方式管理的事业收入。

①实现应上缴财政专户的事业收入时，按照实际收到或应收的金额，借记“银行存款”“应收账款”等科目，贷记“应缴财政款”科目。

②向财政专户上缴款项时，按照实际上缴的款项金额，借记“应缴财政款”科目，贷记“银行存款”等科目。

③收到从财政专户返还的事业收入时，按照实际收到的返还金额，借记“银行存款”等科目，贷记本科目。

（2）采用预收款方式确认的事业收入。

①实际收到预收款项时，按照收到的款项金额，借记“银行存款”等科目，贷记“预收账款”科目。

②以合同完成进度确认事业收入时，按照基于合同完成进度计算的金额，借记“预收账款”科目，贷记本科目。

（3）采用应收款方式确认的事业收入。

①根据合同完成进度计算本期应收的款项，借记“应收账款”科目，贷记本科目。

②实际收到款项时，借记“银行存款”等科目，贷记“应收账款”科目。

（4）其他方式下确认的事业收入，按照实际收到的金额，借记“银行存款”“库存现金”等科目，贷记本科目。

（5）期末，将本科目本期发生额转入本期盈余，借记本科目，贷记“本期盈余”科目。

【例 6－2】某事业单位 20×8 年发生以下有关事业收入业务。

（1）收到专业业务活动收入 600 000 元存入银行。

借：银行存款　　600 000

　　贷：事业收入　　600 000

（2）销售科研中间产品一批，单价 200 元，数量 100 件，共计 20 000 元，增值税 3 200 元，款已收到存入银行。

借：银行存款　　23 200

贷：事业收入　　20 000
　　应交增值税——应交税金（销项税额）　　3 200

（3）收到财政专户返还的学杂费收入500 000元存入银行。

借：银行存款　　500 000
　　贷：事业收入　　500 000

（4）期末，事业单位的事业收入发生额共计1 300 000元转入本期盈余。

借：事业收入　　1 300 000
　　贷：本期盈余　　1 300 000

（三）上级补助收入的核算

为了核算事业单位从主管部门和上级单位取得的非财政拨款收入，应设置“上级补助收入”科目。它是收入类科目，贷方登记上级补助收入的增加数，借方登记期末将该科目的发生额转入本期盈余数，期末结转后，本科目应无余额。本科目应当按照发放补助单位、补助项目等进行明细核算。

对上级补助收入应作以下主要账务处理。

（1）确认上级补助收入时，按照应收或实际收到的金额，借记“其他应收款”“银行存款”等科目，贷记本科目；实际收到应收的上级补助款时，按照实际收到的金额，借记“银行存款”等科目，贷记“其他应收款”科目。

（2）期末，将本科目本期发生额转入本期盈余，借记本科目，贷记“本期盈余”科目。

【例6-3】某事业单位20×8年发生以下有关上级补助收入业务。

（1）12月15日经确认本期上级单位应拨给本单位非财政拨款收入900 000元，用于弥补事业开支的不足。

借：其他应收款　　900 000
　　贷：上级补助收入　　900 000

（2）12月23日收到上级单位拨入的上级补助收入900 000元存入银行。

借：银行存款　　900 000
　　贷：其他应收款　　900 000

（3）期末，事业单位的上级补助收入贷方发生额共计900 000元转入本期盈余。

借：上级补助收入　　900 000
　　贷：本期盈余　　900 000

（四）附属单位上缴收入的核算

为了核算事业单位取得的附属独立核算单位按照有关规定上缴的收入，应设置“附属单位上缴收入”科目。它是收入类科目，贷方登记增加的收入数，借方登记期末转入本期盈余数，期末结转后，本科目应无余额。本科目应当按照附属单位、缴款项目等进行明细核算。

对附属单位上缴收入应作以下主要账务处理。

（1）确认附属单位上缴收入时，按照应收或收到的金额，借记“其他应收款”“银行存款”等科目，贷记本科目；实际收到应收附属单位上缴款时，按照实际收到的金额，借记“银行存款”等科目，贷记“其他应收款”科目。

（2）期末，将本科目本期发生额转入本期盈余，借记本科目，贷记“本期盈余”科目。

【例6-4】某事业单位20×8年发生以下有关附属单位上缴收入业务。

（1）12月20日，经确认本期应收所属独立核算单位的分成收入400 000元。

借：其他应收款　　400 000

　　贷：附属单位上缴收入　　400 000

（2）12 月 23 日，收到所属独立核算单位缴来的分成收入 400 000 元存入银行。

借：银行存款　　400 000

　　贷：其他应收款　　400 000

（3）期末，将“附属单位上缴收入”科目的发生额 400 000 元转入本期盈余。

借：附属单位上缴收入　　400 000

　　贷：本期盈余　　400 000

（五）经营收入的核算

为了核算事业单位在专业活动及辅助活动之外开展非独立核算经营活动取得的收入，应设置“经营收入”科目。它是收入类科目，贷方登记取得的经营收入，期末，将该科目的发生额全部转入本期盈余。期末结转后，本科目应无余额。本科目应当按照经营活动类别、项目和收入来源等进行明细核算。

经营收入应当在提供服务或发出存货，同时收讫价款或者取得索取价款的凭据时，按照实际收到或应收的金额予以确认。

对经营收入应作以下主要账务处理。

（1）实现经营收入时，按照确定的收入金额，借记“银行存款”“应收账款”“应收票据”等科目，贷记本科目。

（2）期末，将本科目本期发生额转入本期盈余，借记本科目，贷记“本期盈余”科目。

【例 6－5】 某事业单位 20×8 年发生以下有关经营收入业务。

（1）非独立核算的食堂交来餐费收入 6 000 元存入银行。

借：银行存款　　6 000

　　贷：经营收入　　6 000

（2）非独立核算的运输部门提供运输服务，取得现金收入 500 元。

借：库存现金　　500

　　贷：经营收入　　500

（3）非独立核算的修理部门对外提供修理服务，取得收入 20 000 元，并收取销项增值税 3 200 元，款项存入银行。

借：银行存款　　23 200

　　贷：经营收入　　20 000

　　　　应交增值税——应交税金（销项税额）　　3 200

（4）期末，结转本期经营收入贷方发生额共计 26 500 元。

借：经营收入　　26 500

　　贷：本期盈余　　26 500

（六）非同级财政拨款收入的核算

为了核算事业单位从非同级政府财政部门取得的经费拨款，应设置“非同级财政拨款收入”科目。它是收入类科目，贷方登记确认的非同级财政拨款收入，借方登记期末转入本期盈余的数额，期末结转后，本科目应无余额。

事业单位因开展科研及其辅助活动从非同级政府财政部门取得的经费拨款，应当通过“事业收入——非同级财政拨款”科目核算，不通过本科目核算。

本科目应当按照本级横向转拨财政款和非本级财政拨款进行明细核算，并按照收入来源进行明细核算。

对非同级财政拨款收入应作以下主要账务处理。

（1）确认非同级财政拨款收入时，按照应收或实际收到的金额，借记“其他应收款”“银行存款”等科目，贷记本科目。

（2）期末，将本科目本期发生额转入本期盈余，借记本科目，贷记“本期盈余”科目。

【例6-6】某事业单位20×8年发生以下有关非同级财政拨款收入业务。

（1）12月20日经确认本期应收上级政府的非同级财政拨款收入620 000元。

借：其他应收款　　620 000

　　贷：非同级财政拨款收入　　620 000

（2）12月24日，收到上级政府的非同级财政拨款收入620 000元存入银行。

借：银行存款　　620 000

　　贷：其他应收款　　620 000

（3）期末，将本期非同级财政拨款收入的贷方发生额620 000元转入本期盈余。

借：非同级财政拨款收入　　620 000

　　贷：本期盈余　　620 000

（七）投资收益的核算

为了核算事业单位股权投资和债券投资所实现的收益或发生的损失，应设置“投资收益”科目。它是收入类科目，贷方登记发生的投资收益及期末转出的投资损失，借方登记发生的投资损失及期末转出的投资收益，期末结转后，本科目应无余额。本科目应当按照投资的种类等进行明细核算。

对投资收益应作以下主要账务处理。

（1）收到短期投资持有期间的利息，按照实际收到的金额，借记“银行存款”科目，贷记“投资收益”科目。

（2）出售或到期收回短期债券本息，按照实际收到的金额，借记“银行存款”科目，按照出售或收回短期投资的成本，贷记“短期投资”科目，按照其差额，贷记或借记本科目。

（3）持有的分期付息、一次还本的长期债券投资，按期确认利息收入时，按照计算确定的应收未收利息，借记“应收利息”科目，贷记本科目；持有的到期一次还本付息的债券投资，按期确认利息收入时，按照计算确定的应收未收利息，借记“长期债券投资——应计利息”科目，贷记本科目。

（4）出售长期债券投资或到期收回长期债券投资本息，按照实际收到的金额，借记“银行存款”等科目，按照债券初始投资成本和已计未收利息金额，贷记“长期债券投资——成本、应计利息”科目（到期一次还本付息债券）或“长期债券投资”“应收利息”科目（分期付息债券），按照其差额，贷记或借记本科目。

（5）采用成本法核算的长期股权投资持有期间，被投资单位宣告分派现金股利或利润时，按照宣告分派的现金股利或利润中属于单位应享有的份额，借记“应收股利”科目，贷记本科目。采用权益法核算的长期股权投资持有期间，按照应享有或应分担的被投资单位实现的净损益的份额，借记或贷记“长期股权投资——损益调整”科目，贷记或借记本科目；被投资单位发生净亏损，但以后年度又实现净利润的，单位在其收益分享额弥补未确认的亏损分担额等后，恢复确认投资收益，借记“长期股权投资——损益调整”科目，贷记本科目。

（6）期末，将本科目本期发生额转入本期盈余，借记或贷记本科目，贷记或借记“本期盈余”科目。

投资收益业务举例参见第四章“第二节　长期投资的核算”。

（八）捐赠收入的核算

为了核算事业单位接受其他单位或者个人捐赠取得的收入，应设置“捐赠收入”科目。它是收入类科目，贷方登记取得的捐赠收入，借方登记期末转入本期盈余的捐赠收入，期末结转后，本科目应无余额。本科目应当按照捐赠资产的用途和捐赠单位等进行明细核算。

对捐赠收入应作以下主要账务处理。

（1）接受捐赠的货币资金，按照实际收到的金额，借记“银行存款”“库存现金”等科目，贷记本科目。

（2）接受捐赠的存货、固定资产等非现金资产，按照确定的成本，借记“库存物品”“固定资产”等科目，按照发生的相关税费、运输费等，贷记“银行存款”等科目，按照其差额，贷记本科目。

（3）接受捐赠的资产按照名义金额入账的，按照名义金额，借记“库存物品”“固定资产”等科目，贷记本科目；同时，按照发生的相关税费、运输费等，借记“其他费用”科目，贷记“银行存款”等科目。

（4）期末，将本科目本期发生额转入本期盈余，借记本科目，贷记“本期盈余”科目。

【例 6－7】某事业单位 20×8 年发生以下有关捐赠收入业务。

（1）12 月 15 日收到某单位捐赠的货币资金 200 000 元存入银行，用于奖励成绩优秀的学生。

借：银行存款	200 000	
贷：捐赠收入		200 000

（2）12 月 20 日收到某单位捐赠的学生实验用材料一批，凭据注明其成本 50 000 元，材料入库，用现金支付运费 300 元。

借：库存物品	50 300	
贷：库存现金		300
捐赠收入		50 000

（3）期末，将本期取得捐赠收入共计 250 000 元转入本期盈余。

借：捐赠收入	250 000	
贷：本期盈余		250 000

（九）利息收入的核算

为了核算事业单位取得的银行存款利息收入，应设置“利息收入”科目。它是收入类科目，贷方登记取得的利息收入，借方登记期末转入本期盈余的利息收入，期末结转后，本科目应无余额。

对利息收入应作以下主要账务处理。

（1）取得银行存款利息时，按照实际收到的金额，借记“银行存款”科目，贷记本科目。

（2）期末，将本科目本期发生额转入本期盈余，借记本科目，贷记“本期盈余”科目。

利息收入核算举例参见第四章“第二节　长期投资的核算”关于“长期债券投资的核算”。

（十）租金收入的核算

为了核算事业单位经批准利用国有资产出租取得并按照规定纳入本单位预算管理的租金

收入，应设置“租金收入”科目。它是收入类科目，贷方登记确认的租金收入，借方登记期末转入本期盈余的租金收入，期末结转后，本科目应无余额。

对租金收入应作以下主要账务处理。

国有资产出租收入，应当在租赁期内各个期间按照直线法予以确认。

（1）采用预收租金方式的，预收租金时，按照收到的金额，借记“银行存款”等科目，贷记“预收账款”科目；分期确认租金收入时，按照各期租金金额，借记“预收账款”科目，贷记本科目。

（2）采用后付租金方式的，每期确认租金收入时，按照各期租金金额，借记“应收账款”科目，贷记本科目；收到租金时，按照实际收到的金额，借记“银行存款”等科目，贷记“应收账款”科目。

（3）采用分期收取租金方式的，每期收取租金时，按照租金金额，借记“银行存款”等科目，贷记本科目。

（4）期末，将本科目本期发生额转入本期盈余，借记本科目，贷记“本期盈余”科目。

【例6－8】某事业单位20×8年发生以下有关租金收入业务。

（1）1月10日预收租出办公楼全年租金收入24 000元存入银行。

借：银行存款	24 000	
贷：预收账款		24 000

（2）1月末确认上述业务当月租金收入2 000元。

借：预收账款	2 000	
贷：租金收入		2 000

（3）期末，将本期取得的租金收入共计2 000元转入本期盈余。

借：租金收入	2 000	
贷：本期盈余		2 000

（十一）其他收入的核算

为了核算事业单位其他收入，应设置“其他收入”科目。它是收入类科目，贷方登记取得的其他收入，借方登记期末转入本期盈余数，期末结转后，本科目应无余额。本科目应当按照其他收入的类别、来源等进行明细核算。

对其他收入应作以下主要账务处理。

（1）现金盘盈收入，每日现金账款核对中发现的现金溢余，属于无法查明原因的部分，报经批准后，借记“待处理财产损溢”科目，贷记本科目。

（2）科技成果转化收入，单位科技成果转化所取得的收入，按照规定留归本单位的，按照所取得收入扣除相关费用之后的净收益，借记“银行存款”等科目，贷记本科目。

（3）无法偿付的应付及预收款项，无法偿付或债权人豁免偿还的应付账款、预收账款、其他应付款及长期应付款，借记“应付账款”“预收账款”“其他应付款”“长期应付款”等科目，贷记本科目。

（4）置换换出资产评估增值，资产置换过程中，换出资产评估增值的，按照评估价值高于资产账面价值或账面余额的金额，借记有关科目，贷记本科目。

（5）以未入账的无形资产取得的长期股权投资，按照评估价值加相关税费作为投资成本，借记“长期股权投资”科目，按照发生的相关税费，贷记“银行存款”“其他应交税费”等科目，按其差额，贷记本科目。

（6）确认（1）~（5）以外的其他收入时，按照应收或实际收到的金额，借记“其他应收款”“银行存款”“库存现金”等科目，贷记本科目。

（7）期末，将本科目本期发生额转入本期盈余，借记本科目，贷记“本期盈余”科目。

【例6-9】某事业单位20×8年发生以下有关其他收入业务。

（1）12月2日清查库存现金，发现盘盈5 200元。

借：库存现金　　5 200

　　贷：待处理财产损溢　　5 200

（2）12月5日上述盘盈的库存现金报经批准转入其他收入。

借：待处理财产损溢　　5 200

　　贷：其他收入　　5 200

（3）12月20日，经确认一笔应付账款60 000元，债权人同意豁免偿还。

借：应付账款　　60 000

　　贷：其他收入　　60 000

（4）期末，将“其他收入”科目的发生额共计65 200元转入本期盈余。

借：其他收入　　65 200

　　贷：本期盈余　　65 200

第二节　事业单位费用的核算

一、费用的含义及分类

（一）费用的含义

费用是指报告期内导致事业单位净资产减少的、含有服务潜力或者经济利益的经济资源的流出。

费用的确认应当同时满足以下条件：①与费用相关的含有服务潜力或者经济利益的经济资源很可能流出政府会计主体；②含有服务潜力或者经济利益的经济资源流出会导致政府会计主体资产减少或者负债增加；③流出金额能够可靠地计量。

（二）费用的分类

（1）业务活动费用。业务活动费用是指事业单位为实现其职能目标，依法履职或开展专业业务活动及其辅助活动所发生的各项费用，包括业务人员工资福利费用、商品与服务费用、固定资产折旧费用等。

（2）单位管理费用。单位管理费用是指事业单位本级行政及后勤管理部门开展管理活动发生的各项费用，包括单位行政及后勤管理部门发生的人员经费、公用经费、资产折旧（摊销）等费用，以及由单位统一负担的离退休人员经费、工会经费、诉讼费、中介费等。

（3）经营费用。经营费用是指事业单位在专业业务活动及其辅助活动之外开展非独立核算经营活动发生的各项费用，包括经营活动人员工资福利费用、商品与服务费用、固定资产折旧费用等。

（4）资产处置费用。资产处置费用是指单位经批准处置资产时发生的费用，包括转销的被处置资产价值，以及在处置过程中发生的相关费用或者处置收入小于相关费用形成的净支出。资产处置的形式按照规定包括无偿调拨、出售、出让、转让、置换、对外捐赠、报废、毁损以及货币性资产损失核销等。

（5）上缴上级费用。上缴上级费用是指事业单位按照财政部门和主管部门的规定上缴上级单位款项发生的费用。

（6）对附属单位补助费用。对附属单位补助费用是指事业单位用财政拨款收入之外的收入对附属单位补助发生的费用。

（7）所得税费用。所得税费用是指有企业所得税缴纳义务的事业单位按规定缴纳企业所得税所形成的费用。

（8）其他费用。其他费用是指单位发生的除业务活动费用、单位管理费用、经营费用、资产处置费用、上缴上级费用、附属单位补助费用、所得税费用以外的各项费用，包括利息费用、坏账损失、罚没支出、现金资产捐赠支出以及相关税费、运输费等。

二、费用核算的账务处理

（一）业务活动费用的核算

为了核算事业单位为实现其职能目标，依法履职或开展专业业务活动及其辅助活动所发生的各项费用，应设置“业务活动费用”科目。它是费用类科目，借方登记发生的业务活动费用，贷方登记期末转入本期盈余数，期末结转后，本科目应无余额。

本科目应当按照项目、服务或者业务类别、支付对象等进行明细核算。为了满足成本核算需要，本科目下还可按照“工资福利费用”“商品和服务费用”“对个人和家庭的补助费用”“对企业补助费用”“固定资产折旧费”“无形资产摊销费”“公共基础设施折旧（摊销）费”“保障性住房折旧费”“计提专用基金”等成本项目设置明细科目，归集能够直接计入业务活动或采用一定方法计算后计入业务活动的费用。

对业务活动费用应作以下主要账务处理。

（1）为履职或开展业务活动人员计提的薪酬，按照计算确定的金额，借记本科目，贷记“应付职工薪酬”科目。

（2）为履职或开展业务活动发生的外部人员劳务费，按照计算确定的金额，借记本科目，按照代扣代缴个人所得税的金额，贷记“其他应交税费——应交个人所得税”科目，按照扣税后应付或实际支付的金额，贷记“其他应付款”“财政拨款收入”“零余额账户用款额度”“银行存款”等科目。

（3）为履职或开展业务活动领用库存物品，以及动用发出相关政府储备物资，按照领用库存物品或发出相关政府储备物资的账面余额，借记本科目，贷记“库存物品”“政府储备物资”科目。

（4）为履职或开展业务活动所使用的固定资产、无形资产以及为所控制的公共基础设施、保障性住房计提的折旧、摊销，按照计提金额，借记本科目，贷记“固定资产累计折旧”“无形资产累计摊销”“公共基础设施累计折旧（摊销）”“保障性住房累计折旧”科目。

（5）为履职或开展业务活动发生的城市维护建设税、教育费附加、地方教育费附加、车船税、房产税、城镇土地使用税等，按照计算确定应缴纳的金额，借记本科目，贷记“其他应交税费”等科目。

（6）为履职或开展业务活动发生其他各项费用时，按照费用确认金额，借记本科目，贷记“财政拨款收入”“零余额账户用款额度”“银行存款”“应付账款”“其他应付款”“其他应收款”等科目。

（7）按照规定从收入中提取专用基金并计入费用的，一般按照预算会计下基于预算收入计算提取的金额，借记本科目，贷记“专用基金”科目。国家另有规定的，从其规定。

（8）发生当年购货退回等业务，对于已计入本年业务活动费用的，按照收回或应收的金额，借记“财政拨款收入”“零余额账户用款额度”“银行存款”“其他应收款”等科目，贷记本科目。

（9）期末，将本科目本期发生额转入本期盈余，借记“本期盈余”科目，贷记本科目。

【例6－10】某事业单位20×8年发生以下有关业务活动费用业务。

（1）12月5日，用现金购买业务活动办公用品450元。

借：业务活动费用	450	
贷：库存现金		450

（2）12月8日，计算本期应付业务活动人员薪酬共计890 000元。

借：业务活动费用	890 000	
贷：应付职工薪酬		890 000

（3）12月18日，单位业务活动领用库存物品成本3 500元。

借：业务活动费用	3 500	
贷：库存物品		3 500

（4）12月31日，计提本期业务活动实验楼折旧费用9 200元。

借：业务活动费用	9 200	
贷：固定资产累计折旧		9 200

（5）12月31日，通过财政授权方式支付本期业务活动水电费，共计87 650元。

借：业务活动费用	87 650	
贷：零余额账户用款额度		87 650

（6）12月31日，“业务活动费用”科目借方发生额共计990 800元转入本期盈余。

借：本期盈余	990 800	
贷：业务活动费用		990 800

（二）单位管理费用的核算

为了核算事业单位本级行政及后勤管理部门开展管理活动发生的各项费用，应设置“单位管理费用”科目。它是费用类科目，借方登记发生的单位管理费用，贷方登记期末转入本期盈余数，期末结转后，本科目应无余额。

本科目应当按照项目、费用类别、支付对象等进行明细核算。为了满足成本核算需要，本科目下还可按照“工资福利费用”“商品和服务费用”“对个人和家庭的补助费用”“固定资产折旧费”“无形资产摊销费”等成本项目设置明细科目，归集能够直接计入单位管理活动或采用一定方法计算后计入单位管理活动的费用。

对单位管理费用应作以下主要账务处理。

（1）为管理活动人员计提的薪酬，按照计算确定的金额，借记本科目，贷记“应付职工薪酬”科目。

（2）为开展管理活动发生的外部人员劳务费，按照计算确定的费用金额，借记本科目，按照代扣代缴个人所得税的金额，贷记“其他应交税费——应交个人所得税”科目，按照扣税后应付或实际支付的金额，贷记“其他应付款”“财政拨款收入”“零余额账户用款额度”“银行存款”等科目。

（3）开展管理活动内部领用库存物品，按照领用物品实际成本，借记本科目，贷记“库存物品”科目。

（4）为管理活动所使用固定资产、无形资产计提的折旧、摊销，按照应提折旧、摊销额，借记本科目，贷记“固定资产累计折旧”“无形资产累计摊销”科目。

（5）为开展管理活动发生城市维护建设税、教育费附加、地方教育费附加、车船税、房产税、城镇土地使用税等，按照计算确定应缴纳的金额，借记本科目，贷记“其他应交税费”等科目。

（6）为开展管理活动发生的其他各项费用，按照费用确认金额，借记本科目，贷记“财政拨款收入”“零余额账户用款额度”“银行存款”“其他应付款”“其他应收款”等科目。

（7）发生当年购货退回等业务，对于已计入本年单位管理费用的，按照收回或应收的金额，借记“财政拨款收入”“零余额账户用款额度”“银行存款”“其他应收款”等科目，贷记本科目。

（8）期末，将本科目本期发生额转入本期盈余，借记“本期盈余”科目，贷记本科目。

【例6-11】某事业单位20×8年发生以下有关单位管理费用业务。

（1）12月8日，计提本期应付行政管理活动人员薪酬共计230 000元。

借：单位管理费用　230 000
　贷：应付职工薪酬　230 000

（2）12月8日，计算本期应付外雇管理活动人员劳务费84 000元，代扣代缴个人所得税3 500元，实际支付金额80 500元，用零余额账户用款额度支付。

借：单位管理费用　84 000
　贷：其他应交税费——应交个人所得税　3 500
　　零余额账户用款额度　80 500

（3）12月19日，单位行政管理活动领用库存物品成本5 800元。

借：单位管理费用　5 800
　贷：库存物品　5 800

（4）12月31日，计提本期后勤管理活动用办公楼折旧费用7 300元。

借：单位管理费用　7 300
　贷：固定资产累计折旧　7 300

（5）12月31日，通过财政授权方式支付本期行政管理活动用水电费，共计57 000元。

借：单位管理费用　57 000
　贷：零余额账户用款额度　57 000

（6）12月31日，“单位管理费用”科目借方发生额共计381 000元转入本期盈余。

借：本期盈余　381 000
　贷：单位管理费用　381 000

（三）经营费用的核算

为了核算事业单位在专业业务活动及其辅助活动之外开展非独立核算经营活动发生的各项费用，应设置“经营费用”科目。它是费用类科目，借方登记经营费用的增加数，贷方登记期末转入本期盈余数，期末结转后，该科目无余额。

本科目应当按照经营活动类别、项目、支付对象等进行明细核算。为了满足成本核算需要，本科目下还可按照“工资福利费用”“商品和服务费用”“对个人和家庭的补助费用”

"固定资产折旧费""无形资产摊销费"等成本项目设置明细科目，归集能够直接计入单位经营活动或采用一定方法计算后计入单位经营活动的费用。

对经营费用应作以下主要账务处理。

（1）为经营活动人员计提的薪酬，按照计算确定的金额，借记本科目，贷记"应付职工薪酬"科目。

（2）开展经营活动领用或发出库存物品，按照物品实际成本，借记本科目，贷记"库存物品"科目。

（3）为经营活动所使用固定资产、无形资产计提的折旧、摊销，按照应提折旧、摊销额，借记本科目，贷记"固定资产累计折旧""无形资产累计摊销"科目。

（4）开展经营活动发生城市维护建设税、教育费附加、地方教育费附加、车船税、房产税、城镇土地使用税等，按照计算确定应缴纳的金额，借记本科目，贷记"其他应交税费"等科目。

（5）发生与经营活动相关的其他各项费用时，按照费用确认金额，借记本科目，贷记"银行存款""其他应付款""其他应收款"等科目。

（6）发生当年购货退回等业务，对于已计入本年经营费用的，按照收回或应收的金额，借记"银行存款""其他应收款"等科目，贷记本科目。

（7）期末，将本科目本期发生额转入本期盈余，借记"本期盈余"科目，贷记本科目。

【例6－12】某事业单位20×8年发生以下非独立核算经营活动业务。

（1）12月10日，销售产品一批，价款20 000元，增值税3 200元，款项收到存入银行。

借：银行存款　　23 200

　　贷：经营收入　　20 000

　　　　应交增值税——应交税金（销项税额）　　3 200

（2）12月10日结转上述已售产品成本16 000元。

借：经营费用　　16 000

　　贷：库存物品——产成品　　16 000

（3）12月10日计提本期经营活动人员薪酬43 000元。

借：经营费用　　43 000

　　贷：应付职工薪酬　　43 000

（4）12月30日用银行存款支付本月水费5 600元。

借：经营费用　　5 600

　　贷：银行存款　　5 600

（5）12月30日用银行存款支付电费1 200元。

借：经营费用　　1 200

　　贷：银行存款　　1 200

（6）12月31日，将本期"经营费用"科目贷方发生额共计65 800元转入本期盈余。

借：本期盈余　　65 800

　　贷：经营费用　　65 800

（四）资产处置费用的核算

为了核算单位经批准处置资产时发生的费用，包括转销的被处置资产价值，以及在处置过程中发生的相关费用或者处置收入小于相关费用形成的净支出，应设置"资产处置费用"

科目。它是费用类科目，借方登记资产处置费用的增加数，贷方登记期末转入本期盈余数，期末结转后，该科目无余额。

单位在资产清查中查明的资产盘亏、毁损以及资产报废等，应当先通过“待处理财产损溢”科目进行核算，再将处理资产价值和处理净支出计入本科目。短期投资、长期股权投资、长期债券投资的处置，按照相关资产科目的规定进行账务处理。

本科目应当按照处置资产的类别、资产处置的形式等进行明细核算。

对资产处置费用应作以下主要账务处理。

1. 不通过“待处理财产损溢”科目核算的资产处置

（1）按照规定报经批准处置资产时，按照处置资产的账面价值，借记本科目（处置固定资产、无形资产、公共基础设施、保障性住房的，还应借记“固定资产累计折旧”“无形资产累计摊销”“公共基础设施累计折旧（摊销）”“保障性住房累计折旧”科目），按照处置资产的账面余额，贷记“库存物品”“固定资产”“无形资产”“公共基础设施”“政府储备物资”“文物文化资产”“保障性住房”“其他应收款”“在建工程”等科目。

（2）处置资产过程中仅发生相关费用的，按照实际发生金额，借记本科目，贷记“银行存款”“库存现金”等科目。

（3）处置资产过程中取得收入的，按照取得的价款，借记“库存现金”“银行存款”等科目，按照处置资产过程中发生的相关费用，贷记“银行存款”“库存现金”等科目，按照其差额，借记本科目或贷记“应缴财政款”等科目。

2. 通过“待处理财产损溢”科目核算的资产处置

（1）单位账款核对中发现的现金短缺，属于无法查明原因的，报经批准核销时，借记本科目，贷记“待处理财产损溢”科目。

（2）单位资产清查过程中盘亏或者毁损、报废的存货、固定资产、无形资产、公共基础设施、政府储备物资、文物文化资产、保障性住房等，报经批准处理时，按照处理资产价值，借记本科目，贷记“待处理财产损溢——待处理财产价值”科目。处理收支结清时，处理过程中所取得收入小于所发生相关费用的，按照相关费用减去处理收入后的净支出，借记本科目，贷记“待处理财产损溢——处理净收入”科目。

期末，将本科目本期发生额转入本期盈余，借记“本期盈余”科目，贷记本科目。

【例 6－13】某事业单位 20×8 年发生以下有关资产处置费用业务。

（1）12 月 5 日，经批准将一台不需用的设备捐出，该设备原价 20 000 元，已计提折旧 9 000 元，用现金支付运输费 200 元。

借：固定资产累计折旧	9 000	
资产处置费用	11 200	
贷：固定资产		20 000
库存现金		200

（2）12 月 30 日，进行财产清查发现盘亏库存现金 6 700 元。

借：待处理财产损溢	6 700	
贷：库存现金		6 700

（3）12 月 31 日，经批准上述现金盘亏 6 700 元转入资产处置费用。

借：资产处置费用	6 700	
贷：待处理财产损溢		6 700

(4) 期末，将“资产处置费用”的本期借方发生额共计17 900元转入本期盈余。

借：本期盈余　　17 900

　　贷：资产处置费用　　17 900

（五）上缴上级费用的核算

为了核算事业单位按照财政部门和主管部门的规定上缴上级单位款项发生的费用，应设置“上缴上级费用”科目。它是费用类科目，借方登记上缴上级费用的增加数，贷方登记期末转入本期盈余数，期末结转后，该科目无余额。本科目应当按照收缴款项单位、缴款项目等进行明细核算。

对上缴上级费用应作以下主要账务处理。

(1) 事业单位发生上缴上级费用的，按照实际上缴的金额或者按照规定计算出应当上缴上级单位的金额，借记本科目，贷记“银行存款”“其他应付款”等科目。

(2) 期末，将本科目本期发生额转入本期盈余，借记“本期盈余”科目，贷记本科目。

【例6－14】某事业单位20×8年发生以下有关上缴上级费用业务。

(1) 12月23日，按规定上缴上级单位款项25 000元。

借：上缴上级费用　　25 000

　　贷：银行存款　　25 000

(2) 期末，将“上缴上级费用”科目的借方发生额25 000元转入本期盈余。

借：本期盈余　　25 000

　　贷：上缴上级费用　　25 000

（六）对附属单位补助费用的核算

为了核算事业单位用财政拨款收入之外的收入对附属单位补助发生的费用，应设置“对附属单位补助费用”科目。它是费用类科目，借方登记对附属单位补助费用的增加数，贷方登记期末转入本期盈余数，期末结转后，该科目无余额。本科目应当按照接受补助单位、补助项目等进行明细核算。

对附属单位补助费用应作以下主要账务处理。

(1) 事业单位发生对附属单位补助费用的，按照实际补助的金额或者按照规定计算出应当对附属单位补助的金额，借记本科目，贷记“银行存款”“其他应付款”等科目。

(2) 期末，将本科目本期发生额转入本期盈余，借记“本期盈余”科目，贷记本科目。

【例6－15】某事业单位20×7年发生以下有关对附属单位补助费用业务。

(1) 12月20日，按规定向附属单位支付补助款项38 000元。

借：对附属单位补助费用　　38 000

　　贷：银行存款　　38 000

(2) 期末，将“对附属单位补助费用”科目的借方发生额38 000元转入本期盈余。

借：本期盈余　　38 000

　　贷：对附属单位补助费用　　38 000

（七）所得税费用的核算

为了核算有企业所得税缴纳义务的事业单位按规定缴纳企业所得税所形成的费用，应设置“所得税费用”科目。它是费用类科目，借方登记所得税费用的增加数，贷方登记期末转入本期盈余，期末结转后，该科目无余额。

对所得税费用应作以下主要账务处理。

（1）发生企业所得税纳税义务的，按照税法规定计算的应交税金数额，借记本科目，贷记“其他应交税费——单位应交所得税”科目。实际缴纳时，按照缴纳金额，借记“其他应交税费——单位应交所得税”科目，贷记“银行存款”科目。

（2）年末，将本科目本年发生额转入本期盈余，借记“本期盈余”科目，贷记本科目。

【例 6-16】某事业单位 20×8 年发生以下有关所得税费用业务。

（1）12 月 25 日，计算本年度单位应交企业所得税 50 000 元。

借：所得税费用	50 000	
贷：其他应交税费——单位应交所得税		50 000

（2）期末，将“所得税费用”科目的借方发生额 50 000 元转入本期盈余。

借：本期盈余	50 000	
贷：所得税费用		50 000

（八）其他费用的核算

为了核算单位发生的除业务活动费用、单位管理费用、经营费用、资产处置费用、上缴上级费用、附属单位补助费用、所得税费用以外的各项费用，应设置“其他费用”科目。它是费用类科目，借方登记其他费用的增加数，贷方登记期末转入本期盈余数，期末结转后，该科目无余额。本科目应当按照其他费用的类别等进行明细核算。

对其他费用应作以下主要账务处理。

（1）利息费用，按期计算确认借款利息费用时，按照计算确定的金额，借记“在建工程”科目或本科目，贷记“应付利息”“长期借款——应计利息”科目。

（2）坏账损失，年末，事业单位按照规定对收回后不需上缴财政的应收账款和其他应收款计提坏账准备时，按照计提金额，借记本科目，贷记“坏账准备”科目；冲减多提的坏账准备时，按照冲减金额，借记“坏账准备”科目，贷记本科目。

（3）罚没支出，单位发生罚没支出的，按照实际缴纳或应当缴纳的金额，借记本科目，贷记“银行存款”“库存现金”“其他应付款”等科目。

（4）现金资产捐赠，单位对外捐赠现金资产的，按照实际捐赠的金额，借记本科目，贷记“银行存款”“库存现金”等科目。

（5）其他相关费用，单位接受捐赠（或无偿调入）以名义金额计量的存货、固定资产、无形资产，以及成本无法可靠取得的公共基础设施、文物文化资产等发生的相关税费、运输费等，按照实际支付的金额，借记本科目，贷记“财政拨款收入”“零余额账户用款额度”“银行存款”“库存现金”等科目。单位发生的与受托代理资产相关的税费、运输费、保管费等，按照实际支付或应付的金额，借记本科目，贷记“零余额账户用款额度”“银行存款”“库存现金”“其他应付款”等科目。

（6）期末，将本科目本期发生额转入本期盈余，借记“本期盈余”科目，贷记本科目。

【例 6-17】某事业单位 20×8 年发生以下有关其他费用业务。

（1）12 月 25 日，确认已经完工交付使用的实验业务楼的长期借款应付利息 1 600 元。

借：其他费用	1 600	
贷：应付利息		1 600

（2）12 月 27 日，接受捐赠一台设备，其成本无法可靠取得，用名义金额计量。相关税费 3 000 元，用银行存款支付。

借：其他费用　　3 000
　　贷：银行存款　　3 000

（3）期末将其他费用科目的发生额4 600元转入本期盈余。

借：本期盈余　　4 600
　　贷：其他费用　　4 600

本章小结

事业单位的收入是指报告期内导致事业单位净资产增加的、含有服务潜力或者经济利益的经济资源的流入。它主要包括财政拨款收入、事业收入、上级补助收入、附属单位上缴收入、经营收入、非同级财政拨款收入、投资收益、捐赠收入、利息收入、租金收入、其他收入等。

事业单位收入的核算需要设置“财政拨款收入”“上级补助收入”“附属单位上缴收入”“事业收入”“经营收入”“非同级财政拨款收入”“投资收益”“捐赠收入”“利息收入”“租金收入”“其他收入”科目。

费用是指报告期内导致事业单位净资产减少的、含有服务潜力或者经济利益的经济资源的流出。它主要包括业务活动费用、单位管理费用、经营费用、资产处置费用、上缴上级费、对附属单位补助费用、所得税费用和其他费用。

事业单位费用的核算需要设置“业务活动费用”“单位管理费用”“经营费用”“资产处置费用”“上缴上级费用”“对附属单位补助费用”“所得税费用”“其他费用”科目。

复习思考题

1. 事业单位收入的概念是什么？事业单位的收入分成哪几类？
2. 什么是财政拨款收入和上级补助收入？
3. 什么是事业收入和经营收入？
4. 事业收入与经营收入有哪些区别？
5. 事业单位费用的含义是什么？事业单位的费用包括哪几类？
6. 业务活动费用和单位管理费用的含义是什么？
7. 业务活动费用和单位管理费用如何核算？
8. 资产处置费用的含义是什么？它核算哪些内容？
9. 经营费用的含义是什么？
10. 上缴上级费用和对附属单位补助费用的含义是什么？

练习题

习题一

一、目的　练习事业单位收入的核算。

二、资料　某事业单位20×8年12月发生以下有关收入经济业务。

1. 收到代理银行转来“财政授权支付到账通知书”，本期事业经费260 000元到账。

2. 10日，通过财政直接支付方式购入事业活动用材料一批，价税合计46 400元。材料入库，已收到代理银行转来的“财政直接支付入账通知书”。

3. 13日，收到财政专户返还的学杂费收入800 000元存入银行。

4. 18日，经确认本期上级单位拨给本单位非财政拨款收入60 000元存入银行，用于弥补事业开支的不足。

5. 19日，经确认本期应收所属独立核算单位的利润收入320 000元。

6. 20日，事业单位开展经营活动，对外销售产品一批，价款30 000元，增值税4 800元，价税合计34 800元已收到存入银行。

7. 20日，收到所属独立核算单位通过银行上缴的款项320 000元。

8. 22日，收到某单位捐赠的实验用材料一批，凭据注明其成本30 000元，材料入库。

9. 30日，经确认一笔长期应付账款90 000元，债权人同意豁免偿还。

10. 30日，收到其他单位捐赠的货币资金收入20 000元存入银行。

三、要求　根据上述经济业务编制会计分录。

习题二

一、目的　练习事业单位费用的核算。

二、资料　某事业单位20×8年11月发生以下有关费用业务。

1. 开出支票，支付购买业务活动办公用品款2 600元。

2. 购买业务活动设备一台，价税合计34 800元，款项通过单位零余额账户支付，设备交付使用。

3. 开出转账支票支付本月水费7 800元，其中业务活动用5 700元，单位管理活动用2 100元。

4. 计提本期职工薪酬共计1 890 000元，其中单位业务活动人员1 010 000元，单位管理活动人员549 000元，经营活动人员331 000元。

5. 经批准将现金盘亏8 400元转入资产处置费用。

6. 领用乙材料一批，成本3 800元，用于专业业务活动。

7. 结转已售经营活动A产品成本62 000元。

8. 按规定用银行存款上缴上级单位款项50 000元。

9. 通过银行向所属预算单位拨出非财政补助款30 000元。

10. 计算本年度单位应交企业所得税75 000元。

三、要求　根据上述经济业务编制会计分录。

第七章　事业单位净资产的核算

学习目标： 通过本章的学习，要求了解事业单位净资产的内容；掌握事业单位累计盈余、专用基金、权益法调整、本期盈余、本年盈余分配、无偿调拨净资产、以前年度盈余调整的核算。

第一节　事业单位净资产概述

一、事业单位净资产的含义

事业单位净资产是指事业单位资产扣除负债后的净额。净资产金额取决于资产和负债的计量。

二、事业单位净资产的分类

（1）累计盈余。累计盈余是指单位历年实现的盈余扣除盈余分配后滚存的金额，以及因无偿调入调出资产产生的净资产变动额。

（2）专用基金。专用基金是指事业单位按照规定提取或设置的具有专门用途的净资产，主要包括职工福利基金、科技成果转换基金等。

（3）权益法调整。权益法调整是指事业单位持有的长期股权投资采用权益法核算时，按照被投资单位除净损益和利润分配以外的所有者权益变动份额调整长期股权投资账面余额而计入净资产的金额。

（4）本期盈余。本期盈余是指单位本期各项收入、费用相抵后的余额。

（5）本年盈余分配。本年盈余分配是指单位本年度盈余分配的情况和结果。

（6）无偿调拨净资产。无偿调拨净资产是指单位无偿调入或调出非现金资产所引起的净资产变动金额。

（7）以前年度盈余调整。以前年度盈余调整是指单位本年度发生的调整以前年度盈余的事项，包括本年度发生的重要前期差错更正涉及调整以前年度盈余的事项。

第二节　事业单位各项净资产的核算

一、累计盈余的核算

为了核算事业单位历年实现的盈余扣除盈余分配后滚存的金额，以及因无偿调入调出资产产生的净资产变动额，应设置“累计盈余”科目，它是净资产科目，贷方登记年末将“本年盈余分配”科目的余额和“无偿调拨净资产”科目的余额转入的累计盈余以及从其他单位调入财政拨款结转资金等的增加数，借方登记期末减少数，本科目期末余额，反映单位未分配盈余（或未弥补亏损）的累计数以及截至上年年末无偿调拨净资产变动的累计数。

对累计盈余应作以下主要账务处理。

（1）年末，将“本年盈余分配”科目的余额转入累计盈余，借记或贷记“本年盈余分配”科目，贷记或借记本科目。

（2）年末，将“无偿调拨净资产”科目的余额转入累计盈余，借记或贷记“无偿调拨净资产”科目，贷记或借记本科目。

（3）按照规定上缴财政拨款结转结余、缴回非财政拨款结转资金、向其他单位调出财政拨款结转资金时，按照实际上缴、缴回、调出金额，借记本科目，贷记“财政应返还额度”“零余额账户用款额度”“银行存款”等科目。按照规定从其他单位调入财政拨款结转资金时，按照实际调入金额，借记“零余额账户用款额度”“银行存款”等科目，贷记本科目。

（4）将“以前年度盈余调整”科目的余额转入本科目，借记或贷记“以前年度盈余调整”科目，贷记或借记本科目。

（5）按照规定使用专用基金购置固定资产、无形资产的，按照固定资产、无形资产成本金额，借记“固定资产”“无形资产”科目，贷记“银行存款”等科目；同时，按照专用基金使用金额，借记“专用基金”科目，贷记本科目。

【例7-1】某事业单位20×8年度发生以下有关累计盈余业务。

（1）年末，结转“本年盈余分配”科目的贷方余额598 000元。

借：本年盈余分配	598 000	
贷：累计盈余		598 000

（2）年末，结转“无偿调拨净资产”科目的贷方余额64 000元。

借：无偿调拨净资产	64 000	
贷：累计盈余		64 000

（3）按规定用银行存款缴回非财政拨款结转资金36 000元。

借：累计盈余	36 000	
贷：银行存款		36 000

（4）年末，结转“以前年度盈余调整”科目的借方余额3 000元。

借：累计盈余	3 000	
贷：以前年度盈余调整		3 000

（5）事业单位使用专用基金购置一台业务活动用设备，买价50 000元，增值税8 000元（已经过认证），款项用银行存款支付，设备交付使用。

借：固定资产	50 000	
应交增值税——应交税金（进项税额）	8 000	
贷：银行存款		58 000

同时编制以下会计分录。

借：专用基金	58 000	
贷：累计盈余		58 000

二、专用基金的核算

为了核算事业单位按照规定提取、设置的有专门用途的净资产，应设置“专用基金”科目。它是净资产类科目，贷方登记按规定提取或设置的基金，借方登记基金的使用数，本科目期末贷方余额，反映事业单位累计提取或设置的尚未使用的专用基金。本科目应当按照专用基金的类别进行明细核算。

对专用基金应作以下主要账务处理。

（1）年末，根据有关规定从本年度非财政拨款结余或经营结余中提取专用基金的，按照预算会计下计算的提取金额，借记“本年盈余分配”科目，贷记本科目。

（2）根据有关规定从收入中提取专用基金并计入费用的，一般按照预算会计下基于预算收入计算提取的金额，借记“业务活动费用”等科目，贷记本科目。国家另有规定的，从其规定。

（3）根据有关规定设置的其他专用基金，按照实际收到的基金金额，借记“银行存款”等科目，贷记本科目。

（4）按照规定使用提取的专用基金时，借记本科目，贷记“银行存款”等科目。使用提取的专用基金购置固定资产、无形资产的，按照固定资产、无形资产成本金额，借记“固定资产”“无形资产”科目，贷记“银行存款”等科目；同时，按照专用基金使用金额，借记本科目，贷记“累计盈余”科目。

【例7－2】某事业单位20×8年度发生以下有关专用基金业务。

（1）年末，根据规定从本年度非财政拨款结余中提取专用基金48 000元。

借：本年盈余分配	48 000	
贷：专用基金		48 000

（2）根据有关规定从财政拨款预算收入中提取专用基金96 000元并计入业务活动费用。

借：业务活动费用	96 000	
贷：专用基金		96 000

（3）事业单位使用专用基金购买一项专利权用于业务活动，价税合计348 000元。款项用银行存款支付。

借：无形资产	348 000	
贷：银行存款		348 000

同时编制以下会计分录。

借：专用基金	348 000	
贷：累计盈余		348 000

三、权益法调整的核算

为了核算事业单位持有的长期股权投资，采用权益法核算时，按照被投资单位除净损益和利润分配以外的所有者权益变动份额调整长期股权投资账面余额而计入净资产的金额，应设置“权益法调整”科目。它是净资产类科目，贷方登记增加数，借方登记减少数，本科目期末余额，反映事业单位在被投资单位除净损益和利润分配以外的所有者权益变动中累积享有（或分担）的份额。本科目应当按照被投资单位进行明细核算。

对权益法调整应作以下主要账务处理。

（1）年末，按照被投资单位除净损益和利润分配以外的所有者权益变动应享有（或应分担）的份额，借记或贷记“长期股权投资——其他权益变动”科目，贷记或借记本科目。

（2）采用权益法核算的长期股权投资，因被投资单位除净损益和利润分配以外的所有者权益变动而将应享有（或应分担）的份额计入单位净资产的，处置该项投资时，按照原计入净资产的相应部分金额，借记或贷记本科目，贷记或借记“投资收益”科目。

【例 7－3】某事业单位发生以下有关权益法调整业务。

（1）M 事业单位报经批准于 20×6 年 1 月 6 日以自行研发的专利技术作价出资，与 N 企业共同出资设立 K 有限责任公司（假定相关的产权手续于当日办理完毕）。M 单位该专利技术账面余额 500 000 元，无形资产累计摊销 200 000 元。评估价值 3 000 000 元。K 公司注册资本 5 000 000 元，M 单位股权比例为 60%，N 公司股权比例为 40%。

（2）20×7 年 K 公司全年实现净利润 2 000 000 元，除净利润以外的所有者权益减少额为 400 000 元。

（3）20×7 年 4 月 K 公司宣告向股东分派利润 800 000 元。

（4）20×8 年 1 月 6 日 M 事业单位将对 K 公司的投资全部转让，转让价格为 9 800 000 元（其中包含尚未领取的股利 480 000 元。

M 事业单位应作以下会计处理。

（1）20×6 年 1 月 6 日投资。

借：长期股权投资——K 公司（成本）	3 000 000	
无形资产累计摊销	200 000	
贷：无形资产		500 000
其他收入		2 700 000

（2）20×7 年末实现净利润。

①借：长期股权投资——K 公司（损益调整）	1 200 000	
贷：投资收益		1 200 000

其他净资产变动时，

②借：权益法调整	240 000	
贷：长期股权投资——K 公司（其他权益变动）		240 000

（3）20×7 年 4 月宣告分派利润。

借：应收股利	480 000	
贷：长期股权投资——K 公司（损益调整）		480 000

宣告分派利润后“长期股权投资——K 公司”科目的账面余额＝3 000 000＋1 200 000－240 000－480 000＝3 480 000（元）。

20×7 年 12 月 31 日期末账面余额调整。

“长期股权投资——K 公司”科目的账面余额为 3 480 000 元。

（4）20×8 年 1 月 6 日 M 事业单位转让投资。

①借：资产处置费用	3 480 000	
贷：长期股权投资		3 480 000
②借：银行存款	9 800 000	
贷：应收股利		480 000
应缴财政款		9 320 000

③借：投资收益　　240 000

　　贷：权益法调整　　240 000

四、本期盈余的核算

为了核算事业单位本期各项收入、费用相抵后的余额，应设置“本期盈余”科目。它是净资产类科目，贷方登记期末转入的本期各项收入发生额，借方登记期末转入的各项费用发生额，本科目期末如为贷方余额，反映单位自年初至当期期末累计实现的盈余；如为借方余额，反映单位自年初至当期期末累计发生的亏损。年末，完成收入和费用结转后，将本科目余额转入“本年盈余分配”科目。年末结账后，本科目应无余额。

对本期盈余应作以下主要账务处理。

（1）期末，将各类收入科目的本期发生额转入本期盈余，借记“财政拨款收入”“事业收入”“上级补助收入”“附属单位上缴收入”“经营收入”“非同级财政拨款收入”“投资收益”“捐赠收入”“利息收入”“租金收入”“其他收入”科目，贷记本科目；将各类费用科目本期发生额转入本期盈余，借记本科目，贷记“业务活动费用”“单位管理费用”“经营费用”“所得税费用”“资产处置费用”“上缴上级费用”“对附属单位补助费用”“其他费用”科目。

（2）年末，完成上述结转后，将本科目余额转入“本年盈余分配”科目，借记或贷记本科目，贷记或借记“本年盈余分配”科目。

【例 7－4】某事业单位 20×8 年度发生以下有关本期盈余业务。

（1）本年 12 月收入、费用发生额见表 7－1。

表 7－1　　12 月收入、费用发生额　　单位：元

收入		费用	
科目名称	发生额	科目名称	发生额
财政拨款收入	2 000 000	业务活动费用	1 900 000
事业收入	400 000	单位管理费用	700 000
上级补助收入	300 000	经营费用	400 000
附属单位上缴收入	280 000	所得税费用	50 000
经营收入	600 000	资产处置费用	430 000
非同级财政拨款收入	150 000	上缴上级费用	150 000
投资收益	180 000	对附属单位补助费用	170 000
捐赠收入	120 000	其他费用	160 000
利息收入	80 000		
租金收入	70 000		
其他收入	100 000		
合　计	4 280 000	合　计	3 960 000

（2）12 月初“本期盈余”科目贷方余额为 930 000 元。

则该事业单位12月末对期末结转收入、费用应编制以下会计分录。

（1）借：财政拨款收入	2 000 000	
事业收入	400 000	
上级补助收入	300 000	
附属单位上缴收入	280 000	
经营收入	600 000	
非同级财政拨款收入	150 000	
投资收益	180 000	
捐赠收入	120 000	
利息收入	80 000	
租金收入	70 000	
其他收入	100 000	
贷：本期盈余		4 280 000
（2）借：本期盈余	3 960 000	
贷：业务活动费用		1 900 000
单位管理费用		700 000
经营费用		400 000
所得税费用		50 000
资产处置费用		430 000
上缴上级费用		150 000
对附属单位补助费用		170 000
其他费用		160 000

12月末结转收入、费用后，“本期盈余”科目贷方余额为1 250 000元［930 000 + (4 280 000 - 3 960 000)］。年末，将“本期盈余”科目贷方余额全部转入“本年盈余分配”科目，应编制以下会计分录。

借：本期盈余	1 250 000	
贷：本年盈余分配		1 250 000

五、本年盈余分配的核算

为了核算事业单位本年度盈余分配的情况和结果，应设置“本年盈余分配”科目。它是净资产类科目，贷方登记年末转入的本年盈余，借方登记提取的专用基金数和提取专用基金后转入本年累计盈余数（或转入的本年亏损），年末结账后，本科目应无余额。

对本年盈余分配应作以下主要账务处理。

（1）年末，将“本期盈余”科目余额转入本科目，借记或贷记“本期盈余”科目，贷记或借记本科目。

（2）年末，根据有关规定从本年度非财政拨款结余或经营结余中提取专用基金的，按照预算会计下计算的提取金额，借记本科目，贷记“专用基金”科目。

（3）年末，按照规定完成（1）和（2）处理后，将本科目余额转入累计盈余，借记或贷记本科目，贷记或借记“累计盈余”科目。

【例7-5】续例7-4，假设本年1～11月预算会计下已实现经营结余500 000元，该事业单位根据有关规定从本年经营结余700 000元（500 000+600 000-400 000）提取专用基金，按照预算会计下计算的提取金额为250 000元，提取后转入累计盈余。

（1）借：本年盈余分配　　250 000
　　　贷：专用基金　　250 000

提取后本年盈余分配贷方余额为1 000 000元（1 250 000-250 000），全部转入累计盈余。

（2）借：本年盈余分配　　1 000 000
　　　贷：累计盈余　　1 000 000

六、无偿调拨净资产的核算

为了核算事业单位无偿调入或调出非现金资产所引起的净资产变动金额，应设置“无偿调拨净资产”科目。它是净资产类科目，贷方登记无偿调入资产的成本减去支付的费用，借方登记无偿调出资产的账面余额或账面价值，年末从借方或贷方全部转入累计盈余，年末结账后，本科目应无余额。

对无偿调拨净资产应作以下主要账务处理。

（1）按照规定取得无偿调入的存货、长期股权投资、固定资产、无形资产、公共基础设施、政府储备物资、文物文化资产、保障性住房等，按照确定的成本，借记“库存物品”“长期股权投资”“固定资产”“无形资产”“公共基础设施”“政府储备物资”“文物文化资产”“保障性住房”等科目，按照调入过程中发生的归属于调入方的相关费用，贷记“零余额账户用款额度”“银行存款”等科目，按照其差额，贷记本科目。

（2）按照规定经批准无偿调出存货、长期股权投资、固定资产、无形资产、公共基础设施、政府储备物资、文物文化资产、保障性住房等，按照调出资产的账面余额或账面价值，借记本科目，按照固定资产累计折旧、无形资产累计摊销、公共基础设施累计折旧或摊销、保障性住房累计折旧的金额，借记“固定资产累计折旧”“无形资产累计摊销”“公共基础设施累计折旧（摊销）”“保障性住房累计折旧”科目，按照调出资产的账面余额，贷记“库存物品”“长期股权投资”“固定资产”“无形资产”“公共基础设施”“政府储备物资”“文物文化资产”“保障性住房”等科目；同时，按照调出过程中发生的归属于调出方的相关费用，借记“资产处置费用”科目，贷记“零余额账户用款额度”“银行存款”等科目。

（3）年末，将本科目余额转入累计盈余，借记或贷记本科目，贷记或借记“累计盈余”科目。

【例7-6】某事业单位20×7年12月发生以下有关无偿调拨净资产业务。

（1）6日，从系统内其他单位无偿调入一台设备，其原值580 000元，已提折旧240 000元，设备已交付使用。

借：固定资产　　340 000
　　贷：无偿调拨净资产　　340 000

（2）10日，无偿调出一项无形资产，其账面余额250 000元，已经计提摊销额80 000元。

借：无形资产累计摊销　　80 000
　　无偿调拨净资产　　170 000
　　贷：无形资产　　250 000

七、以前年度盈余调整的核算

为了核算事业单位本年度发生的调整以前年度盈余的事项，应设置“以前年度盈余调整”科目。它是净资产类科目，贷方登记调整增加以前年度的收入以及盘盈非流动资产，借方登记调整增加以前年度的费用，经上述调整后，应将本科目的余额转入累计盈余，本科目结转后应无余额。

对以前年度盈余调整应作以下主要账务处理。

（1）调整增加以前年度收入时，按照调整增加的金额，借记有关科目，贷记本科目。调整减少的，编制相反会计分录。

（2）调整增加以前年度费用时，按照调整增加的金额，借记本科目，贷记有关科目。调整减少的，编制相反会计分录。

（3）盘盈的各种非流动资产，报经批准后处理时，借记“待处理财产损溢”科目，贷记本科目。

（4）经上述调整后，应将本科目的余额转入累计盈余，借记或贷记“累计盈余”科目，贷记或借记本科目。

【例7-7】某事业单位20×8年度发生以下有关以前年度盈余调整业务。

（1）8月20日，盘盈一台设备，经资产评估其价值为90 000元。

借：固定资产　　90 000

　　贷：待处理财产损溢　　90 000

（2）8月23日，经批准将上述盘盈的固定资产转入以前年度盈余调整。

借：待处理财产损溢　　90 000

　　贷：以前年度盈余调整　　90 000

（3）12月31日，将“以前年度盈余调整”科目的贷方余额90 000元转入累计盈余。

借：以前年度盈余调整　　90 000

　　贷：累计盈余　　90 000

本章小结

事业单位净资产是指事业单位资产扣除负债后的净额。净资产金额取决于资产和负债的计量。事业单位净资产主要包括累计盈余、专用基金、权益法调整、本期盈余、本年盈余分配、无偿调拨净资产和以前年度盈余调整。

累计盈余是指单位历年实现的盈余扣除盈余分配后滚存的金额，以及因无偿调入调出资产产生的净资产变动额。专用基金是指事业单位按照规定提取或设置的具有专门用途的净资产，主要包括职工福利基金、科技成果转换基金等。权益法调整是指事业单位持有的长期股权投资采用权益法核算时，按照被投资单位除净损益和利润分配以外的所有者权益变动份额调整长期股权投资账面余额而计入净资产的金额。本期盈余是指单位本期各项收入、费用相抵后的余额。本年盈余分配是指单位本年度盈余分配的情况和结果。无偿调拨净资产是指单位无偿调入或调出非现金资产所引起的净资产变动金额。以前年度盈余调整是指单位本年度发生的调整以前年度盈余的事项，包括本年度发生的重要前期差错更正涉及调整以前年度盈余的事项。

事业单位净资产的核算需要分别设置“累计盈余”“专用基金”“权益法调整”“本期盈余”“本年盈余分配”“无偿调拨净资产”和“以前年度盈余调整”科目。

复习思考题

1. 事业单位的净资产含义是什么？它包括哪些内容？
2. 事业单位净资产核算需要设置哪些会计科目？
3. 如何核算专用基金？
4. 权益法调整核算哪些内容？
5. 如何核算无偿调拨净资产？

练　习　题

一、目的　练习事业单位净资产的核算。

二、资料　某事业单位20×7年度发生以下有关净资产业务。

1. 年末，将“本期盈余”科目贷方余额2 960 000元全部转入“本年盈余分配”科目。

2. 年末，根据规定从本年度非财政拨款结余中提取专用基金35 000元。

3. 单位使用专用基金购买一项专利权用于业务活动，价税合计2 320 000元，款项用银行存款支付。

4. 年末，结转“本年盈余分配”科目的贷方余额2 925 000元。

5. 年末，结转“无偿调拨净资产”科目的贷方余额52 000元。

6. 按规定用银行存款缴回非财政拨款结转资金45 000元。

7. 年末，结转“以前年度盈余调整”科目的借方余额9 000元。

三、要求　根据上述经济业务编制会计分录。

第八章　事业单位预算收入、预算支出和预算结余的核算

学习目标： 通过本章的学习，要求了解事业单位预算会计要素的内容；理解预算会计与财务会计平行记账的基本原理；掌握预算收入、预算支出和预算结余的核算。

第一节　事业单位预算收入的核算

一、事业单位预算收入及其内容

预算收入是指政府会计主体在预算年度内依法取得的并纳入预算管理的现金流入。

事业单位的预算收入主要包括财政拨款预算收入、事业预算收入、上级补助预算收入、附属单位上缴预算收入、经营预算收入、债务预算收入、非同级财政拨款预算收入、投资预算收益和其他预算收入。

二、财政拨款预算收入的核算

财政拨款预算收入是指事业单位从同级政府财政部门取得的各类财政拨款。为了核算事业单位从同级政府财政部门取得的各类财政拨款，应设置“财政拨款预算收入”科目。它是预算收入类科目，贷方登记财政拨款预算收入的增加数，借方登记本年国库直接支付退回数及年末转出数，年末结转后，本科目应无余额。

本科目应当设置“基本支出”和“项目支出”两个明细科目，并按照《政府收支分类科目》中“支出功能分类科目”的项级科目进行明细核算；同时，在“基本支出”明细科目下按照“人员经费”和“日常公用经费”进行明细核算，在“项目支出”明细科目下按照具体项目进行明细核算。有一般公共预算财政拨款、政府性基金预算财政拨款等两种或两种以上财政拨款的单位，还应当按照财政拨款的种类进行明细核算。

对财政拨款预算收入应作以下主要账务处理。

（1）财政直接支付方式下，单位根据收到的“财政直接支付入账通知书”及相关原始凭证，按照通知书中的直接支付金额，借记“事业支出”等科目，贷记本科目。年末，根据本年度财政直接支付预算指标数与当年财政直接支付实际支出数的差额，借记“资金结存——财政应返还额度”科目，贷记本科目。

（2）财政授权支付方式下，单位根据收到的“财政授权支付额度到账通知书”，按照通知书中的授权支付额度，借记“资金结存——零余额账户用款额度”科目，贷记本科目。年末，单位本年度财政授权支付预算指标数大于零余额账户用款额度下达数的，按照两者差额，借记“资金结存——财政应返还额度”科目，贷记本科目。

（3）其他方式下，单位按照本期预算收到财政拨款预算收入时，按照实际收到的金额，借记“资金结存——货币资金”科目，贷记本科目。单位收到下期预算的财政预拨款时，应当在下个预算期，按照预收的金额，借记“资金结存——货币资金”科目，贷记本科目。

（4）因差错更正、购货退回等发生国库直接支付款项退回的，属于本年度支付的款项，按照退回金额，借记本科目，贷记“事业支出”等科目。

（5）年末，将本科目本年发生额转入财政拨款结转，借记本科目，贷记“财政拨款结转——本年收支结转”科目。

【例8-1】某事业单位20×8年12月发生以下业务。

（1）8日，通过财政直接支付方式购入事业活动用材料一批，买价30 000元，进项增值税（已经过认证）4 800元。材料入库，已收到代理银行转来的“财政直接支付入账通知书”。

借：事业支出	34 800	
贷：财政拨款预算收入		34 800

（2）11日，收到代理银行转来的“财政授权支付额度到账通知书”，本月事业单位财政授权支付额度为800 000元已下达。

借：资金结存——零余额账户用款额度	800 000	
贷：财政拨款预算收入		800 000

（3）31日，将“财政拨款预算收入”科目本期贷方发生额7 900 000元转入“财政拨款结转——本年收支结转”科目。

借：财政拨款预算收入	7 900 000	
贷：财政拨款结转——本年收支结转		7 900 000

三、事业预算收入的核算

事业预算收入是指事业单位开展专业业务活动及其辅助活动取得的现金流入。为了核算事业预算收入，应设置“事业预算收入”科目。它是预算收入类科目，贷方登记取得的事业预算收入增加数，借方登记年末转出数，年末结转后，本科目应无余额。事业单位因开展科研及其辅助活动从非同级政府财政部门取得的经费拨款，也通过本科目核算。

本科目应当按照事业预算收入类别、项目、来源、《政府收支分类科目》中“支出功能分类科目”项级科目等进行明细核算。对于因开展科研及其辅助活动从非同级政府财政部门取得的经费拨款，应当在本科目下单设“非同级财政拨款”明细科目进行明细核算；事业预算收入中如有专项资金收入，还应按照具体项目进行明细核算。

对事业预算收入应作以下主要账务处理。

（1）采用财政专户返还方式管理的事业预算收入，收到从财政专户返还的事业预算收入时，按照实际收到的返还金额，借记“资金结存——货币资金”科目，贷记本科目。

（2）收到其他事业预算收入时，按照实际收到的款项金额，借记“资金结存——货币资金”科目，贷记本科目。

（3）年末，将本科目本年发生额中的专项资金收入转入非财政拨款结转，借记本科目下各专项资金收入明细科目，贷记“非财政拨款结转——本年收支结转”科目；将本科目本年发生额中的非专项资金收入转入其他结余，借记本科目下各非专项资金收入明细科目，贷记“其他结余”科目。

【例8-2】某事业单位20×8年发生以下有关事业预算收入业务。

（1）收到专业业务活动收入600 000元存入银行。

借：资金结存——货币资金　　600 000

　　贷：事业预算收入　　600 000

（2）销售科研中间产品一批，单价200元，数量100件，共计20 000元，款已收到存入银行。

借：资金结存——货币资金　　20 000

　　贷：事业预算收入　　20 000

（3）收到财政专户返还的学杂费收入500 000元存入银行。

借：资金结存——货币资金　　500 000

　　贷：事业预算收入　　500 000

（4）年末，事业单位的事业预算收入发生额共计1 120 000元，其中专项资金收入320 000元，非专项资金收入800 000元，分别转入预算结余。

借：事业预算收入　　1 120 000

　　贷：非财政拨款结转——本年收支结转　　320 000

　　　　其他结余　　800 000

四、上级补助预算收入的核算

上级补助预算收入是指事业单位从主管部门和上级单位取得的非财政补助的现金流入。为了核算上级补助预算收入，应设置“上级补助预算收入”科目。它是预算收入类科目，贷方登记收到的上级补助预算收入，借方登记年末转出数，年末结转后，本科目应无余额。

本科目应当按照发放补助单位、补助项目、《政府收支分类科目》中“支出功能分类科目”的项级科目等进行明细核算。上级补助预算收入中如有专项资金收入，还应按照具体项目进行明细核算。

对上级补助预算收入应作以下主要账务处理。

（1）收到上级补助预算收入时，按照实际收到的金额，借记“资金结存——货币资金”科目，贷记本科目。

（2）年末，将本科目本年发生额中的专项资金收入转入非财政拨款结转，借记本科目下各专项资金收入明细科目，贷记“非财政拨款结转——本年收支结转”科目；将本科目本年发生额中的非专项资金收入转入其他结余，借记本科目下各非专项资金收入明细科目，贷记“其他结余”科目。

【例8-3】某事业单位20×8年发生以下有关上级补助预算收入业务。

（1）12月23日收到上级单位拨入的上级补助收入900 000元存入银行。

借：资金结存——货币资金　　900 000

　　贷：上级补助预算收入　　900 000

（2）年末，事业单位的上级补助预算收入贷方发生额共计900 000元，其中专项资金收入400 000元，非专项资金收入500 000元，转入其他结余。

借：上级补助预算收入　　900 000

　　贷：非财政拨款结转——本年收支结转　　400 000

　　　　其他结余　　500 000

五、附属单位上缴预算收入的核算

附属单位上缴预算收入是指事业单位取得的附属独立核算单位根据有关规定上缴的现金流入。为了核算事业单位附属单位上缴预算收入，应设置“附属单位上缴预算收入”科目。它是预算收入类科目，贷方登记收到的附属单位上缴预算收入，借方登记年末转出数，年末结转后，本科目应无余额。

本科目应当按照附属单位、缴款项目、《政府收支分类科目》中“支出功能分类科目”的项级科目等进行明细核算。附属单位上缴预算收入中如有专项资金收入，还应按照具体项目进行明细核算。

对附属单位上缴预算收入应作以下主要账务处理。

（1）收到附属单位缴来款项时，按照实际收到的金额，借记“资金结存——货币资金”科目，贷记本科目。

（2）年末，将本科目本年发生额中的专项资金收入转入非财政拨款结转，借记本科目下各专项资金收入明细科目，贷记“非财政拨款结转——本年收支结转”科目；将本科目本年发生额中的非专项资金收入转入其他结余，借记本科目下各非专项资金收入明细科目，贷记“其他结余”科目。

【例 8-4】 某事业单位 20×8 年发生以下有关附属单位上缴预算收入业务。

（1）12 月 23 日，收到所属独立核算单位缴来的分成收入 400 000 元存入银行。

借：资金结存——货币资金	400 000	
贷：附属单位上缴预算收入		400 000

（2）年末，将“附属单位上缴预算收入”科目的发生额 400 000 元（全部为非专项资金收入）转入其他结余。

借：附属单位上缴预算收入	400 000	
贷：其他结余		400 000

六、经营预算收入的核算

经营预算收入是指事业单位在专业业务活动及其辅助活动之外开展非独立核算经营活动取得的现金流入。为了核算事业单位经营预算收入，应设置“经营预算收入”科目。它是预算收入类科目，贷方登记收到的经营预算收入，借方登记年末转出数，年末结转后，本科目应无余额。

本科目应当按照经营活动类别、项目、《政府收支分类科目》中“支出功能分类科目”的项级科目等进行明细核算。

对经营预算收入应作以下主要账务处理。

（1）收到经营预算收入时，按照实际收到的金额，借记“资金结存——货币资金”科目，贷记本科目。

（2）年末，将本科目本年发生额转入经营结余，借记本科目，贷记“经营结余”科目。

【例 8-5】 某事业单位 20×8 年发生以下有关经营预算收入业务。

（1）非独立核算的食堂交来餐费收入 6 000 元存入银行。

借：资金结存——货币资金	6 000	
贷：经营预算收入		6 000

（2）非独立核算的运输部门提供运输服务，取得现金收入500元。

借：资金结存——货币资金　　500

　　贷：经营预算收入　　500

（3）年末，结转本年经营预算收入贷方发生额共计6 500元。

借：经营预算收入　　6 500

　　贷：经营结余　　6 500

七、债务预算收入的核算

债务预算收入是指事业单位按照规定从银行和其他金融机构等借入的、纳入部门预算管理的、不以财政资金作为偿还来源的债务本金。为了核算事业单位债务预算收入，应设置“债务预算收入”科目。它是预算收入类科目，贷方登记借入的债务预算收入，借方登记年末转出数，年末结转后，本科目应无余额。

本科目应当按照贷款单位、贷款种类、《政府收支分类科目》中“支出功能分类科目”的项级科目等进行明细核算。债务预算收入中如有专项资金收入，还应按照具体项目进行明细核算。

对债务预算收入应作以下主要账务处理。

（1）借入各项短期或长期借款时，按照实际借入的金额，借记“资金结存——货币资金”科目，贷记本科目。

（2）年末，将本科目本年发生额中的专项资金收入转入非财政拨款结转，借记本科目下各专项资金收入明细科目，贷记“非财政拨款结转——本年收支结转”科目；将本科目本年发生额中的非专项资金收入转入其他结余，借记本科目下各非专项资金收入明细科目，贷记“其他结余”科目。

【例8-6】某事业单位20×8年发生以下有关债务预算收入业务。

（1）7月1日从银行取得借款30 000元，借期6个月，年利率6%，到期一次还本付息。该项借款用于事业活动。

借：资金结存——货币资金　　30 000

　　贷：债务预算收入　　30 000

（2）8月1日为建造一后勤管理部门用办公楼，从银行取得长期借款1 200 000元存入银行，期限3年，利率6%，到期还本付息。该办公楼建造期为两年。

借：资金结存——货币资金　　1 200 000

　　贷：债务预算收入　　1 200 000

（3）年末，结转本年债务预算收入贷方发生额共计1 230 000元，其中专项资金收入130 000元，非专项资金收入1 100 000元。

借：债务预算收入　　1 230 000

　　贷：非财政拨款结转——本年收支结转　　130 000

　　　　其他结余　　1 100 000

八、非同级财政拨款预算收入的核算

非同级财政拨款预算收入是指单位从非同级政府财政部门取得的财政拨款，包括本级横向转拨财政款和非本级财政拨款。为了核算单位非同级财政拨款预算收入，应设置“非同级财政拨款预算收入”科目。它是预算收入类科目，贷方登记取得的非同级财政拨款预算收入，借方登记年末转出数，年末结转后，本科目应无余额。

本科目应当按照非同级财政拨款预算收入的类别、来源、《政府收支分类科目》中“支出功能分类科目”的项级科目等进行明细核算。非同级财政拨款预算收入中如有专项资金收入，还应按照具体项目进行明细核算。

对非同级财政拨款预算收入应作以下主要账务处理。

（1）取得非同级财政拨款预算收入时，按照实际收到的金额，借记“资金结存——货币资金”科目，贷记本科目。

（2）年末，将本科目本年发生额中的专项资金收入转入非财政拨款结转，借记本科目下各专项资金收入明细科目，贷记“非财政拨款结转——本年收支结转”科目；将本科目本年发生额中的非专项资金收入转入其他结余，借记本科目下各非专项资金收入明细科目，贷记“其他结余”科目。

【例 8－7】某事业单位 20×8 年发生以下有关非同级财政拨款预算收入业务。

（1）12 月 24 日，收到上级政府的非同级财政拨款预算收入 620 000 元存入银行。

借：资金结存——货币资金	620 000	
贷：非同级财政拨款预算收入		620 000

（2）年末，将本期非同级财政拨款预算收入的贷方发生额 620 000 元（假设全部为非专项资金收入）转入其他结余。

借：非同级财政拨款收入	620 000	
贷：其他结余		620 000

九、投资预算收益的核算

投资预算收益是指事业单位取得的按照规定纳入部门预算管理的属于投资收益性质的现金流入，包括股权投资收益、出售或收回债券投资所取得的收益和债券投资利息收入。为了核算单位投资预算收益，应设置“投资预算收益”科目。它是预算收入类科目，贷方登记发生投资预算收益的增加数及年末转出的投资预算损失数，借方登记发生的投资预算损失数及年末转出的投资预算收益，年末结转后，本科目应无余额。

本科目应当按照《政府收支分类科目》中“支出功能分类科目”的项级科目等进行明细核算。

对投资预算收益应作以下主要账务处理。

（1）出售或到期收回本年度取得的短期、长期债券，按照实际取得的价款或实际收到的本息金额，借记“资金结存——货币资金”科目，按照取得债券时“投资支出”科目的发生额，贷记“投资支出”科目，按照其差额，贷记或借记本科目。出售或到期收回以前年度取得的短期、长期债券，按照实际取得的价款或实际收到的本息金额，借记“资金结存——货币资金”科目，按照取得债券时“投资支出”科目的发生额，贷记“其他结余”科目，按照其差额，贷记或借记本科目。出售、转让以货币资金取得的长期股权投资的，其账务处理参照出售或到期收回债券投资。

（2）持有的短期投资以及分期付息、一次还本的长期债券投资收到利息时，按照实际收到的金额，借记“资金结存——货币资金”科目，贷记本科目。

（3）持有长期股权投资取得被投资单位分派的现金股利或利润时，按照实际收到的金额，借记“资金结存——货币资金”科目，贷记本科目。

（4）出售、转让以非货币性资产取得的长期股权投资时，按照实际取得的价款扣减支付的相关费用和应缴财政款后的余额（按照规定纳入单位预算管理的），借记“资金结存——货币资金”科目，贷记本科目。

（5）年末，将本科目本年发生额转入其他结余，借记或贷记本科目，贷记或借记“其他结余”科目。

【例8－8】某事业单位20×8年发生以下有关投资预算收益业务。

（1）20×8年1月1日以银行存款购买国库券进行短期投资，面值共计100 000元，票面利率为5%，每年年末支付利息，支付手续费等2 000元。20×8年6月2日，该事业单位将国库券全部出售，收到款项共计106 000元存入银行（投资收益纳入单位预算）。

借：投资支出	102 000	
贷：资金结存——货币资金		102 000
借：资金结存——货币资金	106 000	
贷：投资支出		102 000
投资预算收益		4 000

（2）报经批准于20×7年1月8日以自行研发的专利技术作价出资，与A企业共同出资设立B有限责任公司（假定相关的产权手续于当日办理完毕）。该事业单位该专利技术账面余额800 000元，无形资产累计摊销200 000元，评估价值6 000 000元。B公司注册资本10 000 000元，该事业单位股权比例为60%，A企业股权比例为40%。20×7年B公司全年实现净利润6 000 000元，20×8年4月B公司宣告向股东分派利润2 000 000元，5月收到现金股利1 200 000元。

借：资金结存——货币资金	1 200 000	
贷：投资预算收益		1 200 000

（3）20×8年年末“投资预算收益”贷方发生额共计1 204 000元，转入其他结余。

借：投资预算收益	1 204 000	
贷：其他结余		1 204 000

十、其他预算收入的核算

其他预算收入是指事业单位除财政拨款预算收入、事业预算收入、上级补助预算收入、附属单位上缴预算收入、经营预算收入、债务预算收入、非同级财政拨款预算收入、投资预算收益之外的纳入部门预算管理的现金流入，包括捐赠预算收入、利息预算收入、租金预算收入、现金盘盈收入等。为了核算单位其他预算收入，应设置“其他预算收入”科目。它是预算收入类科目，贷方登记取得的其他预算收入，借方登记年末转出数，年末结转后，本科目应无余额。

本科目应当按照其他收入类别、《政府收支分类科目》中“支出功能分类科目”的项级科目等进行明细核算。其他预算收入中如有专项资金收入，还应按照具体项目进行明细核算。

单位发生的捐赠预算收入、利息预算收入、租金预算收入金额较大或业务较多的，可单独设置“6603 捐赠预算收入”“6604 利息预算收入”“6605 租金预算收入”等科目。

对其他预算收入应作以下主要账务处理。

（1）接受捐赠现金资产、收到银行存款利息、收到资产承租人支付的租金时，按照实际收到的金额，借记“资金结存——货币资金”科目，贷记本科目。

（2）每日现金账款核对中如发现现金溢余，按照溢余的现金金额，借记“资金结存——货币资金”科目，贷记本科目。经核实，属于应支付给有关个人和单位的部分，按照实际支付的金额，借记本科目，贷记“资金结存——货币资金”科目。

（3）收到其他预算收入时，按照收到的金额，借记“资金结存——货币资金”科目，贷记本科目。

（4）年末，将本科目本年发生额中的专项资金收入转入非财政拨款结转，借记本科目下各专项资金收入明细科目，贷记“非财政拨款结转——本年收支结转”科目；将本科目本年发生额中的非专项资金收入转入其他结余，借记本科目下各非专项资金收入明细科目，贷记“其他结余”科目。

【例8-9】某事业单位20×8年发生以下有关其他预算收入业务。

（1）1月2日收到某单位捐赠的货币资金200 000元存入银行，用于奖励成绩优秀的学生。

借：资金结存——货币资金　　200 000
　　贷：其他预算收入　　200 000

（2）1月10日收到租出办公楼全年租金收入24 000元存入银行。

借：资金结存——货币资金　　24 000
　　贷：其他预算收入　　24 000

（3）12月2日清查库存现金，发现盘盈5 200元，经核实后全部无法支付有关个人和单位。

借：资金结存——货币资金　　5 200
　　贷：其他预算收入　　5 200

（4）期末，将“其他预算收入”科目的发生额共计229 200元，其中专项资金收入29 200元，非专项资金收入200 000元，分别转入有关预算结余。

借：其他预算收入　　229 200
　　贷：非财政拨款结转——本年收支结转　　29 200
　　　　其他结余　　200 000

第二节　事业单位预算支出的核算

一、事业单位预算支出及其内容

预算支出是指政府会计主体在预算年度内依法发生并纳入预算管理的现金流出。

事业单位的预算支出主要包括事业支出、经营支出、上缴上级支出、对附属单位补助支出、投资支出、债务还本支出和其他支出。

二、事业支出的核算

事业支出是指事业单位开展专业业务活动及其辅助活动实际发生的各项现金流出。为了核算事业支出，事业单位应设置“事业支出”科目。它是预算支出类科目，借方登记发生的事业支出，贷方登记年末转出数，年末结转后，本科目应无余额。单位发生教育、科研、医疗、行政管理、后勤保障等活动的，可在本科目下设置相应的明细科目进行核算，或单设“7201 教育支出”“7202 科研支出”“7203 医疗支出”“7204 行政管理支出”“7205 后勤保障支出”等一级会计科目进行核算。

本科目应当分别按照“财政拨款支出”“非财政专项资金支出”“其他资金支出”“基本支出”和“项目支出”等进行明细核算，并按照《政府收支分类科目》中“支出功能分类科目”的项级科目进行明细核算；“基本支出”和“项目支出”明细科目下应当按照《政府收支分类科目》中“部门预算支出经济分类科目”的款级科目进行明细核算，同时在“项目支出”明细科目下按照具体项目进行明细核算。

有一般公共预算财政拨款、政府性基金预算财政拨款等两种或两种以上财政拨款的事业单位，还应当在“财政拨款支出”明细科目下按照财政拨款的种类进行明细核算。

对于预付款项，可通过在本科目下设置“待处理”明细科目进行明细核算，待确定具体支出项目后再转入本科目下相关明细科目。年末结账前，应将本科目“待处理”明细科目余额全部转入本科目下相关明细科目。

对事业支出应作以下主要账务处理。

（1）支付单位职工（经营部门职工除外）薪酬。向单位职工个人支付薪酬时，按照实际支付的数额，借记本科目，贷记“财政拨款预算收入”“资金结存”科目。按照规定代扣代缴个人所得税，以及代扣代缴职工社会保险费、住房公积金等时，按照实际缴纳的金额，借记本科目，贷记“财政拨款预算收入”“资金结存”科目。

（2）为专业业务活动及其辅助活动支付外部人员劳务费时，按照实际支付给外部人员个人的金额，借记本科目，贷记“财政拨款预算收入”“资金结存”科目。按照规定代扣代缴个人所得税时，按照实际缴纳的金额，借记本科目，贷记“财政拨款预算收入”“资金结存”科目。

（3）开展专业业务活动及其辅助活动过程中为购买存货、固定资产、无形资产等以及在建工程支付相关款项时，按照实际支付的金额，借记本科目，贷记“财政拨款预算收入”“资金结存”科目。

（4）开展专业业务活动及其辅助活动过程中发生预付账款时，按照实际支付的金额，借记本科目，贷记“财政拨款预算收入”“资金结存”科目。对于暂付款项，在支付款项时可不作预算会计处理，待结算或报销时，按照结算或报销的金额，借记本科目，贷记“资金结存”科目。

（5）开展专业业务活动及其辅助活动过程中缴纳的相关税费以及发生的其他各项支出，按照实际支付的金额，借记本科目，贷记“财政拨款预算收入”“资金结存”科目。

（6）开展专业业务活动及其辅助活动过程中因购货退回等发生款项退回，或者发生差错更正的，属于当年支出收回的，按照收回或更正金额，借记“财政拨款预算收入”“资金结存”科目，贷记本科目。

（7）年末，将本科目本年发生额中的财政拨款支出转入财政拨款结转，借记“财政拨款结转——本年收支结转”科目，贷记本科目下各财政拨款支出明细科目；将本科目本年发生额中的非财政专项资金支出转入非财政拨款结转，借记“非财政拨款结转——本年收支结转”科目，贷记本科目下各非财政专项资金支出明细科目；将本科目本年发生额中的其他资金支出（非财政非专项资金支出）转入其他结余，借记“其他结余”科目，贷记本科目下其他资金支出明细科目。

【例8-10】某事业单位20×8年发生以下有关事业支出业务。

（1）职工王平出差回来，报销差旅费3 500元。

借：事业支出 3 500

　　贷：资金结存——货币资金 3 500

（2）为后勤管理部门用现金180元购买直接领用的办公品。

借：事业支出 180

　　贷：资金结存——货币资金 180

（3）用零余额账户用款额度向职工支付工资，代扣个人所得税94 000元，住房公积金254 000元，社会保险费192 000元，实际支付3 774 000元。

借：事业支出 3 774 000

　　贷：资金结存——零余额账户用款额度 3 774 000

（4）通过零余额账户缴纳社会保险费824 000元、住房公积金508 000元、个人所得税94 000元。

借：事业支出 1 426 000

　　贷：资金结存——零余额账户用款额度 1 426 000

（5）通过财政直接支付方式购入事业活动用材料一批，买价30 000元，进项增值税（已经过认证）4 800元。材料入库，已收到代理银行转来的“财政直接支付入账通知书”。

借：事业支出 34 800

　　贷：财政拨款预算收入 34 800

（6）年末，“事业支出”科目借方发生额共计5 238 480元，假设其中财政拨款支出4 461 100元，非财政专项资金支出246 380元，其他资金支出531 000元，分别转入预算结余有关科目。

借：财政拨款结转——本年收支结转 4 461 100

　　非财政拨款结转——本年收支结转 246 380

　　其他结余 531 000

　　贷：事业支出 5 238 480

三、经营支出的核算

经营支出是指事业单位在专业业务活动及其辅助活动之外开展非独立核算经营活动实际发生的各项现金流出。为了核算经营支出，事业单位应设置“经营支出”科目。它是预算支出类科目，借方登记发生的经营支出，贷方登记年末转出数，年末结转后，本科目应无余额。

本科目应当按照经营活动类别、项目、《政府收支分类科目》中“支出功能分类科目”的项级科目和“部门预算支出经济分类科目”的款级科目等进行明细核算。对于预付款项，可通过在本科目下设置“待处理”明细科目进行明细核算，待确认具体支出项目后再转入本科目下相关明细科目。年末结账前，应将本科目“待处理”明细科目余额全部转入本科目下相关明细科目。

对经营支出应作以下主要账务处理。

（1）支付经营部门职工薪酬：向职工个人支付薪酬时，按照实际的金额，借记本科目，贷记“资金结存”科目。按照规定代扣代缴个人所得税以及代扣代缴或为职工缴纳职工社会保险费、住房公积金时，按照实际缴纳的金额，借记本科目，贷记“资金结存”科目。

（2）为经营活动支付外部人员劳务费：按照实际支付给外部人员个人的金额，借记本科目，贷记“资金结存”科目。按照规定代扣代缴个人所得税时，按照实际缴纳的金额，借记本科目，贷记“资金结存”科目。

（3）开展经营活动过程中为购买存货、固定资产、无形资产等以及在建工程支付相关款项时，按照实际支付的金额，借记本科目，贷记“资金结存”科目。

（4）开展经营活动过程中发生预付账款时，按照实际支付的金额，借记本科目，贷记“资金结存”科目。对于暂付款项，在支付款项时可不做预算会计处理，待结算或报销时，按照结算或报销的金额，借记本科目，贷记“资金结存”科目。

（5）因开展经营活动缴纳的相关税费以及发生的其他各项支出，按照实际支付的金额，借记本科目，贷记“资金结存”科目。

（6）开展经营活动中因购货退回等发生款项退回，或者发生差错更正的，属于当年支出收回的，按照收回或更正金额，借记“资金结存”科目，贷记本科目。

（7）年末，将本科目本年发生额转入经营结余，借记“经营结余”科目，贷记本科目。

【例 8－11】 某事业单位 20×8 年发生以下非独立核算经营活动业务。

（1）12 月 10 日，用银行存款发放经营活动人员薪酬 43 000 元。

借：经营支出	43 000	
贷：资金结存——货币资金		43 000

（2）12 月 30 日，用银行存款支付本月水费 5 600 元。

借：经营支出	5 600	
贷：资金结存——货币资金		5 600

（3）12 月 30 日，用银行存款支付电费 1 200 元。

借：经营支出	1 200	
贷：资金结存——货币资金		1 200

（4）12 月 31 日，将本期“经营支出”科目贷方发生额共计 49 800 元转入经营结余。

借：经营结余	49 800	
贷：经营支出		49 800

四、上缴上级支出的核算

上缴上级支出是指事业单位按照财政部门和主管部门的规定上缴上级单位款项发生的现金流出。为了核算上缴上级支出，事业单位应设置“上缴上级支出”科目。它是预算支出类科目，借方登记上缴的上缴上级支出，贷方登记年末转出数，年末结转后，本科目应无余额。

本科目应当按照收缴款项单位、缴款项目、《政府收支分类科目》中“支出功能分类科目”的项级科目和“部门预算支出经济分类科目”的款级科目等进行明细核算。

对上缴上级支出应作以下主要账务处理。

（1）按照规定将款项上缴上级单位的，按照实际上缴的金额，借记本科目，贷记“资金结存”科目。

（2）年末，将本科目本年发生额转入其他结余，借记“其他结余”科目，贷记本科目。

【例 8－12】 某事业单位 20×8 年发生以下有关上缴上级支出业务。

（1）12 月 23 日，按规定上缴上级单位款项 25 000 元。

借：上缴上级支出　　25 000

　　贷：资金结存——货币资金　　25 000

（2）年末，将“上缴上级支出”科目的借方发生额25 000元转入其他结余。

借：其他结余　　25 000

　　贷：上缴上级费用　　25 000

五、对附属单位补助支出的核算

对附属单位补助支出是指事业单位用财政拨款预算收入之外的收入对附属单位补助发生的现金流出。为了核算对附属单位补助支出，事业单位应设置“对附属单位补助支出”科目。它是预算支出类科目，借方登记发生的对附属单位补助支出，贷方登记年末转出数，年末结转后，本科目应无余额。

本科目应当按照接受补助单位、补助项目、《政府收支分类科目》中“支出功能分类科目”的项级科目和“部门预算支出经济分类科目”的款级科目等进行明细核算。

对附属单位补助支出应作以下主要账务处理。

（1）发生对附属单位补助支出的，按照实际补助的金额，借记本科目，贷记“资金结存”科目。

（2）年末，将本科目本年发生额转入其他结余，借记“其他结余”科目，贷记本科目。

【例8－13】某事业单位20×8年发生以下有关对附属单位补助支出业务。

（1）12月20日，按规定向附属单位支付补助款项38 000元。

借：对附属单位补助支出　　38 000

　　贷：资金结存——货币资金　　38 000

（2）年末，将“对附属单位补助支出”科目的借方发生额38 000元转入其他结余。

借：其他结余　　38 000

　　贷：对附属单位补助支出　　38 000

六、投资支出的核算

投资支出是指事业单位以货币资金对外投资发生的现金流出。为了核算投资支出，事业单位应设置“投资支出”科目。它是预算支出类科目，借方登记发生的投资支出，贷方登记年末转出数，年末结转后，本科目应无余额。

本科目应当按照投资类型、投资对象、《政府收支分类科目》中“支出功能分类科目”的项级科目和“部门预算支出经济分类科目”的款级科目等进行明细核算。

对投资支出应作以下主要账务处理。

（1）以货币资金对外投资时，按照投资金额和所支付的相关税费金额的合计数，借记本科目，贷记“资金结存”科目。

（2）出售、对外转让或到期收回本年度以货币资金取得的对外投资的，如果按规定将投资收益纳入单位预算，按照实际收到的金额，借记“资金结存”科目，按照取得投资时“投资支出”科目的发生额，贷记本科目，按照其差额，贷记或借记“投资预算收益”科目；如果按规定将投资收益上缴财政的，按照取得投资时“投资支出”科目的发生额，借记“资金结存”科目，贷记本科目。出售、对外转让或到期收回以前年度以货币资金取得的对外投资的，如果按规定将投资收益纳入单位预算，按照实际收到的金额，借记“资金结存”科目，按照取得投资时“投资支出”科目的发生额，贷记“其他结余”科目，按照其差额，贷记或借记“投资预算收益”科目；如果按规定将投资收益上缴财政的，按照取得投资时“投资支出”科目的发生额，借记“资金结存”科目，贷记“其他结余”科目。

（3）年末，将本科目本年发生额转入其他结余，借记“其他结余”科目，贷记本科目。

【例8-14】某事业单位20×8年发生以下有关投资支出业务。

（1）20×8年1月1日以银行存款购买国库券进行短期投资，面值共计100 000元，票面利率为5%，每年末支付利息。支付手续费等2 000元。

借：投资支出　　102 000

　　贷：资金结存——货币资金　　102 000

（2）20×8年6月2日，该事业单位将国库券全部出售，收到款项共计106 000元存入银行（投资收益纳入单位预算）。

借：资金结存——货币资金　　106 000

　　贷：投资支出　　102 000

　　　　投资预算收益　　4 000

（3）20×8年12月1日购入甲公司20×7年1月1日发行的债券，债券面值20 000元，还本期3年，年利率为6%，到期还本，每年付息一次。购入时实际支付的价格为22 000元（其中包含已到付息期但尚未领取的利息1 200元）。

借：投资支出　　22 000

　　贷：资金结存——货币资金　　22 000

（4）20×8年年末结转“投资支出”科目的借方金额22 000元。

借：其他结余　　22 000

　　贷：投资支出　　22 000

七、债务还本支出的核算

债务还本支出是指事业单位偿还自身承担的纳入预算管理的从金融机构举借的债务本金的现金流出。为了核算债务还本支出，事业单位应设置“债务还本支出”科目，它是预算支出类科目，借方登记发生的债务还本支出，贷方登记年末转出数，年末结转后，本科目应无余额。

本科目应当按照贷款单位、贷款种类、《政府收支分类科目》中“支出功能分类科目”的项级科目和“部门预算支出经济分类科目”的款级科目等进行明细核算。

对债务还本支出应作以下主要账务处理。

（1）偿还各项短期或长期借款时，按照偿还的借款本金，借记本科目，贷记“资金结存”科目。

（2）年末，将本科目本年发生额转入其他结余，借记“其他结余”科目，贷记本科目。

【例8-15】某事业单位20×8年发生以下有关债务还本支出业务。

（1）8月31日，用银行存款归还本年短期借款本金30 000元。

借：债务还本支出　　30 000

　　贷：资金结存——货币资金　　30 000

（2）12月2日，用银行存款归还长期借款本金1 200 000元。

借：债务还本支出　　1 200 000

　　贷：资金结存——货币资金　　1 200 000

（3）年末，结转“债务还本支出”的借方发生额共计1 230 000元。

借：其他结余　　1 230 000

　　贷：债务还本支出　　1 230 000

八、其他支出的核算

其他支出是指事业单位除事业支出、经营支出、上缴上级支出、对附属单位补助支出、投资支出、债务还本支出以外的各项现金流出，包括利息支出、对外捐赠现金支出、现金盘亏损失、接受捐赠（调入）和对外捐赠（调出）非现金资产发生的税费支出、资产置换过程中发生的相关税费支出、罚没支出等。为了核算其他支出，事业单位应设置“其他支出”科目。它是预算支出类科目，借方登记发生的其他支出，贷方登记年末转出数，年末结转后，本科目应无余额。

本科目应当按照其他支出的类别，“财政拨款支出”“非财政专项资金支出”和“其他资金支出”，《政府收支分类科目》中“支出功能分类科目”的项级科目和“部门预算支出经济分类科目”的款级科目等进行明细核算。其他支出中如有专项资金支出，还应按照具体项目进行明细核算。有一般公共预算财政拨款、政府性基金预算财政拨款等两种或两种以上财政拨款的事业单位，还应当在“财政拨款支出”明细科目下按照财政拨款的种类进行明细核算。单位发生利息支出、捐赠支出等其他支出金额较大或业务较多的，可单独设置“7902 利息支出”“7903 捐赠支出”等科目。

对其他支出应作以下主要账务处理。

（1）支付银行借款利息时，按照实际支付金额，借记本科目，贷记“资金结存”科目。

（2）对外捐赠现金资产时，按照捐赠金额，借记本科目，贷记“资金结存——货币资金”科目。

（3）每日现金账款核对中如发现现金短缺，按照短缺的现金金额，借记本科目，贷记“资金结存——货币资金”科目。经核实，属于应当由有关人员赔偿的，按照收到的赔偿金额，借记“资金结存——货币资金”科目，贷记本科目。

（4）接受捐赠（无偿调入）非现金资产发生的归属于捐入方（调入方）的相关税费、运输费等，以及对外捐赠（无偿调出）非现金资产发生的归属于捐出方（调出方）的相关税费、运输费等，按照实际支付金额，借记本科目，贷记“资金结存”科目。

（5）资产置换过程中发生的相关税费支出，按照实际支付金额，借记本科目，贷记“资金结存”科目。

（6）发生罚没等其他支出时，按照实际支出金额，借记本科目，贷记“资金结存”科目。

（7）年末，将本科目本年发生额中的财政拨款支出转入财政拨款结转，借记“财政拨款结转——本年收支结转”科目，贷记本科目下各财政拨款支出明细科目；将本科目本年发生额中的非财政专项资金支出转入非财政拨款结转，借记“非财政拨款结转——本年收支结转”科目，贷记本科目下各非财政专项资金支出明细科目；将本科目本年发生额中的其他资金支出（非财政非专项资金支出）转入其他结余，借记“其他结余”科目，贷记本科目下各其他资金支出明细科目。

【例8－16】某事业单位20×8年发生以下有关其他支出业务。

（1）3月5日，核对库存现金数额，发现短缺1 200元，经核实无法查明原因。

借：其他支出　　1 200

　　贷：资金结存——货币资金　　1 200

（2）4月3日用银行存款支付长期借款利息45 000元。

借：其他支出　　45 000

　　贷：资金结存——货币资金　　45 000

（3）4月12日，系统内其他单位无偿调入库存物品甲一批，价值30 000元，用银行存款支付运输等费用1 500元。

借：其他支出　　1 500

　　贷：资金结存——货币资金　　1 500

（4）8月10日，接受外单位捐赠的库存物品乙一批，价值20 000元，用银行存款支付运输等费用1 000元。

借：其他支出　　1 000

　　贷：资金结存——货币资金　　1 000

（5）10月9日，经批准将一台不需用的设备捐出，该设备原价30 000元，已计提折旧14 000元，用现金支付运输费500元。

借：其他支出　　500

　　贷：资金结存——货币资金　　500

（6）年末，将“其他支出”科目的借方发生额49 200元转出，假设其中财政拨款支出2 700元，非财政专项资金支出1 500元，其他资金支出45 000元。

借：财政拨款结转——本年收支结转　　2 700

　　非财政拨款结转——本年收支结转　　1 500

　　其他结余　　45 000

　　贷：其他支出　　49 200

第三节　事业单位预算结余的核算

一、事业单位预算结余及其内容

事业单位预算结余是指政府会计主体预算年度内预算收入扣除预算支出后的资金余额，以及历年滚存的资金余额。

预算结余包括结余资金和结转资金。结余资金是指年度预算执行终了，预算收入实际完成数扣除预算支出和结转资金后剩余的资金；结转资金是指预算安排项目的支出年终尚未执行完毕或者因故未执行，且下年需要按原用途继续使用的资金。

事业单位预算结余类会计科目主要有“资金结存”“财政拨款结转”“财政拨款结余”“非财政拨款结转”“非财政拨款结余”“专用结余”“经营结余”“其他结余”和“非财政拨款结余分配”。

二、资金结存的核算

资金结存是指事业单位纳入部门预算管理的结存资金。为了核算单位纳入部门预算管理的资金的流入、流出、调整和滚存等情况，事业单位应设置“资金结存”科目。它是预算结余类科目，借方登记资金结存的增加数，贷方登记减少数，本科目年末借方余额，反映单位预算资金的累计滚存情况。

本科目应当设置“零余额账户用款额度”“货币资金”和“财政应返还额度”三个明细科目。

（1）“零余额账户用款额度”：本明细科目核算实行国库集中支付的单位根据财政部门批复的用款计划收到和支用的零余额账户用款额度。年末结账后，本明细科目应无余额。

（2）“货币资金”：本明细科目核算单位以库存现金、银行存款、其他货币资金形态存在的资金。本明细科目年末借方余额，反映单位尚未使用的货币资金。

（3）“财政应返还额度”：本明细科目核算实行国库集中支付的单位可以使用的以前年度财政直接支付资金额度和财政应返还的财政授权支付资金额度。本明细科目下可设置“财政直接支付”“财政授权支付”两个明细科目进行明细核算。本明细科目年末借方余额，反映单位应收财政返还的资金额度。

对资金结存应作以下主要账务处理。

（1）财政授权支付方式下，单位根据代理银行转来的“财政授权支付额度到账通知书”，按照通知书中的授权支付额度，借记本科目（零余额账户用款额度），贷记“财政拨款预算收入”科目。以国库集中支付以外的其他支付方式取得预算收入时，按照实际收到的金额，借记本科目（货币资金），贷记“财政拨款预算收入”“事业预算收入”“经营预算收入”等科目。

（2）财政授权支付方式下，发生相关支出时，按照实际支付的金额，借记“事业支出”等科目，贷记本科目（零余额账户用款额度）。从零余额账户提取现金时，借记本科目（货币资金），贷记本科目（零余额账户用款额度）。退回现金时，编制相反会计分录。使用以前年度财政直接支付额度发生支出时，按照实际支付金额，借记“事业支出”等科目，贷记本科目（财政应返还额度）。国库集中支付以外的其他支付方式下，发生相关支出时，按照实际支付的金额，借记“事业支出”“经营支出”等科目，贷记本科目（货币资金）。

（3）按照规定上缴财政拨款结转结余资金或注销财政拨款结转结余资金额度的，按照实际上缴资金数额或注销的资金额度数额，借记“财政拨款结转——归集上缴”或“财政拨款结余——归集上缴”科目，贷记本科目（财政应返还额度、零余额账户用款额度、货币资金）。按规定向原资金拨入单位缴回非财政拨款结转资金的，按照实际缴回资金数额，借记“非财政拨款结转——缴回资金”科目，贷记本科目（货币资金）。收到从其他单位调入的财政拨款结转资金的，按照实际调入资金数额，借记本科目（财政应返还额度、零余额账户用款额度、货币资金），贷记“财政拨款结转——归集调入”科目。

（4）按照规定使用专用基金时，按照实际支付金额，借记“专用结余”科目（从非财政拨款结余中提取的专用基金）或“事业支出”等科目（从预算收入中计提的专用基金），贷记本科目（货币资金）。

（5）因购货退回、发生差错更正等退回国库直接支付、授权支付款项，或者收回货币资金的，属于本年度支付的，借记“财政拨款预算收入”科目或本科目（零余额账户用款额度、货币资金），贷记相关支出科目；属于以前年度支付的，借记本科目（财政应返还额度、零余额账户用款额度、货币资金），贷记“财政拨款结转”“财政拨款结余”“非财政拨款结转”“非财政拨款结余”科目。

（6）有企业所得税缴纳义务的事业单位缴纳所得税时，按照实际缴纳金额，借记“非财政拨款结余——累计结余”科目，贷记本科目（货币资金）。

（7）年末，根据本年度财政直接支付预算指标数与当年财政直接支付实际支出数的差额，借记本科目（财政应返还额度），贷记“财政拨款预算收入”科目。

（8）年末，单位依据代理银行提供的对账单作注销额度的相关账务处理，借记本科目（财政应返还额度），贷记本科目（零余额账户用款额度）；本年度财政授权支付预算指标数大于零余额账户用款额度下达数的，根据未下达的用款额度，借记本科目（财政应返还额度），贷记“财政拨款预算收入”科目。

下年初，单位依据代理银行提供的“额度恢复到账通知书”作恢复额度的相关账务处理，借记本科目（零余额账户用款额度），贷记本科目（财政应返还额度）。单位收到财政部门批复的上年年末未下达零余额账户用款额度的，借记本科目（零余额账户用款额度），贷记本科目（财政应返还额度）。

【例8-17】某事业单位20×8年发生以下有关资金结存业务。

（1）收到财政部门拨入事业经费300 000元存入银行。

借：资金结存——货币资金　　300 000

　　贷：财政拨款预算收入　　300 000

（2）收到代理银行转来的“财政授权支付额度到账通知书”，本月事业单位财政授权支付额度为900 000元已下达。

借：资金结存——零余额账户用款额度　　900 000

　　贷：财政拨款预算收入　　900 000

（3）从银行取得借款60 000元，借期6个月，年利率6%，到期一次还本付息。该项借款用于事业活动。

借：资金结存——货币资金　　60 000

　　贷：债务预算收入　　60 000

（4）用零余额账户用款额度向职工支付工资2 164 000元。

借：事业支出　　2 164 000

　　贷：资金结存——零余额账户用款额度　　2 164 000

（5）用银行存款支付经营活动用本月水电费9 800元。

借：经营支出　　9 800

　　贷：资金结存——货币资金　　9 800

（6）年末，根据本年度财政直接支付额度为4 000 000元，当年度实际完成支付数3 800 000元，需要注销未实现的财政直接支付额度200 000元。

借：资金结存——财政应返还额度　　200 000

　　贷：财政拨款预算收入　　200 000

三、财政拨款结转和财政拨款结余的核算

（一）财政拨款结转的核算

财政拨款结转是指同级财政拨款结转资金。为了核算单位取得的同级财政拨款结转资金的调整、结转和滚存情况，事业单位应设置“财政拨款结转”科目。它是预算结余类科目，贷方登记年末转入的财政拨款预算收入发生额以及因调整差错等增加的数额，借方登记年末转入的本年各项财政拨款支出发生额以及因调整差错等减少的数额，本科目年末贷方余额，

反映单位滚存的财政拨款结转资金数额。

本科目应当设置“年初余额调整”“归集调入”“归集调出”“归集上缴”“单位内部调剂”“本年收支结转”和“累计结转”明细科目；本科目还应当设置“基本支出结转”“项目支出结转”两个明细科目，并在“基本支出结转”明细科目下按照“人员经费”“日常公用经费”进行明细核算，在“项目支出结转”明细科目下按照具体项目进行明细核算；同时，本科目还应按照《政府收支分类科目》中“支出功能分类科目”的相关科目进行明细核算。有一般公共预算财政拨款、政府性基金预算财政拨款等两种或两种以上财政拨款的，还应当在本科目下按照财政拨款的种类进行明细核算。

（1）“年初余额调整”是与会计差错更正、以前年度支出收回相关的明细科目，本明细科目核算因发生会计差错更正、以前年度支出收回等原因，需要调整财政拨款结转的金额。年末结账后，本明细科目无余额。

（2）“归集调入”“归集调出”“归集上缴”“单位内部调剂”是与财政拨款调拨业务相关的明细科目。其中“归集调入”明细科目核算按照规定从其他单位调入财政拨款结转资金时，实际调增的额度数额或调入的资金数额，年末结账后，本明细科目应无余额；“归集调出”明细科目核算按照规定向其他单位调出财政拨款结转资金时，实际调减的额度数额或调出的资金数额，年末结账后，本明细科目应无余额；“归集上缴”明细科目核算按照规定上缴财政拨款结转资金时，实际核销的额度数额或上缴的资金数额，年末结账后，本明细科目应无余额；“单位内部调剂”明细科目核算经财政部门批准对财政拨款结余资金改变用途，调整用于本单位其他未完成项目等的调整金额，年末结账后，本明细科目应无余额。

（3）“本年收支结转”“累计结转”是与年末财政拨款结转业务相关的明细科目。其中“本年收支结转”明细科目核算单位本年度财政拨款收支相抵后的余额，年末结账后，本明细科目应无余额。“累计结转”明细科目核算单位滚存的财政拨款结转资金，本明细科目年末贷方余额，反映单位财政拨款滚存的结转资金数额。

财政拨款结转的账务处理主要分为以下三类。

1. 与会计差错更正、以前年度支出收回相关的账务处理

（1）因发生会计差错更正退回以前年度国库直接支付、授权支付款项或财政性货币资金，或者因发生会计差错更正增加以前年度国库直接支付、授权支付支出或财政性货币资金支出，属于以前年度财政拨款结转资金的，借记或贷记“资金结存——财政应返还额度、零余额账户用款额度、货币资金”科目，贷记或借记本科目（年初余额调整）。

（2）因购货退回、预付款项收回等发生以前年度支出又收回国库直接支付、授权支付款项或收回财政性货币资金，属于以前年度财政拨款结转资金的，借记“资金结存——财政应返还额度、零余额账户用款额度、货币资金”科目，贷记本科目（年初余额调整）。

2. 与财政拨款结转结余资金调整业务相关的账务处理

（1）按照规定从其他单位调入财政拨款结转资金的，按照实际调增的额度数额或调入的资金数额，借记“资金结存——财政应返还额度、零余额账户用款额度、货币资金”科目，贷记本科目（归集调入）。

（2）按照规定向其他单位调出财政拨款结转资金的，按照实际调减的额度数额或调出的资金数额，借记本科目（归集调出）。贷记“资金结存——财政应返还额度、零余额账户用款额度、货币资金”科目。

（3）按照规定上缴财政拨款结转资金或注销财政拨款结转资金额度的，按照实际上缴资金数额或注销的资金额度数额，借记本科目（归集上缴），贷记“资金结存——财政应返还额度、零余额账户用款额度、货币资金”科目。

（4）经财政部门批准对财政拨款结余资金改变用途，调整用于本单位基本支出或其他未完成项目支出的，按照批准调剂的金额，借记“财政拨款结余——单位内部调剂”科目，贷记本科目（单位内部调剂）。

3. 与年末财政拨款结转和结余业务相关的账务处理

（1）年末，将财政拨款预算收入本年发生额转入本科目，借记“财政拨款预算收入”科目，贷记本科目（本年收支结转）；将各项支出中财政拨款支出本年发生额转入本科目，借记本科目（本年收支结转），贷记各项支出（财政拨款支出）科目。

（2）年末冲销有关明细科目余额。将本科目（本年收支结转、年初余额调整、归集调入、归集调出、归集上缴、单位内部调剂）余额转入本科目（累计结转）。结转后，本科目除“累计结转”明细科目外，其他明细科目应无余额。

（3）年末完成上述结转后，应当对财政拨款结转各明细项目执行情况进行分析，按照有关规定将符合财政拨款结余性质的项目余额转入财政拨款结余，借记本科目（累计结转），贷记“财政拨款结余——结转转入”科目。

（二）财政拨款结余的核算

财政拨款结余是指事业单位取得的同级财政拨款项目支出结余资金。为了核算单位取得的同级财政拨款结余资金的调整、结转和滚存情况，事业单位应设置“财政拨款结余”科目。它是预算结余类科目，贷方登记年末转入的财政拨款项目结余以及因调整差错等增加的数额，借方登记调整改变用途的项目结余以及因调整差错等减少的数额，本科目年末贷方余额，反映单位滚存的财政拨款结余资金数额。

本科目应当设置“年初余额调整”“归集上缴”“单位内部调剂”“结转转入”“累计结余”等明细科目；本科目还应当按照具体项目、《政府收支分类科目》中“支出功能分类科目”的相关科目等进行明细核算。有一般公共预算财政拨款、政府性基金预算财政拨款等两种或两种以上财政拨款的，还应当在本科目下按照财政拨款的种类进行明细核算。

（1）“年初余额调整”是与会计差错更正、以前年度支出收回相关的明细科目，本明细科目核算因发生会计差错更正、以前年度支出收回等原因，需要调整财政拨款结余的金额。年末结账后，本明细科目应无余额。

（2）“归集上缴”“单位内部调剂”是与财政拨款结余资金调整业务相关的明细科目。其中“归集上缴”明细科目核算按照规定上缴财政拨款结余资金时，实际核销的额度数额或上缴的资金数额，年末结账后，本明细科目应无余额；“单位内部调剂”明细科目核算经财政部门批准对财政拨款结余资金改变用途，调整用于本单位其他未完成项目等的调整金额，年末结账后，本明细科目应无余额。

（3）“结转转入”“累计结余”是与年末财政拨款结余业务相关的明细科目。其中“结转转入”明细科目核算单位按照规定转入财政拨款结余的财政拨款结转资金，年末结账后，本明细科目应无余额。“累计结余”明细科目核算单位滚存的财政拨款结余资金。本明细科目年末贷方余额，反映单位财政拨款滚存的结余资金数额。

财政拨款结余的账务处理可以分为以下三类。

1. 与会计差错更正、以前年度支出收回相关的账务处理

（1）因发生会计差错更正退回以前年度国库直接支付、授权支付款项或财政性货币资金，或者因发生会计差错更正增加以前年度国库直接支付、授权支付支出或财政性货币资金支出，属于以前年度财政拨款结余资金的，借记或贷记“资金结存——财政应返还额度、零余额账户用款额度、货币资金”科目，贷记或借记本科目（年初余额调整）。

（2）因购货退回、预付款项收回等发生以前年度支出又收回国库直接支付、授权支付款项或收回财政性货币资金，属于以前年度财政拨款结余资金的，借记“资金结存——财政应返还额度、零余额账户用款额度、货币资金”科目，贷记本科目（年初余额调整）。

2. 与财政拨款结余资金调整业务相关的账务处理

（1）经财政部门批准对财政拨款结余资金改变用途，调整用于本单位基本支出或其他未完成项目支出的，按照批准调剂的金额，借记本科目（单位内部调剂），贷记“财政拨款结转——单位内部调剂”科目。

（2）按照规定上缴财政拨款结余资金或注销财政拨款结余资金额度的，按照实际上缴资金数额或注销的资金额度数额，借记本科目（归集上缴），贷记“资金结存——财政应返还额度、零余额账户用款额度、货币资金”科目。

3. 与年末财政拨款结转和结余业务相关的账务处理

（1）年末，对财政拨款结转各明细项目执行情况进行分析，按照有关规定将符合财政拨款结余性质的项目余额转入财政拨款结余，借记“财政拨款结转——累计结转”科目，贷记本科目（结转转入）。

（2）年末冲销有关明细科目余额。将本科目（年初余额调整、归集上缴、单位内部调剂、结转转入）余额转入本科目（累计结余）。结转后，本科目除“累计结余”明细科目外，其他明细科目应无余额。

【例 8－18】某事业单位 20×8 年发生以下有关财政拨款结转结余业务。

（1）收回上年度未完的一财政拨款项目支出 8 000 元存入银行，需要调增财政拨款结转。

借：资金结存——货币资金　　8 000
　　贷：财政拨款结转——年初余额调整　　8 000

（2）上年度的一笔已完成财政拨款项目支出业务已经用银行存款 25 000 元付款，现在又收回。现对差错进行调整，应调增财政拨款结余。

借：资金结存——货币资金　　25 000
　　贷：财政拨款结余——年初余额调整　　25 000

（3）单位的 A 项目系财政部门拨款已完成，本项目结余资金共计 40 000 元按规定全部用银行存款上缴财政。

借：财政拨款结转——归集上缴　　40 000
　　贷：资金结存——货币资金　　40 000

（4）经财政部门批准，该事业单位对财政拨款结余资金 60 000 元改变用途，用于本单位未完成的 B 项目。

借：财政拨款结余——单位内部调剂　　60 000
　　贷：财政拨款结转——单位内部调剂（B 项目）　　60 000

（5）本年度该事业单位预算收入和预算支出科目发生额见表 8－1。

表 8－1　　**预算收入和预算支出各科目本年度发生额**　　单位：元

<table>
<tr><th>预算收入科目名称</th><th>金额</th><th>预算支出科目名称</th><th>金额</th></tr>
<tr><td>财政拨款收入——基本支出</td><td>2 000 000</td><td rowspan="2">事业支出——财政拨款支出
——基本支出</td><td rowspan="2">1 600 000</td></tr>
<tr><td>财政拨款收入——项目支出（A）</td><td>300 000</td></tr>
<tr><td>财政拨款收入——项目支出（B）</td><td>100 000</td><td rowspan="2">事业支出——财政拨款支出
——项目支出（A）</td><td rowspan="2">260 000</td></tr>
<tr><td>财政拨款收入——项目支出（C）</td><td>200 000</td></tr>
<tr><td>上级补助预算收入——专项资金收入</td><td>500 000</td><td rowspan="2">事业支出——财政拨款支出
——项目支出（B）</td><td rowspan="2">140 000</td></tr>
<tr><td>上级补助预算收入——非专项资金收入</td><td>150 000</td></tr>
<tr><td>附属单位上缴收入——专项资金收入</td><td>50 000</td><td>事业支出——非财政专项资金支出</td><td>900 000</td></tr>
<tr><td>附属单位上缴收入——非专项资金收入</td><td>180 000</td><td>事业支出——其他资金支出</td><td>400 000</td></tr>
<tr><td>事业预算收入——专项资金收入</td><td>300 000</td><td>上缴上级支出</td><td>30 000</td></tr>
<tr><td>事业预算收入——非专项资金收入</td><td>400 000</td><td>对附属单位补助支出</td><td>80 000</td></tr>
<tr><td>债务预算收入——专项资金收入</td><td>450 000</td><td>投资支出</td><td>250 000</td></tr>
<tr><td>债务预算收入——非专项资金收入</td><td>200 000</td><td>债务还本支出</td><td>350 000</td></tr>
<tr><td>非同级财政拨款预算收入——专项资金收入</td><td>280 000</td><td>经营支出</td><td>400 000</td></tr>
<tr><td>非同级财政拨款预算收入——非专项资金收入</td><td>100 000</td><td>其他支出——财政拨款支出（C 项目）</td><td>150 000</td></tr>
<tr><td>其他预算收入——专项资金收入</td><td>20 000</td><td>其他支出——专项资金支出</td><td>80 000</td></tr>
<tr><td>其他预算收入——非专项资金收入</td><td>80 000</td><td>其他支出——非专项资金支出</td><td>70 000</td></tr>
<tr><td>经营预算收入</td><td>600 000</td><td></td><td></td></tr>
<tr><td>投资预算收益</td><td>150 000</td><td></td><td></td></tr>
<tr><td>合　　计</td><td>6 060 000</td><td>合　　计</td><td>4 710 000</td></tr>
</table>

年末，经分析财政拨款 C 项目已经完工，项目结余资金 50 000 元转入财政拨款结余。

根据上述资料，应编制以下与年末财政拨款结转和财政拨款结余业务相关的会计分录。

（1）借：财政拨款收入——基本支出　　2 000 000
　　　　　　　　　——项目支出（A）　　300 000
　　　　　　　　　——项目支出（B）　　100 000
　　　　　　　　　——项目支出（C）　　200 000
　　　贷：财政拨款结转——本年收支结转　　2 600 000

（2）借：财政拨款结转——本年收支结转　　2 150 000
　　　贷：事业支出——财政拨款支出——基本支出　　1 600 000
　　　　　　　　——财政拨款支出——项目支出（A）　　260 000
　　　　　　　　——财政拨款支出——项目支出（B）　　140 000
　　　　　其他支出——财政拨款支出——C 项目　　150 000

（3）借：财政拨款结转——年初余额调整　　8 000
　　　　　　　　　——单位内部调剂（B 项目）　　60 000
　　　　　　　　　——本年收支结转　　2 600 000
　　　贷：财政拨款结转——累计结转　　2 668 000

（4）借：财政拨款结转——累计结转　　2 190 000
　　贷：财政拨款结转——归集上缴　　40 000
　　　　　　　　　——本年收支结转　　2 150 000
（5）借：财政拨款结转——累计结转　　50 000
　　贷：财政拨款结余——结转转入　　50 000
（6）借：财政拨款结余——年初余额调整　　25 000
　　　　　　　　——结转转入　　50 000
　　贷：财政拨款结余——累计结余　　75 000
（7）借：财政拨款结余——累计结余　　60 000
　　贷：财政拨款结余——单位内部调剂　　60 000

结转后，“财政拨款结转”除“累计结转”明细科目外，其他明细科目应无余额；“财政拨款结余”除“累计结余”明细科目外，其他明细科目应无余额。

四、非财政拨款结转和非财政拨款结余的核算

（一）非财政拨款结转的核算

非财政拨款结转是指事业单位除财政拨款收支、经营收支以外各非同级财政拨款专项资金。为了核算单位除财政拨款收支、经营收支以外各非同级财政拨款专项资金的调整、结转和滚存情况，事业单位应设置“非财政拨款结转”科目。它是预算结余类科目，贷方登记年末转入的各项非财政拨款预算收入中专项资金收入发生额以及因调整差错等增加的数额，借方登记年末转入的本年各项非财政拨款支出中各项专项支出发生额、提取的项目管理费或间接费以及因调整差错等减少的数额，本科目年末贷方余额，反映单位滚存的非同级财政拨款专项结转资金数额。

本科目应当设置“年初余额调整”“缴回资金”“项目间接费用或管理费”“本年收支结转”和“累计结转”等进行明细核算。

（1）“年初余额调整”明细科目核算因发生会计差错更正、以前年度支出收回等原因，需要调整非财政拨款结转的资金。年末结账后，本明细科目应无余额。

（2）“缴回资金”明细科目核算按照规定缴回非财政拨款结转资金时，实际缴回的资金数额。年末结账后，本明细科目应无余额。

（3）“项目间接费用或管理费”明细科目核算单位取得的科研项目预算收入中，按照规定计提项目间接费用或管理费的数额。年末结账后，本明细科目应无余额。

（4）“本年收支结转”明细科目核算单位本年度非同级财政拨款专项收支相抵后的余额。年末结账后，本明细科目应无余额。

（5）“累计结转”明细科目核算单位滚存的非同级财政拨款专项结转资金。本明细科目年末贷方余额，反映单位非同级财政拨款滚存的专项结转资金数额。本科目还应当按照具体项目、《政府收支分类科目》中“支出功能分类科目”的相关科目等进行明细核算。

对非财政拨款结转应作以下主要账务处理。

（1）按照规定从科研项目预算收入中提取项目间接费用或管理费时按照提取金额，借记本科目（项目间接费用或管理费），贷记“非财政拨款结余——项目间接费用或管理费”科目。

（2）因会计差错更正收到或支出非同级财政拨款货币资金，属于非财政拨款结转资金的，按照收到或支出的金额，借记或贷记“资金结存——货币资金”科目，贷记或借记本科目

(年初余额调整)。因收回以前年度支出等收到非同级财政拨款货币资金，属于非财政拨款结转资金的，按照收到的金额，借记“资金结存——货币资金”科目，贷记本科目（年初余额调整)。

(3) 按照规定缴回非财政拨款结转资金的，按照实际缴回资金数额，借记本科目（缴回资金)，贷记“资金结存——货币资金”科目。

(4) 年末，将事业预算收入、上级补助预算收入、附属单位上缴预算收入、非同级财政拨款预算收入、债务预算收入、其他预算收入本年发生额中的专项资金收入转入本科目，借记“事业预算收入”“上级补助预算收入”“附属单位上缴预算收入”“非同级财政拨款预算收入”“债务预算收入”“其他预算收入”科目下各专项资金收入明细科目，贷记本科目（本年收支结转)；将事业支出、其他支出本年发生额中的非财政拨款专项资金支出转入本科目，借记本科目（本年收支结转)，贷记“事业支出”“其他支出”科目下各非财政拨款专项资金支出明细科目。

(5) 年末冲销有关明细科目余额。将本科目（年初余额调整、项目间接费用或管理费、缴回资金、本年收支结转）余额转入本科目（累计结转)。结转后，本科目除“累计结转”明细科目外，其他明细科目应无余额。

(6) 年末完成上述结转后，应当对非财政拨款专项结转资金各项目情况进行分析，将留归本单位使用的非财政拨款专项（项目已完成）剩余资金转入非财政拨款结余，借记本科目（累计结转)，贷记“非财政拨款结余——结转转入”科目。

（二）非财政拨款结余的核算

非财政拨款结余是指事业单位历年滚存的非限定用途的非同级财政拨款结余资金，主要为非财政拨款结余扣除结余分配后滚存的金额。为了核算单位历年滚存的非限定用途的非同级财政拨款结余资金情况，事业单位应设置“非财政拨款结余”科目。它是预算结余类科目，贷方登记年末转入的留归本单位使用的非财政拨款专项（项目已完成）剩余资金、提取项目间接费用或管理费以及因调整差错等增加的数额，借方登记缴纳的企业所得税额以及因调整差错等减少的数额，本科目年末贷方余额，反映单位非同级财政拨款结余资金的累计滚存数额。

本科目应当设置“年初余额调整”“项目间接费用或管理费”“结转转入”和“累计结余”进行明细核算。

(1)“年初余额调整”：本明细科目核算因发生会计差错更正、以前年度支出收回等原因，需要调整非财政拨款结余的资金。年末结账后，本明细科目应无余额。

(2)“项目间接费用或管理费”：本明细科目核算单位取得的科研项目预算收入中，按照规定计提的项目间接费用或管理费数额。年末结账后，本明细科目应无余额。

(3)“结转转入”：本明细科目核算按照规定留归单位使用，由单位统筹调配，纳入单位非财政拨款结余的非同级财政拨款专项剩余资金。年末结账后，本明细科目应无余额。

(4)“累计结余”：本明细科目核算单位历年滚存的非同级财政拨款、非专项结余资金。本明细科目年末贷方余额，反映单位非同级财政拨款滚存的非专项结余资金数额。本科目还应当按照《政府收支分类科目》中“支出功能分类科目”的相关科目进行明细核算。

对非财政拨款结余应作以下主要账务处理。

(1) 按照规定从科研项目预算收入中提取项目管理费或间接费时，借记“非财政拨款结转——项目间接费用或管理费”科目，贷记本科目（项目间接费用或管理费)。

(2) 有企业所得税缴纳义务的事业单位实际缴纳企业所得税时，按照缴纳金额，借记本科目（累计结余），贷记“资金结存——货币资金”科目。

（3）因会计差错更正收到或支出非同级财政拨款货币资金，属于非财政拨款结余资金的，按照收到或支出的金额，借记或贷记“资金结存——货币资金”科目，贷记或借记本科目（年初余额调整）。因收回以前年度支出等收到非同级财政拨款货币资金，属于非财政拨款结余资金的，按照收到的金额，借记“资金结存——货币资金”科目，贷记本科目（年初余额调整）。

（4）年末，将留归本单位使用的非财政拨款专项（项目已完成）剩余资金转入本科目，借记“非财政拨款结转——累计结转”科目，贷记本科目（结转转入）。

（5）年末冲销有关明细科目余额。将本科目（年初余额调整、项目间接费用或管理费、结转转入）余额结转入本科目（累计结余）。结转后，本科目除“累计结余”明细科目外，其他明细科目应无余额。

（6）年末，事业单位将“非财政拨款结余分配”科目余额转入非财政拨款结余。“非财政拨款结余分配”科目为借方余额的，借记本科目（累计结余），贷记“非财政拨款结余分配”科目；“非财政拨款结余分配”科目为贷方余额的，借记“非财政拨款结余分配”科目，贷记本科目（累计结余）。

【例 8 -19】 某事业单位 20×8 年发生以下有关非财政拨款结转结余业务。

（1）收回上年度一笔未完的非同级财政拨款专项资金支出 2 000 元存入银行，需要调增非财政拨款结转。

借：资金结存——货币资金	2 000	
贷：非财政拨款结转——年初余额调整		2 000

（2）按照规定计提项目管理费 8 400 元。

借：非财政拨款结转——项目间接费用或管理费	8 400	
贷：非财政拨款结余——项目间接费用或管理费		8 400

（3）用银行存款缴纳单位所得税 50 000 元。

借：非财政拨款结余——累计结余	50 000	
贷：资金结存——货币资金		50 000

（4）上年度的一笔已完成非同级财政拨款专项资金支出业务已经用银行存款 7 000 元付款，现在又收回。现对差错进行调整，应调增非财政拨款结余。

借：资金结存——货币资金	7 000	
贷：非财政拨款结余——年初余额调整		7 000

（5）根据表 8 -1 资料，编制与年末非财政拨款结转和非财政拨款结余业务相关的会计分录（经分析某项非财政拨款专项支出已完工，结余资金 250 000 元，按规定留归事业单位使用）。

①借：上级补助预算收入——专项资金收入	500 000	
附属单位上缴收入——专项资金收入	50 000	
事业预算收入——专项资金收入	300 000	
债务预算收入——专项资金收入	450 000	
非同级财政拨款预算收入——专项资金收入	280 000	
其他预算收入——专项资金收入	20 000	
贷：非财政拨款结转——本年收支结转		1 600 000

②借：非财政拨款结转——本年收支结转　　980 000
　　贷：事业支出——非财政专项资金支出　　900 000
　　　　其他支出——专项资金支出　　80 000
③借：非财政拨款结转——年初余额调整　　2 000
　　　　　　　　　　——本年收支结转　　1 600 000
　　贷：非财政拨款结转——累计结转　　1 602 000
④借：非财政拨款结转——累计结转　　988 400
　　贷：非财政拨款结转——项目间接费用或管理费　　8 400
　　　　　　　　　　　——本年收支结转　　980 000
⑤借：非财政拨款结转——累计结转　　250 000
　　贷：非财政拨款结余——结转转入　　250 000
⑥借：非财政拨款结余——项目间接费用或管理费　　8 400
　　　　　　　　　　——年初余额调整　　7 000
　　　　　　　　　　——结转转入　　250 000
　　贷：非财政拨款结余——累计结余　　265 400

结转后，“非财政拨款结转”除“累计结转”明细科目外，其他明细科目应无余额；“非财政拨款结余”除“累计结余”明细科目外，其他明细科目应无余额。

五、专用结余、经营结余、其他结余和非财政拨款结余分配的核算

（一）专用结余的核算

专用结余是指事业单位按照规定从非财政拨款结余中提取的具有专门用途的资金结余。为了核算事业单位按照规定从非财政拨款结余中提取的具有专门用途的资金的变动和滚存情况，事业单位应设置“专用结余”科目。它是预算结余类科目，贷方登记从本年度非财政拨款结余或经营结余中提取的基金，借方登记使用的基金，本科目年末贷方余额，反映事业单位从非同级财政拨款结余中提取的专用基金的累计滚存数额。本科目应当按照专用结余的类别进行明细核算。

对专用结余应作以下主要账务处理。

（1）根据有关规定从本年度非财政拨款结余或经营结余中提取基金的，按照提取金额，借记“非财政拨款结余分配”科目，贷记本科目。

（2）根据规定使用从非财政拨款结余或经营结余中提取的专用基金时，按照使用金额，借记本科目，贷记“资金结存——货币资金”科目。

【例 8-20】 某事业单位 20×8 年发生以下有关专用结余业务。

（1）根据规定从本年度经营结余中提取专用基金 20 000 元。

借：非财政拨款结余分配　　20 000
　　贷：专用结余　　20 000

（2）使用专用结余资金购买一台设备，价值 12 000 元用银行存款支付。

借：专用结余　　12 000
　　贷：资金结存——货币资金　　12 000

（二）经营结余的核算

经营结余是指事业单位本年度经营活动收支相抵后余额弥补以前年度经营亏损后的余额。

为了核算事业单位本年度经营活动收支相抵后余额弥补以前年度经营亏损后的余额情况，事业单位应设置“经营结余”，它是预算结余类科目，贷方登记年末转入的本年度经营预算收入发生额，借方登记年末转入的本年度经营支出发生额及转出的本年度经营结余，年末结账后，本科目一般无余额；如为借方余额，反映事业单位累计发生的经营亏损。

本科目可以按照经营活动类别进行明细核算。

对经营结余应作以下主要账务处理。

（1）年末，将经营预算收入本年发生额转入本科目，借记“经营预算收入”科目，贷记本科目；将经营支出本年发生额转入本科目，借记本科目，贷记“经营支出”科目。

（2）年末，完成上述（1）结转后，如本科目为贷方余额，将本科目贷方余额转入“非财政拨款结余分配”科目，借记本科目，贷记“非财政拨款结余分配”科目；如本科目为借方余额，为经营亏损，不予结转。

【例 8－21】某事业单位 20×8 年年末根据表 8－1 进行以下经营结余的账务处理。

（1）借：经营预算收入	600 000	
贷：经营结余		600 000
（2）借：经营结余	400 000	
贷：经营支出		400 000
（3）借：经营结余	200 000	
贷：非财政拨款结余分配		200 000

（三）其他结余的核算

其他结余是指事业单位本年度除财政拨款收支、非同级财政专项资金收支和经营收支以外各项收支相抵后的余额。为了核算单位本年度除财政拨款收支、非同级财政专项资金收支和经营收支以外各项收支相抵后的余额情况，事业单位应设置“其他结余”科目。它是预算结余类科目，贷方登记年末转入的事业预算收入、上级补助预算收入、附属单位上缴预算收入、非同级财政拨款预算收入、债务预算收入、其他预算收入本年发生额中的非专项资金收入和投资预算收益本年发生额及转出的本年度其他结余亏损；借方登记年末转入的事业支出、其他支出本年发生额中的非同级财政、非专项资金支出，以及上缴上级支出、对附属单位补助支出、投资支出、债务还本支出本年发生额及转出的本年其他结余额，年末结账后，本科目应无余额。

对其他结余应作以下主要账务处理。

（1）年末，将事业预算收入、上级补助预算收入、附属单位上缴预算收入、非同级财政拨款预算收入、债务预算收入、其他预算收入本年发生额中的非专项资金收入以及投资预算收益本年发生额转入本科目，借记“事业预算收入”“上级补助预算收入”“附属单位上缴预算收入”“非同级财政拨款预算收入”“债务预算收入”“其他预算收入”科目下各非专项资金收入明细科目和“投资预算收益”科目，贷记本科目（“投资预算收益”科目本年发生额为借方净额时，借记本科目，贷记“投资预算收益”科目）；将事业支出、其他支出本年发生额中的非同级财政、非专项资金支出，以及上缴上级支出、对附属单位补助支出、投资支出、债务还本支出本年发生额转入本科目，借记本科目，贷记“事业支出”“其他支出”科目下各非同级财政、非专项资金支出明细科目和“上缴上级支出”“对附属单位补助支出”“投资支出”“债务还本支出”科目。

（2）年末，完成上述（1）结转后，事业单位将本科目余额转入“非财政拨款结余分配”

科目。当本科目为贷方余额时，借记本科目，贷记“非财政拨款结余分配”科目；本科目为借方余额时，借记“非财政拨款结余分配”科目，贷记本科目。

【例 8－22】 某事业单位 20×7 年年末根据表 8－1 资料进行以下其他结余的账务处理。

（1）借：	上级补助预算收入——非专项资金收入	150 000	
	附属单位上缴收入——非专项资金收入	180 000	
	事业预算收入——非专项资金收入	400 000	
	债务预算收入——非专项资金收入	200 000	
	非同级财政拨款预算收入——非专项资金收入	100 000	
	其他预算收入——非专项资金收入	80 000	
	投资预算收益	150 000	
	贷：其他结余		1 260 000
（2）借：	其他结余	1 180 000	
	贷：事业支出——其他资金支出		400 000
	上缴上级支出		30 000
	对附属单位补助支出		80 000
	投资支出		250 000
	债务还本支出		350 000
	其他支出——非专项资金支出		70 000
（3）借：	其他结余	80 000	
	贷：非财政拨款结余分配		80 000

（四）非财政拨款结余分配的核算

非财政拨款结余分配是指事业单位按本年度非财政拨款结余进行的分配。为了核算事业单位本年度非财政拨款结余分配的情况和结果，事业单位应设置“非财政拨款结余分配”科目。它是预算结余类科目，贷方登记年末转入的其他结余和经营结余及转出的其他结余亏损，借方登记提取的专用基金及转出的分配后结余，年末结账后，本科目应无余额。

对非财政拨款结余分配应作以下主要账务处理。

（1）年末，将“其他结余”科目余额转入本科目，当“其他结余”科目为贷方余额时，借记“其他结余”科目，贷记本科目；当“其他结余”科目为借方余额时，借记本科目，贷记“其他结余”科目。年末，将“经营结余”科目贷方余额转入本科目，借记“经营结余”科目，贷记本科目。

（2）根据有关规定提取专用基金的，按照提取的金额，借记本科目，贷记“专用结余”科目。

（3）年末，按照规定完成上述（1）~（2）处理后，将本科目余额转入非财政拨款结余。当本科目为借方余额时，借记“非财政拨款结余——累计结余”科目，贷记本科目；当本科目为贷方余额时，借记本科目，贷记“非财政拨款结余——累计结余”科目。

根据例 8－20 ~ 例 8－22 账务处理后，“非财政拨款结余分配”贷方余额为 260 000 元（200 000＋80 000－20 000），应转入“非财政拨款结余——累计结余”科目。

借：非财政拨款结余分配	260 000	
贷：非财政拨款结余——累计结余		260 000

本章小结

预算收入是指政府会计主体在预算年度内依法取得的并纳入预算管理的现金流入。事业单位的预算收入主要包括财政拨款预算收入、事业预算收入、上级补助预算收入、附属单位上缴预算收入、经营预算收入、债务预算收入、非同级财政拨款预算收入、投资预算收益、其他预算收入。需要设置“财政拨款预算收入”“事业预算收入”“上级补助预算收入”“附属单位上缴预算收入”“经营预算收入”“债务预算收入”“非同级财政拨款预算收入”“投资预算收益”和“其他预算收入”等科目核算事业单位预算收入。

预算支出是指政府会计主体在预算年度内依法发生并纳入预算管理的现金流出。事业单位的预算支出主要包括事业支出、经营支出、上缴上级支出、对附属单位补助支出、投资支出、债务还本支出和其他支出。需要设置“事业支出”“经营支出”“对附属单位补助支出”“投资支出”“债务还本支出”和“其他支出”等科目核算事业单位预算支出。

预算结余是指政府会计主体预算年度内预算收入扣除预算支出后的资金余额，以及历年滚存的资金余额。事业单位的预算结余的核算需要分别设置“资金结存”“财政拨款结转”“财政拨款结余”“非财政拨款结转”“非财政拨款结余”“专用结余”“经营结余”“其他结余”和“非财政拨款结余分配”。

复习思考题

1. 事业单位的预算收入含义是什么？它包括哪些内容？
2. 事业单位预算收入核算需要设置哪些会计科目？
3. 其他预算收入包括哪些内容？
4. 如何核算债务预算收入？
5. 事业单位的预算支出含义是什么？它包括哪些内容？
6. 事业单位预算支出核算需要设置哪些会计科目？
7. 如何核算投资支出？
8. 其他支出包括哪些内容？
9. 预算结余的含义是什么？事业单位预算结余包括哪些内容？
10. 事业单位预算结余核算需要设置哪些会计科目？

练　习　题

习题一

一、目的　练习事业单位预算收入的核算。

二、资料　某事业单位20×8年12月发生以下有关预算收入的经济业务。

1. 收到代理银行转来“财政授权支付到账通知书”，本期事业经费260 000元到账。

2. 10日，通过财政直接支付方式购入事业活动用材料一批，价税合计46 400元。材料入库，已收到代理银行转来的“财政直接支付入账通知书”。

3. 13日，收到财政专户返还的学杂费收入800 000元存入银行。

4. 18日，经确认本期上级单位拨给本单位非财政拨款收入60 000元存入银行，用于弥补事业开支的不足。

5. 19日，从银行取得借款50 000元，借期6个月，年利率5%，到期一次还本付息。该项借款用于事业活动。

6. 20日，事业单位开展经营活动，对外销售产品一批，价款30 000元，增值税4 800元，价税合计34 800元已收到存入银行。

7. 20日，收到所属独立核算单位通过银行上缴的款项40 000元。

8. 22日，收到上级政府的非同级财政拨款预算收入180 000元存入银行。

9. 30日，将本年6月30日以101 000元购买的国库券全部出售，收到款项共计105 000元存入银行（投资收益纳入单位预算）。

10. 30日，收到其他单位捐赠的货币资金收入20 000元存入银行。

三、要求　根据上述经济业务编制预算会计分录。

习题二

一、目的　练习事业单位预算支出的核算。

二、资料　某事业单位20×8年12月发生以下有关预算支出的业务。

1. 开出支票，支付购买业务活动办公用品款2 600元。

2. 购买业务活动设备一台，价税合计34 800元。款项通过单位零余额账户支付，设备交付使用。

3. 开出转账支票支付本月水费7 800元，其中业务活动用5 700元，单位管理活动用2 100元。

4. 通过零余额账户发放职工薪酬共计1 890 000元，其中单位业务活动人员1 010 000元，单位管理活动人员549 000元，经营活动人员331 000元。

5. 现金盘亏8 400元，经查是由于单位管理不善造成的。

6. 用银行存款归还本年短期借款本金50 000元。

7. 银行存款购买国库券进行短期投资，面值共计100 000元，票面利率为4%，每年末支付利息。支付手续费等3 000元。

8. 按规定用银行存款上缴上级单位款项50 000元。

9. 通过银行向所属预算单位拨出非财政补助款30 000元。

10. 年末，结转“债务还本支出”的借方发生额共计50 000元。

三、要求　根据上述经济业务编制预算会计分录。

习题三

一、目的　练习事业单位预算结余的核算。

二、资料　某事业单位20×8年12月发生以下有关预算结余的业务。

1. 收到财政部门拨入事业经费150 000元存入银行。

2. 收到代理银行转来的“授权支付到账通知书”，本月事业单位财政授权支付额度为700 000元已下达。

3. 本年度财政直接支付额度为5 000 000元，当年度实际完成支付数4 900 000元，需要注销未实现的财政直接支付额度100 000元。

4. 收回上年度未完成的一笔财政拨款项目支出款5 000元存入银行，需要调增财政拨款结转。

5. 上年度的一笔已完成财政拨款项目支出业务已经用银行存款6 000元付款，现在又收回，应调增财政拨款结余。

6. 单位的M项目系财政部门拨款已完成，本项目结余资金共计20 000元按规定全部用银行存款上缴财政。

7. 经财政部门批准，该事业单位将财政拨款结余资金30 000元改变用途，用于本单位未完成的N项目。

8. 收回上年度一笔未完成的非同级财政拨款专项资金支出3 000元存入银行，需要调增非财政拨款结转。

9. 按照规定计提项目管理费5 000元。

10. 用银行存款缴纳单位所得税75 000元。

11. 本年度该事业单位预算收入和预算支出科目发生额见表8－2。

表8－2　　预算收入和预算支出各科目本年发生额　　单位：元

预算收入科目名称	金额	预算支出科目名称	金额
财政拨款收入——基本支出	2 600 000	事业支出——财政拨款支出 ——基本支出	1 800 000
财政拨款收入——项目支出（M）	280 000		
财政拨款收入——项目支出（N）	130 000	事业支出——财政拨款支出 ——项目支出（M）	260 000
财政拨款收入——项目支出（K）	200 000		
上级补助预算收入——专项资金收入	550 000	事业支出——财政拨款支出 ——项目支出（N）	170 000
上级补助预算收入——非专项资金收入	200 000		
附属单位上缴收入——专项资金收入	60 000	事业支出——非财政专项资金支出	980 000
附属单位上缴收入——非专项资金收入	180 000	事业支出——其他资金支出	350 000
事业预算收入——专项资金收入	320 000	上缴上级支出	50 000
事业预算收入——非专项资金收入	450 000	对附属单位补助支出	80 000
债务预算收入——专项资金收入	470 000	投资支出	450 000
债务预算收入——非专项资金收入	240 000	债务还本支出	350 000
非同级财政拨款预算收入——专项资金收入	280 000	经营支出	600 000
非同级财政拨款预算收入——非专项资金收入	110 000	其他支出——财政拨款支出（K项目）	150 000
其他预算收入——专项资金收入	160 000	其他支出——专项资金支出	150 000
其他预算收入——非专项资金收入	130 000	其他支出——非专项资金支出	120 000
经营预算收入	800 000		
投资预算收益	200 000		
合　计	7 160 000	合　计	5 510 000

（1）年末，经分析财政拨款K项目已经完工，项目结余资金50 000元转入财政拨款结余。编制与年末财政拨款结转和财政拨款结余业务相关的会计分录。

（2）年末，某项非财政拨款专项支出已完工，结余资金270 000元，按规定留归事业单位使用，编制与年末非财政拨款结转和非财政拨款结余业务相关的会计分录。

（3）年末，根据规定从本年度经营结余中提取专用基金80 000元。编制年末与专用结余、经营结余、其他结余、非财政拨款结余分配相关的会计分录。

三、要求　根据上述资料编制有关会计分录。

第九章　事业单位会计报表

学习目标：通过本章的学习，要求了解事业单位会计报表的意义、种类和编制要求；理解资产负债表、收入费用表、净资产变动表、现金流量表、预算收入支出表、预算结转结余变动表和财政拨款预算收入支出表的含义；掌握资产负债表、收入费用表、净资产变动表和预算收入支出表的编制。

第一节　事业单位会计报表概述

一、事业单位会计报表及其种类

《政府会计准则——基本准则》第五条规定：政府会计主体应当编制决算报告和财务报告。

决算报告的目标是向决算报告使用者提供与政府预算执行情况有关的信息，综合反映政府会计主体预算收支的年度执行结果，有助于决算报告使用者进行监督和管理，并为编制后续年度预算提供参考和依据。政府决算报告使用者包括各级人民代表大会及其常务委员会、各级政府及其有关部门、政府会计主体自身、社会公众和其他利益相关者。

财务报告的目标是向财务报告使用者提供与政府的财务状况、运行情况（含运行成本，下同）和现金流量等有关信息，反映政府会计主体公共受托责任履行情况，有助于财务报告使用者作出决策或者进行监督和管理。政府财务报告使用者包括各级人民代表大会常务委员会、债权人、各级政府及其有关部门、政府会计主体自身和其他利益相关者。

事业单位财务报告是反映事业单位某一特定日期的财务状况和某一会计期间的事业成果、预算执行等会计信息的文件。事业单位的财务报告包括财务报表和其他应当在财务会计报告中披露的相关信息和资料。

《政府会计制度——行政事业单位会计科目和报表》将报表分为财务报表和预算会计报表两大类。

（一）财务报表

财务报表由会计报表及其附注构成。

事业单位的会计报表主要有资产负债表、收入费用表、净资产变动表和现金流量表。其中，单位可自行选择编制现金流量表。

（1）资产负债表。资产负债表是反映单位在某一特定日期全部资产、负债和净资产情况的报表。

（2）收入费用表。收入费用表是反映单位在某一会计期间内发生的收入、费用及当期盈余情况的报表。

（3）净资产变动表。净资产变动表是反映单位在某一会计年度内净资产项目变动情况的报表。

（4）现金流量表。现金流量表是反映单位在某一会计年度内现金流入和流出信息的报表。

附注是对在会计报表中列示的项目所作的进一步说明，以及对未能在会计报表中列示项目的说明。附注是财务报表的重要组成部分。凡对报表使用者的决策有重要影响的会计信息，不论本制度是否有明确规定，单位均应当充分披露。

（二）预算会计报表

预算会计报表主要有预算收入支出表、预算结转结余变动表和财政拨款预算收入支出表，是编制部门决算报表的基础。

（1）预算收入支出表。预算收入支出表是指反映单位在某一会计年度内各项预算收入、预算支出和预算收支差额情况的报表。

（2）预算结转结余变动表。预算结转结余变动表是反映单位在某一会计年度内预算结转结余变动情况的报表。

（3）财政拨款预算收入支出表。财政拨款预算收入支出表是反映单位本年财政拨款预算资金收入、支出及相关变动的具体情况的报表。

二、会计报表的编制要求

事业单位应当根据登记完整、核对无误的账簿记录和其他有关资料编制，要做到数字真实、计算准确、内容完整、报送及时。

1. 数字真实

根据客观性原则，会计核算应当以实际发生的经济业务为依据，如实地反映单位的财务状况和收支情况。编报时要以核对无误的会计账簿数字为依据，不能以估计数、计划数填报，更不能弄虚作假、篡改和伪造会计数据，也不能由上级单位以估计数代编。因此，各个事业单位必须按期结账，编制报表前要认真核对有关账目，切实做到账实相符、账表相符、账证相符。

2. 计算准确

事业单位的各种会计报表的编制依据主要是会计账簿，但是，会计报表上的数字并不都是从会计账簿上记录完全照抄过来。填列会计报表中的有些项目金额，需要对会计账簿中的记录金额进行分析、计算和整理，必须采用正确的计算方法，以保证计算结果的准确，从而保证会计报表数字准确。

3. 内容完整

事业单位编制的会计报表必须内容完整，按照统一规定的报表种类、格式和内容来编制，不得漏编漏报。对于规定的格式栏次不论是表内项目还是补充资料，应填的内容、项目都要填写齐全，不能随意取舍，以便成为一套完整的指标体系，保证会计报表在本部门、本地区乃至全国的逐级汇总分析需要。

4. 报送及时

事业单位的会计报表必须按照国家或上级机关规定的期限和程序，在保证报表数字真实、内容完整的前提下，在规定的时间报送上级单位和其他部门。会计报表的月报，应于月份终了后 3 日报出；季度报表应于季度终了后 5 日报出；年度会计报表应按财政部决算通知规定及主管部门要求的程序和期限报出。

第二节　事业单位财务报表的编制

一、资产负债表的编制

（一）资产负债表及其作用

事业单位的资产负债表是反映事业单位在某一特定日期全部资产、负债和净资产的情况。它是根据资产、负债、净资产之间的相互关系，按照一定的分类标准和顺序，把事业单位在一定日期的资产、负债、净资产项目予以适当排列后编制而成的静态报表。

资产负债表具有以下作用。

（1）可以反映事业单位在某一日期所拥有的经济资源以及这些经济资源的分布和构成情况。

（2）可以反映事业单位在某一特定日期的负债总额和负债的构成情况。

（3）可以反映事业单位净资产总额以及净资产的构成情况。

（4）通过对资产负债表中有关项目和数字的分析，可以了解事业单位的偿债能力、财务实力，以及支付能力等情况。

（二）资产负债表的结构和内容

资产负债表由表头、基本部分组成，采用账户式格式。账户式资产负债表，是将资产部类列在报表的左方，负债部类列在报表的右方。我国事业单位资产负债表的格式见表9－1。

从表9－1可以看出，我国事业单位的资产负债表分为左右两方，左方为资产部类项目，右方为负债部类项目。

1. 资产部类项目

资产负债表的左方为资产部类项目，由上至下排列。

资产类按流动性由强到弱排列，先流动资产、后非流动资产的顺序排列。流动资产包括货币资金、短期投资、财政应返还额度、应收票据、应收账款净额、预付账款、应收股利、应收利息、其他应收款净额、存货、待摊费用、一年内到期的非流动资产、其他流动资产等；非流动资产包括长期股权投资、长期债券投资、固定资产原值、固定资产累计折旧、固定资产净值、工程物资、在建工程、无形资产原值、无形资产累计摊销、无形资产净值、研发支出、公共基础设施原值、公共基础设施累计折旧（摊销）、公共基础设施净值、政府储备物资、文物文化资产、保障性住房原值、保障性住房累计折旧、保障性住房净值、长期待摊费用、待处理财产损溢、其他非流动资产，以及单独列示的受托代理资产等项目。

2. 负债部类项目

资产负债表的右方为负债部类，包括负债和净资产，由上至下排列。

（1）负债类：负债类按偿还期限不同，先流动负债、后非流动负债排列。流动负债包括短期借款、应交增值税、其他应交税费、应缴财政款、应付职工薪酬、应付票据、应付账款、应付利息、预收账款、其他应付款、预提费用、一年内到期的非流动负债、其他流动负债等；非流动负债包括长期借款、长期应付款、预计负债、其他非流动负债，以及单独列示的受托代理负债等项目。

（2）净资产类：净资产包括累计盈余、专用基金、权益法调整、无偿调拨净资产、本期盈余等项目。

（三）资产负债表的编制方法

资产负债表设有“年初余额”和“期末余额”两个金额栏，其中，“年初余额”根据上年末资产负债表项目的有关数字填列。如果本年度的项目与上年末各项目的名称和内容不一致，则应调整后填入。如果本年度单位发生了因前期差错更正、会计政策变更等调整以前年度盈余的事项，还应当对“年初余额”栏中的有关项目金额进行相应调整。本表中“资产总计”项目期末（年初）余额应当与“负债和净资产总计”项目期末（年初）余额相等。“期末余额”表示报告期末的状况，应根据报告期末各总账科目期末余额填列。具体项目的填列如下所述。

1. 资产类项目

（1）“货币资金”项目，反映单位期末库存现金、银行存款、零余额账户用款额度、其他货币资金的合计数。本项目应当根据“库存现金”“银行存款”“零余额账户用款额度”“其他货币资金”科目的期末余额的合计数填列；若单位存在通过“库存现金”“银行存款”科目核算的受托代理资产还应当按照前述合计数扣减“库存现金”“银行存款”科目下“受托代理资产”明细科目的期末余额后的金额填列。

（2）“短期投资”项目，反映事业单位期末持有的短期投资账面余额。本项目应当根据“短期投资”科目的期末余额填列。

（3）“财政应返还额度”项目，反映单位期末财政应返还额度的金额。本项目应当根据“财政应返还额度”科目的期末余额填列。

（4）“应收票据”项目，反映事业单位期末持有的应收票据的票面金额。本项目应当根据“应收票据”科目的期末余额填列。

（5）“应收账款净额”项目，反映单位期末尚未收回的应收账款减去已计提的坏账准备后的净额。本项目应当根据“应收账款”科目的期末余额，减去“坏账准备”科目中对应收账款计提的坏账准备的期末余额后的金额填列。

（6）“预付账款”项目，反映单位期末预付给商品或者劳务供应单位的款项。本项目应当根据“预付账款”科目的期末余额填列。

（7）“应收股利”项目，反映事业单位期末因股权投资而应收取的现金股利或应当分得的利润。本项目应当根据“应收股利”科目的期末余额填列。

（8）“应收利息”项目，反映事业单位期末因债券投资等而应收取的利息。事业单位购入的到期一次还本付息的长期债券投资持有期间应收的利息，不包括在本项目内。本项目应当根据“应收利息”科目的期末余额填列。

（9）“其他应收款净额”项目，反映单位期末尚未收回的其他应收款减去已计提的坏账准备后的净额。本项目应当根据“其他应收款”科目的期末余额减去“坏账准备”科目中对其他应收款计提的坏账准备的期末余额后的金额填列。

（10）“存货”项目，反映单位期末存储的存货的实际成本。本项目应当根据“在途物品”“库存物品”“加工物品”科目的期末余额的合计数填列。

（11）“待摊费用”项目，反映单位期末已经支出，但应当由本期和以后各期负担的分摊期在 1 年以内（含 1 年）的各项费用。本项目应当根据“待摊费用”科目的期末余额填列。

（12）“一年内到期的非流动资产”项目，反映单位期末非流动资产项目中将在 1 年内（含 1 年）到期的金额，如事业单位将在 1 年内（含 1 年）到期的长期债券投资金额。本项目应当根据“长期债券投资”等科目的明细科目的期末余额分析填列。

（13）“其他流动资产”项目，反映单位期末除本表中上述各项之外的其他流动资产的合计金额。本项目应当根据有关科目期末余额的合计数填列。

（14）“流动资产合计”项目，反映单位期末流动资产的合计数。本项目应当根据表9－1中“货币资金”“短期投资”“财政应返还额度”“应收票据”“应收账款净额”“预付账款”“应收股利”“应收利息”“其他应收款净额”“存货”“待摊费用”“一年内到期的非流动资产”“其他流动资产”项目金额的合计数填列。

（15）“长期股权投资”项目，反映事业单位期末持有的长期股权投资的账面余额。本项目应当根据“长期股权投资”科目的期末余额填列。

（16）“长期债券投资”项目，反映事业单位期末持有的长期债券投资的账面余额。本项目应当根据“长期债券投资”科目的期末余额减去其中将于1年内（含1年）到期的长期债券投资余额后的金额填列。

（17）“固定资产原值”项目，反映单位期末固定资产的原值。本项目应当根据“固定资产”科目的期末余额填列。“固定资产累计折旧”项目，反映单位期末固定资产已计提的累计折旧金额。本项目应当根据“固定资产累计折旧”科目的期末余额填列。“固定资产净值”项目，反映单位期末固定资产的账面价值。本项目应当根据“固定资产”科目期末余额减去“固定资产累计折旧”科目期末余额后的金额填列。

（18）“工程物资”项目，反映单位期末为在建工程准备的各种物资的实际成本。本项目应当根据“工程物资”科目的期末余额填列。

（19）“在建工程”项目，反映单位期末所有的建设项目工程的实际成本。本项目应当根据“在建工程”科目的期末余额填列。

（20）“无形资产原值”项目，反映单位期末无形资产的原值。本项目应当根据“无形资产”科目的期末余额填列。“无形资产累计摊销”项目，反映单位期末无形资产已计提的累计摊销金额。本项目应当根据“无形资产累计摊销”科目的期末余额填列。“无形资产净值”项目，反映单位期末无形资产的账面价值。本项目应当根据“无形资产”科目期末余额减去“无形资产累计摊销”科目期末余额后的金额填列。

（21）“研发支出”项目，反映单位期末正在进行的无形资产开发项目开发阶段发生的累计支出数。本项目应当根据“研发支出”科目的期末余额填列。

（22）“公共基础设施原值”项目，反映单位期末控制的公共基础设施的原值。本项目应当根据“公共基础设施”科目的期末余额填列。“公共基础设施累计折旧（摊销）”项目，反映单位期末控制的公共基础设施已计提的累计折旧和累计摊销金额。本项目应当根据“公共基础设施累计折旧（摊销）”科目的期末余额填列。“公共基础设施净值”项目，反映单位期末控制的公共基础设施的账面价值。本项目应当根据“公共基础设施”科目期末余额减去“公共基础设施累计折旧（摊销）”科目期末余额后的金额填列。

（23）“政府储备物资”项目，反映单位期末控制的政府储备物资的实际成本。本项目应当根据“政府储备物资”科目的期末余额填列。

（24）“文物文化资产”项目，反映单位期末控制的文物文化资产的成本。本项目应当根据“文物文化资产”科目的期末余额填列。

（25）“保障性住房原值”项目，反映单位期末控制的保障性住房的原值。本项目应当根据“保障性住房”科目的期末余额填列。“保障性住房累计折旧”项目，反映单位期末控制的保障性住房已计提的累计折旧金额。本项目应当根据“保障性住房累计折旧”科目的期末余额填列。“保障性住房净值”项目，反映单位期末控制的保障性住房的账面价值。本项目应当根据“保障性住房”科目期末余额减去“保障性住房累计折旧”科目期末余额后的金额填列。

（26）“长期待摊费用”项目，反映单位期末已经支出，但应由本期和以后各期负担的分摊期限在1年以上（不含1年）的各项费用。本项目应当根据“长期待摊费用”科目的期末余额填列。

（27）“待处理财产损溢”项目，反映单位期末尚未处理完毕的各种资产的净损失或净溢余。本项目应当根据“待处理财产损溢”科目的期末借方余额填列；如“待处理财产损溢”科目期末为贷方余额，以“－”号填列。

（28）“其他非流动资产”项目，反映单位期末除本表中上述各项之外的其他非流动资产的合计数。本项目应当根据有关科目的期末余额合计数填列。

（29）“非流动资产合计”项目，反映单位期末非流动资产的合计数。本项目应当根据本表中“长期股权投资”“长期债券投资”“固定资产净值”“工程物资”“在建工程”“无形资产净值”“研发支出”“公共基础设施净值”“政府储备物资”“文物文化资产”“保障性住房净值”“长期待摊费用”“待处理财产损溢”“其他非流动资产”项目金额的合计数填列。

（30）“受托代理资产”项目，反映单位期末受托代理资产的价值。本项目应当根据“受托代理资产”科目的期末余额与“库存现金”“银行存款”科目下“受托代理资产”明细科目的期末余额的合计数填列。

（31）“资产总计”项目，反映单位期末资产的合计数。本项目应当根据表9－1中“流动资产合计”“非流动资产合计”“受托代理资产”项目金额的合计数填列。

表9－1　　　　**资产负债表**　　　　会财政01表

编制单位：某事业单位　　　　20×7年12月31日　　　　单位：元

资　　产	期末余额	年初余额	负债和净资产	期末余额	年初余额
流动资产：			流动负债：		
货币资金	2 049 000	1 912 200	短期借款	70 000	82 000
短期投资	51 000	42 000	应交增值税	3 000	5 000
财政应返还额度	7 000	8 000	其他应交税费	5 000	3 000
应收票据	30 000	40 000	应缴财政款		
应收账款净额	87 300	67 900	应付职工薪酬		
预付账款	60 000	55 000	应付票据	80 000	60 000
应收股利	15 000	10 000	应付账款	70 000	57 630
应收利息	8 000	6 000	应付政府补贴款		
其他应收款净额	77 600	8 730	应付利息	10 000	20 000
存货	114 000	80 000	预收账款	30 000	10 000
待摊费用	11 000	15 000	其他应付款	15 000	35 000
一年内到期的非流动资产	40 000		预提费用	3 000	5 000
其他流动资产			一年内到期的非流动负债	20 000	

续表

资　　产	期末余额	年初余额	负债和净资产	期末余额	年初余额
流动资产合计	2 549 900	2 244 830	其他流动负债		
非流动资产：			流动负债合计	306 000	277 630
长期股权投资	400 000	380 000	非流动负债：		
长期债券投资	100 000	160 000	长期借款	80 000	80 000
固定资产原值	2 900 000	2 400 000	长期应付款	80 000	90 000
减：固定资产累计折旧	725 000	700 000	预计负债	10 000	10 000
固定资产净值	2 175 000	1 700 000	其他非流动负债		
工程物资	37 000	25 000	非流动负债合计	170 000	180 000
在建工程	80 000	50 000	受托代理负债		
无形资产原值	190 000	160 000	负债合计	476 000	457 630
减：无形资产累计摊销	45 000	40 000			
无形资产净值	145 000	120 000			
研发支出					
公共基础设施原值					
减：公共基础设施累计折旧（摊销）					
公共基础设施净值					
政府储备物资					
文物文化资产					
保障性住房原值					
减：保障性住房累计折旧			净资产：		
保障性住房净值			累计盈余	4 692 900	3 940 000
长期待摊费用			专用基金	200 000	180 000
待处理财产损溢	12 000	7 800	权益法调整	130 000	110 000
其他非流动资产			无偿调拨净资产*		—
非流动资产合计	2 949 000	2 442 800	本期盈余*		—
受托代理资产			净资产合计	5 022 900	4 230 000
资产总计	5 498 900	4 687 630	负债和净资产总计	5 498 900	4 687 630

注：“*”标识项目为月报项目，年报中不需列示。

2. 负债类项目

（1）“短期借款”项目，反映事业单位期末短期借款的余额。本项目应当根据“短期借款”科目的期末余额填列。

（2）“应交增值税”项目，反映单位期末应缴未缴的增值税税额。本项目应当根据“应交增值税”科目的期末余额填列；如“应交增值税”科目期末为借方余额，以“-”号填列。

（3）“其他应交税费”项目，反映单位期末应缴未缴的除增值税以外的税费金额。本项目应当根据“其他应交税费”科目的期末余额填列；如“其他应交税费”科目期末为借方余额，以“-”号填列。

（4）“应缴财政款”项目，反映单位期末应当上缴财政但尚未缴纳的款项。本项目应当根据“应缴财政款”科目的期末余额填列。

（5）“应付职工薪酬”项目，反映单位期末按有关规定应付给职工及为职工支付的各种薪酬。本项目应当根据“应付职工薪酬”科目的期末余额填列。

（6）“应付票据”项目，反映事业单位期末应付票据的金额。本项目应当根据“应付票据”科目的期末余额填列。

（7）“应付账款”项目，反映单位期末应当支付但尚未支付的偿还期限在1年以内（含1年）的应付账款的金额。本项目应当根据“应付账款”科目的期末余额填列。

（8）“应付利息”项目，反映事业单位期末按照合同约定应支付的借款利息。事业单位到期一次还本付息的长期借款利息不包括在本项目内。本项目应当根据“应付利息”科目的期末余额填列。

（9）“预收账款”项目，反映事业单位期末预先收取但尚未确认收入和实际结算的款项余额。本项目应当根据“预收账款”科目的期末余额填列。

（10）“其他应付款”项目，反映单位期末其他各项偿还期限在1年内（含1年）的应付及暂收款项余额。本项目应当根据“其他应付款”科目的期末余额填列。

（11）“预提费用”项目，反映单位期末已预先提取的已经发生但尚未支付的各项费用。本项目应当根据“预提费用”科目的期末余额填列。

（12）“一年内到期的非流动负债”项目，反映单位期末将于1年内（含1年）偿还的非流动负债的余额。本项目应当根据“长期应付款”、“长期借款”等科目的明细科目的期末余额分析填列。

（13）“其他流动负债”项目，反映单位期末除本表中上述各项之外的其他流动负债的合计数。本项目应当根据有关科目的期末余额的合计数填列。

（14）“流动负债合计”项目，反映单位期末流动负债合计数。本项目应当根据本表“短期借款”“应交增值税”“其他应交税费”“应缴财政款”“应付职工薪酬”“应付票据”“应付账款”“应付利息”“预收账款”“其他应付款”“预提费用”“一年内到期的非流动负债”“其他流动负债”项目金额的合计数填列。

（15）“长期借款”项目，反映事业单位期末长期借款的余额。本项目应当根据“长期借款”科目的期末余额减去其中将于1年内（含1年）到期的长期借款余额后的金额填列。

（16）“长期应付款”项目，反映单位期末长期应付款的余额。本项目应当根据“长期应付款”科目的期末余额减去其中将于1年内（含1年）到期的长期应付款余额后的金额填列。

（17）“预计负债”项目，反映单位期末已确认但尚未偿付的预计负债的余额。本项目应当根据“预计负债”科目的期末余额填列。

（18）“其他非流动负债”项目，反映单位期末除本表中上述各项之外的其他非流动负债的合计数。本项目应当根据有关科目的期末余额合计数填列。

（19）“非流动负债合计”项目，反映单位期末非流动负债合计数。本项目应当根据表9-1中“长期借款”“长期应付款”“预计负债”“其他非流动负债”项目金额的合计数填列。

（20）“受托代理负债”项目，反映单位期末受托代理负债的金额。本项目应当根据“受托代理负债”科目的期末余额填列。

（21）“负债合计”项目，反映单位期末负债的合计数。本项目应当根据表9－1中“流动负债合计”“非流动负债合计”“受托代理负债”项目金额的合计数填列。

3. 净资产类项目

（1）“累计盈余”项目，反映单位期末未分配盈余（或未弥补亏损）以及无偿调拨净资产变动的累计数。本项目应当根据“累计盈余”科目的期末余额填列。

（2）“专用基金”项目，反映事业单位期末累计提取或设置但尚未使用的专用基金余额。本项目应当根据“专用基金”科目的期末余额填列。

（3）“权益法调整”项目，反映事业单位期末在被投资单位除净损益和利润分配以外的所有者权益变动中累积享有的份额。本项目应当根据“权益法调整”科目的期末余额填列。如“权益法调整”科目期末为借方余额，以“－”号填列。

（4）“无偿调拨净资产”项目，反映单位本年度截至报告期期末无偿调入的非现金资产价值扣减无偿调出的非现金资产价值后的净值。本项目仅在月度报表中列示，年度报表中不列示。月度报表中本项目应当根据“无偿调拨净资产”科目的期末余额填列。“无偿调拨净资产”科目期末为借方余额时，以“－”号填列。

（5）“本期盈余”项目，反映单位本年度截至报告期期末实现的累计盈余或亏损。本项目仅在月度报表中列示，年度报表中不列示。月度报表中本项目应当根据“本期盈余”科目的期末余额填列；“本期盈余”科目期末为借方余额时，以“－”号填列。

（6）“净资产合计”项目，反映单位期末净资产合计数。本项目应当根据表9－1中“累计盈余”“专用基金”“权益法调整”“无偿调拨净资产”（月度报表）“本期盈余”（月度报表）项目金额的合计数填列。

（7）“负债和净资产总计”项目，应当按照表9－1中“负债合计”“净资产合计”项目金额的合计数填列。

【例9－1】某事业单位20×7年年初及年末科目余额见表9－2。

表9－2　　20×7年年初及年末科目余额　　单位：元

科目名称	年初借方余额	年末借方余额	科目名称	年初贷方余额	年末贷方余额
库存现金	58 000	65 600	短期借款	82 000	70 000
银行存款	1 840 000	1 970 000	应交增值税	5 000	3 000
其他货币资金	14 200	13 400	其他应交税费	3 000	5 000
短期投资	42 000	51 000	应付票据	60 000	80 000
财政应返还额度	8 000	7 000	应付账款	57 630	70 000
应收票据	40 000	30 000	应付利息	20 000	10 000
应收账款	70 000	90 000	预收账款	10 000	30 000
预付账款	55 000	60 000	其他应付款	35 000	15 000
应收股利	10 000	15 000	预提费用	5 000	3 000
应收利息	6 000	8 000	坏账准备	2 370	5 100
其他应收款	9 000	80 000	固定资产累计折旧	700 000	725 000

续表

科目名称	年初借方余额	年末借方余额	科目名称	年初贷方余额	年末贷方余额
在途物品	20 000	30 000	无形资产累计摊销	40 000	45 000
库存物品	50 000	70 000	长期借款	80 000	100 000
加工物品	10 000	14 000	长期应付款	90 000	80 000
待摊费用	15 000	11 000	预计负债	10 000	10 000
长期股权投资	380 000	400 000	累计盈余	3 940 000	4 692 900
长期债券投资	160 000	140 000	专用基金	180 000	200 000
固定资产	2 400 000	2 900 000	权益法调整	110 000	130 000
工程物资	25 000	37 000			
在建工程	50 000	80 000			
无形资产	160 000	190 000			
待处理财产损溢	7 800	12 000			
合　　计	5 430 000	6 274 000	合　　计	5 430 000	6 274 000

其中年末长期债券投资中有将于20×8年3月到期的40 000元；长期借款中有将于20×8年5月到期的款项20 000元；应收账款和其他应收款坏账准备提取比例为年末余额的3%。

根据表9－2资料编制的20×7年度资产负债表见表9－1。

二、收入费用表的编制

（一）收入费用表及其结构

收入费用表是反映单位在某一会计期间内发生的收入、费用及当期盈余情况。它是一张动态会计报表。

收入费用表的结构由表头和基本部分组成。基本部分包括本期收入、本期费用和本期盈余三项，其格式见表9－3。

表9－3　　**收入费用表**

会政财02表

编制单位：__________　　　　________年____月　　　　单位：元

项　　目	本月数	本年累计数
一、本期收入		
（一）财政拨款收入		
其中：政府性基金收入		
（二）事业收入		
（三）上级补助收入		
（四）附属单位上缴收入		
（五）经营收入		

续表

项　目	本月数	本年累计数
（六）非同级财政拨款收入		
（七）投资收益		
（八）捐赠收入		
（九）利息收入		
（十）租金收入		
（十一）其他收入		
二、本期费用		
（一）业务活动费用		
（二）单位管理费用		
（三）经营费用		
（四）资产处置费用		
（五）上缴上级费用		
（六）对附属单位补助费用		
（七）所得税费用		
（八）其他费用		
三、本期盈余		

（二）收入费用表的编制方法

收入费用表“本月数”栏反映各项目的本月实际发生数。编制年度收入费用表时，应当将本栏改为“本年数”，反映本年度各项目的实际发生数。表9－3“本年累计数”栏反映各项目自年初至报告期期末的累计实际发生数。编制年度收入费用表时，应当将本栏改为“上年数”，反映上年度各项目的实际发生数，“上年数”栏应当根据上年年度收入费用表中“本年数”栏内所列数字填列。如果本年度收入费用表规定的项目的名称和内容同上年度不一致，应当对上年度收入费用表项目的名称和数字按照本年度的规定进行调整，将调整后的金额填入本年度收入费用表的“上年数”栏内。如果本年度单位发生了因前期差错更正、会计政策变更等调整以前年度盈余的事项，还应当对年度收入费用表中“上年数”栏中的有关项目金额进行相应调整。

收入费用表“本月数”栏各项目的内容和填列方法。

1. 本期收入

（1）“本期收入”项目，反映单位本期收入总额。本项目应当根据表9－3中“财政拨款收入”“事业收入”“上级补助收入”“附属单位上缴收入”“经营收入”“非同级财政拨款收入”“投资收益”“捐赠收入”“利息收入”“租金收入”“其他收入”项目金额的合计数填列。

（2）“财政拨款收入”项目，反映单位本期从同级政府财政部门取得的各类财政拨款。本项目应当根据“财政拨款收入”科目的本期发生额填列。“政府性基金收入”项目，反映单位本期取得的财政拨款收入中属于政府性基金预算拨款的金额。本项目应当根据“财政拨款收入”相关明细科目的本期发生额填列。

（3）“事业收入”项目，反映事业单位本期开展专业业务活动及其辅助活动实现的收入。本项目应当根据“事业收入”科目的本期发生额填列。

（4）“上级补助收入”项目，反映事业单位本期从主管部门和上级单位收到或应收的非财政拨款收入。本项目应当根据“上级补助收入”科目的本期发生额填列。

（5）“附属单位上缴收入”项目，反映事业单位本期收到或应收的独立核算的附属单位按照有关规定上缴的收入。本项目应当根据“附属单位上缴收入”科目的本期发生额填列。

（6）“经营收入”项目，反映事业单位本期在专业业务活动及其辅助活动之外开展非独立核算经营活动实现的收入。本项目应当根据“经营收入”科目的本期发生额填列。

（7）“非同级财政拨款收入”项目，反映单位本期从非同级政府财政部门取得的财政拨款，不包括事业单位因开展科研及其辅助活动从非同级财政部门取得的经费拨款。本项目应当根据“非同级财政拨款收入”科目的本期发生额填列。

（8）“投资收益”项目，反映事业单位本期股权投资和债券投资所实现的收益或发生的损失。本项目应当根据“投资收益”科目的本期发生额填列；如为投资净损失，以“-”号填列。

（9）“捐赠收入”项目，反映单位本期接受捐赠取得的收入。本项目应当根据“捐赠收入”科目的本期发生额填列。

（10）“利息收入”项目，反映单位本期取得的银行存款利息收入。本项目应当根据“利息收入”科目的本期发生额填列。

（11）“租金收入”项目，反映单位本期经批准利用国有资产出租取得并按规定纳入本单位预算管理的租金收入。本项目应当根据“租金收入”科目的本期发生额填列。

（12）“其他收入”项目，反映单位本期取得的除以上收入项目外的其他收入的总额。本项目应当根据“其他收入”科目的本期发生额填列。

2. 本期费用

（1）“本期费用”项目，反映单位本期费用总额。本项目应当根据收入费用表中“业务活动费用”“单位管理费用”“经营费用”“资产处置费用”“上缴上级费用”“对附属单位补助费用”“所得税费用”和“其他费用”项目金额的合计数填列。

（2）“业务活动费用”项目，反映单位本期为实现其职能目标，依法履职或开展专业业务活动及其辅助活动所发生的各项费用。本项目应当根据“业务活动费用”科目本期发生额填列。

（3）“单位管理费用”项目，反映事业单位本期本级行政及后勤管理部门开展管理活动发生的各项费用，以及由单位统一负担的离退休人员经费、工会经费、诉讼费、中介费等。本项目应当根据“单位管理费用”科目的本期发生额填列。

（4）“经营费用”项目，反映事业单位本期在专业业务活动及其辅助活动之外开展非独立核算经营活动发生的各项费用。本项目应当根据“经营费用”科目的本期发生额填列。

（5）“资产处置费用”项目，反映单位本期经批准处置资产时转销的资产价值以及在处置过程中发生的相关费用或者处置收入小于处置费用形成的净支出。本项目应当根据“资产处置费用”科目的本期发生额填列。

（6）“上缴上级费用”项目，反映事业单位按照规定上缴上级单位款项发生的费用。本项目应当根据“上缴上级费用”科目的本期发生额填列。

（7）“对附属单位补助费用”项目，反映事业单位用财政拨款收入之外的收入对附属单位补助发生的费用。本项目应当根据“对附属单位补助费用”科目的本期发生额填列。

（8）“所得税费用”项目，反映有企业所得税缴纳义务的事业单位本期计算应缴纳的企业所得税。本项目应当根据“所得税费用”科目的本期发生额填列。

（9）“其他费用”项目，反映单位本期发生的除以上费用项目外的其他费用的总额。本项目应当根据“其他费用”科目的本期发生额填列。

3. 本期盈余

“本期盈余”项目，反映单位本期收入扣除本期费用后的净额。本项目应当根据收入费用表中“本期收入”项目金额减去“本期费用”项目金额后的金额填列；如为负数，以“-”号填列。

三、净资产变动表的编制

净资产变动表是反映单位在某一会计年度内净资产项目的变动情况，其格式见表9-4。

表9-4　　净资产变动表

会政财03

编制单位：＿＿＿＿＿＿　　＿＿＿＿年　　单位：元

项目	本年数				上年数			
	累计盈余	专用基金	权益法调整	净资产合计	累计盈余	专用基金	权益法调整	净资产合计
一、上年年末余额								
二、以前年度盈余调整（减少以“-”号填列）		—	—			—	—	
三、本年年初余额								
四、本年变动金额（减少以“-”号填列）								
（一）本年盈余		—	—			—	—	
（二）无偿调拨净资产		—	—			—	—	
（三）归集调整预算结转结余		—	—			—	—	
（四）提取或设置专用基金			—				—	
其中：从预算收入中提取	—		—		—		—	
从预算结余中提取			—				—	
设置的专用基金	—		—		—		—	
（五）使用专用基金			—				—	
（六）权益法调整	—	—			—	—		
五、本年年末余额								

注：“—”标识单元格不需填列。

净资产变动表“本年数”栏反映本年度各项目的实际变动数；“上年数”栏反映上年度各项目的实际变动数，应当根据上年度净资产变动表中“本年数”栏内所列数字填列。如果上年度净资产变动表规定的项目的名称和内容与本年度不一致，应对上年度净资产变动表项目的名称和数字按照本年度的规定进行调整，将调整后金额填入本年度净资产变动表“上年数”栏内。

净资产变动表“本年数”栏各项目的内容和填列方法如下所述。

（1）“上年年末余额”行，反映单位净资产各项目上年年末的余额。本行各项目应当根据“累计盈余”“专用基金”“权益法调整”科目上年年末余额填列。

（2）“以前年度盈余调整”行，反映单位本年度调整以前年度盈余的事项对累计盈余进行调整的金额。本行“累计盈余”项目应当根据本年度“以前年度盈余调整”科目转入“累计盈余”科目的金额填列；如调整减少累计盈余，以“－”号填列。

（3）“本年年初余额”行，反映经过以前年度盈余调整后，单位净资产各项目的本年年初余额。本行“累计盈余”“专用基金”“权益法调整”项目应当根据其各自在“上年年末余额”和“以前年度盈余调整”行对应项目金额的合计数填列。

（4）“本年变动金额”行，反映单位净资产各项目本年变动总金额。本行“累计盈余”“专用基金”“权益法调整”项目应当根据其各自在“本年盈余”“无偿调拨净资产”“归集调整预算结转结余”“提取或设置专用基金”“使用专用基金”“权益法调整”行对应项目金额的合计数填列。

（5）“本年盈余”行，反映单位本年发生的收入、费用对净资产的影响。本行“累计盈余”项目应当根据年末由“本期盈余”科目转入“本年盈余分配”科目的金额填列；如转入时借记“本年盈余分配”科目，则以“－”号填列。

（6）“无偿调拨净资产”行，反映单位本年无偿调入、调出非现金资产事项对净资产的影响。本行“累计盈余”项目应当根据年末由“无偿调拨净资产”科目转入“累计盈余”科目的金额填列；如转入时借记“累计盈余”科目，则以“－”号填列。

（7）“归集调整预算结转结余”行，反映单位本年财政拨款结转结余资金归集调入、归集上缴或调出，以及非财政拨款结转资金缴回对净资产的影响。本行“累计盈余”项目应当根据“累计盈余”科目明细账记录分析填列；如归集调整减少预算结转结余，则以“－”号填列。

（8）“提取或设置专用基金”行，反映单位本年提取或设置专用基金对净资产的影响。本行“累计盈余”项目应当根据“从预算结余中提取”行“累计盈余”项目的金额填列。本行“专用基金”项目应当根据“从预算收入中提取”“从预算结余中提取”“设置的专用基金”行“专用基金”项目金额的合计数填列。“从预算收入中提取”行，反映单位本年从预算收入中提取专用基金对净资产的影响。本行“专用基金”项目应当通过对“专用基金”科目明细账记录的分析，根据本年按有关规定从预算收入中提取基金的金额填列。“从预算结余中提取”行，反映单位本年根据有关规定从本年度非财政拨款结余或经营结余中提取专用基金对净资产的影响。本行“累计盈余”“专用基金”项目应当通过对“专用基金”科目明细账记录的分析，根据本年按有关规定从本年度非财政拨款结余或经营结余中提取专用基金的金额填列；本行“累计盈余”项目以“－”号填列。“设置的专用基金”行，反映单位本年根据有关规定设置的其他专用基金对净资产的影响。本行“专用基金”项目应当通过对“专用基金”科目明细账记录的分析，根据本年按有关规定设置的其他专用基金的金额填列。

(9)“使用专用基金”行，反映单位本年按规定使用专用基金对净资产的影响。本行“累计盈余”“专用基金”项目应当通过对“专用基金”科目明细账记录的分析，根据本年按规定使用专用基金的金额填列；本行“专用基金”项目以“-”号填列。

(10)“权益法调整”行，反映单位本年按照被投资单位除净损益和利润分配以外的所有者权益变动份额而调整长期股权投资账面余额对净资产的影响。本行“权益法调整”项目应当根据“权益法调整”科目本年发生额填列；若本年净发生额为借方时，以“-”号填列。

(11)“本年年末余额”行，反映单位本年各净资产项目的年末余额。本行“累计盈余”“专用基金”“权益法调整”项目应当根据其各自在“本年年初余额”“本年变动金额”行对应项目金额的合计数填列。

(12)表9-4各行“净资产合计”项目，应当根据所在行“累计盈余”“专用基金”“权益法调整”项目金额的合计数填列。

四、现金流量表的编制

(一)现金流量表及其内容

现金流量表是反映单位在某一会计年度内现金流入和流出的信息。现金流量表所指的现金，是指单位的库存现金以及其他可以随时用于支付的款项，包括库存现金、可以随时用于支付的银行存款、其他货币资金、零余额账户用款额度、财政应返还额度，以及通过财政直接支付方式支付的款项。单位可自行选择编制现金流量表。

现金流量表应当按照日常活动、投资活动、筹资活动的现金流量分别反映。现金流量表中所指的现金流量，是指现金的流入和流出。现金流量表的格式见表9-5。

表9-5　　现金流量表　　会政财04

编制单位：＿＿＿＿　　＿＿＿＿年　　单位：元

项　目	本年金额	上年金额
一、日常活动产生的现金流量		
财政基本支出拨款收到的现金		
财政非资本性项目拨款收到的现金		
事业活动收到的除财政拨款以外的现金		
收到的其他与日常活动有关的现金		
日常活动的现金流入小计		
购买商品、接受劳务支付的现金		
支付给职工以及为职工支付的现金		
支付的各项税费		
支付的其他与日常活动有关的现金		
日常活动的现金流出小计		
日常活动产生的现金流量净额		
二、投资活动产生的现金流量		
收回投资收到的现金		

续表

项　　目	本年金额	上年金额
取得投资收益收到的现金		
处置固定资产、无形资产、公共基础设施等收回的现金净额		
收到的其他与投资活动有关的现金		
投资活动的现金流入小计		
购建固定资产、无形资产、公共基础设施等支付的现金		
对外投资支付的现金		
上缴处置固定资产、无形资产、公共基础设施等净收入支付的现金		
支付的其他与投资活动有关的现金		
投资活动的现金流出小计		
投资活动产生的现金流量净额		
三、筹资活动产生的现金流量		
财政资本性项目拨款收到的现金		
取得借款收到的现金		
收到的其他与筹资活动有关的现金		
筹资活动的现金流入小计		
偿还借款支付的现金		
偿还利息支付的现金		
支付的其他与筹资活动有关的现金		
筹资活动的现金流出小计		
筹资活动产生的现金流量净额		
四、汇率变动对现金的影响额		
五、现金净增加额		

（二）现金流量表的编制

现金流量表“本年金额”栏反映各项目的本年实际发生数。现金流量表“上年金额”栏反映各项目的上年实际发生数，应当根据上年现金流量表中“本年金额”栏内所列数字填列。单位应当采用直接法编制现金流量表。

现金流量表“本年金额”栏各项目的填列方法如下所述。

1. 日常活动产生的现金流量

（1）“财政基本支出拨款收到的现金”项目，反映单位本年接受财政基本支出拨款取得的现金。本项目应当根据“零余额账户用款额度”“财政拨款收入”“银行存款”等科目及其所属明细科目的记录分析填列。

（2）“财政非资本性项目拨款收到的现金”项目，反映单位本年接受除用于购建固定资产、无形资产、公共基础设施等资本性项目以外的财政项目拨款取得的现金。本项目应当根据“银行存款”“零余额账户用款额度”“财政拨款收入”等科目及其所属明细科目的记录分析填列。

（3）“事业活动收到的除财政拨款以外的现金”项目，反映事业单位本年开展专业业务活动及其辅助活动取得的除财政拨款以外的现金。本项目应当根据“库存现金”“银行存款”“其他货币资金”“应收账款”“应收票据”“预收账款”“事业收入”等科目及其所属明细科目的记录分析填列。

（4）“收到的其他与日常活动有关的现金”项目，反映单位本年收到的除以上项目之外的与日常活动有关的现金。本项目应当根据“库存现金”“银行存款”“其他货币资金”“上级补助收入”“附属单位上缴收入”“经营收入”“非同级财政拨款收入”“捐赠收入”“利息收入”“租金收入”“其他收入”等科目及其所属明细科目的记录分析填列。

（5）“日常活动的现金流入小计”项目，反映单位本年日常活动产生的现金流入的合计数。本项目应当根据表9－5中“财政基本支出拨款收到的现金”“财政非资本性项目拨款收到的现金”“事业活动收到的除财政拨款以外的现金”“收到的其他与日常活动有关的现金”项目金额的合计数填列。

（6）“购买商品、接受劳务支付的现金”项目，反映单位本年在日常活动中用于购买商品、接受劳务支付的现金。本项目应当根据“库存现金”“银行存款”“财政拨款收入”“零余额账户用款额度”“预付账款”“在途物品”“库存物品”“应付账款”“应付票据”“业务活动费用”“单位管理费用”“经营费用”等科目及其所属明细科目的记录分析填列。

（7）“支付给职工以及为职工支付的现金”项目，反映单位本年支付给职工以及为职工支付的现金。本项目应当根据“库存现金”“银行存款”“零余额账户用款额度”“财政拨款收入”“应付职工薪酬”“业务活动费用”“单位管理费用”“经营费用”等科目及其所属明细科目的记录分析填列。

（8）“支付的各项税费”项目，反映单位本年用于缴纳日常活动相关税费而支付的现金。本项目应当根据“库存现金”“银行存款”“零余额账户用款额度”“应交增值税”“其他应交税费”“业务活动费用”“单位管理费用”“经营费用”“所得税费用”等科目及其所属明细科目的记录分析填列。

（9）“支付的其他与日常活动有关的现金”项目，反映单位本年支付的除上述项目之外与日常活动有关的现金。本项目应当根据“库存现金”“银行存款”“零余额账户用款额度”“财政拨款收入”“其他应付款”“业务活动费用”“单位管理费用”“经营费用”“其他费用”等科目及其所属明细科目的记录分析填列。

（10）“日常活动的现金流出小计”项目，反映单位本年日常活动产生的现金流出的合计数。本项目应当根据表9－5中“购买商品、接受劳务支付的现金”“支付给职工以及为职工支付的现金”“支付的各项税费”“支付的其他与日常活动有关的现金”项目金额的合计数填列。

（11）“日常活动产生的现金流量净额”项目，应当按照现金流量表中“日常活动的现金流入小计”项目金额减去“日常活动的现金流出小计”项目金额后的金额填列；如为负数，以“－”号填列。

2. 投资活动产生的现金流量

（1）“收回投资收到的现金”项目，反映单位本年出售、转让或者收回投资收到的现金。本项目应该根据“库存现金”“银行存款”“短期投资”“长期股权投资”“长期债券投资”等科目的记录分析填列。

（2）“取得投资收益收到的现金”项目，反映单位本年因对外投资而收到被投资单位分配的股利或利润，以及收到投资利息而取得的现金。本项目应当根据“库存现金”“银行存款”“应收股利”“应收利息”“投资收益”等科目的记录分析填列。

（3）“处置固定资产、无形资产、公共基础设施等收回的现金净额”项目，反映单位本年处置固定资产、无形资产、公共基础设施等非流动资产所取得的现金，减去为处置这些资产而支付的有关费用之后的净额。由于自然灾害所造成的固定资产等长期资产损失而收到的保险赔款收入，也在本项目反映。本项目应当根据“库存现金”“银行存款”“待处理财产损溢”等科目的记录分析填列。

（4）“收到的其他与投资活动有关的现金”项目，反映单位本年收到的除上述项目之外与投资活动有关的现金。对于金额较大的现金流入，应当单列项目反映。本项目应当根据“库存现金”“银行存款”等有关科目的记录分析填列。

（5）“投资活动的现金流入小计”项目，反映单位本年投资活动产生的现金流入的合计数。本项目应当根据表9-5中“收回投资收到的现金”“取得投资收益收到的现金”“处置固定资产、无形资产、公共基础设施等收回的现金净额”“收到的其他与投资活动有关的现金”项目金额的合计数填列。

（6）“购建固定资产、无形资产、公共基础设施等支付的现金”项目，反映单位本年购买和建造固定资产、无形资产、公共基础设施等非流动资产所支付的现金；融资租入固定资产支付的租赁费不在本项目反映，在筹资活动的现金流量中反映。本项目应当根据“库存现金”“银行存款”“固定资产”“工程物资”“在建工程”“无形资产”“研发支出”“公共基础设施”“保障性住房”等科目的记录分析填列。

（7）“对外投资支付的现金”项目，反映单位本年为取得短期投资、长期股权投资、长期债券投资而支付的现金。本项目应当根据“库存现金”“银行存款”“短期投资”“长期股权投资”“长期债券投资”等科目的记录分析填列。

（8）“上缴处置固定资产、无形资产、公共基础设施等净收入支付的现金”项目，反映本年单位将处置固定资产、无形资产、公共基础设施等非流动资产所收回的现金净额予以上缴财政所支付的现金。本项目应当根据“库存现金”“银行存款”“应缴财政款”等科目的记录分析填列。

（9）“支付的其他与投资活动有关的现金”项目，反映单位本年支付的除上述项目之外与投资活动有关的现金。对于金额较大的现金流出，应当单列项目反映。本项目应当根据“库存现金”“银行存款”等有关科目的记录分析填列。

（10）“投资活动的现金流出小计”项目，反映单位本年投资活动产生的现金流出的合计数。本项目应当根据表9-5中“购建固定资产、无形资产、公共基础设施等支付的现金”“对外投资支付的现金”“上缴处置固定资产、无形资产、公共基础设施等净收入支付的现金”“支付的其他与投资活动有关的现金”项目金额的合计数填列。

（11）“投资活动产生的现金流量净额”项目，应当按照表9-5中“投资活动的现金流入小计”项目金额减去“投资活动的现金流出小计”项目金额后的金额填列；如为负数，以“-”号填列。

3. 筹资活动产生的现金流量

（1）“财政资本性项目拨款收到的现金”项目，反映单位本年接受用于购建固定资产、无形资产、公共基础设施等资本性项目的财政项目拨款取得的现金。本项目应当根据“银行存款”“零余额账户用款额度”“财政拨款收入”等科目及其所属明细科目的记录分析填列。

（2）“取得借款收到的现金”项目，反映事业单位本年举借短期、长期借款所收到的现金。本项目应当根据“库存现金”“银行存款”“短期借款”“长期借款”等科目记录分析填列。

（3）“收到的其他与筹资活动有关的现金”项目，反映单位本年收到的除上述项目之外与筹资活动有关的现金。对于金额较大的现金流入，应当单列项目反映。本项目应当根据“库存现金”“银行存款”等有关科目的记录分析填列。

（4）“筹资活动的现金流入小计”项目，反映单位本年筹资活动产生的现金流入的合计数。本项目应当根据表9－5中“财政资本性项目拨款收到的现金”“取得借款收到的现金”“收到的其他与筹资活动有关的现金”项目金额的合计数填列。

（5）“偿还借款支付的现金”项目，反映事业单位本年偿还借款本金所支付的现金。本项目应当根据“库存现金”“银行存款”“短期借款”“长期借款”等科目的记录分析填列。

（6）“偿还利息支付的现金”项目，反映事业单位本年支付的借款利息等。本项目应当根据“库存现金”“银行存款”“应付利息”“长期借款”等科目的记录分析填列。

（7）“支付的其他与筹资活动有关的现金”项目，反映单位本年支付的除上述项目之外与筹资活动有关的现金，如融资租入固定资产所支付的租赁费。本项目应当根据“库存现金”“银行存款”“长期应付款”等科目的记录分析填列。

（8）“筹资活动的现金流出小计”项目，反映单位本年筹资活动产生的现金流出的合计数。本项目应当根据表9－5中“偿还借款支付的现金”“偿还利息支付的现金”“支付的其他与筹资活动有关的现金”项目金额的合计数填列。

（9）“筹资活动产生的现金流量净额”项目，应当按照表9－5中“筹资活动的现金流入小计”项目金额减去“筹资活动的现金流出小计”金额后的金额填列；如为负数，以“－”号填列。

4. “汇率变动对现金的影响额”项目

汇率变动对现金的影响额反映单位本年外币现金流量折算为人民币时，所采用的现金流量发生日的汇率折算的人民币金额与外币现金流量净额按期末汇率折算的人民币金额之间的差额。

5. “现金净增加额”项目

现金净增加额，反映单位本年现金变动的净额。本项目应当根据现金流量表中“日常活动产生的现金流量净额”“投资活动产生的现金流量净额”“筹资活动产生的现金流量净额”和“汇率变动对现金的影响额”项目金额的合计数填列；如为负数，以“－”号填列。

第三节　事业单位预算会计报表的编制

一、预算收入支出表的编制

预算收入支出表是反映单位在某一会计年度内各项预算收入、预算支出和预算收支差额的情况。

预算收入支出表“本年数”栏反映各项目的本年实际发生数；“上年数”栏反映各项目上年度的实际发生数，应当根据上年度预算收入支出表中“本年数”栏内所列数字填列。

如果本年度预算收入支出表规定的项目的名称和内容同上年度不一致，应当对上年度预算收入支出表项目的名称和数字按照本年度的规定进行调整，将调整后金额填入本年度预算收入支出表的“上年数”栏。预算收入支出表格式见表9－6。

表9－6　　　　预算收入支出表

会政预01表

编制单位：____________　　　　________年　　　　单位：元

项　　目	本年数	上年数
一、本年预算收入		
（一）财政拨款预算收入		
其中：政府性基金收入		
（二）事业预算收入		
（三）上级补助预算收入		
（四）附属单位上缴预算收入		
（五）经营预算收入		
（六）债务预算收入		
（七）非同级财政拨款预算收入		
（八）投资预算收益		
（九）其他预算收入		
其中：利息预算收入		
捐赠预算收入		
租金预算收入		
二、本年预算支出		
（一）行政支出		
（二）事业支出		
（三）经营支出		
（四）上缴上级支出		
（五）对附属单位补助支出		
（六）投资支出		
（七）债务还本支出		
（八）其他支出		
其中：利息支出		
捐赠支出		
三、本年预算收支差额		

预算收入支出表“本年数”栏各项目的内容和填列方法如下所述。

1. 本年预算收入

（1）“本年预算收入”项目，反映单位本年预算收入总额。本项目应当根据表9－6中“财政拨款预算收入”“事业预算收入”“上级补助预算收入”“附属单位上缴预算收入”“经营预算收入”“债务预算收入”“非同级财政拨款预算收入”“投资预算收益”“其他预算收入”项目金额的合计数填列。

（2）“财政拨款预算收入”项目，反映单位本年从同级政府财政部门取得的各类财政拨款。本项目应当根据“财政拨款预算收入”科目的本年发生额填列。“政府性基金收入”项目，反映单位本年取得的财政拨款收入中属于政府性基金预算拨款的金额。本项目应当根据“财政拨款预算收入”相关明细科目的本年发生额填列。

（3）“事业预算收入”项目，反映事业单位本年开展专业业务活动及其辅助活动取得的预算收入。本项目应当根据“事业预算收入”科目的本年发生额填列。

（4）“上级补助预算收入”项目，反映事业单位本年从主管部门和上级单位取得的非财政补助预算收入。本项目应当根据“上级补助预算收入”科目的本年发生额填列。

（5）“附属单位上缴预算收入”项目，反映事业单位本年收到的独立核算的附属单位按照有关规定上缴的预算收入。本项目应当根据“附属单位上缴预算收入”科目的本年发生额填列。

（6）“经营预算收入”项目，反映事业单位本年在专业业务活动及其辅助活动之外开展非独立核算经营活动取得的预算收入。本项目应当根据“经营预算收入”科目的本年发生额填列。

（7）“债务预算收入”项目，反映事业单位本年按照规定从金融机构等借入的、纳入部门预算管理的债务预算收入。本项目应当根据“债务预算收入”的本年发生额填列。

（8）“非同级财政拨款预算收入”项目，反映单位本年从非同级政府财政部门取得的财政拨款。本项目应当根据“非同级财政拨款预算收入”科目的本年发生额填列。

（9）“投资预算收益”项目，反映事业单位本年取得的按规定纳入单位预算管理的投资收益。本项目应当根据“投资预算收益”科目的本年发生额填列。

（10）“其他预算收入”项目，反映单位本年取得的除上述收入以外的纳入单位预算管理的各项预算收入。本项目应当根据“其他预算收入”科目的本年发生额填列。“利息预算收入”项目，反映单位本年取得的利息预算收入。本项目应当根据“其他预算收入”科目的明细记录分析填列。单位单设“利息预算收入”科目的，应当根据“利息预算收入”科目的本年发生额填列。“捐赠预算收入”项目，反映单位本年取得的捐赠预算收入。本项目应当根据“其他预算收入”科目明细账记录分析填列。单位单设“捐赠预算收入”科目的，应当根据“捐赠预算收入”科目的本年发生额填列。“租金预算收入”项目，反映单位本年取得的租金预算收入。本项目应当根据“其他预算收入”科目明细账记录分析填列。单位单设“租金预算收入”科目的，应当根据“租金预算收入”科目的本年发生额填列。

2. 本年预算支出

（1）“本年预算支出”项目，反映单位本年预算支出总额。本项目应当根据表9－6中“事业支出”“经营支出”“上缴上级支出”“对附属单位补助支出”“投资支出”“债务还本支出”和“其他支出”项目金额的合计数填列。

（2）“事业支出”项目，反映事业单位本年开展专业业务活动及其辅助活动发生的支出。本项目应当根据“事业支出”科目的本年发生额填列。

（3）“经营支出”项目，反映事业单位本年在专业业务活动及其辅助活动之外开展非独立核算经营活动发生的支出。本项目应当根据“经营支出”科目的本年发生额填列。

（4）“上缴上级支出”项目，反映事业单位本年按照财政部门和主管部门的规定上缴上级单位的支出。本项目应当根据“上缴上级支出”科目的本年发生额填列。

（5）“对附属单位补助支出”项目，反映事业单位本年用财政拨款收入之外的收入对附属单位补助发生的支出。本项目应当根据“对附属单位补助支出”科目的本年发生额填列。

（6）“投资支出”项目，反映事业单位本年以货币资金对外投资发生的支出。本项目应当根据“投资支出”科目的本年发生额填列。

（7）“债务还本支出”项目，反映事业单位本年偿还自身承担的纳入预算管理的从金融机构举借的债务本金的支出。本项目应当根据“债务还本支出”科目的本年发生额填列。

（8）“其他支出”项目，反映单位本年除以上支出以外的各项支出。本项目应当根据“其他支出”科目的本年发生额填列。“利息支出”项目，反映单位本年发生的利息支出。本项目应当根据“其他支出”科目明细账记录分析填列。单位单设“利息支出”科目的，应当根据“利息支出”科目的本年发生额填列。“捐赠支出”项目，反映单位本年发生的捐赠支出。本项目应当根据“其他支出”科目明细账记录分析填列。单位单设“捐赠支出”科目的，应当根据“捐赠支出”科目的本年发生额填列。

3. 本年预算收支差额

“本年预算收支差额”项目，反映单位本年各项预算收支相抵后的差额。本项目应当根据表9－6中“本期预算收入”项目金额减去“本期预算支出”项目金额后的金额填列；如相减后金额为负数，以“－”号填列。

二、预算结转结余变动表的编制

预算结转结余变动表是反映单位在某一会计年度内预算结转结余的变动情况的报表。

预算结转结余变动表“本年数”栏反映各项目的本年实际发生数。本表“上年数”栏反映各项目的上年实际发生数，应当根据上年度预算结转结余变动表中“本年数”栏内所列数字填列。

如果本年度预算结转结余变动表规定的项目的名称和内容同上年度不一致，应当对上年度预算结转结余变动表项目的名称和数字按照本年度的规定进行调整，将调整后金额填入本年度预算结转结余变动表的“上年数”栏。

预算结转结余变动表中“年末预算结转结余”项目金额等于“年初预算结转结余”“年初余额调整”“本年变动金额”三个项目的合计数。预算结转结余变动表格式见表9－7。

表9－7　　预算结转结余变动表

会政预02表

编制单位：＿＿＿＿＿＿　　＿＿＿＿年　　单位：元

项　　目	本年数	上年数
一、年初预算结转结余		
（一）财政拨款结转结余		
（二）其他资金结转结余		
二、年初余额调整（减少以“－”号填列）		
（一）财政拨款结转结余		
（二）其他资金结转结余		

续表

项　　目	本年数	上年数
三、本年变动金额（减少以“-”号填列）		
（一）财政拨款结转结余		
1. 本年收支差额		
2. 归集调入		
3. 归集上缴或调出		
（二）其他资金结转结余		
1. 本年收支差额		
2. 缴回资金		
3. 使用专用结余		
4. 支付所得税		
四、年末预算结转结余		
（一）财政拨款结转结余		
1. 财政拨款结转		
2. 财政拨款结余		
（二）其他资金结转结余		
1. 非财政拨款结转		
2. 非财政拨款结余		
3. 专用结余		
4. 经营结余（如有余额，以“-”号填列）		

预算结转结余变动表“本年数”栏各项目的内容和填列方法如下所述。

1.“年初预算结转结余”项目

年初预算结转结余反映单位本年预算结转结余的年初余额。本项目应当根据本项目下“财政拨款结转结余”和“其他资金结转结余”项目金额的合计数填列。

（1）“财政拨款结转结余”项目，反映单位本年财政拨款结转结余资金的年初余额。本项目应当根据“财政拨款结转”“财政拨款结余”科目本年年初余额合计数填列。

（2）“其他资金结转结余”项目，反映单位本年其他资金结转结余的年初余额。本项目应当根据“非财政拨款结转”“非财政拨款结余”“专用结余”“经营结余”科目本年年初余额的合计数填列。

2.“年初余额调整”项目

年初余额调整反映单位本年预算结转结余年初余额调整的金额。本项目应当根据本项目下“财政拨款结转结余”“其他资金结转结余”项目金额的合计数填列。

（1）“财政拨款结转结余”项目，反映单位本年财政拨款结转结余资金的年初余额调整金额。本项目应当根据“财政拨款结转”“财政拨款结余”科目下“年初余额调整”明细科目的本年发生额的合计数填列；如调整减少年初财政拨款结转结余，以“-”号填列。

（2）“其他资金结转结余”项目，反映单位本年其他资金结转结余的年初余额调整金额。

本项目应当根据“非财政拨款结转”“非财政拨款结余”科目下“年初余额调整”明细科目的本年发生额的合计数填列；如调整减少年初其他资金结转结余，以“－”号填列。

3. “本年变动金额”项目

本年变动金额反映单位本年预算结转结余变动的金额。本项目应当根据本项目下“财政拨款结转结余”和“其他资金结转结余”项目金额的合计数填列。

（1）“财政拨款结转结余”项目，反映单位本年财政拨款结转结余资金的变动。本项目应当根据本项目下“本年收支差额”“归集调入”“归集上缴或调出”项目金额的合计数填列。

①“本年收支差额”项目，反映单位本年财政拨款资金收支相抵后的差额。本项目应当根据“财政拨款结转”科目下“本年收支结转”明细科目本年转入的预算收入与预算支出的差额填列；差额为负数的，以“－”号填列。

②“归集调入”项目，反映单位本年按照规定从其他单位归集调入的财政拨款结转资金。本项目应当根据“财政拨款结转”科目下“归集调入”明细科目的本年发生额填列。

③“归集上缴或调出”项目，反映单位本年按照规定上缴的财政拨款结转结余资金及按照规定向其他单位调出的财政拨款结转资金。本项目应当根据“财政拨款结转”“财政拨款结余”科目下“归集上缴”明细科目，以及“财政拨款结转”科目下“归集调出”明细科目本年发生额的合计数填列，以“－”号填列。

（2）“其他资金结转结余”项目，反映单位本年其他资金结转结余的变动。本项目应当根据本项目下“本年收支差额”“缴回资金”“使用专用结余”“支付所得税”项目金额的合计数填列。

①“本年收支差额”项目，反映单位本年除财政拨款外的其他资金收支相抵后的差额。本项目应当根据“非财政拨款结转”科目下“本年收支结转”明细科目、“其他结余”科目、“经营结余”科目本年转入的预算收入与预算支出的差额的合计数填列；如为负数，以“－”号填列。

②“缴回资金”项目，反映单位本年按照规定缴回的非财政拨款结转资金。本项目应当根据“非财政拨款结转”科目下“缴回资金”明细科目本年发生额的合计数填列，以“－”号填列。

③“使用专用结余”项目，反映本年事业单位根据规定使用从非财政拨款结余或经营结余中提取的专用基金的金额。本项目应当根据“专用结余”科目明细账中本年使用专用结余业务的发生额填列，以“－”号填列。

④“支付所得税”项目，反映有企业所得税缴纳义务的事业单位本年实际缴纳的企业所得税金额。本项目应当根据“非财政拨款结余”明细账中本年实际缴纳企业所得税业务的发生额填列，以“－”号填列。

4. “年末预算结转结余”项目

年末预算结转结余反映单位本年预算结转结余的年末余额。本项目应当根据本项目下“财政拨款结转结余”和“其他资金结转结余”项目金额的合计数填列。

（1）“财政拨款结转结余”项目，反映单位本年财政拨款结转结余的年末余额。本项目应当根据本项目下“财政拨款结转”和“财政拨款结余”项目金额的合计数填列。本项目下“财政拨款结转”和“财政拨款结余”项目，应当分别根据“财政拨款结转”和“财政拨款结余”科目的本年年末余额填列。

（2）“其他资金结转结余”项目，反映单位本年其他资金结转结余的年末余额。本项目应当根据本项目下“非财政拨款结转”“非财政拨款结余”“专用结余”和“经营结余”项目金额的合计数填列。本项目下“非财政拨款结转”“非财政拨款结余”“专用结余”和“经营结余”项目，应当分别根据“非财政拨款结转”“非财政拨款结余”“专用结余”和“经营结余”科目的本年年末余额填列。

三、财政拨款预算收入支出表的编制

财政拨款预算收入支出表是反映单位本年财政拨款预算资金收入、支出及相关变动的具体情况的报表。

财政拨款预算收入支出表“项目”栏内各项目，应当根据单位取得的财政拨款种类分项设置。其中“项目支出”项目下，根据每个项目设置；单位取得除一般公共财政预算拨款和政府性基金预算拨款以外的其他财政拨款的，应当按照财政拨款种类增加相应的资金项目及其明细项目。财政拨款预算收入支出表格式见表9－8。

表9－8　　财政拨款预算收入支出表

会政预03表

编制单位＿＿＿＿＿＿　　＿＿＿＿年　　单位：元

<table>
<tr><th rowspan="2">项目</th><th colspan="2">年初财政拨款结转结余</th><th rowspan="2">调整年初财政拨款结转结余</th><th rowspan="2">本年归集调入</th><th rowspan="2">本年归集上缴或调出</th><th colspan="2">单位内部调剂</th><th rowspan="2">本年财政拨款收入</th><th rowspan="2">本年财政拨款支出</th><th colspan="2">年末财政拨款结转结余</th></tr>
<tr><th>结转</th><th>结余</th><th>结转</th><th>结余</th><th>结转</th><th>结余</th></tr>
<tr><td>一、一般公共预算财政拨款</td><td></td><td></td><td></td><td></td><td></td><td></td><td></td><td></td><td></td><td></td><td></td></tr>
<tr><td>（一）基本支出结转</td><td></td><td></td><td></td><td></td><td></td><td></td><td></td><td></td><td></td><td></td><td></td></tr>
<tr><td>1. 人员经费</td><td></td><td></td><td></td><td></td><td></td><td></td><td></td><td></td><td></td><td></td><td></td></tr>
<tr><td>2. 日常公用经费</td><td></td><td></td><td></td><td></td><td></td><td></td><td></td><td></td><td></td><td></td><td></td></tr>
<tr><td>（二）项目支出结转</td><td></td><td></td><td></td><td></td><td></td><td></td><td></td><td></td><td></td><td></td><td></td></tr>
<tr><td>1. ××项目</td><td></td><td></td><td></td><td></td><td></td><td></td><td></td><td></td><td></td><td></td><td></td></tr>
<tr><td>2. ××项目</td><td></td><td></td><td></td><td></td><td></td><td></td><td></td><td></td><td></td><td></td><td></td></tr>
<tr><td>……</td><td></td><td></td><td></td><td></td><td></td><td></td><td></td><td></td><td></td><td></td><td></td></tr>
<tr><td>二、政府性基金预算财政拨款</td><td></td><td></td><td></td><td></td><td></td><td></td><td></td><td></td><td></td><td></td><td></td></tr>
<tr><td>（一）基本支出结转</td><td></td><td></td><td></td><td></td><td></td><td></td><td></td><td></td><td></td><td></td><td></td></tr>
<tr><td>1. 人员经费</td><td></td><td></td><td></td><td></td><td></td><td></td><td></td><td></td><td></td><td></td><td></td></tr>
<tr><td>2. 日常公用经费</td><td></td><td></td><td></td><td></td><td></td><td></td><td></td><td></td><td></td><td></td><td></td></tr>
<tr><td>（二）项目支出结转</td><td></td><td></td><td></td><td></td><td></td><td></td><td></td><td></td><td></td><td></td><td></td></tr>
<tr><td>1. ××项目</td><td></td><td></td><td></td><td></td><td></td><td></td><td></td><td></td><td></td><td></td><td></td></tr>
<tr><td>2. ××项目</td><td></td><td></td><td></td><td></td><td></td><td></td><td></td><td></td><td></td><td></td><td></td></tr>
<tr><td>……</td><td></td><td></td><td></td><td></td><td></td><td></td><td></td><td></td><td></td><td></td><td></td></tr>
<tr><td>总计</td><td></td><td></td><td></td><td></td><td></td><td></td><td></td><td></td><td></td><td></td><td></td></tr>
</table>

财政拨款预算收入支出表各栏及其对应项目的内容和填列方法如下所述。

（1）“年初财政拨款结转结余”栏中各项目，反映单位年初各项财政拨款结转结余的金额。各项目应当根据“财政拨款结转”和“财政拨款结余”及其明细科目的年初余额填列。本栏中各项目的数额应当与上年度财政拨款预算收入支出表中“年末财政拨款结转结余”栏中各项目的数额相等。

（2）“调整年初财政拨款结转结余”栏中各项目，反映单位对年初财政拨款结转结余的调整金额。各项目应当根据“财政拨款结转”“财政拨款结余”科目下“年初余额调整”明细科目及其所属明细科目的本年发生额填列；如调整减少年初财政拨款结转结余，以“-”号填列。

（3）“本年归集调入”栏中各项目，反映单位本年按规定从其他单位调入的财政拨款结转资金金额。各项目应当根据“财政拨款结转”科目下“归集调入”明细科目及其所属明细科目的本年发生额填列。

（4）“本年归集上缴或调出”栏中各项目，反映单位本年按规定实际上缴的财政拨款结转结余资金，及按照规定向其他单位调出的财政拨款结转资金金额。各项目应当根据“财政拨款结转”“财政拨款结余”科目下“归集上缴”科目和“财政拨款结转”科目下“归集调出”明细科目，及其所属明细科目的本年发生额填列，以“-”号填列。

（5）“单位内部调剂”栏中各项目，反映单位本年财政拨款结转结余资金在单位内部不同项目之间的调剂金额。各项目应当根据“财政拨款结转”和“财政拨款结余”科目下的“单位内部调剂”明细科目及其所属明细科目的本年发生额填列；对单位内部调剂减少的财政拨款结余金额，以“-”号填列。

（6）“本年财政拨款收入”栏中各项目，反映单位本年从同级财政部门取得的各类财政预算拨款金额。各项目应当根据“财政拨款预算收入”科目及其所属明细科目的本年发生额填列。

（7）“本年财政拨款支出”栏中各项目，反映单位本年发生的财政拨款支出金额。各项目应当根据“事业支出”等科目及其所属明细科目本年发生额中的财政拨款支出数的合计数填列。

（8）“年末财政拨款结转结余”栏中各项目，反映单位年末财政拨款结转结余的金额。各项目应当根据“财政拨款结转”和“财政拨款结余”科目及其所属明细科目的年末余额填列。

本章小结

事业单位会计报表分为财务报表和预算会计报表两大类。

财务报表由会计报表及其附注构成。会计报表主要有资产负债表、收入费用表、净资产变动表和现金流量表。资产负债表是反映单位在某一特定日期全部资产、负债和净资产的情况。收入费用表是反映单位在某一会计期间内发生的收入、费用及当期盈余情况。净资产变动表是反映单位在某一会计年度内净资产项目的变动情况。现金流量表是反映单位在某一会计年度内现金流入和流出的信息。

预算会计报表主要有预算收入支出表、预算结转结余变动表和财政拨款预算收入支出表，它是编制部门决算报表的基础。预算收入支出表是指反映单位在某一会计年度内各项预算收入、预算支出和预算收支差额情况的报表。预算结转结余变动表是反映单位在某一会计年度内预算结转结余变动情况的报表。财政拨款预算收入支出表是反映单位本年财政拨款预算资金收入、支出及相关变动的具体情况的报表。

复习思考题

1. 事业单位的会计报表分成哪几类?
2. 事业单位财务报表的含义是什么?其主要的会计报表有哪些?
3. 事业单位预算会计报表的含义是什么?其主要的预算会计报表有哪些?
4. 如何编制资产负债表?
5. 如何编制收入费用表?
6. 如何编制净资产变动表?
7. 如何编制预算收入支出表?
8. 如何编制预算结转结余变动表?

练　习　题

一、目的　练习事业单位资产负债表的编制。

二、资料　某事业单位20×7年年初及年末科目余额见表9-9。

表9-9　　20×7年年初及年末科目余额　　单位:元

科目名称	年初借方余额	年末借方余额	科目名称	年初贷方余额	年末贷方余额
库存现金	67 000	73 600	短期借款	91 000	78 000
银行存款	1 849 000	1 978 000	应交增值税	14 000	11 000
其他货币资金	23 200	21 400	其他应交税费	12 000	13 000
短期投资	51 000	59 000	应付票据	69 000	88 000
财政应返还额度	17 000	15 000	应付账款	66 630	78 000
应收票据	49 000	38 000	应付利息	29 000	18 000
应收账款	79 000	98 000	预收账款	19 000	38 000
预付账款	64 000	68 000	其他应付款	44 000	23 000
应收股利	19 000	23 000	预提费用	14 000	11 000
应收利息	15 000	16 000	坏账准备	2 910	5 580
其他应收款	18 000	88 000	固定资产累计折旧	706 000	731 000
在途物品	29 000	38 000	无形资产累计摊销	52 000	55 000
库存物品	59 000	78 000	长期借款	89 000	108 000
加工物品	19 000	22 000	长期应付款	99 000	88 000
待摊费用	24 000	19 000	预计负债	19 000	18 000
长期股权投资	389 000	408 000	累计盈余	3 993 460	4 740 420
长期债券投资	169 000	148 000	专用基金	189 000	208 000
固定资产	2 409 000	2 908 000	权益法调整	119 000	138 000
工程物资	34 000	45 000			

续表

科目名称	年初借方余额	年末借方余额	科目名称	年初贷方余额	年末贷方余额
在建工程	59 000	88 000			
无形资产	169 000	198 000			
待处理财产损溢	16 800	20 000			
合计	5 628 000	6 450 000	合计	5 628 000	6 450 000

其中年末长期债券投资中有将于20×8年5月到期的48 000元；长期借款中有将于20×8年6月到期的款项28 000元；应收账款和其他应收款坏账准备提取比例为年末余额的3%。

三、要求 根据上述资料编制事业单位资产负债表。

第三篇　政府会计——行政单位会计

第十章　行政单位会计概述

学习目标： 通过本章的学习，要求理解行政单位财务会计与预算会计的含义；掌握行政单位财务会计与预算会计要素及其分类；明确行政单位财务会计与预算会计的双功能要求。

第一节　行政单位财务会计概述

一、行政单位财务会计的含义

按照政府会计基本准则规定，政府会计由财务会计和预算会计组成。其中财务会计，是指以权责发生制为基础对政府会计主体发生的各项经济业务或者事项进行会计核算，主要反映和监督政府会计主体财务状况、运行情况和现金流量等的会计。财务会计实行权责发生制。

《政府会计制度——行政单位会计科目和报表》规定单位会计核算应当具备财务会计与预算会计双重功能，实现财务会计与预算会计适度分离并相互衔接，全面、清晰反映单位财务信息和预算执行信息。

单位对于纳入部门预算管理的现金收支业务，在采用财务会计核算的同时应当进行预算会计核算；对于其他业务，仅需进行财务会计核算。

二、行政单位财务会计要素

行政单位财务会计要素包括资产、负债、净资产、收入和费用。

1. 资产

资产是指政府会计主体过去的经济业务或者事项形成的，由政府会计主体控制的，预期能够产生服务潜力或者带来经济利益流入的经济资源。服务潜力是指政府会计主体利用资产提供公共产品和服务以履行政府职能的潜在能力；经济利益流入表现为现金及现金等价物的流入，或者现金及现金等价物流出的减少。

行政单位的资产按照流动性，分为流动资产和非流动资产。

（1）流动资产是指预计在 1 年内（含 1 年）耗用或者可以变现的资产，包括货币资金、应收及预付款项、存货等。

（2）非流动资产是指流动资产以外的资产，包括固定资产、在建工程、无形资产、公共基础设施、政府储备资产、文物文化资产、保障性住房和自然资源资产等。

符合资产定义的经济资源，在同时满足以下条件时，确认为行政单位资产。

（1）与该经济资源相关的服务潜力很可能实现或者经济利益很可能流入政府会计主体。

（2）该经济资源的成本或者价值能够可靠地计量。

行政单位资产的计量属性主要包括历史成本、重置成本、现值、公允价值和名义金额。

在历史成本计量下，资产按照取得时支付的现金金额或者支付对价的公允价值计量；在重置成本计量下，资产按照现在购买相同或者相似资产所需支付的现金金额计量；在现值计量下，资产按照预计从其持续使用和最终处置中所产生的未来净现金流入量的折现金额计量；在公允价值计量下，资产按照市场参与者在计量日发生的有序交易中，出售资产所能收到的价格计量。无法采用上述计量属性的，采用名义金额（即人民币1元）计量。

行政单位对资产进行计量时，一般应当采用历史成本。采用重置成本、现值、公允价值计量的，应当保证所确定的资产金额能够持续、可靠地计量。

2. 负债

行政单位负债是指政府会计主体过去的经济业务或者事项形成的，预期会导致经济资源流出政府会计主体的现时义务。现时义务是指政府会计主体在现行条件下已承担的义务。未来发生的经济业务或者事项形成的义务不属于现时义务，不应当确认为负债。

行政单位的负债按照流动性，分为流动负债和非流动负债。

（1）流动负债是指预计在1年内（含1年）偿还的负债，包括应付及预收款项、应付职工薪酬、应缴款项等。

（2）非流动负债是指流动负债以外的负债，包括长期应付款、应付政府债券和政府依法担保形成的债务等。

符合负债定义的义务，在同时满足以下条件时，确认为行政单位负债。

（1）履行该义务很可能导致含有服务潜力或者经济利益的经济资源流出政府会计主体。

（2）该义务的金额能够可靠地计量。

行政单位负债的计量属性主要包括历史成本、现值和公允价值。

在历史成本计量下，负债按照因承担现时义务而实际收到的款项或者资产的金额，或者承担现时义务的合同金额，或者按照为偿还负债预期需要支付的现金计量；在现值计量下，负债按照预计期限内需要偿还的未来净现金流出量的折现金额计量；在公允价值计量下，负债按照市场参与者在计量日发生的有序交易中，转移负债所需支付的价格计量。

行政单位在对负债进行计量时，一般应当采用历史成本。采用现值、公允价值计量的，应当保证所确定的负债金额能够持续、可靠地计量。

3. 净资产

净资产是指政府会计主体资产扣除负债后的净额。净资产金额取决于资产和负债的计量。

4. 收入

行政单位收入是指报告期内导致政府会计主体净资产增加的、含有服务潜力或者经济利益的经济资源的流入。

行政单位收入的确认应当同时满足以下条件。

（1）与收入相关的含有服务潜力或者经济利益的经济资源很可能流入政府会计主体。

（2）含有服务潜力或者经济利益的经济资源流入会导致政府会计主体资产增加或者负债减少。

（3）流入金额能够可靠地计量。

5. 费用

行政单位费用是指报告期内导致政府会计主体净资产减少的、含有服务潜力或者经济利益的经济资源的流出。

行政单位费用的确认应当同时满足以下条件。

（1）与费用相关的含有服务潜力或者经济利益的经济资源很可能流出政府会计主体。

（2）含有服务潜力或者经济利益的经济资源流出会导致政府会计主体资产减少或者负债增加。

（3）流出金额能够可靠地计量。

三、行政单位财务报告

行政单位财务报告是反映行政单位某一特定日期的财务状况和某一会计期间的运行情况及现金流量等信息的文件。财务报告应当包括财务报表和其他应当在财务报告中披露的相关信息及资料。

行政单位财务报表包括会计报表和附注。会计报表主要包括资产负债表、收入费用表、净资产变动表、现金流量表。

第二节 行政单位预算会计概述

一、行政单位预算会计的含义

按照政府会计基本准则规定，政府会计由预算会计和财务会计组成。其中预算会计，是指以收付实现制为基础对政府会计主体预算执行过程中发生的全部收入和全部支出进行会计核算，主要反映和监督预算收支执行情况的会计。

预算会计实行收付实现制，国务院另有规定的，依照其规定。

二、行政单位预算会计要素

行政单位预算会计要素包括预算收入、预算支出和预算结余。

1. 预算收入

行政单位预算收入是指政府会计主体在预算年度内依法取得的并纳入预算管理的现金流入。预算收入一般在实际收到时予以确认，以实际收到的金额计量。

2. 预算支出

行政单位预算支出是指政府会计主体在预算年度内依法发生并纳入预算管理的现金流出。预算支出一般在实际支付时予以确认，以实际支付的金额计量。

3. 预算结余

行政单位预算结余是指政府会计主体预算年度内预算收入扣除预算支出后的资金余额，以及历年滚存的资金余额。

预算结余包括结余资金和结转资金。结余资金是指年度预算执行终了，预算收入实际完成数扣除预算支出和结转资金后剩余的资金；结转资金是指预算安排项目的支出年终尚未执行完毕或者因故未执行，且下年需要按原用途继续使用的资金。

三、行政单位决算报告

行政单位决算报告是综合反映行政单位年度预算收支执行结果的文件。行政单位决算报告应当包括决算报表和其他应当在决算报告中反映的相关信息及资料。

行政单位的年度预算会计报表（决算报表）主要包括预算收入支出表、预算结转结余变动表和财政拨款预算收入支出表。

本章小结

按照政府会计基本准则规定，政府会计由财务会计和预算会计组成。

财务会计，是指以权责发生制为基础对政府会计主体发生的各项经济业务或者事项进行会计核算，主要反映和监督政府会计主体财务状况、运行情况和现金流量等的会计。财务会计要素包括资产、负债、净资产、收入和费用。行政单位财务报告是反映行政单位某一特定日期的财务状况和某一会计期间的运行情况和现金流量等信息的文件。财务报告应当包括财务报表和其他应当在财务报告中披露的相关信息及资料。

预算会计，是指以收付实现制为基础对政府会计主体预算执行过程中发生的全部收入和全部支出进行会计核算，主要反映和监督预算收支执行情况的会计。行政单位预算会计要素包括预算收入、预算支出和预算结余。行政单位决算报告是综合反映行政单位年度预算收支执行结果的文件。行政单位决算报告应当包括决算报表和其他应当在决算报告中反映的相关信息及资料。

复习思考题

1. 行政单位财务会计的含义是什么？
2. 行政单位财务会计要素有哪些？
3. 行政单位预算会计的含义是什么？
4. 行政单位预算会计要素有哪些？
5. 如何理解行政单位会计的双功能？

第十一章　行政单位资产的核算

学习目标：通过本章的学习，要求了解行政单位资产的分类；理解行政单位各项资产的含义；掌握行政单位流动资产和非流动资产的核算。

第一节　流动资产的核算

流动资产是指预计在1年内（含1年）耗用或者可以变现的资产，包括货币资金、财政应返还额度、预付及应收款项、存货等。

一、货币资金的核算

行政单位的货币资金主要包括库存现金、银行存款、零余额账户用款额度和其他货币资金。

（一）库存现金的核算

1. 库存现金的核算内容

库存现金是指行政单位库存的现金，包括库存的人民币和外币。根据国家现金管理制度和结算制度的规定，行政单位应当严格按照国家有关现金管理的规定收支现金，并按照政府会计制度规定核算现金的各项收支业务。行政单位收支的各种款项必须按照国务院颁发的《现金管理暂行条例》的规定办理，遵守现金的管理原则，在规定的范围内使用现金。

2. 库存现金核算的账务处理

为了总括反映行政单位库存现金的收支及结存情况，应设置"库存现金"科目。它是资产类科目，借方登记库存现金的增加数；贷方登记库存现金的减少数。借方余额表示库存现金余额。

为了加强现金的管理和核算，系统了解现金收付的动态，除了进行总分类核算外，还应进行明细分类核算。本科目应当设置"受托代理资产"明细科目，核算单位受托代理、代管的现金。

（1）从银行等金融机构提取现金，按照实际提取的金额，借记本科目，贷记"银行存款"科目；将现金存入银行等金融机构，按照实际存入金额，借记"银行存款"科目，贷记本科目。

根据规定从单位零余额账户提取现金，按照实际提取的金额，借记本科目，贷记"零余额账户用款额度"科目。将现金退回单位零余额账户，按照实际退回的金额，借记"零余额账户用款额度"科目，贷记本科目。

（2）因内部职工出差等原因借出的现金，按照实际借出的现金金额，借记"其他应收款"科目，贷记本科目。出差人员报销差旅费时，按照实际报销的金额，借记"业务活动费用"

等科目，按照实际借出的现金金额，贷记“其他应收款”科目，按照其差额，借记或贷记本科目。

（3）因购买服务、物品或者其他事项支付现金，按照实际支付的金额，借记“业务活动费用”“库存物品”等相关科目，贷记本科目。以库存现金对外捐赠，按照实际捐出的金额，借记“其他费用”科目，贷记本科目。

（4）收到受托代理、代管的现金，按照实际收到的金额，借记本科目（受托代理资产），贷记“受托代理负债”科目；支付受托代理、代管的现金，按照实际支付的金额，借记“受托代理负债”科目，贷记本科目（受托代理资产）。

行政单位应当设置“库存现金日记账”，由出纳人员根据收付款凭证，按照业务发生顺序逐笔登记。每日终了，应当计算当日的现金收入合计数、现金支出合计数和结余数，并将结余数与实际库存数相核对，做到账款相符。

每日账款核对中发现有待查明原因的现金短缺或溢余的，应当通过“待处理财产损溢”科目核算。属于现金溢余，应当按照实际溢余的金额，借记本科目，贷记“待处理财产损溢”科目；属于现金短缺，应当按照实际短缺的金额，借记“待处理财产损溢”科目，贷记本科目。待查明原因后及时进行账务处理。

【例 11－1】某行政单位发生以下有关现金业务。

（1）开出支票，从银行提取现金 6 500 元。

借：库存现金	6 500	
贷：银行存款		6 500

（2）行政办公人员王平出差借差旅费 4 000 元。

借：其他应收款——王平	4 000	
贷：库存现金		4 000

（3）王平出差回来，报销差旅费 3 500 元，余款 500 元退回现金。

借：业务活动费用	3 500	
库存现金	500	
贷：其他应收款——王平		4 000

（4）当日核对库存现金数额，发现短缺 1 200 元。

借：待处理财产损溢	1 200	
贷：库存现金		1 200

（5）经查，上述短缺的现金无法查明原因，经批准进行核销。

借：资产处置费用	1 200	
贷：待处理财产损溢		1 200

（二）银行存款的核算

1. 银行存款科目的开立和管理

银行存款是指行政单位存入银行和其他金融机构的各种存款，我国行政单位的银行存款包括人民币存款和外币存款两种。按照人民银行《支付结算办法》的规定，行政单位应在银行开立账户，以办理存款、取款和转账等结算。凡是在银行开立存款户的单位，必须遵守中国人民银行颁布的《银行账户管理办法》的各项规定。行政单位应由会计部门统一在银行开户，避免多头开户。

2. 银行存款核算的账务处理

为了总括反映行政单位银行存款的收支和结存情况，应设置“银行存款”科目。它是资产类科目，借方登记银行存款的增加数，贷方登记银行存款的减少数，期末借方余额表示银行存款的实有数额。“银行存款”总账与“库存现金”总账一样，应由不从事出纳工作的会计人员负责登记。它既可以根据银行存款收付款凭证逐笔登记，也可以定期填制汇总收付款凭证于月末汇总登记。

行政单位每天都可能发生通过银行进行结算的业务。为了随时掌握银行存款的收支和结存情况，行政单位应按开户银行、其他金融机构、存款种类及货币种类分别设置“银行存款日记账”，进行序时核算。

银行存款日记账是由出纳员根据审核无误的原始凭证或收付款的记账凭证逐日逐笔序时登记的。每日终了应结出余额，月末结出本月收入、付出的合计数和月末结存数，并且与银行核对账目。

【例 11－2】某行政单位发生以下银行存款业务。

（1）收到财政部门拨入行政业务经费 300 000 元存入银行。

借：银行存款	300 000	
贷：财政拨款收入		300 000

（2）将现金 3 000 元送存银行。

借：银行存款	3 000	
贷：库存现金		3 000

（3）由于业务活动需要，外雇有关人员，用银行存款 3 500 元支付其工资。

借：业务活动费用	3 500	
贷：银行存款		3 500

3. 银行存款的对账

银行存款的对账参见“第四章　事业单位资产的核算”的有关内容。

（三）零余额账户用款额度的核算

1. 零余额账户用款额度核算的内容

在国库集中收付制度下，行政单位经财政部门审批，在国库集中支付代理银行开设单位零余额账户，用于财政授权支付的结算。财政部门根据预算安排和资金使用计划，定期向行政单位下达财政授权支付额度。行政单位可以根据下达的额度，自行签发授权支付指令，通知代理银行办理资金支付业务。

2. 零余额账户用款额度核算的账务处理

为了核算实行国库集中支付的行政单位根据财政部门批复的用款计划收到和支用的零余额账户用款额度，应设置“零余额账户用款额度”科目。它是资产类科目，借方登记收到的代理银行转来的“财政授权支付额度到账通知书”所列的财政授权支付到账额度数额；贷方登记使用的数额。收到用款额度时，借记本科目，贷记“财政拨款收入”科目；使用时借记有关科目，贷记本科目。

年度终了，行政单位依据代理银行提供的对账单作注销额度的相关账务处理，借记“财政应返还额度——财政授权支付”科目，贷记“零余额账户用款额度”科目。行政单位本年度财政授权支付预算指标数大于零余额账户用款额度下达数的，根据未下达的用款额度，借记“财政应返还额度——财政授权支付”科目，贷记“财政拨款收入”科目。

下年初，行政单位依据代理银行提供的“额度恢复到账通知书”作恢复额度的相关账务处理，借记“零余额账户用款额度”科目，贷记“财政应返还额度——财政授权支付”科目。

该科目期末借方余额，反映行政单位尚未支用的用款额度，本科目年末应无余额。

【例 11－3】 某行政单位 1 日收到代理银行转来的“财政授权支付额度到账通知书”，本月用于基本支出的财政授权支付额度 200 000 元。28 日，行政单位开出授权支付凭证，通知银行支付本月业务活动电费 6 500 元。

行政单位应编制以下会计分录。

借：零余额账户用款额度	200 000	
贷：财政拨款收入——基本支出		200 000
借：业务活动费用——基本支出	6 500	
贷：零余额账户用款额度		6 500

（四）其他货币资金的核算

1. 其他货币资金的核算内容

其他货币资金是指行政单位除库存现金、银行存款和零余额账户用款额度以外的货币资金，其内容主要包括外埠存款、银行本票存款、银行汇票存款、信用卡存款等。

2. 其他货币资金核算的账务处理

为了核算行政单位的外埠存款、银行本票存款、银行汇票存款、信用卡存款等各种其他货币资金的增减变动情况，行政单位应设置“其他货币资金”科目。它是资产类科目，借方登记增加数，贷方登记减少数，期末借方余额，反映单位实际持有的其他货币资金。

对其他货币资金应作以下主要账务处理。

（1）单位按照有关规定需要在异地开立银行账户，将款项委托本地银行汇往异地开立账户时，借记本科目，贷记“银行存款”科目。收到采购员交来供应单位发票账单等报销凭证时，借记“库存物品”等科目，贷记本科目。将多余的外埠存款转回本地银行时，根据银行的收账通知，借记“银行存款”科目，贷记本科目。

（2）将款项交存银行取得银行本票、银行汇票，按照取得的银行本票、银行汇票金额，借记本科目，贷记“银行存款”科目。使用银行本票、银行汇票购买库存物品等资产时，按照实际支付金额，借记“库存物品”等科目，贷记本科目。如有余款或因本票、汇票超过付款期等原因而退回款项，按照退款金额，借记“银行存款”科目，贷记本科目。

（3）将款项交存银行取得信用卡，按照交存金额，借记本科目，贷记“银行存款”科目。用信用卡购物或支付有关费用，按照实际支付金额，借记“库存物品”等科目，贷记本科目。单位信用卡在使用过程中，需向其账户续存资金的，按照续存金额，借记本科目，贷记“银行存款”科目。

【例 11－4】 某行政单位 3 月 15 日为了在外地某市采购物品，在异地某市开立银行账户，将款项 50 000 元委托本地银行汇往异地开立账户。4 月 3 日收到从某市购买的物品，货款共计 48 000 元，余款 2 000 元退回本地银行账户。

行政单位应编制以下会计分录。

借：其他货币资金——外埠存款	50 000	
贷：银行存款		50 000

借：库存物品　　48 000
　　银行存款　　2 000
　　贷：其他货币资金——外埠存款　　50 000

二、财政应返还额度的核算

（一）财政应返还额度的核算内容

财政应返还额度是指行政单位年终注销的、需要在下年度恢复的年度未实现的用款额度。实行国库集中收付制度后，行政单位的财政经费由财政部门通过国库单一账户统一拨付。行政单位的年度财政预算指标包括财政直接支付额度和财政授权支付额度。年度终了，行政单位需要对未实现的用款额度进行注销，形成财政应返还额度，以后在下年度得以恢复。行政单位的财政应返还额度包括财政直接支付额度和财政授权支付额度。

（二）财政应返还额度的账务处理

为了核算年终财政应返还额度的注销、恢复和使用情况，行政单位应设置“财政应返还额度”科目。它是资产类科目，借方登记当年直接支付预算指标数与当年财政直接支付实际支出数的差额，以及当年财政授权支付预算指标数大于零余额账户用款额度下达数的差额；贷方登记下年度恢复的财政直接支付额度的实际发生的支出，以及下年度收到的恢复财政授权额度。本科目期末借方余额，反映行政单位应收财政返还的资金额度。本科目应当设置“财政直接支付”“财政授权支付”两个明细科目进行明细核算。

【例 11－5】某行政单位本年度财政直接支付额度为 4 000 000 元，当年度实际完成支付数 3 800 000 元，需要注销未实现的财政直接支付额度 200 000 元。

行政单位应编制以下会计分录。

借：财政应返还额度——财政直接支付　　200 000
　　贷：财政拨款收入　　200 000

例 11－5 中，如果财政授权支付额度预算指标为 4 000 000 元，本年度实际下达的授权支付额度 3 800 000 元，未使用的零余额账户用款额度 100 000 元，未下达的额度 200 000 元。

借：财政应返还额度——财政授权支付　　300 000
　　贷：零余额账户用款额度　　100 000
　　　　财政拨款收入　　200 000

下年初恢复额度时，对于恢复的财政直接支付额度，不进行账务处理，只记录预算数，实际使用恢复的财政直接支付额度时，借记有关支出科目，贷记“财政应返还额度——财政直接支付”科目；对于恢复的财政授权支付额度，借记“零余额账户用款额度”科目，贷记“财政应返还额度——财政授权支付”科目。

假设例 11－5 中，下年度，行政单位收到代理银行提供的“恢复到账通知书”，恢复上年注销财政授权额度 300 000 元（包括上年年末未下达的零余额账户用款额度 200 000 元和未使用的授权额度 100 000 元），均已经下达到零余额账户。

借：零余额账户用款额度　　300 000
　　贷：财政应返还额度——财政授权支付　　300 000

三、预付账款的核算

预付账款是指行政单位按照购货、服务合同或协议规定预付给供应单位（或个人）的款项，以及按照合同规定向承包工程的施工企业预付的备料款和工程款。

为了反映和监督行政单位预付货款的支出和结算情况，应设置“预付账款”科目。它是资产类科目，借方登记向供应单位预付的货款，贷方登记本单位收到所购物品时应结转的预付货款，期末余额一般在借方，反映本单位向供应单位已预付尚未结算的货款。

【例 11-6】某行政单位订购某项货物，按合同规定预付货款 50 000 元。

借：预付账款　　50 000

　　贷：银行存款　　50 000

假设例 11-6 中，行政单位订购的货物到货，发票账单上列明价款 60 000 元，增值税 9 600 元，用零余额账户用款额度补付货款 19 600 元。

借：库存物品　　69 600

　　贷：预付账款　　50 000

　　　　零余额账户用款额度　　19 600

四、其他应收款的核算

其他应收款是指行政单位除财政应返还额度、预付账款以外的其他各项应收及暂付款项，如职工预借的差旅费、已经偿还银行尚未报销的本单位公务卡欠款、拨付给内部有关部门的备用金、应向职工收取的各种垫付款项、支付的可以收回的订金或押金等。

为了核算其他应收款的增减变动情况，行政单位应设置“其他应收款”科目。它是资产类科目，借方登记其他应收款的增加数额，贷方登记收回数额，期末借方余额，反映单位尚未收回的其他应收款。本科目应当按照其他应收款的类别以及债务单位（或个人）进行明细核算。

对其他应收款应作以下主要账务处理。

（1）发生其他各种应收及暂付款项时，按照实际发生金额，借记本科目，贷记“零余额账户用款额度”“银行存款”“库存现金”等科目。

（2）收回其他各种应收及暂付款项时，按照收回的金额，借记“库存现金”“银行存款”等科目，贷记本科目。

（3）单位内部实行备用金制度的，有关部门使用备用金以后应当及时到财务部门报销并补足备用金。

财务部门核定并发放备用金时，按照实际发放金额，借记本科目，贷记“库存现金”等科目。

根据报销金额用现金补足备用金定额时，借记“业务活动费用”等科目，贷记“库存现金”等科目，报销数和拨补数都不再通过本科目核算。

（4）偿还尚未报销的本单位公务卡欠款时，按照偿还的款项，借记本科目，贷记“零余额账户用款额度”“银行存款”等科目；持卡人报销时，按照报销金额，借记“业务活动费用”等科目，贷记本科目。

（5）将预付账款账面余额转入其他应收款时，借记本科目，贷记“预付账款”科目。具体说明参见“预付账款”科目。

【例 11-7】某行政单位发生以下其他应收款业务。

（1）单位行政办公人员职工李力借差旅费，付给其现金 1 600 元。

借：其他应收款——李力　　1 600
　　贷：库存现金　　1 600

（2）单位内部办公部门领取备用金3 000元，以现金支付。

借：其他应收款——备用金　　3 000
　　贷：库存现金　　3 000

（3）李力出差回来，报销差旅费1 560元，余款40元退回。

借：业务活动费用　　1 560
　　库存现金　　40
　　贷：其他应收款——李力　　1 600

五、存货的核算

（一）存货核算的内容

存货，是指行政单位在开展业务活动及其他活动中为耗用或出售而储存的资产，如材料、产品、包装物和低值易耗品等，以及未达到固定资产标准的用具、装具、动植物等。

存货同时满足下列条件的，应当予以确认。

（1）与该存货相关的服务潜力很可能实现或者经济利益很可能流入政府会计主体。

（2）该存货的成本或者价值能够可靠地计量。

行政单位存货核算需要设置“在途物品”“库存物品”和“加工物品”科目。

（二）在途物品的核算

在途物品是指行政单位采购材料等物资时货款已付或已开出商业汇票但尚未验收入库的物品。为了核算在途物品的采购成本，应设置“在途物品”科目。它是资产类科目，借方登记外购物品的实际采购成本，贷方登记到达验收入库的外购物品的采购成本，期末借方余额，反映单位在途物品的采购成本。

本科目可按照供应单位和物品种类进行明细核算。

对在途物品应作以下主要账务处理。

（1）行政单位购入材料等物品，按照确定的物品采购成本的金额，借记本科目，按照实际支付的金额，贷记“财政拨款收入”“零余额账户用款额度”“银行存款”等科目。

（2）所购材料等物品到达验收入库，按照确定的库存物品成本金额，借记“库存物品”科目，按照物品采购成本金额，贷记本科目，按照使得入库物品达到目前场所和状态所发生的其他支出，贷记“银行存款”等科目。

【例11－8】某行政单位3月28日通过零余额账户用款额度支付购入业务活动用甲材料1 000千克，单价20元，增值税为3 200元，价税款合计23 200元，3月末材料尚未到达。

借：在途物品——材料　　23 200
　　贷：零余额账户用款额度　　23 200

假设4月5日，上述外购材料1 000千克到达验收入库。

借：库存物品——材料　　23 200
　　贷：在途物品——材料　　23 200

（三）库存物品的核算

库存物品是指行政单位在开展业务活动及其他活动中为耗用或出售而储存的各种材料、

产品、包装物、低值易耗品，以及达不到固定资产标准的用具、装具、动植物等的成本。

为了核算行政单位在开展业务活动及其他活动中为耗用而储存的各种材料、产品、包装物、低值易耗品，以及达不到固定资产标准的用具、装具、动植物等的成本情况，应设置“库存物品”科目。它是资产类科目，借方登记验收入库的库存物品成本，贷方登记领用出库的成本，期末借方余额，反映单位库存物品的实际成本。

行政单位库存物品的账务处理详细核算内容参见“第四章　事业单位资产的核算”的有关内容。

【例 11－9】某行政单位发生以下库存物品有关业务。

（1）购入甲材料 1 000 千克，单价 20 元，价款合计 20 000 元，用零余额账户用款额支付，材料入库。

借：库存物品——材料　　20 000

　　贷：零余额账户用款额度　　20 000

（2）从外地购入 A 材料 300 千克，单价 20 元，价款计 6 000 元；购入 B 材料 200 千克，单价 15 元，价款计 3 000 元。材料已经验收入库，用银行存款支付价款总计 9 000 元，另外运杂费 500 元，运杂费按材料重量比例分配。

$$运杂费分配率=\frac{500}{300+200}=1\ （元/千克）$$

A 材料应分配的运杂费 $=300\times1=300$（元）

B 材料应分配的运杂费 $=200\times1=200$（元）

购入材料应编制以下会计分录。

借：库存物品——材料——A 材料　　6 300

　　　　　　——材料——B 材料　　3 200

　　贷：银行存款　　9 500

（3）单位修缮行政办公楼领用材料，成本 450 元。

借：业务活动费用　　450

　　贷：库存物品——材料　　450

（4）系统内其他单位无偿调入库存物品甲一批，价值 30 000 元，用银行存款支付运输等费用 1 500 元，物品入库。

借：库存物品　　31 500

　　贷：银行存款　　1 500

　　　　无偿调拨净资产　　30 000

（5）接受外单位捐赠的库存物品乙一批，价值 20 000 元，用银行存款支付运输等费用 1 000 元，物品入库。

借：库存物品　　21 000

　　贷：银行存款　　1 000

　　　　捐赠收入　　20 000

（6）年终进行财产清查，发现盘亏乙材料 100 千克，单价 15 元，共计 1 500 元；盘盈 A 材料 30 千克，按同类材料注明的成本计价 600 元。

行政单位盘亏的乙材料 1 500 元转入待处理财产损溢时，应编制以下会计分录。

借：待处理财产损溢　　1 500

　　贷：库存物品——材料——乙材料　　1 500

报经批准后，应编制以下会计分录。

借：资产处置费用　　1 500

　　贷：待处理财产损溢　　1 500

盘盈的 A 材料 600 元，应编制以下会计分录。

借：库存物品——材料——A 材料　　600

　　贷：待处理财产损溢　　600

报经批准后，应编制以下会计分录。

借：待处理财产损溢　　600

　　贷：业务活动费用　　600

（四）加工物品的核算

加工物品是指行政单位自制或委托外单位加工的各种物品。为了核算行政单位自制或委托外单位加工的各种物品的实际成本，单位应设置“加工物品”科目。它是资产类科目，借方登记加工物品的成本，贷方登记加工完成验收入库物品的成本，期末借方余额，反映单位自制或委托外单位加工但尚未完工的各种物品的实际成本。

加工物品的核算参见“第四章　事业单位资产的核算”的有关内容。

（五）存货的盘存制度

存货的盘存制度是指确定特定会计期间存货减少与结存存货量的方法，它包括实地盘存制和永续盘存制两种。

1. 实地盘存制（也称定期盘存制）

它是指行政单位在每个会计期间增加的存货，要依据会计凭证，依次记入存货明细账及其总账，但对各个会计期间销售或者耗用的存货平时不予记录，到了会计期末，通过实地盘点，确定存货的期末结存数量，并按存货的一定计价方法确定期末存货的金额，然后通过倒挤的方法，确定本期已经销售或者耗用存货的数量和金额。

实地盘存制的优点是平时只登记进货的成本和数量，不需要登记发出存货的数量和金额，月末通过实地盘点确定结存存货的数量和金额，汇总倒挤出本期减少的存货数量和金额，一次登记入账，简化了日常的登记存货账簿的工作。缺点是不能随时结转发出存货的成本，只能月末一次结转，加大了期末的核算工作量；同时以存计销，掩盖了存货管理中存在的自然损耗和人为损耗因素，从而导致发出存货成本计算不实的问题；由于平时不记录存货的减少数量和金额，不能随时反映存货收、发、存的信息，不利于日常对存货的计划管理和控制。

【例 11－10】某行政单位库存物品（A 材料）的期初结存及本期购进和发出的资料如下所述。

10 月 1 日：结存 100 千克，单价 50 元，金额 5 000 元。

10 月 8 日，发出 80 千克。

10 月 12 日，购进 200 千克，单价 50 元，金额 10 000 元。

10 月 25 日，购进 80 千克，单价 50 元，金额 4 000 元。

10 月 30 日，发出 240 千克。

10 月 31 日盘点，A 材料的期末结存数量为 50 千克。采用实地盘存制，登记 A 材料明细账，见表 11－1。

表 11－1　　库存物品——A 材料明细账

计量单位：千克

库存物品名称：A 材料　　金额单位：元

年		凭证	摘要	购进			发出			结存		
月	日			数量	单价	金额	数量	单价	金额	数量	单价	金额
10	1		期初结存							100	50	5 000
	12		购进	200	50	10 000						
	25		购进	80	50	4 000						
	31		盘点							50	50	2 500
	31		发出				330	50	16 500			
10	31		合计	280	50	14 000	330	50	16 500	50	50	2 500

通过例 11－10 可以看出，采用实地盘存制，平时只记录购进存货的数量和成本，不记录发出存货的数量和成本，可以简化存货的核算工作。但这种盘存制度不能从账面上反映存货的购进、发出和结存情况，只能通过定期盘点，计算、结转发出存货的成本。由于用倒挤方法确定发出存货的数量和成本，使结转的发出存货数量和成本可能包含非正常耗用的数量和成本，从而不利于存货的管理。如在例 11－10 中，发出 A 材料的数量应该为 320 千克（80 + 240），金额为 16 000 元，但采用实地盘存制，确定的发出存货的数量为 330 千克，金额为 16 500 元，比实际发出数量多 10 千克，成本多 500 元。

2. 永续盘存制（也称账面盘存制）

它是指行政单位在每个会计期间增加的存货、减少的存货（销售或者耗用），都要根据存货收发凭证，依次记入材料明细账，对存货的增减变动情况进行连续记录，并根据存货增减数量的登记，随时在存货明细账中结出存货的结存数量。这种方法下，在存货的明细账中的收入数量和金额可以根据收入存货的原始记录进行登记，发出存货的数量可以根据发出存货的原始记录进行登记，在每次收发存货后，要随时结出存货的数量。存货明细账中是否随时登记发出存货和结存存货的金额，应根据行政单位采取的期末存货计价方法而定。会计实务中，一般都在会计期末通过期末存货的计价，集中计算和结转本期发出存货的成本。无论行政单位采用哪种存货计价方法，都能在每次收发存货后，在存货的明细账中及时结出存货的数量。因此，永续盘存制又称账面盘存制。

永续盘存制的应用，要求为存货设置明细的辅助分类账，以反映每种品名及型号存货收入、发出和结存的数量和金额。有了这种明细账记录，一方面可据以同存货的总分类账相互核对，以便在它们之间保持数量和金额上的钩稽关系，增强存货核算的正确性；另一方面也便于存货的管理和控制，可以弥补实地盘存制的不足。

【例 11－11】 仍以例 11－10 为例，采用永续盘存制，登记的材料明细账见表 11－2。

通过例 11－11 可以看出，采用永续盘存制，可以在账簿中反映存货的购进、发出和结存的情况，并从数量和金额两方面进行管理控制；账簿上结存数量 60 千克，可以通过实地盘点进行核对，如果账簿上的结存数量与实存数量不符可以及时查明原因，本例中实际比账面少 10 千克。但是，永续盘存制要求每一品种的存货都要开设一个明细账，使存货的明细分类核算工作量大大增多。由于永续盘存制便于存货的日常核算，有利于存货的计划与控制，又能通过实地盘点来及时发现和处理存货各种不正常的损失。因而，永续盘存制在企业和行政单位被广泛采用。

表 11－2　　　　　　　　　　**库存物品——A 材料明细账**

库存物品名称：A 材料　　　　　　　　　　计量单位：千克
金额单位：元

年		凭证	摘要	购进			发出			结存		
月	日			数量	单价	金额	数量	单价	金额	数量	单价	金额
10	1		期初结存							100	50	5 000
	8		发出				80	50	4 000	20	50	1 000
	12		购进	200	50	10 000				220	50	11 000
	25		购进	80	50	4 000				300	50	15 000
	30		发出				240	50	12 000	60	50	3 000
10	31		合计	280	50	14 000	320	50	16 000	60	50	3 000

（六）发出存货的计价

按照存货准则的规定，行政单位领用或发出存货可以根据单位的实际情况，选择先进先出法、加权平均法和个别计价法确定其实际成本。计价方法一经确定，不得随意变更。

（1）先进先出法。它是假定先购进的材料先发出去，对发出材料和期末材料进行计价的方法。采用这种计价方法，购进材料时要逐笔登记购进材料的数量、单价和金额；发出材料时，按先进先出的原则确定单价，逐笔登记发出材料和结存材料金额。

【例 11－12】 某行政单位期初结存库存物品（A 材料）200 千克，单价 10 元，金额 2 000 元，其他资料见表 11－3。

表 11－3　　　　　　　　　　**库存物品——A 材料明细账**

库存物品名称：A 材料　　　　　　　　　　计量单位：千克
金额单位：元

年		摘要	购进		发出		结存		
月	日		数量	单价	数量	单价	数量	单价	金额
10	1	月初余额					200	10	2 000
	8	领用			200				
	10	购进	500	11					
	23	购进	300	9					
	29	领用			600				
10	31	合计	800		800		200		

第一次发出材料的实际成本 $=200\times10=2\ 000$（元）

第二次发出材料的实际成本 $=500\times11+100\times9=6\ 400$（元）

本月发出 A 材料的实际成本 $=2\ 000+6\ 400=8\ 400$（元）

(2) 加权平均法。它是用本月初库存材料的实际成本加上本月购进材料的实际成本，除以本月初结存材料的数量加上本月购进材料的数量，求出材料的加权平均单价，作为发出材料的计价标准的方法。采用这种方法，可以在每月月末根据材料明细分类账的有关数字计算出材料平均单价后，求出发出和结存材料的金额。因此，这种计价工作一般要在月末进行。其计算公式为

$$\text{加权平均单价}=\frac{\text{期初结存材料金额}+\text{本期购进材料金额}}{\text{期初结存材料数量}+\text{本期购进材料数量}}$$

$$\text{期末结存材料金额}=\text{加权平均单价}\times\text{期末结存材料数量}$$

$$\text{本期发出材料成本}=\text{期初结存材料成本}+\text{本期购进材料成本}-\text{期末结存材料成本}$$

根据表 11－3 的已知资料，用加权平均计价法计算发出材料的实际成本为

$$\text{加权平均单价}=\frac{2\ 000+5\ 500+2\ 700}{200+500+300}=10.2\ (\text{元/千克})$$

本期发出 A 材料的实际成本＝(200＋600)×10.2＝8 160（元）

期末结存 A 材料的实际成本＝200×10.2＝2 040（元）

(3) 个别计价法。它是指本期发出存货和期末结存存货的成本，完全按照该存货所属验收入库的批次的实际成本进行确定的方法。

六、待摊费用的核算

待摊费用是指行政单位已经支付，但应当由本期和以后各期分别负担的分摊期在 1 年以内（含 1 年）的各项费用，如预付航空保险费和预付租金等。为了核算行政单位已经支付，但应当由本期和以后各期分别负担的分摊期在 1 年以内（含 1 年）的各项费用，行政单位应设置“待摊费用”科目。它是资产类科目，借方登记待摊费用的支付数，贷方登记摊销数，期末借方余额，反映单位各种已支付但尚未摊销的分摊期在 1 年以内（含 1 年）的费用。

摊销期限在 1 年以上的租入固定资产改良支出和其他费用，应当通过“长期待摊费用”科目核算，不通过本科目核算。

待摊费用应当在其受益期限内分期平均摊销，如预付航空保险费应在保险期的有效期内、预付租金应在租赁期内分期平均摊销，计入当期费用。

本科目应当按照待摊费用种类进行明细核算。

对待摊费用应作以下主要账务处理。

(1) 发生待摊费用时，按照实际预付的金额，借记本科目，贷记“财政拨款收入”“零余额账户用款额度”“银行存款”等科目。

(2) 按照受益期限分期平均摊销时，按照摊销金额，借记“业务活动费用”等科目，贷记本科目。

(3) 如果某项待摊费用已经不能使单位受益，应当将其摊余金额一次全部转入当期费用。按照摊销金额，借记“业务活动费用”等科目，贷记本科目。

【例 11－13】 某行政单位 20×7 年 12 月 31 日用零余额账户用款额度预付下年度全年财产保险费 24 000 元。

借：待摊费用	24 000	
贷：零余额账户用款额度		24 000

假设20×8年1月摊销财产保险费2 000元。

借：业务活动费用　　2 000

　　贷：待摊费用　　2 000

第二节　固定资产的核算

一、固定资产概述

（一）固定资产的定义及分类

固定资产是指行政单位为满足自身开展业务活动或其他活动需要而控制的，使用年限超过1年（不含1年）、单位价值在规定标准以上，并在使用过程中基本保持原有物质形态的资产，一般包括房屋及构筑物、专用设备和通用设备等。

单位价值虽未达到规定标准，但是使用年限超过1年（不含1年）的大批同类物资，如图书、家具、用具、装具等，应当确认为固定资产。

固定资产一般分为六类：房屋及构筑物；专用设备；通用设备；文物和陈列品；图书、档案；家具、用具、装具及动植物。

固定资产同时满足下列条件的，应当予以确认。

（1）与该固定资产相关的服务潜力很可能实现或者经济利益很可能流入政府会计主体。

（2）该固定资产的成本或者价值能够可靠地计量。

（二）固定资产的计量

固定资产在取得时应当按照成本进行初始计量。其具体内容参见“第四章　事业单位资产的核算”的有关内容。

二、固定资产核算使用的会计科目

固定资产核算使用的主要科目包括“固定资产”“固定资产累计折旧”“工程物资”“在建工程”等科目。其具体内容参见“第四章　事业单位资产的核算”的有关内容。

三、固定资产核算的账务处理

固定资产的取得、固定资产的后续支出、固定资产的折旧与处置和固定资产的清查，具体核算内容参见“第四章　事业单位资产的核算”的有关内容。

【例11－14】某行政单位发生以下有关固定资产业务。

（1）购进一台设备，价值25 000元，款项通过财政直接支付方式支付。

借：固定资产　　25 000

　　贷：财政拨款收入　　25 000

（2）购置一台不需要安装的大型设备交付使用，价值500 000元，用零余额账户用款额度支付400 000元，另外扣留质量保证金100 000元，如无问题两年后归还质量保证金。

借：固定资产　　500 000

　　贷：零余额账户用款额度　　400 000

　　　　长期应付款　　100 000

（3）以跨年度分期付款方式购入安装设备一台，按合同规定，设备的价款150 000元，运输费 3 000 元，途中保险费 2 000 元，安装调试费 5 000 元，以银行存款支付。设备款项分 3 年支付。设备安装完毕交付使用。

①购进设备时应编制以下会计分录。

借：在建工程——跨年度分期付款购入固定资产　　160 000
　　贷：长期应付款　　150 000
　　　　银行存款　　10 000

②安装完毕交付使用时应编制以下会计分录。

借：固定资产——跨年度分期付款购入固定资产　　160 000
　　贷：在建工程——跨年度分期付款购入固定资产　　160 000

③每年用银行存款支付货款时应编制以下会计分录。

借：长期应付款　　50 000
　　贷：银行存款　　50 000

（4）接受捐赠全新的设备一台，其发票上列明价值 40 000 元。同时，用银行存款支付运输和包装等有关费用 3 000 元。

借：固定资产　　43 000
　　贷：银行存款　　3 000
　　　　捐赠收入　　40 000

（5）接受其他单位无偿调入的设备一台，价值 60 000 元，运输费 5 000 元，款项通过单位的零余额账户支付。

借：固定资产　　65 000
　　贷：零余额账户用款额度　　5 000
　　　　无偿调拨净资产　　60 000

（6）计提本月固定资产折旧，本月应提折旧额为 36 000 元。

借：业务活动费用　　36 000
　　贷：固定资产累计折旧　　36 000

（7）经批准将一台不需用的设备出售，该设备原价 25 000 元，已计提折旧 6 000 元，售价 18 000 元，款收到存入银行。

借：资产处置费用　　19 000
　　固定资产累计折旧　　6 000
　　贷：固定资产　　25 000

同时，应编制以下会计分录。

借：银行存款　　18 000
　　贷：应缴财政款　　18 000

（8）经批准将一台不需用的设备捐出，该设备原价 30 000 元，已计提折旧 14 000 元，用现金支付运输费 500 元。

借：固定资产累计折旧　　14 000
　　资产处置费用　　16 500
　　贷：固定资产　　30 000
　　　　库存现金　　500

（9）年终进行财产清查，发现盘盈 A 设备一台，该设备经评估价值 2 300 元。

借：固定资产　　2 300
　　贷：待处理财产损溢　　2 300

（10）经批准报废一台设备，该设备账面余额 20 000 元，已提折旧 17 000 元。在报废清理过程中，取得残值变价收入 4 000 元存入银行，用现金支付清理费 300 元。

①将固定资产转入待处理资产时应编制以下会计分录。

借：待处理财产损溢　　3 000
　　固定资产累计折旧　　17 000
　　贷：固定资产　　20 000

②报经批准实际报废时应编制以下会计分录。

借：资产处置费用　　3 000
　　贷：待处理财产损溢　　3 000

③取得残值收入时应编制以下会计分录。

借：银行存款　　4 000
　　贷：待处理财产损溢　　4 000

④支付清理费时应编制以下会计分录。

借：待处理财产损溢　　300
　　贷：库存现金　　300

⑤结转处理资产净收入时应编制以下会计分录。

借：待处理财产损溢——处理净收入　　3 700
　　贷：应缴财政款　　3 700

四、工程物资与在建工程核算的账务处理

工程物资、在建工程等具体核算内容参见“第四章　事业单位资产的核算”的有关内容。

第三节　无形资产的核算

一、无形资产及其内容

无形资产是指行政单位控制的没有实物形态的可辨认非货币性资产，如专利权、商标权、著作权、土地使用权、非专利技术等。

二、无形资产的确认

其具体内容参见“第四章　事业单位资产的核算”的有关内容。

三、无形资产的计量

无形资产的初始计量和后续计量具体内容参见“第四章　事业单位资产的核算”的有关内容。

四、无形资产核算应设置的会计科目

（一）“无形资产”科目

为了核算行政单位的专利权、非专利技术、著作权、商标权、土地使用权等各种无形资

产的价值，应设置“无形资产”科目。它是资产类科目，借方登记按各种方式取得的无形资产成本，贷方登记无形资产转出的账面余额。期末借方余额，反映单位无形资产的成本。该科目按无形资产的类别、项目等设置明细账，进行明细核算。

（二）“无形资产累计摊销”科目

为了核算行政单位无形资产计提的无形资产累计摊销情况，应设置“无形资产累计摊销”科目。它是资产类科目，借方登记处置无形资产时转出的无形资产累计摊销额，贷方登记按月计提的摊销额，期末贷方余额，反映行政单位计提的无形资产摊销累计数。本科目应当按照所对应无形资产的明细分类进行明细核算。

（三）“研发支出”科目

为了核算行政单位自行研究开发项目研究阶段和开发阶段发生的各项支出情况，应设置“研发支出”科目。它是资产类科目，借方登记研发的实际支出数，贷方登记期末转出的研究阶段的支出和达到预定用途的无形资产开发阶段的支出及预计不能达到预定用途转入当期费用的支出，期末借方余额，反映单位预计能达到预定用途的研究开发项目在开发阶段发生的累计支出数。

五、无形资产核算的账务处理

无形资产的取得、与无形资产有关的后续支出、无形资产的摊销与处置等具体内容参见“第四章　事业单位资产的核算”的有关内容。

【例 11－15】 某行政单位发生以下有关无形资产业务。

（1）购买一项专利权，价值 250 000 元，款项通过零余额账户支付。

借：无形资产——专利权	250 000	
贷：零余额账户用款额度		250 000

（2）接受其他单位捐赠著作权一项，该项著作权经评估价值 40 000 元。用银行存款支付有关评估等费用 3 000 元。

借：无形资产——著作权	43 000	
贷：银行存款		3 000
捐赠收入		40 000

（3）本月摊销业务活动用专利权金额 5 000 元。

借：业务活动费用	5 000	
贷：无形资产累计摊销		5 000

（4）经批准单位决定转让一项专利权，该项专利权的账面余额 30 000 元，已计提摊销 10 000 元，转让价格 25 000 元存入银行。

借：资产处置费用	20 000	
无形资产累计摊销	10 000	
贷：无形资产		30 000

同时应编制以下会计分录。

借：银行存款	25 000	
贷：应缴财政款		25 000

第四节　其他非流动资产的核算

一、公共基础设施的核算

（一）公共基础设施及其特征

公共基础设施，是指政府会计主体为满足社会公共需求而控制的，同时具有以下特征的有形资产。

（1）是一个有形资产系统或网络的组成部分。

（2）具有特定用途。

（3）一般不可移动。

公共基础设施主要包括市政基础设施（如城市道路、桥梁、隧道、公交场站、路灯、广场、公园绿地、室外公共健身器材，以及环卫、排水、供水、供电、供气、供热、污水处理、垃圾处理系统等）、交通基础设施（如公路、航道、港口等）、水利基础设施（如大坝、堤防、水闸、泵站、渠道等）和其他公共基础设施。

（二）公共基础设施的确认

公共基础设施同时满足以下条件的，应当予以确认。

（1）与该公共基础设施相关的服务潜力很可能实现或者经济利益很可能流入政府会计主体。

（2）该公共基础设施的成本或者价值能够可靠地计量。

通常情况下，符合上述规定的公共基础设施，应当由按规定对其负有管理维护职责的政府会计主体予以确认。多个政府会计主体共同管理维护的公共基础设施，应当由对该资产负有主要管理维护职责或者承担后续主要支出责任的政府会计主体予以确认。

分为多个组成部分由不同政府会计主体分别管理维护的公共基础设施，应当由各个政府会计主体分别对其负责管理维护的公共基础设施的相应部分予以确认。负有管理维护公共基础设施职责的政府会计主体通过政府购买服务方式委托企业或其他会计主体代为管理维护公共基础设施的，该公共基础设施应当由委托方予以确认。

通常情况下，对于自建或外购的公共基础设施，政府会计主体应当在该项公共基础设施验收合格并交付使用时确认；对于无偿调入、接受捐赠的公共基础设施，政府会计主体应当在开始承担该项公共基础设施管理维护职责时确认。

（三）公共基础设施的计量

1. 公共基础设施的初始计量

（1）自行建造的公共基础设施，其成本包括完成批准的建设内容所发生的全部必要支出，包括建筑安装工程投资支出、设备投资支出、待摊投资支出和其他投资支出。在原有公共基础设施基础上进行改建、扩建等建造活动后的公共基础设施，其成本按照原公共基础设施账面价值加上改建、扩建等建造活动发生的支出，再扣除公共基础设施被替换部分的账面价值后的金额确定。为建造公共基础设施借入的专门借款的利息，属于建设期间发生的，计入该公共基础设施在建工程成本；不属于建设期间发生的，计入当期费用。已交付使用但尚未办理竣工决算手续的公共基础设施，应当按照估计价值入账，待办理竣工决算后再按照实际成本调整原来的暂估价值。

（2）接受其他会计主体无偿调入的公共基础设施，其成本按照该项公共基础设施在调出方的账面价值加上归属于调入方的相关费用确定。

（3）接受捐赠的公共基础设施，其成本按照有关凭据注明的金额加上相关费用确定；没有相关凭据可供取得，但按规定经过资产评估的，其成本按照评估价值加上相关费用确定；没有相关凭据可供取得、也未经资产评估的，其成本比照同类或类似资产的市场价格加上相关费用确定。如受赠的系旧的公共基础设施，在确定其初始入账成本时应当考虑该项资产的新旧程度。

（4）外购的公共基础设施，其成本包括购买价款、相关税费以及公共基础设施交付使用前所发生的可归属于该项资产的运输费、装卸费、安装费和专业人员服务费等。

2. 公共基础设施的后续计量

（1）公共基础设施的折旧或摊销。政府会计主体应当对公共基础设施计提折旧，但政府会计主体持续进行良好的维护使得其性能得到永久维持的公共基础设施和确认为公共基础设施的单独计价入账的土地使用权除外。公共基础设施应计提的折旧总额为其成本，计提公共基础设施折旧时不考虑预计净残值。政府会计主体应当对暂估入账的公共基础设施计提折旧，实际成本确定后不需调整原已计提的折旧额。

政府会计主体应当根据公共基础设施的性质和使用情况，合理确定公共基础设施的折旧年限。政府会计主体确定公共基础设施折旧年限，应当考虑下列因素：设计使用年限或设计基准期；预计实现服务潜力或提供经济利益的期限；预计有形损耗和无形损耗；法律或者类似规定对资产使用的限制。公共基础设施的折旧年限一经确定，不得随意变更。

公共基础设施提取折旧的有关其他规定，参照固定资产提取折旧的有关规定。

（2）公共基础设施的处置。政府会计主体按规定报经批准无偿调出、对外捐赠公共基础设施的，应当将公共基础设施的账面价值予以转销，无偿调出、对外捐赠中发生的归属于调出方、捐出方的相关费用应当计入当期费用。

公共基础设施报废或遭受重大毁损的，政府会计主体应当在报经批准后将公共基础设施账面价值予以转销，并将报废、毁损过程中取得的残值变价收入扣除相关费用后的差额按规定作应缴款项处理（差额为净收益时）或计入当期费用（差额为净损失时）。

（四）公共基础设施核算应设置的会计科目

（1）“公共基础设施”科目。为了核算单位控制的公共基础设施的原值情况，应设置“公共基础设施”科目。它是资产类科目，借方登记增加的成本，贷方登记减少数额，期末借方余额，反映公共基础设施的原值。

本科目应当按照公共基础设施的类别、项目等进行明细核算。

（2）“公共基础设施累计折旧（摊销）”科目。为了核算单位计提的公共基础设施累计折旧和累计摊销情况。单位应设置“公共基础设施累计折旧（摊销）”科目。它是资产类科目，贷方登记公共基础设施计提的折旧（或摊销）数，借方登记转出数，期末贷方余额，反映单位提取的公共基础设施折旧和摊销的累计数。

（五）公共基础设施的主要账务处理

1. 公共基础设施的取得

（1）自行建造的公共基础设施完工交付使用时，按照在建工程的成本，借记“公共基础设施”科目，贷记“在建工程”科目。已交付使用但尚未办理竣工决算手续的公共基础设施，按照估计价值入账，待办理竣工决算后再按照实际成本调整原来的暂估价值。

（2）接受其他单位无偿调入的公共基础设施，按照确定的成本，借记“公共基础设施”科目，按照发生的归属于调入方的相关费用，贷记“财政拨款收入”“零余额账户用款额度”“银行存款”等科目，按照其差额，贷记“无偿调拨净资产”科目。无偿调入的公共基础设施成本无法可靠取得的，按照发生的相关税费、运输费等金额，借记“其他费用”科目，贷记“财政拨款收入”“零余额账户用款额度”“银行存款”等科目。

（3）接受捐赠的公共基础设施，按照确定的成本，借记“公共基础设施”科目，按照发生的相关费用，贷记“财政拨款收入”“零余额账户用款额度”“银行存款”等科目，按照其差额，贷记“捐赠收入”科目。接受捐赠的公共基础设施成本无法可靠取得的，按照发生的相关税费等金额，借记“其他费用”科目，贷记“财政拨款收入”“零余额账户用款额度”“银行存款”等科目。

（4）外购的公共基础设施，按照确定的成本，借记“公共基础设施”科目，贷记“财政拨款收入”“零余额账户用款额度”“银行存款”等科目。

（5）对于成本无法可靠取得的公共基础设施，单位应当设置备查簿进行登记，待成本能够可靠确定后按照规定及时入账。

2. 与公共基础设施有关的后续支出

将公共基础设施转入改建、扩建时，按照公共基础设施的账面价值，借记“在建工程”科目，按照公共基础设施已计提折旧，借记“公共基础设施累计折旧（摊销）”科目，按照公共基础设施的账面余额，贷记本科目。为增加公共基础设施使用效能或延长其使用年限而发生的改建、扩建等后续支出，借记“在建工程”科目，贷记“财政拨款收入”“零余额账户用款额度”“银行存款”等科目。公共基础设施改建、扩建完成，竣工验收交付使用时，按照在建工程成本，借记“公共基础设施”科目，贷记“在建工程”科目。为保证公共基础设施正常使用发生的日常维修等支出，借记“业务活动费用”“单位管理费用”等科目，贷记“财政拨款收入”“零余额账户用款额度”“银行存款”等科目。

3. 公共基础设施的处置与折旧

（1）按月计提公共基础设施折旧时，按照应计提的折旧额，借记“业务活动费用”科目，贷记“公共基础设施累计折旧（摊销）”科目。

（2）按月对确认为公共基础设施的单独计价入账的土地使用权进行摊销时，按照应计提的摊销额，借记“业务活动费用”科目，贷记“公共基础设施累计折旧（摊销）”科目。

（3）报经批准对外捐赠公共基础设施，按照公共基础设施已计提的折旧或摊销，借记“公共基础设施累计折旧（摊销）”科目，按照被处置公共基础设施账面余额，贷记“公共基础设施”科目，按照捐赠过程中发生的归属于捐出方的相关费用，贷记“银行存款”等科目，按照其差额，借记“资产处置费用”科目。

（4）报经批准无偿调出公共基础设施，按照公共基础设施已计提的折旧或摊销，借记“公共基础设施累计折旧（摊销）”科目，按照被处置公共基础设施账面余额，贷记“公共基础设施”科目，按照其差额，借记“无偿调拨净资产”科目；同时，按照无偿调出过程中发生的归属于调出方的相关费用，借记“资产处置费用”科目，贷记“银行存款”等科目。

4. 公共基础设施的清查盘点

对于发生的公共基础设施盘盈、盘亏、毁损或报废，应当先记入“待处理财产损溢”科目，按照规定报经批准后及时进行后续账务处理。

（1）盘盈的公共基础设施，其成本按照有关凭据注明的金额确定；没有相关凭据、但按照规定经过资产评估的，其成本按照评估价值确定；没有相关凭据、也未经过评估的，其成本按照重置成本确定。盘盈的公共基础设施成本无法可靠取得的，单位应当设置备查簿进行登记，待成本确定后按照规定及时入账。盘盈的公共基础设施，按照确定的入账成本，借记本科目，贷记“待处理财产损溢”科目。

（2）盘亏、毁损或报废的公共基础设施，按照待处置公共基础设施的账面价值，借记“待处理财产损溢”科目，按照已计提折旧或摊销，借记“公共基础设施累计折旧（摊销）”科目，按照公共基础设施的账面余额，贷记“公共基础设施”科目。

【例 11－16】 某行政单位发生以下有关公共基础设施业务。

（1）单位自行建造市民健身活动中心，建设完工作为公共基础设施交付使用，实际成本 5 800 000 元。

借：公共基础设施	5 800 000	
贷：在建工程		5 800 000

（2）单位按月计提公共基础设施折旧 50 000 元。

借：业务活动费用	50 000	
贷：公共基础设施累计折旧		50 000

（3）单位报废一项公共基础设施，账面原值 3 600 000 元，已提折旧 3 400 000 元，转入清理。

借：待处理财产损溢	200 000	
公共基础设施累计折旧	3 400 000	
贷：公共基础设施		3 600 000

经批准核销时应编制以下会计分录。

借：资产处置费用	200 000	
贷：待处理财产损溢		200 000

二、政府储备物资的核算

（一）政府储备物资及其特征

政府储备物资，是指政府会计主体为满足实施国家安全与发展战略、进行抗灾救灾、应对公共突发事件等特定公共需求而控制的，同时具有以下特征的有形资产。

（1）在应对可能发生的特定事件或情形时动用。

（2）其购入、存储保管、更新（轮换）、动用等由政府及相关部门发布的专门管理制度规范。

政府储备物资包括战略及能源物资、抢险抗灾救灾物资、农产品、医药物资和其他重要商品物资，通常情况下由政府会计主体委托承储单位存储。

（二）政府储备物资的确认

政府储备物资同时满足下列条件的，应当予以确认。

（1）与该政府储备物资相关的服务潜力很可能实现或者经济利益很可能流入政府会计主体。

（2）该政府储备物资的成本或者价值能够可靠地计量。

符合上述确认条件的政府储备物资，应当由按规定对其负有行政管理职责的政府会计主体予以确认。行政管理职责主要指提出或拟订收储计划、更新（轮换）计划、动用方案等。

（三）政府储备物资的计量

1. 政府储备物资的初始计量

（1）购入的政府储备物资，其成本包括购买价款和政府会计主体承担的相关税费、运输费、装卸费、保险费、检测费以及使政府储备物资达到目前场所和状态所发生的归属于政府储备物资成本的其他支出。

（2）委托加工的政府储备物资，其成本包括委托加工前物料成本、委托加工的成本（如委托加工费以及按规定应计入委托加工政府储备物资成本的相关税费等）以及政府会计主体承担的使政府储备物资达到目前场所和状态所发生的归属于政府储备物资成本的其他支出。

（3）接受捐赠的政府储备物资，其成本按照有关凭据注明的金额加上政府会计主体承担的相关税费、运输费等确定；没有相关凭据可供取得，但按规定经过资产评估的，其成本按照评估价值加上政府会计主体承担的相关税费、运输费等确定；没有相关凭据可供取得、也未经资产评估的，其成本比照同类或类似资产的市场价格加上政府会计主体承担的相关税费、运输费等确定。

（4）接受无偿调入的政府储备物资，其成本按照调出方账面价值加上归属于政府会计主体的相关税费、运输费等确定。仓储费、日常维护费用等不计入政府储备物资成本。

（5）盘盈的政府储备物资，其成本按照有关凭据注明的金额确定；没有相关凭据，但按规定经过资产评估的，其成本按照评估价值确定；没有相关凭据、也未经资产评估的，其成本按照重置成本确定。

2. 政府储备物资的后续计量

（1）单位应当根据实际情况采用先进先出法、加权平均法或者个别计价法确定政府储备物资发出的成本。计价方法一经确定，不得随意变更。对于性质和用途相似的政府储备物资，单位应当采用相同的成本计价方法确定发出物资的成本。对于不能替代使用的政府储备物资、为特定项目专门购入或加工的政府储备物资，政府会计主体通常应采用个别计价法确定发出物资的成本。

（2）因动用而发出无须收回的政府储备物资的，应当在发出物资时将其账面余额予以转销，计入当期费用。

（3）因动用而发出需要收回或者预期可能收回的政府储备物资的，政府会计主体应当在按规定的质量验收标准收回物资时，将未收回物资的账面余额予以转销，计入当期费用。

（4）因行政管理主体变动等原因而将政府储备物资调拨给其他主体的，应当在发出物资时将其账面余额予以转销。

（5）对外销售政府储备物资的，应当在发出物资时将其账面余额转销计入当期费用，并按规定确认相关销售收入或将销售取得的价款大于所承担的相关税费后的差额作应缴款项处理。

（6）采取销售采购方式对政府储备物资进行更新（轮换）的，应当将物资轮出视为物资销售；将物资轮入视为物资采购。

（7）政府储备物资报废、毁损的，应当按规定报经批准后将报废、毁损的政府储备物资的账面余额予以转销，确认应收款项（确定追究相关赔偿责任的）或计入当期费用（因储存年限到期报废或非人为因素致使报废、毁损的）；同时，将报废、毁损过程中取得的残值变价收入扣除政府会计主体承担的相关费用后的差额按规定作应缴款项处理（差额为净收益时）或计入当期费用（差额为净损失时）。

（8）政府储备物资盘亏的，政府会计主体应当按规定报经批准后将盘亏的政府储备物资的账面余额予以转销，确定追究相关赔偿责任的，确认应收款项；属于正常耗费或不可抗力因素造成的，计入当期费用。

（四）政府储备物资核算应设置的会计科目

为了核算单位控制的政府储备物资的成本情况，应设置“政府储备物资”科目。它是资产类科目，借方登记增加的政府储备物资成本，贷方登记减少数，期末借方余额，反映政府储备物资的成本。对政府储备物资不负有行政管理职责但接受委托具体负责执行其存储保管等工作的单位，其受托代储的政府储备物资应当通过“受托代理资产”科目核算，不通过本科目核算。

本科目应当按照政府储备物资的种类、品种、存放地点等进行明细核算。单位根据需要，可在本科目下设置“在库”“发出”等明细科目进行明细核算。

（五）政府储备物资的主要账务处理

1. 政府储备物资核算的取得

（1）购入的政府储备物资验收入库，按照确定的成本，借记本科目，贷记“财政拨款收入”“零余额账户用款额度”“银行存款”等科目。

（2）涉及委托加工政府储备物资业务的，相关账务处理参照“加工物品”科目。

（3）接受捐赠的政府储备物资验收入库，按照确定的成本，借记本科目，按照单位承担的相关税费、运输费等，贷记“零余额账户用款额度”“银行存款”等科目，按照其差额，贷记“捐赠收入”科目。

（4）接受无偿调入的政府储备物资验收入库，按照确定的成本，借记本科目，按照单位承担的相关税费、运输费等，贷记“零余额账户用款额度”“银行存款”等科目，按照其差额，贷记“无偿调拨净资产”科目。

2. 政府储备物资的发出

（1）因动用而发出无须收回的政府储备物资的，按照发出物资的账面余额，借记“业务活动费用”科目，贷记本科目。

（2）因动用而发出需要收回或者预期可能收回的政府储备物资的，在发出物资时，按照发出物资的账面余额，借记本科目（发出），贷记本科目（在库）；按照规定的质量验收标准收回物资时，按照收回物资原账面余额，借记本科目（在库），按照未收回物资的原账面余额，借记“业务活动费用”科目，按照物资发出时登记在本科目所属“发出”明细科目中的余额，贷记本科目（发出）。

（3）因行政管理主体变动等原因而将政府储备物资调拨给其他主体的，按照无偿调出政府储备物资的账面余额，借记“无偿调拨净资产”科目，贷记本科目。

（4）对外销售政府储备物资并按照规定将销售净收入上缴财政的，发出物资时，按照发出物资的账面余额，借记“资产处置费用”科目，贷记本科目；取得销售价款时，按照实际收到的款项金额，借记“银行存款”等科目，按照发生的相关税费，贷记“银行存款”等科目，按照销售价款大于所承担的相关税费后的差额，贷记“应缴财政款”科目。

3. 政府储备物资的清查

单位应当定期对政府储备物资进行清查盘点，每年至少盘点一次。对于发生的政府储备物资盘盈、盘亏或者报废、毁损，应当先记入“待处理财产损溢”科目，按照规定报经批准后及时进行后续账务处理。

盘盈的政府储备物资，按照确定的入账成本，借记本科目，贷记“待处理财产损溢”科目。

盘亏或者毁损、报废的政府储备物资，按照待处理政府储备物资的账面余额，借记“待处理财产损溢”科目，贷记本科目。

【例 11－17】某行政单位发生以下有关政府储备物资业务。

（1）单位通过政府采购购入一批抗洪抢险政府储备物资，买价 120 000 元，相关税费 11 000 元。款项通过财政直接支付方式支付，物资入库。

借：政府储备物资　　　　131 000

　　贷：财政拨款收入　　　　131 000

（2）单位向洪水灾区无偿调出抗洪抢险政府储备物资，实际成本 70 000 元。

借：业务活动费用　　　　70 000

　　贷：政府储备物资　　　　70 000

（3）单位抗洪抢险政府储备物资被大水冲走，损失物资成本 5 000 元。

借：待处理财产损溢　　　　5 000

　　贷：政府储备物资　　　　5 000

三、文物文化资产的核算

文物文化资产是指行政单位为满足社会公共需求而控制的文物和陈列品。单位为满足自身开展业务活动或其他活动需要而控制的文物和陈列品，应当通过“固定资产”科目核算，不通过本科目核算。为了核算单位为满足社会公共需求而控制的文物文化资产情况，应设置“文物文化资产”科目。它是资产类科目，借方登记增加的文物文化资产成本，贷方登记减少数，期末借方余额，反映文物文化资产的成本。本科目应当按照文物文化资产的类别、项目等进行明细核算。

对文物文化资产应作以下主要账务处理。

（一）文物文化资产的取得

（1）外购的文物文化资产，其成本包括购买价款、相关税费以及可归属于该项资产达到预定用途前所发生的其他支出（如运输费、安装费、装卸费等）。外购的文物文化资产，按照确定的成本，借记本科目，贷记“财政拨款收入”“零余额账户用款额度”“银行存款”等科目。

（2）接受其他单位无偿调入的文物文化资产，其成本按照该项资产在调出方的账面价值加上归属于调入方的相关费用确定。调入的文物文化资产，按照确定的成本，借记本科目，按照发生的归属于调入方的相关费用，贷记“零余额账户用款额度”“银行存款”等科目，按照其差额，贷记“无偿调拨净资产”科目。无偿调入的文物文化资产成本无法可靠取得的，按照发生的归属于调入方的相关费用，借记“其他费用”科目，贷记“零余额账户用款额度”“银行存款”等科目。

（3）接受捐赠的文物文化资产，其成本按照有关凭据注明的金额加上相关费用确定；没有相关凭据可供取得，但按照规定经过资产评估的，其成本按照评估价值加上相关费用确定；没有相关凭据可供取得、也未经评估的，其成本比照同类或类似资产的市场价格加上相关费用确定。接受捐赠的文物文化资产，按照确定的成本，借记本科目，按照发生的相关税费、运输费等金额，贷记“零余额账户用款额度”“银行存款”等科目，按照其差额，贷记“捐赠收入”科目。接受捐赠的文物文化资产成本无法可靠取得的，按照发生的相关税费、运输费等金额，借记“其他费用”科目，贷记“零余额账户用款额度”“银行存款”等科目。

(4) 对于成本无法可靠取得的文物文化资产，单位应当设置备查簿进行登记，待成本能够可靠确定后按照规定及时入账。

文物文化资产的后续支出和文物文化资产的清查、可参照“公共基础设施”科目相关规定进行处理。

（二）文物文化资产的处置

(1) 报经批准对外捐赠文物文化资产，按照被处置文物文化资产账面余额和捐赠过程中发生的归属于捐出方的相关费用合计数，借记“资产处置费用”科目，按照被处置文物文化资产账面余额，贷记本科目，按照捐赠过程中发生的归属于捐出方的相关费用，贷记“银行存款”等科目。

(2) 报经批准无偿调出文物文化资产，按照被处置文物文化资产账面余额，借记“无偿调拨净资产”科目，贷记本科目；同时，按照无偿调出过程中发生的归属于调出方的相关费用，借记“资产处置费用”科目，贷记“银行存款”等科目。

四、保障性住房的核算

保障性住房是指行政单位为满足社会公共需求而控制的保障性住房。

（一）保障性住房核算应设置的会计科目

(1)“保障性住房”科目为核算单位为满足社会公共需求而控制的保障性住房的原值情况，应设置“保障性住房”科目，它是资产类科目，借方登记增加的保障性住房原值，贷方登记减少数，期末借方余额，反映保障性住房的原值。本科目应当按照保障性住房的类别、项目等进行明细核算。

(2)“保障性住房累计折旧”科目。为了核算单位计提的保障性住房的累计折旧情况，应设置“保障性住房累计折旧”科目。它是资产类科目，贷方登记保障性住房累计折旧数，借方登记转出数，期末贷方余额，反映单位提取的保障性住房累计折旧累计数。本科目应当按照所对应保障性住房的类别进行明细核算。

（二）保障性住房的主要账务处理

1. 保障性住房的取得

(1) 外购的保障性住房，其成本包括购买价款、相关税费以及可归属于该项资产达到预定用途前所发生的其他支出。外购的保障性住房，按照确定的成本，借记本科目，贷记“财政拨款收入”“零余额账户用款额度”“银行存款”等科目。

(2) 自行建造的保障性住房交付使用时，按照在建工程成本，借记本科目，贷记“在建工程”科目。已交付使用但尚未办理竣工决算手续的保障性住房，按照估计价值入账，待办理竣工决算后再按照实际成本调整原来的暂估价值。

(3) 接受其他单位无偿调入的保障性住房，其成本按照该项资产在调出方的账面价值加上归属于调入方的相关费用确定。无偿调入的保障性住房，按照确定的成本，借记“保障性住房”科目，按照发生的归属于调入方的相关费用，贷记“零余额账户用款额度”“银行存款”等科目，按照其差额，贷记“无偿调拨净资产”科目。

接受捐赠、融资租赁取得的保障性住房以及后续支出和清查，可参照“固定资产”科目相关规定进行处理。

2. 保障性住房的出租

按照规定出租保障性住房并将出租收入上缴同级财政，按照收取的租金金额，借“银行存款”等科目，贷记“应缴财政款”科目。

3. 保障性住房的处置与折旧

（1）报经批准无偿调出保障性住房，按照保障性住房已计提的折旧，借记“保障性住房累计折旧”科目，按照被处置保障性住房账面余额，贷记“保障性住房”科目，按照其差额，借记“无偿调拨净资产”科目；同时，按照无偿调出过程中发生的归属于调出方的相关费用，借记“资产处置费用”科目，贷记“银行存款”等科目。

（2）报经批准出售保障性住房，按照被出售保障性住房的账面价值，借记“资产处置费用”科目，按照保障性住房已计提的折旧，借记“保障性住房累计折旧”科目，按照保障性住房账面余额，贷记“保障性住房”科目；同时，按照收到的价款，借记“银行存款”等科目，按照出售过程中发生的相关费用，贷记“银行存款”等科目，按照其差额，贷记“应缴财政款”科目。

（3）按月计提保障性住房折旧时，按照应计提的折旧额，借记“业务活动费用”科目，贷记“保障性住房累计折旧”科目。

五、受托代理资产的核算

受托代理资产是指行政单位接受委托方委托管理的各项资产，包括受托指定转赠的物资、受托存储保管的物资。为了核算单位接受委托方委托管理的各项资产，包括受托指定转赠的物资、受托存储保管的物资等的成本，应设置“受托代理资产”科目。它是资产类科目，借方登记增加的受托代理资产成本，贷方登记减少数，期末借方余额，反映受托代理资产的成本。

单位管理的罚没物资也应当通过本科目核算。单位收到的受托代理资产为现金和银行存款的，不通过本科目核算，应当通过“库存现金”“银行存款”科目进行核算。

本科目应当按照资产的种类和委托人进行明细核算；属于转赠资产的，还应当按照受赠人进行明细核算。

对受托代理资产应作以下主要账务处理。

（一）受托转赠物资

（1）接受委托人委托需要转赠给受赠人的物资，其成本按照有关凭据注明的金额确定。接受委托转赠的物资验收入库，按照确定的成本，借记本科目，贷记“受托代理负债”科目。受托协议约定由受托方承担相关税费、运输费等的，还应当按照实际支付的相关税费、运输费等金额，借记“其他费用”科目，贷记“银行存款”等科目。

（2）将受托转赠物资交付受赠人时，按照转赠物资的成本，借记“受托代理负债”科目，贷记本科目。

（3）转赠物资的委托人取消了对捐赠物资的转赠要求，且不再收回捐赠物资的，应当将转赠物资转为单位的存货、固定资产等。按照转赠物资的成本，借记“受托代理负债”科目，贷记本科目；同时，借记“库存物品”“固定资产”等科目，贷记“其他收入”科目。

（二）受托存储保管物资

（1）接受委托人委托存储保管的物资，其成本按照有关凭据注明的金额确定。接受委托储存的物资验收入库，按照确定的成本，借记本科目，贷记“受托代理负债”科目。

（2）发生由受托单位承担的与受托存储保管的物资相关的运输费、保管费等费用时，按照实际发生的费用金额，借记“其他费用”等科目，贷记“银行存款”等科目。

（3）根据委托人要求交付或发出受托存储保管的物资时，按照发出物资的成本，借记“受托代理负债”科目，贷记本科目。

（三）罚没物资

（1）取得罚没物资时，其成本按照有关凭据注明的金额确定。罚没物资验收（入库），按照确定的成本，借记本科目，贷记“受托代理负债”科目。罚没物资成本无法可靠确定的，单位应当设置备查簿进行登记。

（2）按照规定处置或移交罚没物资时，按照罚没物资的成本，借记“受托代理负债”科目，贷记本科目。处置时取得款项的，按照实际取得的款项金额，借记“银行存款”等科目，贷记“应缴财政款”等科目。

【例 11－18】某行政单位接受 A 公司受托转赠的物资验收入库，其成本 230 000 元，该行政单位承担相关税费 10 000 元，用银行存款支付。

（1）接受委托转赠物资应编制以下会计分录。

借：受托代理资产　　230 000

　　贷：受托代理负债　　230 000

（2）支付税费应编制以下会计分录。

借：其他费用　　10 000

　　贷：银行存款　　10 000

（3）将物资交给受赠人应编制以下会计分录。

借：受托代理负债　　230 000

　　贷：受托代理资产　　230 000

六、长期待摊费用的核算

长期待摊费用是指行政单位已经支出，但应由本期和以后各期负担的分摊期限在 1 年以上（不含 1 年）的各项费用。为了核算单位已经支出，但应由本期和以后各期负担的分摊期限在 1 年以上（不含 1 年）的各项费用，应设置“长期待摊费用”科目。它是资产类科目，借方登记发生的费用，贷方登记摊销数，期末借方余额，反映单位尚未摊销完毕的长期待摊费用。

对长期待摊费用应作以下主要账务处理。

（1）发生长期待摊费用时，按照支出金额，借记本科目，贷记“财政拨款收入”“零余额账户用款额度”“银行存款”等科目。

（2）按照受益期间摊销长期待摊费用时，按照摊销金额，借记“业务活动费用”等科目，贷记本科目。

（3）如果某项长期待摊费用已经不能使单位受益，应当将其摊余金额一次全部转入当期费用。按照摊销金额，借记“业务活动费用”等科目，贷记本科目。

七、待处理财产损溢的核算

为了核算单位在资产清查过程中查明的各种资产盘盈、盘亏和报废、毁损的价值，应设置“待处理财产损溢”科目。它是资产类科目，借方登记财产盘亏价值及经批准转出盘盈数，贷方登记财产盘盈成本及经批准转出盘亏数，期末如为借方余额，反映尚未处理完毕的各种资产的净损失；期末如为贷方余额，反映尚未处理完毕的各种资产净溢余。年末，经批准处理后，本科目一般应无余额。

本科目应当按照待处理的资产项目进行明细核算；对于在资产处理过程中取得收入或发生相关费用的项目，还应当设置“待处理财产价值”“处理净收入”明细科目，进行明细核算。

单位资产清查中查明的资产盘盈、盘亏、报废和毁损，一般应当先记入本科目，按照规定报经批准后及时进行账务处理。年末结账前一般应处理完毕。

对待处理财产损溢应作以下主要账务处理。

（一）库存现金短缺或溢余

（1）每日账款核对中发现现金短缺或溢余，属于现金短缺，按照实际短缺的金额，借记本科目，贷记“库存现金”科目；属于现金溢余，按照实际溢余的金额，借记“库存现金”科目，贷记本科目。

（2）如为现金短缺，属于应由责任人赔偿或向有关人员追回的，借记“其他应收款”科目，贷记本科目；属于无法查明原因的，报经批准核销时，借记“资产处置费用”科目，贷记本科目。

（3）如为现金溢余，属于应支付给有关人员或单位的，借记本科目，贷记“其他应付款”科目；属于无法查明原因的，报经批准后，借记本科目，贷记“其他收入”科目。

（二）存货、固定资产等各种资产盘盈、盘亏或报废和毁损

资产清查过程中发现的存货、固定资产、无形资产、公共基础设施、政府储备物资、文物文化资产、保障性住房等各种资产盘盈、盘亏或报废、毁损，应作以下主要账务处理。

1. 盘盈的各类资产

（1）转入待处理资产时，按照确定的成本，借记“库存物品”“固定资产”“无形资产”“公共基础设施”“政府储备物资”“文物文化资产”“保障性住房”等科目，贷记本科目。

（2）按照规定报经批准后处理时，对于盘盈的流动资产，借记本科目，贷记“业务活动费用”。对于盘盈的非流动资产，如属于本年度取得的，按照当年新取得相关资产进行账务处理；如属于以前年度取得的，按照前期差错处理，借记本科目，贷记“以前年度盈余调整”科目。

2. 盘亏或者毁损、报废的各类资产

（1）转入待处理资产时，借记本科目（待处理财产价值）（盘亏、毁损、报废固定资产、无形资产、公共基础设施、保障性住房的，还应借记“固定资产累计折旧”“无形资产累计摊销”“公共基础设施累计折旧（摊销）”“保障性住房累计折旧”科目），贷记“库存物品”“固定资产”“无形资产”“公共基础设施”“政府储备物资”“文物文化资产”“保障性住房”“在建工程”等科目。报经批准处理时，借记“资产处置费用”科目，贷记本科目（待处理财产价值）。

（2）处理毁损、报废实物资产过程中取得的残值或残值变价收入、保险理赔和过失人赔偿等，借记“库存现金”“银行存款”“库存物品”“其他应收款”等科目，贷记本科目（处理净收入）；处理毁损、报废实物资产过程中发生的相关费用，借记本科目（处理净收入），贷记“库存现金”“银行存款”等科目。处理收支结清，如果处理收入大于相关费用的，按照

处理收入减去相关费用后的净收入，借记本科目（处理净收入），贷记“应缴财政款”等科目；如果处理收入小于相关费用的，按照相关费用减去处理收入后的净支出，借记“资产处置费用”科目，贷记本科目（处理净收入）。

待处理财产损溢的账务处理具体业务举例参见本章各项资产的核算。

本章小结

行政单位的资产包括流动资产和非流动资产。流动资产是指预计在1年内（含1年）耗用或者可以变现的资产，包括货币资金、财政应返还额度、预付及应收款项、存货等。

存货，是指行政单位在开展业务活动及其他活动中为耗用而储存的资产，如材料、产品、包装物和低值易耗品等，以及未达到固定资产标准的用具、装具、动植物等。

固定资产是指行政单位为满足自身开展业务活动或其他活动需要而控制的，使用年限超过1年（不含1年），单位价值在规定标准以上，并在使用过程中基本保持原有物质形态的资产，一般包括房屋及建筑物、专用设备、通用设备等。

无形资产是指行政单位控制的没有实物形态的可辨认非货币性资产，如专利权、商标权、著作权、土地使用权、非专利技术等。

行政单位资产的核算需要设置“库存现金”“银行存款”“零余额账户用款额度”“在途物品”“库存物品”“加工物品”“固定资产”“固定资产累计折旧”“无形资产”“无形资产累计摊销”“在建工程”“待处理财产损溢”等科目。

其他非流动资产主要包括公共基础设施、政府储备物资、文物文化资产、保障性住房、受托代理资产。需要分别设置“公共基础设施”“政府储备物资”“文物文化资产”“保障性住房”“受托代理资产”等科目核算。

复习思考题

1. 什么是未达账项？它包括哪几种情况？
2. 如何对未达账项进行调整？
3. 存货核算需要设置哪几个会计科目？
4. 什么是固定资产？分成哪些类别？
5. 如何对固定资产进行核算？
6. 什么是无形资产？它包括哪些内容？
7. 其他非流动资产主要包括哪些？
8. 什么是公共基础设施？如何核算？
9. 什么是政府储备物资？如何核算？
10. 什么是受托代理资产？如何核算？

练习题

习题一

一、目的　练习行政单位流动资产的核算。

二、资料　某行政单位20×8年1月发生以下有关经济业务。

1. 开出支票，从单位零余额账户提取现金8 000元备用。
2. 用转账支票购买直接领用的办公用品一批，价款3 500元。

3. 通过单位零余额账户支付本月水电费7 900元。

4. 购入甲材料500千克，单价100元，增值税税率16%。价税合计58 000元，款项通过财政直接支付方式支付，材料入库。

5. 单位管理人员王华出差预借差旅费，财务部门支付其现金3 000元。

6. 收到银行通知，本月财政授权支付额度500 000元到账。

7. 单位1月10日用零余额账户用款额度预付下年度全年财产保险费18 000元。

三、要求　根据上述经济业务编制某行政单位会计分录。

习题二

一、目的　练习行政单位非流动资产的核算。

二、资料　A行政单位20×8年发生以下有关经济业务。

1. 购入不需要安装设备一台，价款40 000元，运输费5 000元，设备交付使用，款项通过零余额账户支付。

2. 以跨年支付货款方式购入一台需要安装设备，价款500 000元，用银行存款支付安装费4 000元，设备交付使用，设备价款分5年付清，该设备用于单位业务活动。

3. 通过银行支付上述设备第一年款项100 000元。

4. 计提固定资产折旧共计6 500元。

5. 一批旧设备决定报废，转入待处置资产。该批设备账面余额200 000元，已提折旧190 000元。报经批准后进行报废处理，用现金支付清理费900元，取得残料收入3 500元存入银行。

6. 收到某公司委托代理接受转赠物资价值40 000元，准备用于云南地震灾区救灾。

7. 将受托转赠的物资发出转赠给受灾地区，价值40 000元。

8. 单位通过政府采购购入一批防火灾政府储备物资，买价80 000元，相关税费11 000元。款项通过财政直接支付方式支付，物资入库。

9. 单位向洪水灾区无偿调出抗洪抢险政府储备物资，实际成本40 000元。

三、要求　根据上述经济业务编制A行政单位会计分录。

第十二章　行政单位负债的核算

学习目标： 通过本章的学习，要求了解行政单位负债的分类和内容；理解应缴财政款、预提费用、预计负债的含义；掌握行政单位其他应交税费、应缴财政款、应付账款、应付政府补贴款、预提费用、长期应付款项、预计负债等负债的核算。

第一节　其他应交税费和应缴财政款的核算

一、其他应交税费的核算

其他应交税费是指行政单位应交的各种税费，包括城市维护建设税、教育费附加、地方教育费附加、车船税、房产税、城镇土地使用税以及单位代扣代缴的个人所得税等。

为了核算单位按照税法等规定计算应交纳的除增值税以外的各种税费情况，应设置“其他应交税费”科目。它是负债类科目，贷方登记其他应交税费的增加数，借方登记已交纳的其他税费等，期末贷方余额，反映单位应交未交的除增值税以外的税费金额；期末如为借方余额，反映单位多交纳的除增值税以外的税费金额。

本科目应当按照应交纳的税费种类进行明细核算。

对其他应交税费应作以下主要账务处理。

（1）发生城市维护建设税、教育费附加、地方教育费附加、车船税、房产税、城镇土地使用税等纳税义务的，按照税法规定计算的应交税费金额，借记“业务活动费用”科目，贷记本科目（应交城市维护建设税、应交教育费附加、应交地方教育费附加、应交车船税、应交房产税、应交城镇土地使用税等）。

（2）按照税法规定计算应代扣代缴职工（含长期聘用人员）的个人所得税，借记“应付职工薪酬”科目，贷记本科目（应交个人所得税）。

按照税法规定计算应代扣代缴支付给职工（含长期聘用人员）以外人员劳务费的个人所得税，借记“业务活动费用”科目，贷记本科目（应交个人所得税）。

（3）单位实际交纳上述各种税费时，借记本科目（应交城市维护建设税、应交教育费附加、应交地方教育费附加、应交车船税、应交房产税、应交城镇土地使用税、应交个人所得税），贷记“财政拨款收入”“零余额账户用款额度”“银行存款”等科目。

【例 12－1】 某行政单位 20×8 年发生以下有关其他应交税费业务。

（1）1 月 31 日按照规定计算单位车船税 6 650 元。

借：业务活动费用	6 650	
贷：其他应交税费——应交车船税		6 650

（2）2月10日按税法规定计算本月在职职工工资应代扣代缴的个人所得税185 000元。

借：业务活动费用　　185 000

　　贷：其他应交税费——应交个人所得税　　185 000

（3）2月末单位通过零余额账户交纳本月应交个人所得税185 000元。

借：其他应交税费——应交个人所得税　　185 000

　　贷：零余额账户用款额度　　185 000

关于"应交增值税"的核算参见第五章"第一节　短期借款和应交税费及应缴财政款的核算"的相关内容。

二、应缴财政款的核算

应缴财政款是指行政单位取得或应收的按照规定应当上缴财政的款项，包括应缴国库的款项和应缴财政专户的款项。主要包括行政单位代收的纳入预算管理的基金、行政性收费收入、罚没收入、无主财物变价收入和其他按规定应上缴财政的款项。

为了核算单位取得或应收的按照规定应当上缴财政的款项，应设置"应缴财政款"科目。它是负债类科目，贷方登记取得上缴财政的各项款项，借方登记实际上缴财政的各项款项，期末贷方余额，反映单位应当上缴财政但尚未缴纳的款项。年终清缴后，本科目一般应无余额。

本科目应当按照应缴财政款项的类别进行明细核算。

对应缴财政款应作以下主要账务处理。

（1）单位取得应缴财政的款项时，借记"银行存款"等科目，贷记本科目。

（2）单位处置资产取得的应上缴财政的处置净收入的账务处理，参见"待处理财产损溢"等科目。

（3）单位上缴应缴财政的款项时，按照实际上缴的金额，借记本科目，贷记"银行存款"科目。

【例12-2】某行政单位20×8年发生以下有关应缴财政款业务。

（1）3月8日收到罚没收入4 000元存入银行。

借：银行存款　　4 000

　　贷：应缴财政款　　4 000

（2）收到行政性规费收入20 000元存入银行。

借：银行存款　　20 000

　　贷：应缴财政款　　20 000

（3）收到无主财物的变价收入6 000元存入银行。

借：银行存款　　6 000

　　贷：应缴财政款　　6 000

（4）将应缴财政的款项30 000元上缴财政。

借：应缴财政款　　30 000

　　贷：银行存款　　30 000

第二节　应付职工薪酬和应付款项及长期应付款的核算

一、应付职工薪酬的核算

应付职工薪酬是指行政单位按照有关规定应付给职工（含长期聘用人员）及为职工支付的各种薪酬，包括基本工资、国家统一规定的津贴补贴、规范津贴补贴（绩效工资）、改革性补贴、社会保险费（如职工基本养老保险费、职业年金、基本医疗保险费等）、住房公积金等。

为了核算单位按照有关规定应付给职工（含长期聘用人员）及为职工支付的各种薪酬，应设置“应付职工薪酬”科目。它是负债类科目，借方登记支付的工资、津贴补贴等薪酬，贷方登记计算的当期应付职工薪酬，期末贷方余额，反映单位应付未付的职工薪酬。

本科目应当根据国家有关规定按照“基本工资”（含离退休费）、“国家统一规定的津贴补贴”“规范津贴补贴（绩效工资）”“改革性补贴”“社会保险费”“住房公积金”“其他个人收入”等进行明细核算。其中，“社会保险费”“住房公积金”明细科目核算内容包括单位从职工工资中代扣代缴的社会保险费、住房公积金，以及单位为职工计算缴纳的社会保险费、住房公积金。

对应付职工薪酬应作以下主要账务处理。

（1）计算确认当期应付职工薪酬（含单位为职工计算缴纳的社会保险费、住房公积金）。

①计提行政业务活动人员的职工薪酬，借记“业务活动费用”科目，贷记本科目。

②计提应由在建工程、加工物品、自行研发无形资产负担的职工薪酬，借记“在建工程”“加工物品”“研发支出”等科目，贷记本科目。

（2）向职工支付工资、津贴补贴等薪酬时，按照实际支付的金额，借记本科目，贷记“财政拨款收入”“零余额账户用款额度”“银行存款”等科目。

（3）按照税法规定代扣职工个人所得税时，借记本科目（基本工资），贷记“其他应交税费——应交个人所得税”科目。从应付职工薪酬中代扣为职工垫付的水电费、房租等费用时，按照实际扣除的金额，借记本科目（基本工资），贷记“其他应收款”等科目。从应付职工薪酬中代扣社会保险费和住房公积金，按照代扣的金额，借记本科目（基本工资），贷记本科目（社会保险费、住房公积金）。

（4）按照国家有关规定缴纳职工社会保险费和住房公积金时，按照实际支付的金额，借记本科目（社会保险费、住房公积金）。贷记“财政拨款收入”“零余额账户用款额度”“银行存款”等科目。

（5）从应付职工薪酬中支付的其他款项，借记本科目，贷记“零余额账户用款额度”“银行存款”等科目。

【例 12－3】某行政单位 20×8 年 9 月发生以下有关应付职工薪酬业务。

（1）计算本月在职编制人员工资共计 5 200 000 元，其中基本工资、绩效工资 2 962 000 元，津贴补贴 1 352 000 元，应付社会保险费 632 000 元（单位承担的），应付住房公积金 254 000 元（单位承担的）。

借：业务活动费用——财政补助支出　5 200 000
　贷：应付职工薪酬——基本工资　2 962 000
　　　　　　　　——津贴补贴　1 352 000
　　　　　　　　——社会保险费　632 000
　　　　　　　　——住房公积金　254 000

（2）行政单位用零余额账户用款额度向职工支付工资，代扣个人所得税 94 000 元，住房公积金 254 000 元，社会保险费 192 000 元，实际支付 3 774 000 元。

借：应付职工薪酬——基本工资　2 962 000
　　　　　　　——津贴补贴　1 352 000
　贷：其他应交税费——应交个人所得税　94 000
　　　应付职工薪酬——社会保险费　192 000
　　　　　　　　——住房公积金　254 000
　　　零余额账户用款额度　3 774 000

（3）行政单位通过零余额账户缴纳社会保险费 824 000 元、住房公积金 508 000 元、个人所得税 94 000 元。

借：应付职工薪酬——社会保险费　824 000
　　　　　　　——住房公积金　508 000
　　其他应交税费——应交个人所得税　94 000
　贷：零余额账户用款额度　1 426 000

二、应付账款的核算

（一）应付账款核算的内容

应付账款是指行政单位因购买物资、接受服务、开展工程建设等而应付的偿还期限在 1 年以内（含 1 年）的款项。应付账款入账时间的确定，应区别情况处理。在货物和发票同时到达的情况下，一般待货物到达入库后，才按发票账单登记应付账款；在货物和发票不是同时到达的情况下，在实际中，一般是在月末将所购货物按估计价格登记入账。

（二）应付账款核算的账务处理

为了核算行政单位因购买物资、接受服务、开展工程建设等而应付的偿还期限在 1 年以内（含 1 年）的款项情况，应设置“应付账款”科目。它是负债类科目，贷方登记应支付的款项，借方登记已支付或已转销或已转作商业汇票结算方式的款项，期末余额在贷方，反映尚未支付的应付款项。

本科目应当按照债权人进行明细核算。对于建设项目，还应设置“应付器材款”“应付工程款”等明细科目，并按照具体项目进行明细核算。

对应付账款应作以下主要账务处理。

（1）收到所购材料、物资、设备或服务以及确认完成工程进度但尚未付款时，根据发票及账单等有关凭证，按照应付未付款项的金额，借记“库存物品”“固定资产”“在建工程”等科目，贷记本科目。

（2）偿付应付账款时，按照实际支付的金额，借记本科目，贷记“财政拨款收入”“零余额账户用款额度”“银行存款”等科目。

（3）无法偿付或债权人豁免偿还的应付账款，应当按照规定报经批准后进行账务处理。经批准核销时，借记本科目，贷记“其他收入”科目。核销的应付账款应在备查簿中保留登记。

【例 12 -4】 某行政单位 20 ×8 年发生以下有关应付账款业务。

（1）1 月 9 日购入甲材料一批，价款 20 000 元，增值税 3 200 元，材料入库，款未付。

借：库存物品——甲材料　　23 200

　　贷：应付账款　　23 200

（2）1 月末购入的乙材料一批价值 50 000 元，增值税 8 000 元。材料验收入库，款未付。但月末发票账单尚未到达，按材料暂估价 60 000 元入账。

借：库存物品——乙材料　　60 000

　　贷：应付账款　　60 000

下月（2 月）初用红字冲回应编制以下会计分录。

借：库存物品——乙材料　　[60 000]

　　贷：应付账款　　[60 000]

待收到对方发票账单时应编制以下会计分录。

借：库存物品——乙材料　　58 000

　　贷：应付账款　　58 000

（3）2 月 5 日行政单位用银行存款偿还前欠货款 23 200 元。

借：应付账款　　23 200

　　贷：银行存款　　23 200

三、应付政府补贴款的核算

应付政府补贴款是指行政单位负责发放政府补贴的行政单位，按照规定应当支付给政府补贴接受者的各种政府补贴款。为了核算各种政府补贴款的应付和发放情况，行政单位应设置“应付政府补贴款”。它是负债类科目，贷方登记应发放的政府补贴款，借方登记实际发放数，期末贷方余额，反映行政单位应付未付的政府补贴金额。

本科目应当按照应支付的政府补贴种类进行明细核算。单位还应当根据需要按照补贴接受者进行明细核算，或者建立备查簿对补贴接受者予以登记。

对应付政府补贴款应作以下主要账务处理。

（1）发生应付政府补贴时，按照依规定计算确定的应付政府补贴款金额，借记“业务活动费用”科目，贷记本科目。

（2）支付应付政府补贴款时，按照支付金额，借记本科目，贷记“零余额账户用款额度”“银行存款”等科目。

【例 12 -5】 某行政单位 20 ×8 年发生以下有关应付政府补贴款业务。

（1）计算应发放本地各学校的政府给予的助学金 150 000 元，其中甲学校 80 000 元，乙学校 40 000 元，丙学校 30 000 元。

借：业务活动费用　　150 000

　　贷：应付政府补贴款——甲学校　　80 000

　　　　　　　　　　——乙学校　　40 000

　　　　　　　　　　——丙学校　　30 000

（2）单位通过零余额账户用款额度向各个学校发放政府补贴款 150 000 元。

借：应付政府补贴款——甲学校　　80 000
　　　　　　　　——乙学校　　40 000
　　　　　　　　——丙学校　　30 000
　贷：零余额账户用款额度　　150 000

四、其他应付款的核算

其他应付款是指行政单位除其他应交税费、应缴财政款、应付职工薪酬、应付账款、应付政府补贴款以外，其他各项偿还期限在1年（含1年）的应付及暂收款项，如收取的押金、存入保证金、已经报销但尚未偿还银行的本单位公务卡欠款等。为了核算单位其他应付款的应付及暂收情况，应设置“其他应付款”科目。它是负债类科目，贷方登记应付或暂收其他单位或个人的款项，借方登记偿还的款项。期末贷方余额反映单位尚未支付的其他应付款金额。期末余额在贷方，反映尚未偿还的款项。

本科目应当按照其他应付款的类别以及债权人等进行明细核算。

对其他应付款应作以下主要账务处理。

（1）发生其他应付及暂收款项时，借记“银行存款”等科目，贷记本科目。支付（或退回）其他应付及暂收款项时，借记本科目，贷记“银行存款”等科目。

（2）收到同级政府财政部门预拨的下期预算款和没有纳入预算的暂付款项，按照实际收到的金额，借记“银行存款”等科目，贷记本科目；待到下一预算期或批准纳入预算时，借记本科目，贷记“财政拨款收入”科目。采用实拨资金方式通过本单位转拨给下属单位的财政拨款，按照实际收到的金额，借记“银行存款”科目，贷记本科目；向下属单位转拨财政拨款时，按照转拨的金额，借记本科目，贷记“银行存款”科目。

（3）本单位公务卡持卡人报销时，按照审核报销的金额，借记“业务活动费用”科目，贷记本科目；偿还公务卡欠款时，借记本科目，贷记“零余额账户用款额度”等科目。

（4）涉及质保金形成其他应付款的，相关账务处理参见“固定资产”科目。

（5）无法偿付或债权人豁免偿还的其他应付款项，应当按照规定报经批准后进行账务处理。经批准核销时，借记本科目，贷记“其他收入”科目。核销的其他应付款应在备查簿中保留登记。

【例12-6】某行政单位20×8年发生以下其他应付款业务。

（1）收到甲单位租用会议室押金4 000元。

借：银行存款　　4 000
　贷：其他应付款——甲单位　　4 000

（2）甲单位用完会议室，行政单位用银行存款退还押金4 000元。

借：其他应付款——甲单位　　4 000
　贷：银行存款　　4 000

（3）收到同级财政部门预拨的下期预算拨款存入银行550 000元。

借：银行存款　　550 000
　贷：其他应付款　　550 000

（4）将上述同级财政预拨的预算款550 000元经批准纳入预算。

借：其他应付款　　550 000
　贷：财政拨款收入　　550 000

五、预提费用的核算

预提费用是指行政单位预先提取的已经发生但尚未支付的费用，如预提租金费用等。为了核算单位预先提取的已经发生但尚未支付的费用，应设置“预提费用”科目。它是负债类科目，贷方登记预先提取的预提费用，借方登记支付的预提费用，期末贷方余额，反映单位已预提但尚未支付的各项费用。

本科目应当按照预提费用的种类进行明细核算。

对预提费用应作以下主要账务处理。按期预提租金等费用时，按照预提的金额，借记“业务活动费用”科目，贷记本科目；实际支付款项时，按照支付金额，借记本科目，贷记“零余额账户用款额度”“银行存款”等科目。

【例 12－7】某行政单位 20×8 年发生以下预提费用有关业务。

（1）2 月 1 日租用乙单位设备一台，用于本单位的行政业务活动，租期三年，三年租金共计 36 000 元。租金每年支付一次，第一年末需要预提 10 000 元。

借：业务活动费用	10 000	
贷：预提费用		10 000

（2）20×9 年 1 月 3 日用银行存款支付上年度租金 10 000 元。

借：预提费用	10 000	
贷：银行存款		10 000

六、长期应付款的核算

长期应付款是指行政单位发生的偿还期限超过 1 年（不含 1 年）的应付款项，如以跨年度支付货款方式购入固定资产的款项等。为了核算行政单位长期应付款的发生和归还情况，行政单位应设置“长期应付款”科目。它是负债类科目，借方登记归还的长期应付款，贷方登记发生的长期应付款，期末贷方余额，反映行政单位尚未支付的长期应付款。

本科目应当按照长期应付款的类别以及债权人进行明细核算。

对长期应付款应作以下主要账务处理。

（1）发生长期应付款时，借记“固定资产”“在建工程”等科目，贷记本科目。

（2）支付长期应付款时，按照实际支付的金额，借记本科目，贷记“财政拨款收入”“零余额账户用款额度”“银行存款”等科目。

（3）无法偿付或债权人豁免偿还的长期应付款，应当按照规定报经批准后进行账务处理。经批准核销时，借记本科目，贷记“其他收入”科目。核销的长期应付款应在备查簿中保留登记。

长期应付款业务核算举例参见第十一章“第二节　固定资产的核算”。

第三节　预计负债和受托代理负债的核算

一、预计负债的核算

预计负债是行政单位对因或有事项所产生的现时义务而确认的负债，如对未决诉讼等确认的负债。为了核算单位对因或有事项所产生的现时义务而确认的负债，应设置“预计负债”

科目。它是负债类科目，贷方登记预计的或有负债增加数，借方登记支付减少的或有负债，期末贷方余额，反映单位尚未交付或发出受托代理资产形成的受托代理负债金额。

本科目应当按照预计负债的项目进行明细核算。

对预计负债应作以下主要账务处理。

（1）确认预计负债时，按照预计负债的金额，借记“业务活动费用”“其他费用”等科目，贷记本科目。

（2）实际偿付预计负债时，按照偿付的金额，借记本科目，贷记“银行存款”“零余额账户用款额度”等科目。

（3）根据确凿证据需要对已确认的预计负债账面余额进行调整的，按照调整增加的金额，借记有关科目，贷记本科目；按照调整减少的金额，借记本科目，贷记有关科目。

【例 12－8】甲行政单位 20×8 年 10 月因执行行政活动违约涉及一起诉讼案，直到 12 月 31 日尚未接到法院的判决，经咨询律师后，甲单位认为败诉的可能性很大，估计为 60%，如果败诉，需要赔偿 400 000 元。行政单位在 12 月 31 日确认预计负债 400 000 元。

借：业务活动费用　　400 000

　　贷：预计负债　　400 000

二、受托代理负债的核算

受托代理负债是指行政单位接受委托取得受托代理资产时形成的负债。为了核算单位因接受委托取得受托代理资产时形成的负债情况，应设置“受托代理负债”科目。它是负债类科目，贷方登记因接受受托代理资产而产生的受托代理负债增加数，借方登记受托代理负债的减少数，期末贷方余额，反映单位尚未交付或发出受托代理资产形成的受托代理负债金额。

受托代理负债的账务处理及业务举例参见第十一章“第四节　其他非流动资产的核算”关于“受托代理资产的核算”。

本章小结

行政单位的负债主要包括其他应交税费、应缴财政款、应付职工薪酬、应付账款、应付政府补贴款、其他应付款、预提费用、长期应付款、预计负债等。

应缴财政款是指单位取得或应收的按照规定应当上缴财政的款项。主要包括行政性收费收入、罚没收入、无主财物变价收入等款项，需要设置“应缴财政款”科目核算；应付政府补贴款是指负责发放政府补贴的行政单位，按照规定应当支付给政府补贴接受者的各种政府补贴款，应设置“应付政府补贴款”科目核算；受托代理负债是指单位接受委托取得受托代理资产时形成的负债，应设置“受托代理负债”科目核算。

复习思考题

1. 行政单位的负债主要有哪些？如何核算？
2. 其他应交税费的含义是什么？其账务处理怎样？
3. 什么是应缴财政款？它包括哪些内容？
4. 什么是预提费用？
5. 应付职工薪酬包括哪些项目？
6. 应付政府补贴款的含义是什么？如何核算？

练 习 题

一、目的　练习行政单位负债的核算。

二、资料　某行政单位20×8年发生以下有关经济业务。

1. 收到外单位交来的租用会议室押金6 000元存入银行。

2. 收到应上缴财政的罚没收入8 500元存入银行。

3. 购入行政活动用的甲材料500千克，单价100元，增值税税率16%。价税合计58 000元，款未付，材料入库。

4. 将收到的罚没款8 500元上缴国库。

5. 预提本期应负担的租用房屋租金4 000元。

三、要求　根据上述某行政单位经济业务编制会计分录。

第十三章　行政单位收入与费用的核算

学习目标：通过本章的学习，要求了解行政单位收入与费用的类别；掌握财政拨款收入、非同级财政拨款收入、捐赠收入、利息收入、租金收入、其他收入的核算；掌握业务活动费用、资产处置费用、其他费用的核算。

第一节　行政单位收入的核算

一、收入的含义及分类

（一）收入的含义

行政单位的收入是指报告期内导致行政单位净资产增加的、含有服务潜力或者经济利益的经济资源的流入。

收入的确认应当同时满足以下条件。

（1）与收入相关的含有服务潜力或者经济利益的经济资源很可能流入政府会计主体。

（2）含有服务潜力或者经济利益的经济资源流入会导致政府会计主体资产增加或者负债减少。

（3）流入金额能够可靠地计量。

（二）收入的分类

（1）财政拨款收入。财政拨款收入是指行政单位从同级财政部门取得的各类财政拨款。

（2）非同级财政拨款收入。非同级财政拨款收入是指单位从非同级政府财政部门取得的经费拨款，包括从同级政府其他部门取得的横向转拨财政款、从上级或下级政府财政部门取得的经费拨款等。

（3）捐赠收入。捐赠收入是指单位接受其他单位或者个人捐赠取得的收入。

（4）利息收入。利息收入是指单位取得的银行存款利息收入。

（5）租金收入。租金收入是指单位经批准利用国有资产出租取得并按照规定纳入本单位预算管理的租金收入。

（6）其他收入。其他收入是指行政单位取得的除财政拨款收入、非同级财政拨款收入、捐赠收入、利息收入、租金收入以外的各项收入，如现金盘盈收入等。

二、收入核算的账务处理

（一）财政拨款收入的核算

为了核算行政单位从同级财政部门取得的各类财政拨款，应设置“财政拨款收入”科目。它是收入类科目，贷方登记实际收到或使用的财政拨款收入，借方登记财政拨款收入的缴回数或结转数；期末结转后，本科目应无余额。

同级政府财政部门预拨的下期预算款和没有纳入预算的暂付款项，以及采用实拨资金方式通过本单位转拨给下属单位的财政拨款，通过“其他应付款”科目核算，不通过本科目核算。

本科目应当按照一般公共预算财政拨款、政府性基金预算财政拨款等拨款种类进行明细核算。

对财政拨款收入应作以下主要账务处理。

（1）财政直接支付方式下，根据收到的“财政直接支付入账通知书”及相关原始凭证，按照通知书中的直接支付入账金额，借记“库存物品”“固定资产”“业务活动费用”“应付职工薪酬”等科目，贷记本科目。年末，根据本年度财政直接支付预算指标数与当年财政直接支付实际支付数的差额，借记“财政应返还额度——财政直接支付”科目，贷记本科目。

（2）财政授权支付方式下，根据收到的“财政授权支付额度到账通知书”，按照通知书中的授权支付额度，借记“零余额账户用款额度”科目，贷记本科目。

年末，本年度财政授权支付预算指标数大于零余额账户用款额度下达数的，根据未下达的用款额度，借记“财政应返还额度——财政授权支付”科目，贷记本科目。

（3）其他方式下收到财政拨款收入时，按照实际收到的金额，借记“银行存款”等科目，贷记本科目。

（4）因差错更正或购货退回等发生国库直接支付款项退回的，属于以前年度支付的款项，按照退回金额，借记“财政应返还额度——财政直接支付”科目，贷记“以前年度盈余调整”“库存物品”等科目；属于本年度支付的款项，按照退回金额，借记本科目，贷记“业务活动费用”“库存物品”等科目。

（5）期末，将本科目本期发生额转入本期盈余，借记本科目，贷记“本期盈余”科目。

【例 13－1】某行政单位 20×8 年 12 月发生以下有关财政拨款收入业务。

（1）8 日，通过财政直接支付方式购入行政活动用材料一批，价税合计 34 800 元。材料入库，已收到代理银行转来的“财政直接支付入账通知书”。

借：库存物品	34 800	
贷：财政拨款收入		34 800

（2）11 日，收到代理银行转来的“财政授权支付额度到账通知书”，本月行政单位财政授权支付额度为 800 000 元已下达。

借：零余额账户用款额度	800 000	
贷：财政拨款收入		800 000

（3）31 日，将“财政拨款收入”科目本期贷方发生额 7 900 000 元转入本期盈余。

借：财政拨款收入	7 900 000	
贷：本期盈余		7 900 000

（二）非同级财政拨款收入的核算

为了核算行政单位从非同级政府财政部门取得的经费拨款，应设置“非同级财政拨款收入”科目。它是收入类科目，贷方登记确认的非同级财政拨款收入，借方登记期末转入本期盈余的数额，期末结转后，本科目应无余额。

本科目应当按照本级横向转拨财政款和非本级财政拨款进行明细核算，并按照收入来源进行明细核算。

对非同级财政拨款收入应作以下主要账务处理。

（1）确认非同级财政拨款收入时，按照应收或实际收到的金额，借记“其他应收款”“银行存款”等科目，贷记本科目。

（2）期末，将本科目本期发生额转入本期盈余，借记本科目，贷记“本期盈余”科目。

【例 13-2】某行政单位 20×8 年发生以下有关非同级财政拨款收入业务。

（1）12 月 20 日经确认本期应收上级政府的非同级财政拨款收入 620 000 元。

借：其他应收款	620 000	
贷：非同级财政拨款收入		620 000

（2）12 月 24 日，收到上级政府的非同级财政拨款收入 620 000 元存入银行。

借：银行存款	620 000	
贷：其他应收款		620 000

（3）期末，将本期非同级财政拨款收入的贷方发生额 620 000 元转入本期盈余。

借：非同级财政拨款收入	620 000	
贷：本期盈余		620 000

（三）捐赠收入的核算

为了核算行政单位接受其他单位或者个人捐赠取得的收入，应设置“捐赠收入”科目。它是收入类科目，贷方登记取得的捐赠收入，借方登记期末转入本期盈余的捐赠收入，期末结转后，本科目应无余额。

本科目应当按照捐赠资产的用途和捐赠单位等进行明细核算。

对捐赠收入应作以下主要账务处理。

（1）接受捐赠的货币资金，按照实际收到的金额，借记“银行存款”“库存现金”等科目，贷记本科目。

（2）接受捐赠的存货、固定资产等非现金资产，按照确定的成本，借记“库存物品”“固定资产”等科目，按照发生的相关税费、运输费等，贷记“银行存款”等科目，按照其差额，贷记本科目。

（3）接受捐赠的资产按照名义金额入账的，按照名义金额，借记“库存物品”“固定资产”等科目，贷记本科目；同时，按照发生的相关税费、运输费等，借记“其他费用”科目，贷记“银行存款”等科目。

（4）期末，将本科目本期发生额转入本期盈余，借记本科目，贷记“本期盈余”科目。

【例 13-3】某行政单位 20×8 年发生以下有关捐赠收入业务。

（1）12 月 15 日收到某单位捐赠的货币资金 200 000 元存入银行，用于奖励工作表现优秀的职工。

借：银行存款	200 000	
贷：捐赠收入		200 000

（2）12 月 20 日收到某单位捐赠的行政活动用材料一批，凭据注明其成本 50 000 元，材料入库，用现金支付运费 300 元。

借：库存物品	50 300	
贷：库存现金		300
捐赠收入		50 000

（3）期末，将本期取得捐赠收入共计 250 000 元转入本期盈余。

借：捐赠收入　　250 000

　　贷：本期盈余　　250 000

（四）利息收入的核算

为了核算行政单位取得的银行存款利息收入，应设置“利息收入”科目。它是收入类科目，贷方登记取得的利息收入，借方登记期末转入本期盈余的利息收入，期末结转后，本科目应无余额。

对利息收入应作以下主要账务处理。

（1）取得银行存款利息时，按照实际收到的金额，借记“银行存款”科目，贷记本科目。

（2）期末，将本科目本期发生额转入本期盈余，借记本科目，贷记“本期盈余”科目。

（五）租金收入的核算

为了核算行政单位经批准利用国有资产出租取得并按照规定纳入本单位预算管理的租金收入，应设置“租金收入”科目。它是收入类科目，贷方登记确认的租金收入，借方登记期末转入本期盈余的租金收入，期末结转后，本科目应无余额。

对租金收入应作以下主要账务处理。

（1）每期收取租金时，按照租金金额，借记“银行存款”等科目，贷记本科目。

（2）期末，将本科目本期发生额转入本期盈余，借记本科目，贷记“本期盈余”科目。

【例13－4】某行政单位20×8年发生以下有关租金收入业务。

（1）1月10日收到租出办公楼本月租金收入2 000元存入银行。

借：银行存款　　2 000

　　贷：租金收入　　2 000

（2）期末，将本期取得的租金收入共计2 000元转入本期盈余。

借：租金收入　　2 000

　　贷：本期盈余　　2 000

（六）其他收入的核算

为了核算行政单位其他收入，应设置“其他收入”科目。它是收入类科目，贷方登记取得的其他收入，借方登记期末转入本期盈余数，期末结转后，本科目应无余额。

本科目应当按照其他收入的类别、来源等进行明细核算。

对其他收入应作以下主要账务处理。

（1）现金盘盈收入，每日现金账款核对中发现的现金溢余，属于无法查明原因的部分，报经批准后，借记“待处理财产损溢”科目，贷记本科目。

（2）收回已核销的其他应收款，行政单位已核销的其他应收款在以后期间收回的，按照实际收回的金额，借记“银行存款”等科目，贷记本科目。

（3）无法偿付的应付款项，无法偿付或债权人豁免偿还的应付账款、其他应付款及长期应付款，借记“其他应付款”“长期应付款”等科目，贷记本科目。

（4）置换换出资产评估增值，资产置换过程中，换出资产评估增值的，按照评估价值高于资产账面价值或账面余额的金额，借记有关科目，贷记本科目。

（5）确认（1）～（4）以外的其他收入时，按照应收或实际收到的金额，借记“其他应收款”“银行存款”“库存现金”等科目，贷记本科目。

（6）期末，将本科目本期发生额转入本期盈余，借记本科目，贷记“本期盈余”科目。

【例13-5】某行政单位20×8年发生以下有关其他收入业务。

（1）12月2日清查库存现金，发现盘盈5 200元。

借：库存现金 5 200

贷：待处理财产损溢 5 200

（2）12月5日上述盘盈的库存现金报经批准转入其他收入。

借：待处理财产损溢 5 200

贷：其他收入 5 200

（3）12月20日，经确认一笔应付账款60 000元，债权人同意豁免偿还。

借：应付账款 60 000

贷：其他收入 60 000

（4）期末，将“其他收入”科目的发生额共计65 200元转入本期盈余。

借：其他收入 65 200

贷：本期盈余 65 200

第二节 行政单位费用的核算

一、费用的含义及分类

（一）费用的含义

费用是指报告期内导致行政单位净资产减少的、含有服务潜力或者经济利益的经济资源的流出。

费用的确认应当同时满足以下条件。

（1）与费用相关的含有服务潜力或者经济利益的经济资源很可能流出政府会计主体。

（2）含有服务潜力或者经济利益的经济资源流出会导致政府会计主体资产减少或者负债增加。

（3）流出金额能够可靠地计量。

（二）费用的分类

（1）业务活动费用。业务活动费用是指行政单位为实现其职能目标，依法履职或开展专业业务活动及其辅助活动所发生的各项费用。包括业务人员工资福利费用、商品和服务费用、固定资产折旧费用等。

（2）资产处置费用。资产处置费用是指行政单位经批准处置资产时发生的费用，包括转销的被处置资产价值，以及在处置过程中发生的相关费用或者处置收入小于相关费用形成的净支出。资产处置的形式按照规定包括无偿调拨、出售、出让、转让、置换、对外捐赠、报废、毁损以及货币性资产损失核销等。

（3）其他费用。其他费用是指行政单位发生的除业务活动费用、资产处置费用以外的各项费用，包括利息费用、坏账损失、罚没支出、现金资产捐赠支出以及相关税费、运输费等。

二、费用核算的账务处理

（一）业务活动费用的核算

为了核算行政单位为实现其职能目标，依法履职所发生的各项费用，应设置“业务活动费用”科目。它是费用类科目，借方登记发生的业务活动费用，贷方登记期末转入本期盈余数，期末结转后，本科目应无余额。

本科目应当按照项目、服务或者业务类别、支付对象等进行明细核算。

对业务活动费用应作以下主要账务处理。

（1）为履职人员计提的薪酬，按照计算确定的金额，借记本科目，贷记“应付职工薪酬”科目。

（2）为履职发生的外部人员劳务费，按照计算确定的金额，借记本科目，按照代扣代缴个人所得税的金额，贷记“其他应交税费——应交个人所得税”科目，按照扣税后应付或实际支付的金额，贷记“其他应付款”“财政拨款收入”“零余额账户用款额度”“银行存款”等科目。

（3）为履职领用库存物品，以及动用发出相关政府储备物资，按照领用库存物品或发出相关政府储备物资的账面余额，借记本科目，贷记“库存物品”“政府储备物资”科目。

（4）为履职所使用的固定资产、无形资产以及为所控制的公共基础设施、保障性住房计提的折旧、摊销，按照计提金额，借记本科目，贷记“固定资产累计折旧”“无形资产累计摊销”“公共基础设施累计折旧（摊销）”“保障性住房累计折旧”科目。

（5）为履职发生的城市维护建设税、教育费附加、地方教育费附加、车船税、房产税、城镇土地使用税等，按照计算确定应交纳的金额，借记本科目，贷记“其他应交税费”等科目。

（6）为履职发生其他各项费用时，按照费用确认金额，借记本科目，贷记“财政拨款收入”“零余额账户用款额度”“银行存款”“应付账款”“其他应付款”“其他应收款”等科目。

（7）发生当年购货退回等业务，对于已计入本年业务活动费用的，按照收回或应收的金额，借记“财政拨款收入”“零余额账户用款额度”“银行存款”“其他应收款”等科目，贷记本科目。

（8）期末，将本科目本期发生额转入本期盈余，借记“本期盈余”科目，贷记本科目。

【例 13 -6】某行政单位 20×8 年发生以下有关业务活动费用业务。

（1）12 月 5 日，用现金购买业务活动办公用品 450 元。

借：业务活动费用	450	
贷：库存现金		450

（2）12 月 8 日，计提本期应付行政活动人员薪酬共计 890 000 元。

借：业务活动费用	890 000	
贷：应付职工薪酬		890 000

（3）12 月 18 日，单位业务活动领用库存物品成本 3 500 元。

借：业务活动费用	3 500	
贷：库存物品		3 500

（4）12 月 31 日，计提本期办公楼折旧费用 9 200 元。

借：业务活动费用	9 200	
贷：固定资产累计折旧		9 200

（5）12 月 31 日，通过财政授权方式支付本期行政活动水电费，共计 87 650 元。

借：业务活动费用	87 650	
贷：零余额账户用款额度		87 650

（6）12 月 31 日，“业务活动费用”科目借方发生额共计 990 800 元转入本期盈余。

借：本期盈余　　990 800

　　贷：业务活动费用　　990 800

（二）资产处置费用的核算

为了核算行政单位经批准处置资产时发生的费用，包括转销的被处置资产价值，以及在处置过程中发生的相关费用或者处置收入小于相关费用形成的净支出，应设置“资产处置费用”科目。它是费用类科目，借方登记资产处置费用的增加数，贷方登记期末转入本期盈余数，期末结转后，该科目无余额。

行政单位在资产清查中查明的资产盘亏、毁损以及资产报废等，应当先通过“待处理财产损溢”科目进行核算，再将处理资产价值和处理净支出记入本科目。

本科目应当按照处置资产的类别、资产处置的形式等进行明细核算。

对资产处置费用应作以下主要账务处理。

1. 不通过“待处理财产损溢”科目核算的资产处置

（1）按照规定报经批准处置资产时，按照处置资产的账面价值，借记本科目（处置固定资产、无形资产、公共基础设施、保障性住房的，还应借记“固定资产累计折旧”“无形资产累计摊销”“公共基础设施累计折旧（摊销）”“保障性住房累计折旧”科目），按照处置资产的账面余额，贷记“库存物品”“固定资产”“无形资产”“公共基础设施”“政府储备物资”“文物文化资产”“保障性住房”“其他应收款”“在建工程”等科目。

（2）处置资产过程中仅发生相关费用的，按照实际发生金额，借记本科目，贷记“银行存款”“库存现金”等科目。

（3）处置资产过程中取得收入的，按照取得的价款，借记“库存现金”“银行存款”等科目，按照处置资产过程中发生的相关费用，贷记“银行存款”“库存现金”等科目，按照其差额，借记本科目或贷记“应缴财政款”等科目。

2. 通过“待处理财产损溢”科目核算的资产处置

（1）单位账款核对中发现的现金短缺，属于无法查明原因的，报经批准核销时，借记本科目，贷记“待处理财产损溢”科目。

（2）单位资产清查过程中盘亏或者毁损、报废的存货、固定资产、无形资产、公共基础设施、政府储备物资、文物文化资产、保障性住房等，报经批准处理时，按照处理资产价值，借记本科目，贷记“待处理财产损溢——待处理财产价值”科目；处理收支结清时，处理过程中所取得收入小于所发生相关费用的，按照相关费用减去处理收入后的净支出，借记本科目，贷记“待处理财产损溢——处理净收入”科目。

期末，将本科目本期发生额转入本期盈余，借记“本期盈余”科目，贷记本科目。

【例 13－7】某行政单位 20×8 年发生以下有关资产处置费用业务。

（1）12 月 5 日，经批准将一台不需用的设备捐出，该设备原价 20 000 元，已计提折旧 9 000 元，用现金支付运输费 200 元。

借：固定资产累计折旧　　9 000

　　资产处置费用　　11 200

　　贷：固定资产　　20 000

　　　　库存现金　　200

（2）12 月 30 日，进行财产清查发现盘亏库存现金 6 700 元。

借：待处理财产损溢　　6 700
　　贷：库存现金　　6 700

（3）12 月 31 日，经批准上述现金盘亏 6 700 元转入资产处置费用。

借：资产处置费用　　6 700
　　贷：待处理财产损溢　　6 700

（4）期末，将“资产处置费用”的本期借方发生额共计 17 900 元转入本期盈余。

借：本期盈余　　17 900
　　贷：资产处置费用　　17 900

（三）其他费用的核算

为了核算行政单位发生的除业务活动费用、资产处置费用以外的各项费用，应设置“其他费用”科目。它是费用类科目，借方登记其他费用的增加数，贷方登记期末转入本期盈余数，期末结转后，该科目无余额。

本科目应当按照其他费用的类别等进行明细核算。

对其他费用应作以下主要账务处理。

（1）罚没支出，单位发生罚没支出的，按照实际缴纳或应当缴纳的金额，借记本科目，贷记“银行存款”“库存现金”“其他应付款”等科目。

（2）现金资产捐赠，单位对外捐赠现金资产的，按照实际捐赠的金额，借记本科目，贷记“银行存款”“库存现金”等科目。

（3）其他相关费用，单位接受捐赠（或无偿调入）以名义金额计量的存货、固定资产、无形资产，以及成本无法可靠取得的公共基础设施、文物文化资产等发生的相关税费、运输费等，按照实际支付的金额，借记本科目，贷记“财政拨款收入”“零余额账户用款额度”“银行存款”“库存现金”等科目。单位发生的与受托代理资产相关的税费、运输费、保管费等，按照实际支付或应付的金额，借记本科目，贷记“零余额账户用款额度”“银行存款”“库存现金”“其他应付款”等科目。

（4）期末，将本科目本期发生额转入本期盈余，借记“本期盈余”科目，贷记本科目。

【例 13－8】某行政单位 20×8 年发生以下有关其他费用业务。

（1）12 月 27 日，接受捐赠一台设备，其成本无法可靠取得，用名义金额计量。相关税费 3 000 元，用银行存款支付。

借：其他费用　　3 000
　　贷：银行存款　　3 000

（2）期末将其他费用科目的发生额 4 600 元转入本期盈余。

借：本期盈余　　4 600
　　贷：其他费用　　4 600

本章小结

行政单位的收入是指报告期内导致行政单位净资产增加的、含有服务潜力或者经济利益的经济资源的流入。它主要包括财政拨款收入、非同级财政拨款收入、捐赠收入、利息收入、租金收入和其他收入等。

行政单位收入的核算需要设置“财政拨款收入”“非同级财政拨款收入”“捐赠收入”“利息收入”“租金收入”“其他收入”科目。

费用是指报告期内导致行政单位净资产减少的、含有服务潜力或者经济利益的经济资源的流出。它主要包括业务活动费用、资产处置费用和其他费用。

行政单位费用的核算需要设置“业务活动费用”“资产处置费用”和“其他费用”科目。

复习思考题

1. 行政单位收入的概念是什么？行政单位的收入分成哪几类？
2. 什么是财政拨款收入？
3. 行政单位费用的含义是什么？行政单位的费用包括哪几类？
4. 业务活动费用的含义是什么？
5. 资产处置费用的含义是什么？它核算哪些内容？

练　习　题

习题一

一、目的　练习行政单位收入的核算。

二、资料　某行政单位20×8年12月发生以下有关收入经济业务。

1. 收到代理银行转来“财政授权支付额度到账通知书”，本期行政活动经费260 000元到账。

2. 10日，通过财政直接支付方式购入行政活动用材料一批，买价40 000元，进项增值税6 400元。材料入库，已收到代理银行转来的“财政直接支付入账通知书”。

3. 22日，收到某单位捐赠的行政活动用材料一批，凭据注明其成本30 000元，材料入库。

4. 30日，经确认一笔长期应付账款90 000元，债权人同意豁免偿还。

5. 30日，收到其他单位捐赠的货币资金收入20 000元存入银行。

三、要求　根据上述经济业务编制会计分录。

习题二

一、目的　练习行政单位费用的核算。

二、资料　某行政单位20×8年11月发生以下有关费用业务。

1. 开出支票，支付购买业务活动办公用品款2 600元。

2. 购买行政活动用设备一台，价税合计34 800元，款项通过单位零余额账户支付，设备交付使用。

3. 开出转账支票支付本月水费7 800元。

4. 计提本期职工薪酬共计1 890 000元。

5. 经批准将现金盘亏8 400元转入资产处置费用。

6. 领用乙材料一批，成本3 800元，用于行政活动。

三、要求　根据上述经济业务编制会计分录。

第十四章　行政单位净资产的核算

学习目标： 通过本章的学习，要求了解行政单位净资产的内容；掌握行政单位累计盈余、本期盈余、本年盈余分配、无偿调拨净资产和以前年度盈余调整核算的账务处理。

第一节　行政单位净资产概述

一、行政单位净资产的含义

行政单位净资产是指行政单位资产扣除负债后的净额。净资产金额取决于资产和负债的计量。行政单位净资产主要包括累计盈余、本期盈余、本年盈余分配、无偿调拨净资产和以前年度盈余调整。

二、行政单位净资产的分类

（1）累计盈余。累计盈余是指单位历年实现的盈余扣除盈余分配后滚存的金额，以及因无偿调入、调出资产产生的净资产变动额。

（2）本期盈余。本期盈余是指单位本期各项收入、费用相抵后的余额。

（3）本年盈余分配。本年盈余分配是指单位本年度盈余分配的情况和结果。

（4）无偿调拨净资产。无偿调拨净资产是指单位无偿调入或调出非现金资产所引起的净资产变动金额。

（5）以前年度盈余调整。以前年度盈余调整是指单位本年度发生的调整以前年度盈余的事项，包括本年度发生的重要前期差错更正涉及调整以前年度盈余的事项。

第二节　行政单位各项净资产的核算

一、累计盈余的核算

为了核算行政单位历年实现的盈余扣除盈余分配后滚存的金额，以及因无偿调入、调出资产产生的净资产变动额，应设置“累计盈余”科目。它是净资产科目，贷方登记年末将“本年盈余分配”科目的余额和“无偿调拨净资产”科目的余额转入的累计盈余以及从其他单位调入财政拨款结转资金等的增加数，借方登记期末减少数，本科目期末余额，反映单位未分配盈余（或未弥补亏损）的累计数以及截至上年末无偿调拨净资产变动的累计数。本科目年末余额，反映单位未分配盈余（或未弥补亏损）以及无偿调拨净资产变动的累计数。

对累计盈余应作以下主要账务处理。

（1）年末，将“本年盈余分配”科目的余额转入累计盈余，借记或贷记“本年盈余分配”科目，贷记或借记本科目。

（2）年末，将“无偿调拨净资产”科目的余额转入累计盈余，借记或贷记“无偿调拨净资产”科目，贷记或借记本科目。

（3）按照规定上缴财政拨款结转结余、缴回非财政拨款结转资金、向其他单位调出财政拨款结转资金时，按照实际上缴、缴回、调出金额，借记本科目，贷记“财政应返还额度”“零余额账户用款额度”“银行存款”等科目。按照规定从其他单位调入财政拨款结转资金时，按照实际调入金额，借记“零余额账户用款额度”“银行存款”等科目，贷记本科目。

（4）将“以前年度盈余调整”科目的余额转入本科目，借记或贷记“以前年度盈余调整”科目，贷记或借记本科目。

【例 14－1】某行政单位 20×8 年度发生以下有关累计盈余业务。

（1）年末，结转“本年盈余分配分配”科目的贷方余额 598 000 元。

借：本年盈余分配　　598 000

　　贷：累计盈余　　598 000

（2）年末，结转“无偿调拨净资产”科目的贷方余额 64 000 元。

借：无偿调拨净资产　　64 000

　　贷：累计盈余　　64 000

（3）按规定用银行存款缴回非财政拨款结转资金 36 000 元。

借：累计盈余　　36 000

　　贷：银行存款　　36 000

（4）年末，结转“以前年度盈余调整”科目的借方余额 3 000 元。

借：累计盈余　　3 000

　　贷：以前年度盈余调整　　3 000

二、本期盈余的核算

为了核算行政单位本期各项收入、费用相抵后的余额，应设置“本期盈余”科目。它是净资产类科目，贷方登记期末转入的本期各项收入发生额，借方登记期末转入的各项费用发生额，本科目期末如为贷方余额，反映单位自年初至当期期末累计实现的盈余；如为借方余额，反映单位自年初至当期期末累计发生的亏损。年末，完成收入和费用结转后，将本科目余额转入“本年盈余分配”科目。年末结账后，本科目应无余额。

对本期盈余应作以下主要账务处理。

（1）期末，将各类收入科目的本期发生额转入本期盈余，借记“财政拨款收入”“非同级财政拨款收入”“捐赠收入”“利息收入”“租金收入”“其他收入”科目，贷记本科目；将各类费用科目本期发生额转入本期盈余，借记本科目，贷记“业务活动费用”“资产处置费用”“其他费用”科目。

（2）年末，完成上述（1）的结转后，将本科目余额转入本年盈余分配，借记或贷记本科目，贷记或借记“本年盈余分配”科目。

【例 14－2】某行政单位 20×8 年度发生以下有关本期盈余业务。

（1）本年 12 月收入和费用发生额见表 14－1。

表 14－1 **12 月收入和费用发生额** 单位：元

收入		费用	
科目名称	发生额	科目名称	发生额
财政拨款收入	2 000 000	业务活动费用	1 900 000
非同级财政拨款收入	150 000	资产处置费用	430 000
捐赠收入	120 000	其他费用	160 000
利息收入	80 000		
租金收入	70 000		
其他收入	100 000		
合计	2 520 000	合计	2 490 000

（2）12 月初“本期盈余”科目贷方余额为 50 000 元。

则该行政单位 12 月末进行的期末结转收入和费用应分别编制以下会计分录。

①借：财政拨款收入 2 000 000
　　非同级财政拨款收入 150 000
　　捐赠收入 120 000
　　利息收入 80 000
　　租金收入 70 000
　　其他收入 100 000
　　贷：本期盈余 2 520 000

②借：本期盈余 2 490 000
　　贷：业务活动费用 1 900 000
　　　　资产处置费用 430 000
　　　　其他费用 160 000

12 月末结转收入、费用后，“本期盈余”科目贷方余额为 80 000 元［50 000＋(2 520 000－2 490 000)］。

年末，将“本期盈余”科目贷方余额全部转入本年盈余分配，应编制以下会计分录。

借：本期盈余 80 000
　　贷：本年盈余分配 80 000

三、本年盈余分配的核算

为了核算行政单位本年度盈余分配的情况和结果，应设置“本年盈余分配”科目。它是净资产类科目，贷方登记年末转入的本年盈余，借方登记转入本年累计盈余数（或转入的本年亏损），年末结转后，本科目应无余额。

对本年盈余分配应作以下主要账务处理。

（1）年末，将“本期盈余”科目余额转入本科目，借记或贷记“本期盈余”科目，贷记或借记本科目。

（2）年末，按照规定完成上述（1）的处理后，将本科目余额转入累计盈余，借记或贷记本科目，贷记或借记“累计盈余”科目。

【例14－3】续例14－2，年末将“本年盈余分配”科目余额80 000元全部转入累计盈余。

借：本年盈余分配　　80 000

　　贷：累计盈余　　80 000

四、无偿调拨净资产的核算

为了核算行政单位无偿调入或调出非现金资产所引起的净资产变动金额，应设置“无偿调拨净资产”科目。它是净资产类科目，贷方登记无偿调入资产的成本减去支付的费用，借方登记无偿调出资产的账面余额或账面价值，年末从借方或贷方全部转入累计盈余，年末结转后，本科目应无余额。

对无偿调拨净资产应作以下主要账务处理。

（1）按照规定取得无偿调入的存货、固定资产、无形资产、公共基础设施、政府储备物资、文物文化资产、保障性住房等，按照确定的成本，借记“库存物品”“固定资产”“无形资产”“公共基础设施”“政府储备物资”“文物文化资产”“保障性住房”等科目，按照调入过程中发生的归属于调入方的相关费用，贷记“零余额账户用款额度”“银行存款”等科目，按照其差额，贷记本科目。

（2）按照规定经批准无偿调出存货、固定资产、无形资产、公共基础设施、政府储备物资、文物文化资产、保障性住房等，按照调出资产的账面余额或账面价值，借记本科目，按照固定资产累计折旧、无形资产累计摊销、公共基础设施累计折旧或摊销、保障性住房累计折旧的金额，借记“固定资产累计折旧”“无形资产累计摊销”“公共基础设施累计折旧（摊销）”“保障性住房累计折旧”科目，按照调出资产的账面余额，贷记“库存物品”“固定资产”“无形资产”“公共基础设施”“政府储备物资”“文物文化资产”“保障性住房”等科目；同时，按照调出过程中发生的归属于调出方的相关费用，借记“资产处置费用”科目，贷记“零余额账户用款额度”“银行存款”等科目。

（3）年末，将本科目余额转入累计盈余，借记或贷记本科目，贷记或借记“累计盈余”科目。

【例14－4】某行政单位20×8年12月发生以下有关无偿调拨净资产业务。

（1）6日，从系统内其他单位无偿调入一台设备，其原值580 000元，已提折旧240 000元，设备已交付使用。

借：固定资产　　340 000

　　贷：无偿调拨净资产　　340 000

（2）10日，无偿调出一项无形资产，其账面余额250 000元，已经计提摊销额80 000元。

借：无形资产累计摊销　　80 000

　　无偿调拨净资产　　170 000

　　贷：无形资产　　250 000

五、以前年度盈余调整的核算

为了核算行政单位本年度发生的调整以前年度盈余的事项，应设置“以前年度盈余调整”科目。它是净资产类科目，贷方登记调整增加以前年度的收入以及盘盈非流动资产，借方登记调整增加以前年度的费用，经上述调整后，应将本科目的余额转入累计盈余，本科目结转后应无余额。

对以前年度盈余调整应作以下主要账务处理。

（1）调整增加以前年度收入时，按照调整增加的金额，借记有关科目，贷记本科目；调整减少的，编制相反会计分录。

（2）调整增加以前年度费用时，按照调整增加的金额，借记本科目，贷记有关科目；调整减少的，编制相反会计分录。

（3）盘盈的各种非流动资产，报经批准后处理时，借记“待处理财产损溢”科目，贷记本科目。

（4）经上述调整后，应将本科目的余额转入累计盈余，借记或贷记“累计盈余”科目，贷记或借记本科目。

【例 14-5】某行政单位 20×8 年度发生以下有关以前年度盈余调整业务。

（1）8 月 20 日，盘盈一台设备，经资产评估其价值为 90 000 元。

借：固定资产	90 000	
贷：待处理财产损溢		90 000

（2）8 月 23 日，经批准将上述（1）中盘盈的固定资产转入以前年度盈余调整。

借：待处理财产损溢	90 000	
贷：以前年度盈余调整		90 000

（3）12 月 31 日，将“以前年度盈余调整”科目的贷方余额 90 000 元转入累计盈余。

借：以前年度盈余调整	90 000	
贷：累计盈余		90 000

本章小结

行政单位净资产是指行政单位资产扣除负债后的净额。净资产金额取决于资产和负债的计量。行政单位净资产主要包括累计盈余、本期盈余、本年盈余分配、无偿调拨净资产和以前年度盈余调整。

累计盈余是指单位历年实现的盈余扣除盈余分配后滚存的金额，以及因无偿调入调出资产产生的净资产变动额。本期盈余是指单位本期各项收入、费用相抵后的余额。本年盈余分配是指单位本年度盈余分配的情况和结果。无偿调拨净资产是指单位无偿调入或调出非现金资产所引起的净资产变动金额。以前年度盈余调整是指单位本年度发生的调整以前年度盈余的事项，包括本年度发生的重要前期差错更正涉及调整以前年度盈余的事项。

行政单位净资产的核算需要分别设置“累计盈余”“本期盈余”“本年盈余分配”“无偿调拨净资产”和“以前年度盈余调整”科目。

复习思考题

1. 行政单位的净资产含义是什么？它包括哪些内容？
2. 行政单位净资产核算需要设置哪些会计科目？
3. 如何核算无偿调拨净资产？

练习题

一、目的　练习行政单位净资产的核算。

二、资料　某行政单位 20×8 年度发生以下有关净资产业务。

1. 年末，将“本期盈余”科目贷方余额 2 960 000 元全部转入“本年盈余分配”科目。
2. 年末，结转“本年盈余分配”科目的贷方余额 2 960 000 元。
3. 年末，结转“无偿调拨净资产”科目的贷方余额 52 000 元。
4. 年末，结转“以前年度盈余调整”科目的借方余额 9 000 元。

三、要求　根据上述经济业务编制会计分录。

第十五章　行政单位预算收入、预算支出和预算结余的核算

学习目标：通过本章的学习，要求了解行政单位预算会计要素的内容；掌握预算收入、预算支出和预算结余的核算；理解预算会计与财务会计平行记账的基本原理。

第一节　行政单位预算收入的核算

一、行政单位预算收入及其内容

预算收入是指政府会计主体在预算年度内依法取得的并纳入预算管理的现金流入。行政单位的预算收入主要包括财政拨款预算收入、非同级财政拨款预算收入和其他预算收入。

二、财政拨款预算收入的核算

财政拨款预算收入是指行政单位从同级政府财政部门取得的各类财政拨款。为了核算行政单位从同级政府财政部门取得的各类财政拨款，应设置“财政拨款预算收入”科目。它是预算收入类科目，贷方登记财政拨款预算收入的增加数，借方登记本年国库直接支付退回数及年末转出数，年末结转后，本科目应无余额。

本科目应当设置“基本支出”和“项目支出”两个明细科目，并按照《政府收支分类科目》中“支出功能分类科目”的项级科目进行明细核算；同时，在“基本支出”明细科目下按照“人员经费”和“日常公用经费”进行明细核算，在“项目支出”明细科目下按照具体项目进行明细核算。有一般公共预算财政拨款、政府性基金预算财政拨款等两种或两种以上财政拨款的单位，还应当按照财政拨款的种类进行明细核算。

对财政拨款预算收入应作以下主要账务处理。

（1）财政直接支付方式下，单位根据收到的“财政直接支付入账通知书”及相关原始凭证，按照通知书中的直接支付金额，借记“事业支出”等科目，贷记本科目。年末，根据本年度财政直接支付预算指标数与当年财政直接支付实际支出数的差额，借记“资金结存——财政应返还额度”科目，贷记本科目。

（2）财政授权支付方式下，单位根据收到的“财政授权支付额度到账通知书”，按照通知书中的授权支付额度，借记“资金结存——零余额账户用款额度”科目，贷记本科目。年末，单位本年度财政授权支付预算指标数大于零余额账户用款额度下达数的，按照两者差额，借记“资金结存——财政应返还额度”科目，贷记本科目。

（3）其他方式下，单位按照本期预算收到财政拨款预算收入时，按照实际收到的金额，借记“资金结存——货币资金”科目，贷记本科目。单位收到下期预算的财政预拨款，应当

在下个预算期，按照预收的金额，借记“资金结存——货币资金”科目，贷记本科目。

（4）因差错更正、购货退回等发生国库直接支付款项退回的，属于本年度支付的款项，按照退回金额，借记本科目，贷记“事业支出”等科目。

（5）年末，将本科目本年发生额转入财政拨款结转，借记本科目，贷记“财政拨款结转——本年收支结转”科目。

【例15-1】某行政单位20×8年12月发生以下业务。

（1）8日，通过财政直接支付方式购入行政办公用材料一批，价税合计34 800元。材料入库，已收到代理银行转来的“财政直接支付入账通知书”。

借：行政支出	34 800	
贷：财政拨款预算收入		34 800

（2）11日，收到代理银行转来的“财政授权支付额度到账通知书”，本月行政单位财政授权支付额度800 000元已下达。

借：资金结存——零余额账户用款额度	800 000	
贷：财政拨款预算收入		800 000

（3）31日，将“财政拨款预算收入”科目本期贷方发生额7 900 000元转入“财政拨款结转——本年收支结转”科目。

借：财政拨款预算收入	7 900 000	
贷：财政拨款结转——本年收支结转		7 900 000

三、非同级财政拨款预算收入的核算

非同级财政拨款预算收入是指行政单位从非同级政府财政部门取得的财政拨款，包括本级横向转拨财政款和非本级财政拨款。为了核算单位非同级财政拨款预算收入，应设置“非同级财政拨款预算收入”科目。它是预算收入类科目，贷方登记取得的非同级财政拨款预算收入，借方登记年末转出数，年末结转后，本科目应无余额。

本科目应当按照非同级财政拨款预算收入的类别、来源、《政府收支分类科目》中“支出功能分类科目”的项级科目等进行明细核算。非同级财政拨款预算收入中如有专项资金收入，还应按照具体项目进行明细核算。

对非同级财政拨款预算收入应作以下主要账务处理。

（1）取得非同级财政拨款预算收入时，按照实际收到的金额，借记“资金结存——货币资金”科目，贷记本科目。

（2）年末，将本科目本年发生额中的专项资金收入转入非财政拨款结转，借记本科目下各专项资金收入明细科目，贷记“非财政拨款结转——本年收支结转”科目；将本科目本年发生额中的非专项资金收入转入其他结余，借记本科目下各非专项资金收入明细科目，贷记“其他结余”科目。

【例15-2】某行政单位20×8年发生以下有关非同级财政拨款预算收入业务。

（1）12月24日，收到上级政府的非同级财政拨款预算收入620 000元存入银行。

借：资金结存——货币资金	620 000	
贷：非同级财政拨款预算收入		620 000

（2）年末，将本期非同级财政拨款预算收入的贷方发生额620 000元（假设全部为非专项资金收入）转入其他结余。

借：非同级财政拨款收入　　620 000
　　贷：其他结余　　620 000

四、其他预算收入的核算

其他预算收入是指行政单位除财政拨款预算收入、非同级财政拨款预算收入之外的纳入部门预算管理的现金流入，包括捐赠预算收入、利息预算收入、租金预算收入、现金盘盈收入等。为了核算单位其他预算收入，应设置“其他预算收入”科目。它是预算收入类科目，贷方登记取得的其他预算收入，借方登记年末转出数，年末结转后，本科目应无余额。

本科目应当按照其他收入类别、《政府收支分类科目》中“支出功能分类科目”的项级科目等进行明细核算。其他预算收入中如有专项资金收入，还应按照具体项目进行明细核算。

单位发生的捐赠预算收入、利息预算收入、租金预算收入金额较大或业务较多的，可单独设置“6603 捐赠预算收入”“6604 利息预算收入”“6605 租金预算收入”等科目。

对其他预算收入应作以下主要账务处理。

（1）接受捐赠现金资产、收到银行存款利息、收到资产承租人支付的租金时，按照实际收到的金额，借记“资金结存——货币资金”科目，贷记本科目。

（2）每日现金账款核对中如发现现金溢余，按照溢余的现金金额，借记“资金结存——货币资金”科目，贷记本科目。经核实，属于应支付给有关个人和单位的部分，按照实际支付的金额，借记本科目，贷记“资金结存——货币资金”科目。

（3）收到其他预算收入时，按照收到的金额，借记“资金结存——货币资金”科目，贷记本科目。

（4）年末，将本科目本年发生额中的专项资金收入转入非财政拨款结转，借记本科目下各专项资金收入明细科目，贷记“非财政拨款结转——本年收支结转”科目；将本科目本年发生额中的非专项资金收入转入其他结余，借记本科目下各非专项资金收入明细科目，贷记“其他结余”科目。

【例 15 -3】某行政单位 20 ×8 年发生以下有关其他预算收入业务。

（1）1 月 2 日收到某单位捐赠的货币资金 200 000 元存入银行，用于奖励工作表现优秀的人员。

借：资金结存——货币资金　　200 000
　　贷：其他预算收入　　200 000

（2）1 月 10 日收到租出办公楼全年租金收入 24 000 元存入银行。

借：资金结存——货币资金　　24 000
　　贷：其他预算收入　　24 000

（3）12 月 2 日清查库存现金，发现盘盈 5 200 元，经核实后全部无法支付有关个人和单位。

借：资金结存——货币资金　　5 200
　　贷：其他预算收入　　5 200

（4）期末，将“其他预算收入”科目的发生额共计 229 200 元，其中专项资金收入 29 200 元，非专项资金收入 200 000 元，分别转入有关预算结余。

借：其他预算收入　　229 200
　　贷：非财政拨款结转——本年收支结转　　29 200
　　　　其他结余　　200 000

第二节 行政单位预算支出的核算

一、行政单位预算支出及其内容

预算支出是指政府会计主体在预算年度内依法发生并纳入预算管理的现金流出。行政单位的预算支出主要包括行政支出和其他支出。

二、行政支出的核算

行政支出是指行政单位履行其职责实际发生的各项现金流出。为了核算行政支出，行政单位应设置“行政支出”科目。它是预算支出类科目，借方登记发生的行政支出，贷方登记年末转出数，年末结转后，本科目应无余额。

本科目应当分别按照“财政拨款支出”“非财政专项资金支出”和“其他资金支出”，“基本支出”和“项目支出”等进行明细核算，并按照《政府收支分类科目》中“支出功能分类科目”的项级科目进行明细核算；“基本支出”和“项目支出”明细科目下应当按照《政府收支分类科目》中“部门预算支出经济分类科目”的款级科目进行明细核算，同时在“项目支出”明细科目下按照具体项目进行明细核算。有一般公共预算财政拨款、政府性基金预算财政拨款等两种或两种以上财政拨款的行政单位，还应当在“财政拨款支出”明细科目下按照财政拨款的种类进行明细核算。对于预付款项，可通过在本科目下设置“待处理”明细科目进行核算，待确认具体支出项目后再转入本科目下相关明细科目。年末结账前，应将本科目“待处理”明细科目余额全部转入本科目下相关明细科目。

对行政支出应作以下主要账务处理。

(1) 支付单位职工薪酬。向单位职工个人支付薪酬时，按照实际支付的金额，借记本科目，贷记“财政拨款预算收入”“资金结存”科目。按照规定代扣代缴个人所得税以及代扣代缴或为职工缴纳职工社会保险费、住房公积金等时，按照实际缴纳的金额，借记本科目，贷记“财政拨款预算收入”“资金结存”科目。

(2) 支付外部人员劳务费。按照实际支付给外部人员个人的金额，借记本科目，贷记“财政拨款预算收入”“资金结存”科目。按照规定代扣代缴个人所得税时，按照实际缴纳的金额，借记本科目，贷记“财政拨款预算收入”“资金结存”科目。

(3) 为购买存货、固定资产、无形资产等，以及在建工程支付相关款项时，按照实际支付的金额，借记本科目，贷记“财政拨款预算收入”“资金结存”科目。

(4) 发生预付账款时，按照实际支付的金额，借记本科目，贷记“财政拨款预算收入”“资金结存”科目。对于暂付款项，在支付款项时可不作预算会计处理，待结算或报销时，按照结算或报销的金额，借记本科目，贷记“资金结存”科目。

(5) 发生其他各项支出时，按照实际支付的金额，借记本科目，贷记“财政拨款预算收入”“资金结存”科目。

(6) 因购货退回等发生款项退回，或者发生差错更正的，属于当年支出收回的，按照收回或更正金额，借记“财政拨款预算收入”“资金结存”科目，贷记本科目。

(7) 年末，将本科目本年发生额中的财政拨款支出转入财政拨款结转，借记“财政拨款结转——本年收支结转”科目，贷记本科目下各财政拨款支出明细科目；将本科目本年发生额中的非财政专项资金支出转入非财政拨款结转，借记“非财政拨款结转——本年收支结转”科目，贷记本科目下各非财政专项资金支出明细科目；将本科目本年发生额中的其他资金支出（非财政非专项资金支出）转入其他结余，借记“其他结余”科目，贷记本科目下其他资金支出明细科目。

【例15-4】某行政单位20×8年发生以下有关行政支出业务。

（1）职工王平出差回来，报销差旅费3 500元。

借：行政支出　　3 500
　　贷：资金结存——货币资金　　3 500

（2）为行政办公管理部门用现金180元购买直接领用的办公品。

借：行政支出　　180
　　贷：资金结存——货币资金　　180

（3）用零余额账户用款额度向单位职工支付工资，代扣个人所得税94 000元，住房公积金254 000元，社会保险费192 000元，实际支付3 774 000元。

借：行政支出　　3 774 000
　　贷：资金结存——零余额账户用款额度　　3 774 000

（4）通过零余额账户缴纳社会保险费824 000元、住房公积金508 000元、个人所得税94 000元。

借：行政支出　　1 426 000
　　贷：资金结存——零余额账户用款额度　　1 426 000

（5）通过财政直接支付方式购入行政活动用材料一批，价税合计34 800元。材料入库，已收到代理银行转来的“财政直接支付入账通知书”。

借：行政支出　　34 800
　　贷：财政拨款预算收入　　34 800

（6）年末，“行政支出”科目借方发生额共计5 238 480元，假设其中财政拨款支出4 461 100元，非财政专项资金支出246 380元，其他资金支出531 000元，分别转入预算结余有关科目。

借：财政拨款结转——本年收支结转　　4 461 100
　　非财政拨款结转——本年收支结转　　246 380
　　其他结余　　531 000
　　贷：行政支出　　5 238 480

三、其他支出的核算

其他支出是指行政单位除行政支出以外的各项现金流出，包括对外捐赠现金支出、现金盘亏损失、接受捐赠（调入）和对外捐赠（调出）非现金资产发生的税费支出、资产置换过程中发生的相关税费支出、罚没支出等。为了核算其他支出，行政单位应设置“其他支出”科目。它是预算支出类科目，借方登记发生的其他支出，贷方登记年末转出数，年末结转后，本科目应无余额。

本科目应当按照其他支出的类别，“财政拨款支出”“非财政专项资金支出”和“其他资金支出”，《政府收支分类科目》中“支出功能分类科目”的项级科目和“部门预算支出经济分类科目”的款级科目等进行明细核算。其他支出中如有专项资金支出，还应按照具体项目进行明细核算。有一般公共预算财政拨款、政府性基金预算财政拨款等两种或两种以上财政拨款的行政单位，还应当在“财政拨款支出”明细科目下按照财政拨款的种类进行明细核算。

对其他支出应作以下主要账务处理。

（1）对外捐赠现金资产时，按照捐赠金额，借记本科目，贷记“资金结存——货币资金”科目。

（2）每日现金账款核对中如发现现金短缺，按照短缺的现金金额，借记本科目，贷记“资金结存——货币资金”科目。经核实，属于应当由有关人员赔偿的，按照收到的赔偿金额，借记“资金结存——货币资金”科目，贷记本科目。

（3）接受捐赠（无偿调入）非现金资产发生的归属于捐入方（调入方）的相关税费、运输费等，以及对外捐赠（无偿调出）非现金资产发生的归属于捐出方（调出方）的相关税费、运输费等，按照实际支付金额，借记本科目，贷记“资金结存”科目。

（4）资产置换过程中发生的相关税费支出，按照实际支付金额，借记本科目，贷记“资金结存”科目。

（5）发生罚没等其他支出时，按照实际支出金额，借记本科目，贷记“资金结存”科目。

（6）年末，将本科目本年发生额中的财政拨款支出转入财政拨款结转，借记“财政拨款结转——本年收支结转”科目，贷记本科目下各财政拨款支出明细科目；将本科目本年发生额中的非财政专项资金支出转入非财政拨款结转，借记“非财政拨款结转——本年收支结转”科目，贷记本科目下各非财政专项资金支出明细科目；将本科目本年发生额中的其他资金支出（非财政非专项资金支出）转入其他结余，借记“其他结余”科目，贷记本科目下各其他资金支出明细科目。

【例 15－5】某行政单位 20×8 年发生以下有关其他支出业务。

（1）3 月 5 日，核对库存现金数额，发现短缺 1 200 元，经核实无法查明原因。

借：其他支出	1 200	
贷：资金结存——货币资金		1 200

（2）4 月 12 日，系统内其他单位无偿调入库存物品甲一批，价值 30 000 元，用银行存款支付运输等费用 1 500 元。

借：其他支出	1 500	
贷：资金结存——货币资金		1 500

（3）8 月 10 日，接受外单位捐赠的库存物品乙一批，价值 20 000 元，用银行存款支付运输等费用 1 000 元。

借：其他支出	1 000	
贷：资金结存——货币资金		1 000

（4）10 月 9 日，经批准将一台不需用的设备捐出，该设备原价 30 000 元，已计提折旧 14 000 元，用现金支付运输费 500 元。

借：其他支出	500	
贷：资金结存——货币资金		500

（5）年末，将“其他支出”科目的借方发生额 4 200 元，假设其中财政拨款支出 2 700 元，非财政专项资金支出 1 000 元，其他资金支出 500 元分别转入预算结余有关科目。

借：财政拨款结转——本年收支结转　　2 700
　　非财政拨款结转——本年收支结转　　1 000
　　其他结余　　500
　　贷：其他支出　　4 200

第三节　行政单位预算结余的核算

一、行政单位预算结余及其内容

行政单位预算结余是指政府会计主体预算年度内预算收入扣除预算支出后的资金余额，以及历年滚存的资金余额。

预算结余包括结余资金和结转资金。结余资金是指年度预算执行终了，预算收入实际完成数扣除预算支出和结转资金后剩余的资金；结转资金是指预算安排项目的支出年终尚未执行完毕或者因故未执行，且下年需要按原用途继续使用的资金。

行政单位预算结余类会计科目主要有“资金结存”“财政拨款结转”“财政拨款结余”“非财政拨款结转”“非财政拨款结余”“其他结余”。

二、资金结存的核算

资金结存是指行政单位纳入部门预算管理的结存资金。为了核算单位纳入部门预算管理的资金的流入、流出、调整和滚存等情况，行政单位应设置“资金结存”科目。它是预算结余类科目，借方登记资金结存的增加数，贷方登记减少数，本科目年末借方余额，反映单位预算资金的累计滚存情况。

本科目应当设置“零余额账户用款额度”“货币资金”和“财政应返还额度”三个明细科目。

（1）“零余额账户用款额度”：本明细科目核算实行国库集中支付的单位根据财政部门批复的用款计划收到和支用的零余额账户用款额度。年末结账后，本明细科目应无余额。

（2）“货币资金”：本明细科目核算单位以库存现金、银行存款、其他货币资金形态存在的资金。本明细科目年末借方余额，反映单位尚未使用的货币资金。

（3）“财政应返还额度”：本明细科目核算实行国库集中支付的单位可以使用的以前年度财政直接支付资金额度和财政应返还的财政授权支付资金额度。本明细科目下可设置“财政直接支付”“财政授权支付”两个明细科目进行明细核算。本明细科目年末借方余额，反映单位应收财政返还的资金额度。

对资金结存应作以下主要账务处理。

（1）财政授权支付方式下，单位根据代理银行转来的“财政授权支付额度到账通知书”，按照通知书中的授权支付额度，借记本科目（零余额账户用款额度），贷记“财政拨款预算收入”科目。以国库集中支付以外的其他支付方式取得预算收入时，按照实际收到的金额，借记本科目（货币资金），贷记“财政拨款预算收入”等科目。

（2）财政授权支付方式下，发生相关支出时，按照实际支付的金额，借记“行政支出”等科目，贷记本科目（零余额账户用款额度）。从零余额账户提取现金时，借记本科目（货币资金），贷记本科目（零余额账户用款额度）。退回现金时，编制相反会计分录。使用以前年度财政直接支付额度发生支出时，按照实际支付金额，借记“行政支出”等科目，贷记本科目（财政应返还额度）。国库集中支付以外的其他支付方式下，发生相关支出时，按照实际支付的金额，借记“行政支出”等科目，贷记本科目（货币资金）。

（3）按照规定上缴财政拨款结转结余资金或注销财政拨款结转结余资金额度的，按照实际上缴资金数额或注销的资金额度数额，借记“财政拨款结转——归集上缴”或“财政拨款结余——归集上缴”科目，贷记本科目（财政应返还额度、零余额账户用款额度、货币资金）。按规定向原资金拨入单位缴回非财政拨款结转资金的，按照实际缴回资金数额，借记“非财政拨款结转——缴回资金”科目，贷记本科目（货币资金）。收到从其他单位调入的财政拨款结转资金的，按照实际调入资金数额，借记本科目（财政应返还额度、零余额账户用款额度、货币资金），贷记“财政拨款结转——归集调入”科目。

（4）因购货退回、发生差错更正等退回国库直接支付、授权支付款项，或者收回货币资金的，属于本年度支付的，借记“财政拨款预算收入”科目或本科目（零余额账户用款额度、货币资金），贷记相关支出科目；属于以前年度支付的，借记本科目（财政应返还额度、零余额账户用款额度、货币资金），贷记“财政拨款结转”“财政拨款结余”“非财政拨款结转”“非财政拨款结余”科目。

（5）年末，根据本年度财政直接支付预算指标数与当年财政直接支付实际支出数的差额，借记本科目（财政应返还额度），贷记“财政拨款预算收入”科目。

（6）年末，单位依据代理银行提供的对账单作注销额度的相关账务处理，借记本科目（财政应返还额度），贷记本科目（零余额账户用款额度）；本年度财政授权支付预算指标数大于零余额账户用款额度下达数的，根据未下达的用款额度，借记本科目（财政应返还额度），贷记“财政拨款预算收入”科目。

下年初，单位依据代理银行提供的“额度恢复到账通知书”作恢复额度的相关账务处理，借记本科目（零余额账户用款额度），贷记本科目（财政应返还额度）。单位收到财政部门批复的上年末未下达零余额账户用款额度的，借记本科目（零余额账户用款额度），贷记本科目（财政应返还额度）。

【例 15－6】 某行政单位 20×8 年发生以下有关资金结存业务。

（1）收到财政部门拨入行政经费 300 000 元存入银行。

借：资金结存——货币资金	300 000	
贷：财政拨款预算收入		300 000

（2）收到代理银行转来的“财政授权支付额度到账通知书”，本月行政单位财政授权支付额度 900 000 元已下达。

借：资金结存——零余额账户用款额度	900 000	
贷：财政拨款预算收入		900 000

（3）用零余额账户用款额度向在职职工支付工资 2 164 000 元。

借：行政支出	2 164 000	
贷：资金结存——零余额账户用款额度		2 164 000

（4）年末，根据本年度财政直接支付额度为 4 000 000 元，当年度实际完成支付数 3 800 000 元，需要注销未实现的财政直接支付额度 200 000 元。

借：资金结存——财政应返还额度	200 000	
贷：财政拨款预算收入		200 000

三、财政拨款结转和财政拨款结余的核算

（一）财政拨款结转的核算

财政拨款结转是指行政单位同级财政拨款结转资金。为了核算单位取得的同级财政拨款结转资金的调整、结转和滚存情况，行政单位应设置“财政拨款结转”科目。它是预算结余类科目，贷方登记年末转入的财政拨款预算收入发生额以及因调整差错等增加的数额，借方登记年末转入的本年财政拨款支出发生额以及因调整等减少的数额，本科目年末贷方余额，反映单位滚存的财政拨款结转资金数额。

本科目应当设置“年初余额调整”“归集调入”“归集调出”“归集上缴”“单位内部调剂”“本年收支结转”和“累计结转”明细科目；本科目还应当设置“基本支出结转”“项目支出结转”两个明细科目，并在“基本支出结转”明细科目下按照“人员经费”“日常公用经费”进行明细核算，在“项目支出结转”明细科目下按照具体项目进行明细核算；同时，本科目还应按照《政府收支分类科目》中“支出功能分类科目”的相关科目进行明细核算。有一般公共预算财政拨款、政府性基金预算财政拨款等两种或两种以上财政拨款的，还应当在本科目下按照财政拨款的种类进行明细核算。

（1）“年初余额调整”是与会计差错更正、以前年度支出收回相关的明细科目，本明细科目核算因发生会计差错更正、以前年度支出收回等原因，需要调整财政拨款结转的金额。年末结账后，本明细科目无余额。

（2）“归集调入”“归集调出”“归集上缴”“单位内部调剂”是与财政拨款调拨业务相关的明细科目。其中“归集调入”明细科目核算按照规定从其他单位调入财政拨款结转资金时，实际调增的额度数额或调入的资金数额，年末结账后，本明细科目应无余额。“归集调出”明细科目核算按照规定向其他单位调出财政拨款结转资金时，实际调减的额度数额或调出的资金数额，年末结账后，本明细科目应无余额。“归集上缴”明细科目核算按照规定上缴财政拨款结转资金时，实际核销的额度数额或上缴的资金数额，年末结账后，本明细科目应无余额。“单位内部调剂”明细科目核算经财政部门批准对财政拨款结余资金改变用途，调整用于本单位其他未完成项目等的调整金额，年末结账后，本明细科目应无余额。

（3）“本年收支结转”“累计结转”是与年末财政拨款结转业务相关的明细科目。其中“本年收支结转”明细科目核算单位本年度财政拨款收支相抵后的余额，年末结账后，本明细科目应无余额。“累计结转”明细科目核算单位滚存的财政拨款结转资金，本明细科目年末贷方余额，反映单位财政拨款滚存的结转资金数额。

财政拨款结转的账务处理主要分为以下三类。

1. 与会计差错更正、以前年度支出收回相关的账务处理

（1）因发生会计差错更正退回以前年度国库直接支付、授权支付款项或财政性货币资金，或者因发生会计差错更正增加以前年度国库直接支付、授权支付支出或财政性货币资金支出，属于以前年度财政拨款结转资金的，借记或贷记“资金结存——财政应返还额度、零余额账户用款额度、货币资金”科目，贷记或借记本科目（年初余额调整）。

（2）因购货退回、预付款项收回等发生以前年度支出又收回国库直接支付、授权支付款项或收回财政性货币资金，属于以前年度财政拨款结转资金的，借记“资金结存——财政应返还额度、零余额账户用款额度、货币资金”科目，贷记本科目（年初余额调整）。

2. 与财政拨款结转结余资金调整业务相关的账务处理

（1）按照规定从其他单位调入财政拨款结转资金的，按照实际调增的额度数额或调入的资金数额，借记“资金结存——财政应返还额度、零余额账户用款额度、货币资金”科目，贷记本科目（归集调入）。

（2）按照规定向其他单位调出财政拨款结转资金的，按照实际调减的额度数额或调出的资金数额，借记本科目（归集调出）。贷记“资金结存——财政应返还额度、零余额账户用款额度、货币资金”科目。

（3）按照规定上缴财政拨款结转资金或注销财政拨款结转资金额度的，按照实际上缴资金数额或注销的资金额度数额，借记本科目（归集上缴），贷记“资金结存——财政应返还额度、零余额账户用款额度、货币资金”科目。

（4）经财政部门批准对财政拨款结余资金改变用途，调整用于本单位基本支出或其他未完成项目支出的，按照批准调剂的金额，借记“财政拨款结余——单位内部调剂”科目，贷记本科目（单位内部调剂）。

3. 与年末财政拨款结转和结余业务相关的账务处理

（1）年末，将财政拨款预算收入本年发生额转入本科目，借记“财政拨款预算收入”科目，贷记本科目（本年收支结转）；将各项财政拨款支出本年发生额转入本科目，借记本科目（本年收支结转），贷记各项支出（财政拨款支出）科目。

（2）年末冲销有关明细科目余额。将本科目（本年收支结转、年初余额调整、归集调入、归集调出、归集上缴、单位内部调剂）余额转入本科目（累计结转）。结转后，本科目除“累计结转”明细科目外，其他明细科目应无余额。

（3）年末完成上述结转后，应当对财政拨款结转各明细项目执行情况进行分析，按照有关规定将符合财政拨款结余性质的项目余额转入财政拨款结余，借记本科目（累计结转），贷记“财政拨款结余——结转转入”科目。

（二）财政拨款结余的核算

财政拨款结余是指行政单位取得的同级财政拨款项目支出结余资金。为了核算单位取得的同级财政拨款结余资金的调整、结转和滚存情况，行政单位应设置“财政拨款结余”科目。它是预算结余类科目，贷方登记年末转入的财政拨款项目结余以及因调整差错等增加的数额，借方登记调整改变用途的项目结余以及因调整差错等减少的数额，本科目年末贷方余额，反映单位滚存的财政拨款结余资金数额。

本科目应当设置“年初余额调整”“归集上缴”“单位内部调剂”“结转转入”“累计结余”等明细科目；本科目还应当按照具体项目、《政府收支分类科目》中“支出功能分类科目”的相关科目等进行明细核算。有一般公共预算财政拨款、政府性基金预算财政拨款等两种或两种以上财政拨款的，还应当在本科目下按照财政拨款的种类进行明细核算。

（1）“年初余额调整”是与会计差错更正、以前年度支出收回相关的明细科目，本明细科目核算因发生会计差错更正、以前年度支出收回等原因，需要调整财政拨款结余的金额。年末结账后，本明细科目应无余额。

（2）“归集上缴”“单位内部调剂”是与财政拨款结余资金调整业务相关的明细科目。其中“归集上缴”明细科目核算按照规定上缴财政拨款结余资金时，实际核销的额度数额或上缴的资金数额，年末结账后，本明细科目应无余额。“单位内部调剂”明细科目核算经财政部门批准对财政拨款结余资金改变用途，调整用于本单位其他未完成项目等的调整金额，年末结账后，本明细科目应无余额。

（3）“结转转入”“累计结余”是与年末财政拨款结余业务相关的明细科目。其中“结转转入”明细科目核算单位按照规定转入财政拨款结余的财政拨款结转资金，年末结账后，本明细科目应无余额。“累计结余”明细科目核算单位滚存的财政拨款结余资金。本明细科目年末贷方余额，反映单位财政拨款滚存的结余资金数额。

财政拨款结余的账务处理可以分为以下三类。

1. 与会计差错更正、以前年度支出收回相关的账务处理

（1）因发生会计差错更正退回以前年度国库直接支付、授权支付款项或财政性货币资金，或者因发生会计差错更正增加以前年度国库直接支付、授权支付支出或财政性货币资金支出，属于以前年度财政拨款结余资金的，借记或贷记“资金结存——财政应返还额度、零余额账户用款额度、货币资金”科目，贷记或借记本科目（年初余额调整）。

（2）因购货退回、预付款项收回等发生以前年度支出又收回国库直接支付、授权支付款项或收回财政性货币资金，属于以前年度财政拨款结余资金的，借记“资金结存——财政应返还额度、零余额账户用款额度、货币资金”科目，贷记本科目（年初余额调整）。

2. 与财政拨款结余资金调整业务相关的账务处理

（1）经财政部门批准对财政拨款结余资金改变用途，调整用于本单位基本支出或其他未完成项目支出的，按照批准调剂的金额，借记本科目（单位内部调剂），贷记“财政拨款结转——单位内部调剂”科目。

（2）按照规定上缴财政拨款结余资金或注销财政拨款结余资金额度的，按照实际上缴资金数额或注销的资金额度数额，借记本科目（归集上缴），贷记“资金结存——财政应返还额度、零余额账户用款额度、货币资金”科目。

3. 与年末财政拨款结转和结余业务相关的账务处理

（1）年末，对财政拨款结转各明细项目执行情况进行分析，按照有关规定将符合财政拨款结余性质的项目余额转入财政拨款结余，借记“财政拨款结转——累计结转”科目，贷记本科目（结转转入）。

（2）年末冲销有关明细科目余额。将本科目（年初余额调整、归集上缴、单位内部调剂、结转转入）余额转入本科目（累计结余）。结转后，本科目除“累计结余”明细科目外，其他明细科目应无余额。

【例 15－7】某行政单位 20×8 年发生以下有关财政拨款结转结余业务。

（1）收回上年度未完的一笔财政拨款项目支出 8 000 元存入银行，需要调增财政拨款结转。

借：资金结存——货币资金　　8 000

　　贷：财政拨款结转——年初余额调整　　8 000

（2）上年度的一笔已完成财政拨款项目支出业务已经用银行存款 25 000 元付款，现在又收回。现对差错进行调整，应调增财政拨款结余。

借：资金结存——货币资金　　25 000

　　贷：财政拨款结余——年初余额调整　　25 000

（3）单位的 A 项目系财政部门拨款已完成，本项目结余资金共计 40 000 元按规定全部用银行存款上缴财政。

借：财政拨款结转——归集上缴　　40 000

　　贷：资金结存——货币资金　　40 000

（4）经财政部门批准，该行政单位对财政拨款结余资金 60 000 元改变用途，用于本单位未完成的 B 项目。

借：财政拨款结余——单位内部调剂　　60 000

　　贷：财政拨款结转——单位内部调剂（B 项目）　　60 000

（5）本年度该行政单位预算收入和预算支出科目发生额见表 15－1。

表 15－1　　预算收入和预算支出各科目本年度发生额　　单位：元

预算收入科目名称	金　额	预算支出科目名称	金　额
财政拨款收入——基本支出	2 000 000	行政支出——财政拨款支出——基本支出	1 600 000
财政拨款收入——项目支出（A）	300 000		
财政拨款收入——项目支出（B）	100 000	行政支出——财政拨款支出——项目支出（A）	260 000
财政拨款收入——项目支出（C）	200 000		
非同级财政拨款预算收入——专项资金收入	280 000	行政支出——财政拨款支出——项目支出（B）	140 000
非同级财政拨款预算收入——非专项资金收入	100 000		
其他预算收入——专项资金收入	20 000	行政支出——非财政专项资金支出	200 000
其他预算收入——非专项资金收入	80 000	行政支出——其他资金支出	100 000
		其他支出——财政拨款支出（C 项目）	150 000
		其他支出——专项资金支出	80 000
		其他支出——非专项资金支出	70 000
合　　计	3 080 000	合　　计	2 600 000

年末，经分析财政拨款 C 项目已经完工，项目结余资金 50 000 元转入财政拨款结余。

根据上述资料，应编制以下与年末财政拨款结转和财政拨款结余业务相关的会计分录。

（1）借：财政拨款收入——基本支出　　2 000 000

　　　　　　　　　——项目支出（A）　　300 000

　　　　　　　　　——项目支出（B）　　100 000

　　　　　　　　　——项目支出（C）　　200 000

　　　贷：财政拨款结转——本年收支结转　　2 600 000

（2）借：财政拨款结转——本年收支结转　　2 150 000

　　　贷：行政支出——财政拨款支出——基本支出　　1 600 000

　　　　　　　　——财政拨款支出——项目支出（A）　　260 000

　　　　　　　　——财政拨款支出——项目支出（B）　　140 000

　　　　　其他支出——财政拨款支出——C 项目　　150 000

（3）借：财政拨款结转——年初余额调整　　8 000

　　　　　　　　　——单位内部调剂（B 项目）　　60 000

　　　　　　　　　——本年收支结转　　2 600 000

　　　贷：财政拨款结转——累计结转　　2 668 000

（4）借：财政拨款结转——累计结转　　2 190 000
　　贷：财政拨款结转——归集上缴　　40 000
　　　　　　　　　——本年收支结转　　2 150 000
（5）借：财政拨款结转——累计结转　　50 000
　　贷：财政拨款结余——结转转入　　50 000
（6）借：财政拨款结余——年初余额调整　　25 000
　　　　　　　　——结转转入　　50 000
　　贷：财政拨款结余——累计结余　　75 000
（7）借：财政拨款结余——累计结余　　60 000
　　贷：财政拨款结余——单位内部调剂　　60 000

结转后，“财政拨款结转”除“累计结转”明细科目外，其他明细科目应无余额。“财政拨款结余”除“累计结余”明细科目外，其他明细科目应无余额。

四、非财政拨款结转和非财政拨款结余的核算

（一）非财政拨款结转的核算

非财政拨款结转是指行政单位除财政拨款收支以外各非同级财政拨款专项资金。为了核算单位除财政拨款收支以外各非同级财政拨款专项资金的调整、结转和滚存情况，行政单位应设置“非财政拨款结转”科目。它是预算结余类科目，贷方登记年末转入的各项非财政拨款预算收入中专项资金收入发生额以及因调整差错等增加的数额，借方登记年末转入的本年各项非财政拨款支出中各项专项支出发生额以及因调整差错等减少的数额，本科目年末贷方余额，反映单位滚存的非同级财政拨款专项结转资金数额。

本科目应当设置“年初余额调整”“缴回资金”“项目间接费用或管理费”“本年收支结转”和“累计结转”等进行明细核算。

（1）“年初余额调整”明细科目核算因发生会计差错更正、以前年度支出收回等原因，需要调整非财政拨款结转的资金。年末结账后，本明细科目应无余额。

（2）“缴回资金”明细科目核算按照规定缴回非财政拨款结转资金时，实际缴回的资金数额。年末结账后，本明细科目应无余额。

（3）“项目间接费用或管理费”明细科目核算单位取得的科研项目预算收入中，按照规定计提项目间接费用或管理费的数额。年末结账后，本明细科目应无余额。

（4）“本年收支结转”明细科目核算单位本年度非同级财政拨款专项收支相抵后的余额。年末结账后，本明细科目应无余额。

（5）“累计结转”明细科目核算单位滚存的非同级财政拨款专项结转资金。本明细科目年末贷方余额，反映单位非同级财政拨款滚存的专项结转资金数额。

本科目还应当按照具体项目、《政府收支分类科目》中“支出功能分类科目”的相关科目等进行明细核算。

对非财政拨款结转应作以下主要账务处理。

（1）按照规定从科研项目预算收入中提取项目间接费用或管理费时，按照提取金额，借记本科目（项目间接费用或管理费），贷记“非财政拨款结余——项目间接费用或管理费”科目。

（2）因会计差错更正收到或支出非同级财政拨款货币资金，属于非财政拨款结转资金的，

按照收到或支出的金额，借记或贷记“资金结存——货币资金”科目，贷记或借记本科目（年初余额调整）。因收回以前年度支出等收到非同级财政拨款货币资金，属于非财政拨款结转资金的，按照收到的金额，借记“资金结存——货币资金”科目，贷记本科目（年初余额调整）。

（3）按照规定缴回非财政拨款结转资金的，按照实际缴回资金数额，借记本科目（缴回资金），贷记“资金结存——货币资金”科目。

（4）年末，将非同级财政拨款预算收入、其他预算收入本年发生额中的专项资金收入转入本科目，借记“非同级财政拨款预算收入”“其他预算收入”科目下各专项资金收入明细科目，贷记本科目（本年收支结转）；将行政支出、其他支出本年发生额中的非财政拨款专项资金支出转入本科目，借记本科目（本年收支结转），贷记“行政支出”“其他支出”科目下各非财政拨款专项资金支出明细科目。

（5）年末冲销有关明细科目余额。将本科目（年初余额调整、缴回资金、本年收支结转）余额转入本科目（累计结转）。结转后，本科目除“累计结转”明细科目外，其他明细科目应无余额。

（6）年末完成上述结转后，应当对非财政拨款专项结转资金各项目情况进行分析，将留归本单位使用的非财政拨款专项（项目已完成）剩余资金转入非财政拨款结余，借记本科目（累计结转），贷记“非财政拨款结余——结转转入”科目。

（二）非财政拨款结余的核算

非财政拨款结余是指行政单位历年滚存的非限定用途的非同级财政拨款结余资金，主要为非财政拨款结余滚存的金额。为了核算单位历年滚存的非限定用途的非同级财政拨款结余资金情况，行政单位应设置“非财政拨款结余”科目。它是预算结余类科目，贷方登记年末转入的留归本单位使用的非财政拨款专项（项目已完成）剩余资金以及因调整差错等增加的数额，借方登记因调整差错等减少的数额，本科目年末贷方余额，反映单位非同级财政拨款结余资金的累计滚存数额。

本科目应当设置“年初余额调整”“项目间接费用或管理费”“结转转入”和“累计结余”进行明细核算。

（1）“年初余额调整”明细科目核算因发生会计差错更正、以前年度支出收回等原因，需要调整非财政拨款结余的资金。年末结账后，本明细科目应无余额。

（2）“项目间接费用或管理费”明细科目核算单位取得的科研项目预算收入中，按照规定计提的项目间接费用或管理费数额。年末结账后，本明细科目应无余额。

（3）“结转转入”明细科目核算按照规定留归单位使用，由单位统筹调配，纳入单位非财政拨款结余的非同级财政拨款专项剩余资金。年末结账后，本明细科目应无余额。

（4）“累计结余”明细科目核算单位历年滚存的非同级财政拨款、非专项结余资金。本明细科目年末贷方余额，反映单位非同级财政拨款滚存的非专项结余资金数额。本科目还应当按照《政府收支分类科目》中“支出功能分类科目”的相关科目进行明细核算。

对非财政拨款结余应作以下主要账务处理。

（1）按照规定从科研项目预算收入中提取项目间接费用或管理费时，借记“非财政拨款结转——项目间接费用或管理费”科目，贷记本科目（项目间接费用或管理费）。

（2）因会计差错更正收到或支出非同级财政拨款货币资金，属于非财政拨款结余资金的，按照收到或支出的金额，借记或贷记“资金结存——货币资金”科目，贷记或借记本科目

(年初余额调整)。因收回以前年度支出等收到非同级财政拨款货币资金，属于非财政拨款结余资金的，按照收到的金额，借记“资金结存——货币资金”科目，贷记本科目（年初余额调整)。

(3) 年末，将留归本单位使用的非财政拨款专项（项目已完成）剩余资金转入本科目，借记“非财政拨款结转——累计结转”科目，贷记本科目（结转转入)。

(4) 年末冲销有关明细科目余额。将本科目（年初余额调整、结转转入）余额结转入本科目（累计结余)。结转后，本科目除“累计结余”明细科目外，其他明细科目应无余额。

【例 15-8】 某行政单位 20×8 年发生以下有关非财政拨款结转结余业务。

(1) 收回上年度一笔未完的非同级财政拨款专项资金支出 2 000 元存入银行，需要调增非财政拨款结转。

借：资金结存——货币资金	2 000	
贷：非财政拨款结转——年初余额调整		2 000

(2) 上年度的一笔已完成非同级财政拨款专项资金支出业务已经用银行存款 7 000 元付款，现在又收回。现对差错进行调整，应调增非财政拨款结余。

借：资金结存——货币资金	7 000	
贷：非财政拨款结余——年初余额调整		7 000

(3) 根据表 15-1 资料，编制与年末非财政拨款结转和非财政拨款结余业务相关的会计分录（经分析非财政拨款专项支出已完工，结余资金 13 600 元，按规定留归行政单位使用)。

①借：非同级财政拨款预算收入——专项资金收入	280 000	
其他预算收入——专项资金收入	20 000	
贷：非财政拨款结转——本年收支结转		300 000
②借：非财政拨款结转——本年收支结转	280 000	
贷：行政支出——非财政专项资金支出		200 000
其他支出——专项资金支出		80 000
③借：非财政拨款结转——年初余额调整	2 000	
——本年收支结转	300 000	
贷：非财政拨款结转——累计结转		302 000
④借：非财政拨款结转——累计结转	280 000	
贷：非财政拨款结转——本年收支结转		280 000
⑤借：非财政拨款结转——累计结转	13 600	
贷：非财政拨款结余——结转转入		13 600
⑥借：非财政拨款结余——年初余额调整	7 000	
——结转转入	13 600	
贷：非财政拨款结余——累计结余		20 600

结转后，“非财政拨款结转”除“累计结转”明细科目外，其他明细科目应无余额。“非财政拨款结余”除“累计结余”明细科目外，其他明细科目应无余额。

五、其他结余的核算

其他结余是指行政单位本年度除财政拨款收支、非同级财政专项资金收支以外各项收支相抵后的余额。为了核算单位本年度除财政拨款收支、非同级财政专项资金收支以外各项收支相抵后的余额情况，行政单位应设置“其他结余”科目。它是预算结余类科目，贷方登记年末转入的非同级财政拨款预算收入、其他预算收入本年发生额中的非专项资金收入及转出的本年度其他结余亏损；借方登记年末转入的行政支出、其他支出本年发生额中的非同级财政、非专项资金支出本年发生额及转出的本年其他结余额，年末结账后，本科目应无余额。

对其他结余应作以下主要账务处理。

（1）年末，将非同级财政拨款预算收入、其他预算收入本年发生额中的非专项资金收入本年发生额转入本科目，借记“非同级财政拨款预算收入”“其他预算收入”科目下各非专项资金收入明细科目，贷记本科目；将行政支出、其他支出本年发生额中的非同级财政、非专项资金支出本年发生额转入本科目，借记本科目，贷记“行政支出”“其他支出”科目下各非同级财政、非专项资金支出明细科目。

（2）年末，完成上述（1）结转后，行政单位将本科目余额转入“非财政拨款结余——累计结余”科目。当本科目为贷方余额时，借记本科目，贷记“非财政拨款结余——累计结余”科目；本科目为借方余额时，借记“非财政拨款结余——累计结余”科目，贷记本科目。

【例 15 -9】某行政单位 20 ×8 年年末根据表 15 - 1 资料进行其他结余的账务处理。

（1）借：非同级财政拨款预算收入——非专项资金收入	100 000	
其他预算收入——非专项资金收入	80 000	
贷：其他结余		180 000
（2）借：其他结余	170 000	
贷：行政支出——其他资金支出		100 000
其他支出——非专项资金支出		70 000
（3）借：其他结余	10 000	
贷：非财政拨款结余——累计盈余		10 000

本 章 小 结

预算收入是指政府会计主体在预算年度内依法取得的并纳入预算管理的现金流入。行政单位的预算收入主要包括财政拨款预算收入、非同级财政拨款预算收入、其他预算收入。需要设置“财政拨款预算收入”“非同级财政拨款预算收入”和“其他预算收入”等科目核算行政单位预算收入。

预算支出是指政府会计主体在预算年度内依法发生并纳入预算管理的现金流出。行政单位的预算支出主要包括行政支出和其他支出。需要设置“行政支出”和“其他支出”等科目核算行政单位预算支出。

预算结余是指政府会计主体预算年度内预算收入扣除预算支出后的资金余额，以及历年滚存的资金余额。行政单位的预算结余的核算需要分别设置“资金结存”“财政拨款结转”“财政拨款结余”“非财政拨款结转”“非财政拨款结余”“其他结余”科目。

复习思考题

1. 行政单位的预算收入含义是什么？它包括哪些内容？
2. 行政单位预算收入核算需要设置哪些会计科目？
3. 其他预算收入包括哪些内容？
4. 行政单位的预算支出含义是什么？它包括哪些内容？

5. 行政单位预算支出核算需要设置哪些会计科目？

6. 其他支出包括哪些内容？

7. 预算结余的含义是什么？行政单位预算结余包括哪些内容？

8. 行政单位预算结余核算需要设置哪些会计科目？

练　习　题

习题一

一、目的　练习行政单位预算收入的核算。

二、资料　某行政单位 20×8 年 12 月发生以下有关预算收入的经济业务。

1. 收到代理银行转来“财政授权支付额度到账通知书”，本期行政经费 260 000 元到账。

2. 10 日，通过财政直接支付方式购入行政活动用材料一批，价税合计 46 400 元。材料入库，已收到代理银行转来的“财政直接支付入账通知书”。

3. 22 日，收到上级政府的非同级财政拨款预算收入 180 000 元存入银行。

4. 30 日，收到其他单位捐赠的货币资金收入 20 000 元存入银行。

三、要求　根据上述经济业务编制预算会计分录。

习题二

一、目的　练习行政单位预算支出的核算。

二、资料　某行政单位 20×8 年 12 月发生以下有关预算支出的业务。

1. 开出支票，支付购买行政活动办公用品款 2 600 元。

2. 购买行政办公设备一台，价税款合计 34 800 元，款项通过单位零余额账户支付，设备交付使用。

3. 开出转账支票支付本月行政办公水费 7 800 元。

4. 通过零余额账户发放在职职工薪酬共计 1 890 000 元。

5. 现金盘亏 8 400 元。

三、要求　根据上述经济业务编制预算会计分录。

习题三

一、目的　练习行政单位预算结余的核算。

二、资料　某行政单位 20×8 年 12 月发生以下有关预算结余的业务。

1. 收到财政部门拨入行政办公经费 150 000 元存入银行。

2. 收到代理银行转来的“财政授权支付额度到账通知书”，本月行政单位财政授权支付额度 700 000 元已下达。

3. 本年度财政直接支付额度为 5 000 000 元，当年度实际完成支付数 4 900 000 元，需要注销未实现的财政直接支付额度 100 000 元。

4. 收回上年度未完成的一笔财政拨款项目支出款 5 000 元存入银行，需要调增财政拨款结转。

5. 上年度的一笔已完成财政拨款项目支出业务已经用银行存款 6 000 元付款，现在又收回，应调增财政拨款结余。

6. 单位的 M 项目系财政部门拨款已完成，本项目结余资金共计 20 000 元按规定全部上缴财政部门。

7. 经财政部门批准，该行政单位对财政拨款结余资金 30 000 元改变用途，用于本单位未完成的N项目。

8. 收回上年度一笔未完的非同级财政拨款专项资金支出3 000元存入银行，需要调增非财政拨款结转。

9. 本年度该行政单位预算收入和预算支出科目发生额见表15－2。

表15－2　　预算收入和预算支出各科目本年度发生额　　单位：元

预算收入科目名称	金　额	预算支出科目名称	金　额
财政拨款收入——基本支出	2 600 000	行政支出——财政拨款支出 ——基本支出	1 800 000
财政拨款收入——项目支出（M）	280 000		
财政拨款收入——项目支出（N）	130 000	行政支出——财政拨款支出 ——项目支出（M）	260 000
财政拨款收入——项目支出（K）	200 000		
非同级财政拨款预算收入——专项资金收入	280 000	行政支出——财政拨款支出 ——项目支出（N）	170 000
非同级财政拨款预算收入——非专项资金收入	110 000		
其他预算收入——专项资金收入	160 000	行政支出——非财政专项资金支出	180 000
其他预算收入——非专项资金收入	130 000	行政支出——其他资金支出	250 000
		其他支出——财政拨款支出（K项目）	150 000
		其他支出——专项资金支出	150 000
		其他支出——非专项资金支出	120 000
合　　计	3 890 000	合　　计	3 080 000

（1）年末，经分析财政拨款K项目已经完工，项目结余资金50 000元转入财政拨款结余。编制与年末财政拨款结转和财政拨款结余业务相关的会计分录。

（2）年末，某项非财政拨款专项支出已完工，结余资金60 000元，按规定留归行政单位使用，编制与年末非财政拨款结转和非财政拨款结余业务相关的会计分录。

（3）年末，编制年末与其他结余相关的会计分录。

三、要求　根据上述资料编制有关会计分录。

第十六章　行政单位会计报表

学习目标：通过本章的学习，要求了解行政单位会计报表的意义、种类和编制要求；理解资产负债表、收入费用表、净资产变动表、现金流量表、预算收入支出表、预算结转结余变动表和财政拨款预算收入支出表的含义；掌握资产负债表、收入费用表、净资产变动表和预算收入支出表的编制。

第一节　行政单位会计报表概述

一、行政单位会计报表及其种类

《政府会计制度——行政单位会计科目和报表》将报表分为财务报表和预算会计报表两大类。

（一）财务报表

财务报表由会计报表及其附注构成。

行政单位的会计报表主要有资产负债表、收入费用表、净资产变动表和现金流量表。其中，单位可自行选择编制现金流量表。

（1）资产负债表。资产负债表是反映单位在某一特定日期全部资产、负债和净资产情况的报表。

（2）收入费用表。收入费用表是反映单位在某一会计期间内发生的收入、费用及当期盈余情况的报表。

（3）净资产变动表。净资产变动表是反映单位在某一会计年度内净资产项目的变动情况的报表。

（4）现金流量表。现金流量表是反映单位在某一会计年度内现金流入和流出的信息的报表。

附注是对在会计报表中列示的项目所作的进一步说明，以及对未能在会计报表中列示项目的说明。附注是财务报表的重要组成部分。凡对报表使用者的决策有重要影响的会计信息，不论本制度是否有明确规定，单位均应当充分披露。

（二）预算会计报表

预算会计报表主要有预算收入支出表、预算结转结余变动表和财政拨款预算收入支出表，是编制部门决算报表的基础。

（1）预算收入支出表。预算收入支出表是反映单位在某一会计年度内各项预算收入、预算支出和预算收支差额情况的报表。

（2）预算结转结余变动表。预算结转结余变动表是反映单位在某一会计年度内预算结转结余变动情况的报表。

（3）财政拨款预算收入支出表。财政拨款预算收入支出表是反映单位本年财政拨款预算资金收入、支出及相关变动的具体情况的报表。

二、会计报表的编制要求

行政单位应当根据登记完整、核对无误的账簿记录和其他有关资料编制，要做到数字真实、计算准确、内容完整、报送及时。

（1）数字真实。根据客观性原则，会计核算应当以实际发生的经济业务为依据，如实地反映单位的财务状况和收支情况。编报时要以核对无误的会计账簿数字为依据，不能以估计数、计划数填报，更不能弄虚作假、篡改和伪造会计数据，也不能由上级单位以估计数代编。因此，各个行政单位必须按期结账，编制报表前，要认真核对有关账目，切实做到账实相符、账表相符、账证相符。

（2）计算准确。行政单位的各种会计报表的编制依据主要是会计账簿，但是，会计报表上的数字并不都是从会计账簿上记录完全照抄过来。填列会计报表中的有些项目的金额，需要对会计账簿中的记录金额进行分析、计算和整理，必须采用正确的计算方法，以保证计算结果的准确，才能保证会计报表数字准确。

（3）内容完整。行政单位编制的会计报表必须内容完整，按照统一规定的报表种类、格式和内容来编制，不得漏编漏报。对于规定的格式栏次不论是表内项目还是补充资料，应填的内容、项目都要齐全，不能随意取舍，以便成为一套完整的指标体系，保证会计报表达到本部门、本地区乃至全国的逐级汇总分析的要求。

（4）报送及时。行政单位的会计报表必须按照国家或上级机关规定的期限和程序，在保证报表数字真实、内容完整的前提下，在规定的时间报送上级单位和其他部门。会计报表的月报，应于月份终了后 3 日报出；季度报表应于季度终了后 5 日报出；年度会计报表应按财政部决算通知规定及主管部门要求的程序和期限报出。

第二节　行政单位财务报表的编制

一、资产负债表的编制

（一）资产负债表及其作用

行政单位的资产负债表是反映行政单位反映单位在某一特定日期全部资产、负债和净资产的情况。它是根据资产、负债和净资产之间的相互关系，按照一定的分类标准和顺序，把行政单位在一定日期的资产、负债和净资产项目予以适当排列后编制而成的静态报表。

资产负债表具有以下作用。

（1）可以反映行政单位在某一日期所拥有的经济资源以及这些经济资源的分布和构成情况。

（2）可以反映行政单位在某一特定日期的负债总额和负债的构成情况。

（3）可以反映行政单位净资产总额以及净资产的构成情况。

（4）通过对资产负债表中有关项目和数字的分析，可以了解行政单位的偿债能力、财务实力及支付能力等情况。

（二）资产负债表的结构和内容

资产负债表由表头、基本部分组成，采用账户式格式。账户式资产负债表，是将资产部类列在报表的左方，负债部类列在报表的右方。我国行政单位资产负债表的格式见表16－1。

从表16－1可以看出，我国行政单位的资产负债表分为左右两方，左方为资产部类项目，右方为负债部类项目。

（1）资产部类项目。资产负债表的左方为资产部类项目，由上至下排列。

资产类按流动性由强到弱排列，先流动资产、后非流动资产的顺序排列。流动资产包括货币资金、财政应返还额度、预付账款、其他应收款净额、存货、待摊费用、其他流动资产等；非流动资产包括固定资产原值、固定资产累计折旧、固定资产净值、工程物资、在建工程、无形资产原值、无形资产累计摊销、无形资产净值、研发支出、公共基础设施原值、公共基础设施累计折旧（摊销）、公共基础设施净值、政府储备物资、文物文化资产、保障性住房原值、保障性住房累计折旧、保障性住房净值、长期待摊费用、待处理财产损溢、其他非流动资产及单独列示的受托代理资产等项目。

（2）负债部类项目。资产负债表的右方为负债部类，包括负债和净资产，由上至下排列。

①负债类：负债类按偿还期限不同，按先流动负债、后非流动负债排列。流动负债包括其他应交税费、应缴财政款、应付职工薪酬、应付政府补贴款、其他应付款、预提费用、一年内到期的非流动负债和其他流动负债等；非流动负债包括长期应付款、预计负债、其他非流动负债及单独列示的受托代理负债等项目。

②净资产类：累计盈余、无偿调拨净资产、本期盈余等项目。

表16－1 资产负债表 会财政01表

编制单位：某行政单位 20×7年12月31日 单位：元

资产	期末余额	年初余额	负债和净资产	期末余额	年初余额
流动资产：			流动负债：		
货币资金	2 049 000	1 912 200	短期借款		
短期投资			应交增值税		
财政应返还额度	7 000	10 000	其他应交税费	5 000	8 000
应收票据			应缴财政款		
应收账款			应付职工薪酬		
预付账款	20 000	10 000	应付票据		
应收股利			应付账款		
应收利息			应付政府补贴款	260 000	212 000
其他应收款	88 000	15 000	应付利息		
存货	94 000	70 000	预收账款		
待摊费用	11 000	15 000	其他应付款	18 000	35 000
一年内到期的非流动资产			预提费用	3 000	5 000
其他流动资产			一年内到期的非流动负债	20 000	
流动资产合计	2 269 000	2 032 200	其他流动负债		

续表

资产	期末余额	年初余额	负债和净资产	期末余额	年初余额
非流动资产：			流动负债合计	306 000	260 000
长期股权投资			非流动负债：		
长期债券投资			长期借款		
固定资产原值	2 900 000	2 400 000	长期应付款	109 100	105 000
减：固定资产累计折旧	725 000	700 000	预计负债	10 000	10 000
固定资产净值	2 175 000	1 700 000	其他非流动负债		
工程物资	37 000	25 000	非流动负债合计	119 100	115 000
在建工程	80 000	50 000	受托代理负债	140 000	160 000
无形资产原值	190 000	160 000	负债合计	565 100	535 000
减：无形资产累计摊销	45 000	40 000			
无形资产净值	145 000	120 000			
研发支出					
公共基础设施原值					
减：公共基础设施累计折旧（摊销）					
公共基础设施净值					
政府储备物资	400 000	380 000			
文物文化资产					
保障性住房原值					
减：保障性住房累计折旧			净资产：		
保障性住房净值			累计盈余	4 692 900	3 940 000
长期待摊费用			专用基金		
待处理财产损溢	12 000	7 800	权益法调整		
其他非流动资产			无偿调拨净资产*		—
非流动资产合计	2 849 000	2 282 800	本期盈余*		—
受托代理资产	140 000	160 000	净资产合计	4 692 900	3 940 000
资产总计	5 258 000	4 475 000	负债和净资产总计	5 258 000	4 475 000

注：“*”标识项目为月报项目，年报中不需列示。

（三）资产负债表的编制方法

资产负债表设有“年初余额”和“期末余额”两个金额栏，其中，“年初余额”根据上年末资产负债表项目的有关数字填列。如果本年度的项目与上年末各项目的名称和内容不一致，则应调整后填入。如果本年度单位发生了因前期差错更正、会计政策变更等调整以前年度盈余的事项，还应当对“年初余额”栏中的有关项目金额进行相应调整。资产负债表中“资产总计”项目期末（年初）余额应当与“负债和净资产总计”项目期末（年初）余额相等。“期末余额”表示报告期末的状况，应根据报告期末各总账科目期末余额填列。具体项目的填列如下所述。

1. 资产类项目

（1）“货币资金”项目，反映单位期末库存现金、银行存款、零余额账户用款额度、其他货币资金的合计数。本项目应当根据“库存现金”“银行存款”“零余额账户用款额度”“其他货币资金”科目的期末余额的合计数填列；若单位存在通过“库存现金”“银行存款”科目核算的受托代理资产还应当按照前述合计数扣减“库存现金”“银行存款”科目下“受托代理资产”明细科目的期末余额后的金额填列。

（2）“财政应返还额度”项目，反映单位期末财政应返还额度的金额。本项目应当根据“财政应返还额度”科目的期末余额填列。

（3）“预付账款”项目，反映单位期末预付给商品或者劳务供应单位的款项。本项目应当根据“预付账款”科目的期末余额填列。

（4）“其他应收款”项目，反映行政单位期末尚未收回的其他应收款。本项目应当根据“其他应收款”科目的期末余额填列。

（5）“存货”项目，反映单位期末存储的存货的实际成本。本项目应当根据“在途物品”“库存物品”“加工物品”科目的期末余额的合计数填列。

（6）“待摊费用”项目，反映单位期末已经支出，但应当由本期和以后各期负担的分摊期在1年以内（含1年）的各项费用。本项目应当根据“待摊费用”科目的期末余额填列。

（7）“其他流动资产”项目，反映单位期末除表16－1中上述各项之外的其他流动资产的合计金额。本项目应当根据有关科目期末余额的合计数填列。

（8）“流动资产合计”项目，反映单位期末流动资产的合计数。本项目应当根据表16－1中“货币资金”“财政应返还额度”“预付账款”“其他应收款”“存货”“待摊费用”“其他流动资产”项目金额的合计数填列。

（9）“固定资产原值”项目，反映单位期末固定资产的原值。本项目应当根据“固定资产”科目的期末余额填列。“固定资产累计折旧”项目，反映单位期末固定资产已计提的累计折旧金额。本项目应当根据“固定资产累计折旧”科目的期末余额填列。“固定资产净值”项目，反映单位期末固定资产的账面价值。本项目应当根据“固定资产”科目期末余额减去“固定资产累计折旧”科目期末余额后的金额填列。

（10）“工程物资”项目，反映单位期末为在建工程准备的各种物资的实际成本。本项目应当根据“工程物资”科目的期末余额填列。

（11）“在建工程”项目，反映单位期末所有的建设项目工程的实际成本。本项目应当根据“在建工程”科目的期末余额填列。

（12）“无形资产原值”项目，反映单位期末无形资产的原值。本项目应当根据“无形资产”科目的期末余额填列。“无形资产累计摊销”项目，反映单位期末无形资产已计提的累计摊销金额。本项目应当根据“无形资产累计摊销”科目的期末余额填列。“无形资产净值”项目，反映单位期末无形资产的账面价值。本项目应当根据“无形资产”科目期末余额减去“无形资产累计摊销”科目期末余额后的金额填列。

（13）“研发支出”项目，反映单位期末正在进行的无形资产开发项目开发阶段发生的累计支出数。本项目应当根据“研发支出”科目的期末余额填列。

（14）“公共基础设施原值”项目，反映单位期末控制的公共基础设施的原值。本项目应当根据“公共基础设施”科目的期末余额填列。“公共基础设施累计折旧（摊销）”项目，反映单位期末控制的公共基础设施已计提的累计折旧和累计摊销金额。本项目应当根据“公共基础设施累计折旧（摊销）”科目的期末余额填列。“公共基础设施净值”项目，反映单位期末控制的公共基础设施的账面价值。本项目应当根据“公共基础设施”科目期末余额减去“公共基础设施累计折旧（摊销）”科目期末余额后的金额填列。

（15）“政府储备物资”项目，反映单位期末控制的政府储备物资的实际成本。本项目应当根据“政府储备物资”科目的期末余额填列。

（16）“文物文化资产”项目，反映单位期末控制的文物文化资产的成本。本项目应当根据“文物文化资产”科目的期末余额填列。

（17）“保障性住房原值”项目，反映单位期末控制的保障性住房的原值。本项目应当根据“保障性住房”科目的期末余额填列。“保障性住房累计折旧”项目，反映单位期末控制的保障性住房已计提的累计折旧金额。本项目应当根据“保障性住房累计折旧”科目的期末余额填列。“保障性住房净值”项目，反映单位期末控制的保障性住房的账面价值。本项目应当根据“保障性住房”科目期末余额减去“保障性住房累计折旧”科目期末余额后的金额填列。

（18）“长期待摊费用”项目，反映单位期末已经支出，但应由本期和以后各期负担的分摊期限在1年以上（不含1年）的各项费用。本项目应当根据“长期待摊费用”科目的期末余额填列。

（19）“待处理财产损溢”项目，反映单位期末尚未处理完毕的各种资产的净损失或净溢余。本项目应当根据“待处理财产损溢”科目的期末借方余额填列；如“待处理财产损溢”科目期末为贷方余额，以“－”号填列。

（20）“其他非流动资产”项目，反映单位期末除本表中上述各项之外的其他非流动资产的合计数。本项目应当根据有关科目的期末余额合计数填列。

（21）“非流动资产合计”项目，反映单位期末非流动资产的合计数。本项目应当根据本表中“固定资产净值”“工程物资”“在建工程”“无形资产净值”“研发支出”“公共基础设施净值”“政府储备物资”“文物文化资产”“保障性住房净值”“长期待摊费用”“待处理财产损溢”“其他非流动资产”项目金额的合计数填列。

（22）“受托代理资产”项目，反映单位期末受托代理资产的价值。本项目应当根据“受托代理资产”科目的期末余额与“库存现金”“银行存款”科目下“受托代理资产”明细科目的期末余额的合计数填列。

（23）“资产总计”项目，反映单位期末资产的合计数。本项目应当根据表16－1中“流动资产合计”“非流动资产合计”“受托代理资产”项目金额的合计数填列。

2. 负债类项目

（1）“其他应交税费”项目，反映单位期末应缴未缴的税费金额。本项目应当根据“其他应交税费”科目的期末余额填列；如“其他应交税费”科目期末为借方余额，以“－”号填列。

（2）“应缴财政款”项目，反映单位期末应当上缴财政但尚未缴纳的款项。本项目应当根据“应缴财政款”科目的期末余额填列。

（3）“应付职工薪酬”项目，反映单位期末按有关规定应付给职工及为职工支付的各种薪酬。本项目应当根据“应付职工薪酬”科目的期末余额填列。

（4）“应付政府补贴款”项目，反映负责发放政府补贴的行政单位期末按照规定应当支付给政府补贴接受者的各种政府补贴款余额。本项目应当根据“应付政府补贴款”科目的期末余额填列。

（5）“其他应付款”项目，反映单位期末其他各项偿还期限在 1 年内（含 1 年）的应付及暂收款项余额。本项目应当根据“其他应付款”科目的期末余额填列。

（6）“预提费用”项目，反映单位期末已预先提取的已经发生但尚未支付的各项费用。本项目应当根据“预提费用”科目的期末余额填列。

（7）“一年内到期的非流动负债”项目，反映单位期末将于 1 年内（含 1 年）偿还的非流动负债的余额。本项目应当根据“长期应付款”等科目的明细科目的期末余额分析填列。

（8）“其他流动负债”项目，反映单位期末除表 16－1 中上述各项之外的其他流动负债的合计数。本项目应当根据有关科目的期末余额的合计数填列。

（9）“流动负债合计”项目，反映单位期末流动负债合计数。本项目应当根据表 16－1“其他应交税费”“应缴财政款”“应付职工薪酬”“应付政府补贴款”“其他应付款”“预提费用”“一年内到期的非流动负债”“其他流动负债”项目金额的合计数填列。

（10）“长期应付款”项目，反映单位期末长期应付款的余额。本项目应当根据“长期应付款”科目的期末余额减去其中将于 1 年内（含 1 年）到期的长期应付款余额后的金额填列。

（11）“预计负债”项目，反映单位期末已确认但尚未偿付的预计负债的余额。本项目应当根据“预计负债”科目的期末余额填列。

（12）“其他非流动负债”项目，反映单位期末除表 16－1 中上述各项之外的其他非流动负债的合计数。本项目应当根据有关科目的期末余额合计数填列。

（13）“非流动负债合计”项目，反映单位期末非流动负债合计数。本项目应当根据表 16－1 中“长期应付款”“预计负债”“其他非流动负债”项目金额的合计数填列。

（14）“受托代理负债”项目，反映单位期末受托代理负债的金额。本项目应当根据“受托代理负债”科目的期末余额填列。

（15）“负债合计”项目，反映单位期末负债的合计数。本项目应当根据资产负债表中“流动负债合计”“非流动负债合计”“受托代理负债”项目金额的合计数填列。

3. 净资产类项目

（1）“累计盈余”项目，反映单位期末未分配盈余（或未弥补亏损）以及无偿调拨净资产变动的累计数。本项目应当根据“累计盈余”科目的期末余额填列。

（2）“无偿调拨净资产”项目，反映单位本年度截至报告期期末无偿调入的非现金资产价值扣减无偿调出的非现金资产价值后的净值。本项目仅在月度报表中列示，年度报表中不列示。月度报表中本项目应当根据“无偿调拨净资产”科目的期末余额填列。“无偿调拨净资产”科目期末为借方余额时，以“－”号填列。

（3）“本期盈余”项目，反映单位本年度截至报告期期末实现的累计盈余或亏损。本项目仅在月度报表中列示，年度报表中不列示。月度报表中本项目应当根据“本期盈余”科目的期末余额填列。“本期盈余”科目期末为借方余额时，以“－”号填列。

（4）“净资产合计”项目，反映单位期末净资产合计数。本项目应当根据表 16－1 中“累计盈余”“专用基金”“权益法调整”“无偿调拨净资产”（月度报表）、“本期盈余”（月度报表）项目金额的合计数填列。

（5）“负债和净资产总计”项目，应当按照表 16－1 中“负债合计”“净资产合计”项目金额的合计数填列。

【例 16－1】某行政单位 20×7 年年初及年末科目余额见表 16－2。

表 16－2　　20×7 年年初及年末科目余额　　单位：元

科目名称	年初借方余额	年末借方余额	科目名称	年初贷方余额	年末贷方余额
库存现金	58 000	65 600	其他应交税费	8 000	5 000
银行存款	1 840 000	1 970 000	其他应付款	35 000	18 000
其他货币资金	14 200	13 400	预提费用	5 000	3 000
财政应返还额度	10 000	7 000	应付政府补贴款	212 000	260 000
其他应收款	15 000	88 000	固定资产累计折旧	700 000	725 000
在途物品	20 000	30 000	无形资产累计摊销	40 000	45 000
库存物品	40 000	50 000	长期应付款	105 000	129 100
预付账款	10 000	20 000	预计负债	10 000	10 000
加工物品	10 000	14 000	受托代理负债	160 000	140 000
待摊费用	15 000	11 000	累计盈余	3 940 000	4 692 900
固定资产	2 400 000	2 900 000			
工程物资	25 000	37 000			
在建工程	50 000	80 000			
无形资产	160 000	190 000			
政府储备物资	380 000	400 000			
待处理财产损溢	7 800	12 000			
受托代理资产	160 000	140 000			
合　　计	5 215 000	6 028 000	合　　计	5 215 000	6 028 000

其中年末长期应付款中有将于 20×8 年 5 月到期的款项 20 000 元。

根据表 16－2 资料编制的 20×7 年度资产负债表见表 16－1。

二、收入费用表的编制

（一）收入费用表及其结构

收入费用表是反映单位在某一会计期间内发生的收入、费用及当期盈余情况。它是一张动态会计报表。

收入费用表的结构由表头和基本部分组成。基本部分包括本期收入、本期费用和本期盈余三项内容。其格式见表 16－3。

表 16 - 3　　收入费用表　　会政财 02 表

编制单位：＿＿＿＿＿＿　　＿＿＿＿年＿＿月　　单位：元

项目	本月数	本年累计数
一、本期收入		
（一）财政拨款收入		
其中：政府性基金收入		
（二）事业收入		
（三）上级补助收入		
（四）附属单位上缴收入		
（五）经营收入		
（六）非同级财政拨款收入		
（七）投资收益		
（八）捐赠收入		
（九）利息收入		
（十）租金收入		
（十一）其他收入		
二、本期费用		
（一）业务活动费用		
（二）单位管理费用		
（三）经营费用		
（四）资产处置费用		
（五）上缴上级费用		
（六）对附属单位补助费用		
（七）所得税费用		
（八）其他费用		
三、本期盈余		

（二）收入费用表的编制方法

收入费用表“本月数”栏反映各项目的本月实际发生数。编制年度收入费用表时，应当将本栏改为“本年数”，反映本年度各项目的实际发生数。“本年累计数”栏反映各项目自年初至报告期期末的累计实际发生数。编制年度收入费用表时，应当将本栏改为“上年数”，反映上年度各项目的实际发生数，“上年数”栏应当根据上年度收入费用表中“本年数”栏内所列数字填列。如果本年度收入费用表规定的项目的名称和内容同上年度不一致，应当对上年度收入费用表项目的名称和数字按照本年度的规定进行调整，将调整后的金额填入本年度收入费用表的“上年数”栏内。如果本年度单位发生了因前期差错更正、会计政策变更等调整以前年度盈余的事项，还应当对年度收入费用表中“上年数”栏中的有关项目金额进行相应调整。

收入费用表“本月数”栏各项目的内容和填列方法如下所述。

1. 本期收入

（1）“本期收入”项目，反映单位本期收入总额。本项目应当根据表16－3中“财政拨款收入”“非同级财政拨款收入”“捐赠收入”“利息收入”“租金收入”“其他收入”项目金额的合计数填列。

（2）“财政拨款收入”项目，反映单位本期从同级政府财政部门取得的各类财政拨款。本项目应当根据“财政拨款收入”科目的本期发生额填列。“政府性基金收入”项目，反映单位本期取得的财政拨款收入中属于政府性基金预算拨款的金额。本项目应当根据“财政拨款收入”相关明细科目的本期发生额填列。

（3）“非同级财政拨款收入”项目，反映单位本期从非同级政府财政部门取得的财政拨款。本项目应当根据“非同级财政拨款收入”科目的本期发生额填列。

（4）“捐赠收入”项目，反映单位本期接受捐赠取得的收入。本项目应当根据“捐赠收入”科目的本期发生额填列。

（5）“利息收入”项目，反映单位本期取得的银行存款利息收入。本项目应当根据“利息收入”科目的本期发生额填列。

（6）“租金收入”项目，反映单位本期经批准利用国有资产出租取得并按规定纳入本单位预算管理的租金收入。本项目应当根据“租金收入”科目的本期发生额填列。

（7）“其他收入”项目，反映单位本期取得的除以上收入项目外的其他收入的总额。本项目应当根据“其他收入”科目的本期发生额填列。

2. 本期费用

（1）“本期费用”项目，反映单位本期费用总额。本项目应当根据表16－3中“业务活动费用”“资产处置费用”和“其他费用”项目金额的合计数填列。

（2）“业务活动费用”项目，反映单位本期为实现其职能目标，依法履职或开展专业业务活动及其辅助活动所发生的各项费用。本项目应当根据“业务活动费用”科目本期发生额填列。

（3）“资产处置费用”项目，反映单位本期经批准处置资产时转销的资产价值以及在处置过程中发生的相关费用或者处置收入小于处置费用形成的净支出。本项目应当根据“资产处置费用”科目的本期发生额填列。

（4）“其他费用”项目，反映单位本期发生的除以上费用项目外的其他费用的总额。本项目应当根据“其他费用”科目的本期发生额填列。

3. 本期盈余

“本期盈余”项目，反映单位本期收入扣除本期费用后的净额。本项目应当根据表16－3中“本期收入”项目金额减去“本期费用”项目金额后的金额填列；如为负数，以“－”号填列。

三、净资产变动表的编制

净资产变动表是反映单位在某一会计年度内净资产项目的变动情况，其格式见表16－4。

表 16 -4 **净资产变动表** 会政财03

编制单位：___________ ________年 单位：元

项目	本年数				上年数			
	累计盈余	专用基金	权益法调整	净资产合计	累计盈余	专用基金	权益法调整	净资产合计
一、上年年末余额								
二、以前年度盈余调整（减少以“-”号填列）		—	—			—	—	
三、本年年初余额								
四、本年变动金额（减少以“-”号填列）								
（一）本年盈余		—	—			—	—	
（二）无偿调拨净资产		—	—			—	—	
（三）归集调整预算结转结余		—	—			—	—	
（四）提取或设置专用基金			—				—	
其中：从预算收入中提取	—		—		—		—	
从预算结余中提取			—				—	
设置的专用基金	—		—		—		—	
（五）使用专用基金			—				—	
（六）权益法调整	—	—			—	—		
五、本年年末余额								

注：“—”标识单元格不需填列。

净资产变动表“本年数”栏反映本年度各项目的实际变动数；“上年数”栏反映上年度各项目的实际变动数，应当根据上年度净资产变动表中“本年数”栏内所列数字填列。如果上年度净资产变动表规定的项目的名称和内容与本年度不一致，应对上年度净资产变动表项目的名称和数字按照本年度的规定进行调整，将调整后金额填入本年度净资产变动表“上年数”栏内。

净资产变动表“本年数”栏各项目的内容和填列方法如下所述。

（1）“上年年末余额”行，反映单位净资产各项目上年年末的余额。本行各项目应当根据“累计盈余”科目上年年末余额填列。

（2）“以前年度盈余调整”行，反映单位本年度调整以前年度盈余的事项对累计盈余进行调整的金额。本行“累计盈余”项目应当根据本年度“以前年度盈余调整”科目转入“累计盈余”科目的金额填列；如调整减少累计盈余，以“-”号填列。

（3）“本年年初余额”行，反映经过以前年度盈余调整后，单位净资产各项目的本年年初余额。本行“累计盈余”项目应当根据其各自在“上年年末余额”和“以前年度盈余调整”行对应项目金额的合计数填列。

（4）“本年变动金额”行，反映单位净资产各项目本年变动总金额。本行“累计盈余”

项目应当根据其在“本年盈余”“无偿调拨净资产”“归集调整预算结转结余”行对应项目金额的合计数填列。

（5）“本年盈余”行，反映单位本年发生的收入、费用对净资产的影响。本行“累计盈余”项目应当根据年末由“本期盈余”科目转入“本年盈余分配”科目的金额填列；如转入时借记“本年盈余分配”科目，则以“-”号填列。

（6）“无偿调拨净资产”行，反映单位本年无偿调入、调出非现金资产事项对净资产的影响。本行“累计盈余”项目应当根据年末由“无偿调拨净资产”科目转入“累计盈余”科目的金额填列；如转入时借记“累计盈余”科目，则以“-”号填列。

（7）“归集调整预算结转结余”行，反映单位本年财政拨款结转结余资金归集调入、归集上缴或调出，以及非财政拨款结转资金缴回对净资产的影响。本行“累计盈余”项目应当根据“累计盈余”科目明细账记录分析填列；如归集调整减少预算结转结余，则以“-”号填列。

（8）“本年年末余额”行，反映单位本年各净资产项目的年末余额。本行“累计盈余”项目应当根据其各自在“本年年初余额”“本年变动金额”行对应项目金额的合计数填列。

（9）本表各行“净资产合计”项目，应当根据所在行“累计盈余”项目金额填列。

四、现金流量表的编制

（一）现金流量表及其内容

现金流量表是反映单位在某一会计年度内现金流入和流出的信息。现金流量表所指的现金，是指单位的库存现金以及其他可以随时用于支付的款项，包括库存现金、可以随时用于支付的银行存款、其他货币资金、零余额账户用款额度、财政应返还额度，以及通过财政直接支付方式支付的款项。单位可自行选择编制现金流量表。

现金流量表应当按照日常活动、投资活动、筹资活动的现金流量分别反映。现金流量表的现金流量所指的现金流量，是指现金的流入和流出。现金流量表的格式见表16-5。

表16-5　　现金流量表　　会政财04

编制单位：＿＿＿＿　　＿＿＿＿年　　单位：元

项目	本年金额	上年金额
一、日常活动产生的现金流量		
财政基本支出拨款收到的现金		
财政非资本性项目拨款收到的现金		
事业活动收到的除财政拨款以外的现金		
收到的其他与日常活动有关的现金		
日常活动的现金流入小计		
购买商品、接受劳务支付的现金		
支付给职工以及为职工支付的现金		
支付的各项税费		
支付的其他与日常活动有关的现金		

续表

项目	本年金额	上年金额
日常活动的现金流出小计		
日常活动产生的现金流量净额		
二、投资活动产生的现金流量		
收回投资收到的现金		
取得投资收益收到的现金		
处置固定资产、无形资产、公共基础设施等收回的现金净额		
收到的其他与投资活动有关的现金		
投资活动的现金流入小计		
购建固定资产、无形资产、公共基础设施等支付的现金		
对外投资支付的现金		
上缴处置固定资产、无形资产、公共基础设施等净收入支付的现金		
支付的其他与投资活动有关的现金		
投资活动的现金流出小计		
投资活动产生的现金流量净额		
三、筹资活动产生的现金流量		
财政资本性项目拨款收到的现金		
取得借款收到的现金		
收到的其他与筹资活动有关的现金		
筹资活动的现金流入小计		
偿还借款支付的现金		
偿还利息支付的现金		
支付的其他与筹资活动有关的现金		
筹资活动的现金流出小计		
筹资活动产生的现金流量净额		
四、汇率变动对现金的影响额		
五、现金净增加额		

（二）现金流量表的编制

现金流量表的编制请参见“第九章　事业单位会计报表”中现金流量表的编制。

第三节　行政单位预算会计报表的编制

一、预算收入支出表的编制

预算收入支出表是反映单位在某一会计年度内各项预算收入、预算支出和预算收支差额的情况。

预算收入支出表“本年数”栏反映各项目的本年实际发生数；“上年数”栏反映各项目上年度的实际发生数，应当根据上年度预算收入支出表中“本年数”栏内所列数字填列。如果本年度预算收入支出表规定的项目的名称和内容同上年度不一致，应当对上年度预算收入支出表项目的名称和数字按照本年度的规定进行调整，将调整后金额填入本年度预算收入支出表的“上年数”栏。预算收入支出表格式见表 16－6。

表 16－6　　　　**预算收入支出表**　　　　会政预 01

编制单位：＿＿＿＿＿　　　　＿＿＿＿年　　　　单位：元

项目	本年数	上年数
一、本年预算收入		
（一）财政拨款预算收入		
其中：政府性基金收入		
（二）事业预算收入		
（三）上级补助预算收入		
（四）附属单位上缴预算收入		
（五）经营预算收入		
（六）债务预算收入		
（七）非同级财政拨款预算收入		
（八）投资预算收益		
（九）其他预算收入		
其中：利息预算收入		
捐赠预算收入		
租金预算收入		
二、本年预算支出		
（一）行政支出		
（二）事业支出		
（三）经营支出		
（四）上缴上级支出		
（五）对附属单位补助支出		
（六）投资支出		
（七）债务还本支出		
（八）其他支出		
其中：利息支出		
捐赠支出		
三、本年预算收支差额		

预算收入支出表“本年数”栏各项目的内容和填列方法如下所述。

1. 本年预算收入

（1）“本年预算收入”项目，反映单位本年预算收入总额。本项目应当根据表16－6中“财政拨款预算收入”“非同级财政拨款预算收入”“其他预算收入”项目金额的合计数填列。

（2）“财政拨款预算收入”项目，反映单位本年从同级政府财政部门取得的各类财政拨款。本项目应当根据“财政拨款预算收入”科目的本年发生额填列。“政府性基金收入”项目，反映单位本年取得的财政拨款收入中属于政府性基金预算拨款的金额。本项目应当根据“财政拨款预算收入”相关明细科目的本年发生额填列。

（3）“非同级财政拨款预算收入”项目，反映单位本年从非同级政府财政部门取得的财政拨款。本项目应当根据“非同级财政拨款预算收入”科目的本年发生额填列。

（4）“其他预算收入”项目，反映单位本年取得的除上述收入以外的纳入单位预算管理的各项预算收入。本项目应当根据“其他预算收入”科目的本年发生额填列。“利息预算收入”项目，反映单位本年取得的利息预算收入。本项目应当根据“其他预算收入”科目的明细记录分析填列。单位单设“利息预算收入”科目的，应当根据“利息预算收入”科目的本年发生额填列。“捐赠预算收入”项目，反映单位本年取得的捐赠预算收入。本项目应当根据“其他预算收入”科目明细账记录分析填列。单位单设“捐赠预算收入”科目的，应当根据“捐赠预算收入”科目的本年发生额填列。“租金预算收入”项目，反映单位本年取得的租金预算收入。本项目应当根据“其他预算收入”科目明细账记录分析填列。单位单设“租金预算收入”科目的，应当根据“租金预算收入”科目的本年发生额填列。

2. 本年预算支出

（1）“本年预算支出”项目，反映单位本年预算支出总额。本项目应当根据表16－6中“行政支出”和“其他支出”项目金额的合计数填列。

（2）“行政支出”项目，反映行政单位本年履行职责实际发生的支出。本项目应当根据“行政支出”科目的本年发生额填列。

（3）“其他支出”项目，反映单位本年除以上支出以外的各项支出。本项目应当根据“其他支出”科目的本年发生额填列。“利息支出”项目，反映单位本年发生的利息支出。本项目应当根据“其他支出”科目明细账记录分析填列。单位单设“利息支出”科目的，应当根据“利息支出”科目的本年发生额填列。“捐赠支出”项目，反映单位本年发生的捐赠支出。本项目应当根据“其他支出”科目明细账记录分析填列。单位单设“捐赠支出”科目的，应当根据“捐赠支出”科目的本年发生额填列。

3. 本年预算收支差额

“本年预算收支差额”项目，反映单位本年各项预算收支相抵后的差额。本项目应当根据表16－6中“本期预算收入”项目金额减去“本期预算支出”项目金额后的金额填列；如相减后金额为负数，以“－”号填列。

二、预算结转结余变动表的编制

预算结转结余变动表是反映单位在某一会计年度内预算结转结余的变动情况的报表。

预算结转结余变动表“本年数”栏反映各项目的本年实际发生数。“上年数”栏反映各项目的上年实际发生数，应当根据上年度预算结转结余变动表中“本年数”栏内所列数字填列。如果本年度预算结转结余变动表规定的项目的名称和内容同上年度不一致，应当对上年度预算结转结余变动表项目的名称和数字按照本年度的规定进行调整，将调整后金额填入本年度预算结转结余变动表的“上年数”栏。

预算结转结余变动表中“年末预算结转结余”项目金额等于“年初预算结转结余”“年初余额调整”“本年变动金额”三个项目的合计数。预算结转结余变动表的格式见表 16－7。

表 16－7　　　　预算结转结余变动表　　　　会政预 02

编制单位：＿＿＿＿＿＿　　　　＿＿＿＿年　　　　单位：元

项目	本年数	上年数
一、年初预算结转结余		
（一）财政拨款结转结余		
（二）其他资金结转结余		
二、年初余额调整（减少以“－”号填列）		
（一）财政拨款结转结余		
（二）其他资金结转结余		
三、本年变动金额（减少以“－”号填列）		
（一）财政拨款结转结余		
1. 本年收支差额		
2. 归集调入		
3. 归集上缴或调出		
（二）其他资金结转结余		
1. 本年收支差额		
2. 缴回资金		
3. 使用专用结余		
4. 支付所得税		
四、年末预算结转结余		
（一）财政拨款结转结余		
1. 财政拨款结转		
2. 财政拨款结余		
（二）其他资金结转结余		
1. 非财政拨款结转		
2. 非财政拨款结余		
3. 专用结余		
4. 经营结余（如有余额，以“－”号填列）		

预算结转结余变动表“本年数”栏各项目的内容和填列方法如下所述。

1. “年初预算结转结余”项目

“年初预算结转结余”反映单位本年预算结转结余的年初余额。本项目应当根据本项目下“财政拨款结转结余”“其他资金结转结余”项目金额的合计数填列。

（1）“财政拨款结转结余”项目，反映单位本年财政拨款结转结余资金的年初余额。本项目应当根据“财政拨款结转”“财政拨款结余”科目本年年初余额合计数填列。

（2）“其他资金结转结余”项目，反映单位本年其他资金结转结余的年初余额。本项目应当根据“非财政拨款结转”“非财政拨款结余”科目本年年初余额的合计数填列。

2.“年初余额调整”项目

“年初余额调整”反映单位本年预算结转结余年初余额调整的金额。本项目应当根据本项目下“财政拨款结转结余”“其他资金结转结余”项目金额的合计数填列。

（1）“财政拨款结转结余”项目，反映单位本年财政拨款结转结余资金的年初余额调整金额。本项目应当根据“财政拨款结转”“财政拨款结余”科目下“年初余额调整”明细科目的本年发生额的合计数填列；如调整减少年初财政拨款结转结余，以“－”号填列。

（2）“其他资金结转结余”项目，反映单位本年其他资金结转结余的年初余额调整金额。本项目应当根据“非财政拨款结转”“非财政拨款结余”科目下“年初余额调整”明细科目的本年发生额的合计数填列；如调整减少年初“其他资金结转结余”，以“－”号填列。

3.“本年变动金额”项目

“本年变动金额”反映单位本年预算结转结余变动的金额。本项目应当根据本项目下“财政拨款结转结余”“其他资金结转结余”项目金额的合计数填列。

（1）“财政拨款结转结余”项目，反映单位本年财政拨款结转结余资金的变动。本项目应当根据本项目下“本年收支差额”“归集调入”“归集上缴或调出”项目金额的合计数填列。

①“本年收支差额”项目，反映单位本年财政拨款资金收支相抵后的差额。本项目应当根据“财政拨款结转”科目下“本年收支结转”明细科目本年转入的预算收入与预算支出的差额填列；差额为负数的，以“－”号填列。

②“归集调入”项目，反映单位本年按照规定从其他单位归集调入的财政拨款结转资金。本项目应当根据“财政拨款结转”科目下“归集调入”明细科目的本年发生额填列。

③“归集上缴或调出”项目，反映单位本年按照规定上缴的财政拨款结转结余资金及按照规定向其他单位调出的财政拨款结转资金。本项目应当根据“财政拨款结转”“财政拨款结余”科目下“归集上缴”明细科目，以及“财政拨款结转”科目下“归集调出”明细科目本年发生额的合计数填列，以“－”号填列。

（2）“其他资金结转结余”项目，反映单位本年其他资金结转结余的变动。本项目应当根据本项目下“本年收支差额”“缴回资金”项目金额的合计数填列。

①“本年收支差额”项目，反映单位本年除财政拨款外的其他资金收支相抵后的差额。本项目应当根据“非财政拨款结转”科目下“本年收支结转”明细科目、“其他结余”科目本年转入的预算收入与预算支出的差额的合计数填列；如为负数，以“－”号填列。

②“缴回资金”项目，反映单位本年按照规定缴回的非财政拨款结转资金。本项目应当根据“非财政拨款结转”科目下“缴回资金”明细科目本年发生额的合计数填列，以“－”号填列。

4.“年末预算结转结余”项目

“年末预算结转结余”反映单位本年预算结转结余的年末余额。本项目应当根据本项目下“财政拨款结转结余”“其他资金结转结余”项目金额的合计数填列。

（1）“财政拨款结转结余”项目，反映单位本年财政拨款结转结余的年末余额。本项目应当根据本项目下“财政拨款结转”“财政拨款结余”项目金额的合计数填列。本项目下“财政拨款结转”“财政拨款结余”项目，应当分别根据“财政拨款结转”“财政拨款结余”科目的本年年末余额填列。

（2）“其他资金结转结余”项目，反映单位本年其他资金结转结余的年末余额。本项目应当根据本项目下“非财政拨款结转”“非财政拨款结余”项目金额的合计数填列。本项目下“非财政拨款结转”“非财政拨款结余”项目，应当分别根据“非财政拨款结转”“非财政拨款结余”科目的本年年末余额填列。

三、财政拨款预算收入支出表的编制

财政拨款预算收入支出表是反映单位本年财政拨款预算资金收入、支出及相关变动的具体情况的报表。

财政拨款预算收入支出表“项目”栏内各项目，应当根据单位取得的财政拨款种类分项设置。其中“项目支出结转”项目下，根据每个项目设置；单位取得除一般公共财政预算拨款和政府性基金预算拨款以外的其他财政拨款的，应当按照财政拨款种类增加相应的资金项目及其明细项目。财政拨款预算收入支出表的格式见表 16－8。

表 16－8　　财政拨款预算收入支出表　　会政预 03 表

编制单位＿＿＿＿＿　　＿＿＿＿年　　单位：元

项目	年初财政拨款结转结余		调整年初财政拨款结转结余	本年归集调入	本年归集上缴或调出	单位内部调剂		本年财政拨款收入	本年财政拨款支出	年末财政拨款结转结余	
	结转	结余				结转	结余			结转	结余
一、一般公共预算财政拨款											
（一）基本支出结转											
1. 人员经费											
2. 日常公用经费											
（二）项目支出结转											
1. ××项目											
2. ××项目											
……											
二、政府性基金预算财政拨款											
（一）基本支出结转											
1. 人员经费											
2. 日常公用经费											
（二）项目支出结转											
1. ××项目											
2. ××项目											
……											
总计											

财政拨款预算收入支出表各栏及其对应项目的内容和填列方法如下所述。

(1)“年初财政拨款结转结余”栏中各项目，反映单位年初各项财政拨款结转结余的金额。各项目应当根据“财政拨款结转”“财政拨款结余”及其明细科目的年初余额填列。本栏中各项目的数额应当与上年度财政拨款预算收入支出表中“年末财政拨款结转结余”栏中各项目的数额相等。

(2)“调整年初财政拨款结转结余”栏中各项目，反映单位对年初财政拨款结转结余的调整金额。各项目应当根据“财政拨款结转”“财政拨款结余”科目下“年初余额调整”明细科目及其所属明细科目的本年发生额填列；如调整减少“年初财政拨款结转结余”，以“-”号填列。

(3)“本年归集调入”栏中各项目，反映单位本年按规定从其他单位调入的财政拨款结转资金金额。各项目应当根据“财政拨款结转”科目下“归集调入”明细科目及其所属明细科目的本年发生额填列。

(4)“本年归集上缴或调出”栏中各项目，反映单位本年按规定实际上缴的财政拨款结转结余资金及按照规定向其他单位调出的财政拨款结转资金金额。各项目应当根据“财政拨款结转”“财政拨款结余”科目下“归集上缴”科目和“财政拨款结转”科目下“归集调出”明细科目及其所属明细科目的本年发生额填列，以“-”号填列。

(5)“单位内部调剂”栏中各项目，反映单位本年财政拨款结转结余资金在单位内部不同项目等之间的调剂金额。各项目应当根据“财政拨款结转”和“财政拨款结余”科目下的“单位内部调剂”明细科目及其所属明细科目的本年发生额填列；对单位内部调剂减少的财政拨款结余金额，以“-”号填列。

(6)“本年财政拨款收入”栏中各项目，反映单位本年从同级财政部门取得的各类财政预算拨款金额。各项目应当根据“财政拨款预算收入”科目及其所属明细科目的本年发生额填列。

(7)“本年财政拨款支出”栏中各项目，反映单位本年发生的财政拨款支出金额。各项目应当根据“事业支出”等科目及其所属明细科目本年发生额中的财政拨款支出数的合计数填列。

(8)“年末财政拨款结转结余”栏中各项目，反映单位年末财政拨款结转结余的金额。各项目应当根据“财政拨款结转”“财政拨款结余”科目及其所属明细科目的年末余额填列。

本章小结

行政单位会计报表分为财务报表和预算会计报表两大类。财务报表由会计报表及其附注构成。会计报表主要有资产负债表、收入费用表、净资产变动表和现金流量表。资产负债表是反映单位在某一特定日期全部资产、负债和净资产的情况；收入费用表是反映单位在某一会计期间内发生的收入、费用及当期盈余情况；净资产变动表是反映单位在某一会计年度内净资产项目的变动情况；现金流量表是反映单位在某一会计年度内现金流入和流出的信息。

预算会计报表主要有预算收入支出表、预算结转结余变动表和财政拨款预算收入支出表，是编制部门决算报表的基础。预算收入支出表是指反映单位在某一会计年度内各项预算收入、预算支出和预算收支差额情况的报表；预算结转结余变动表是反映单位在某一会计年度内预算结转结余变动情况的报表；财政拨款预算收入支出表是反映单位本年财政拨款预算资金收入、支出及相关变动的具体情况的报表。

复习思考题

1. 行政单位的会计报表分成哪几类？
2. 行政单位财务报表的含义是什么？其主要的会计报表有哪些？
3. 行政单位预算会计报表的含义是什么？其主要的预算会计报表有哪些？
4. 如何编制资产负债表？
5. 如何编制收入费用表？
6. 如何编制净资产变动表？
7. 如何编制预算收入支出表？
8. 如何编制预算结转结余变动表？

练　习　题

一、目的　练习行政单位资产负债表的编制。

二、资料　某行政单位20×7年年初及年末科目余额见表16－9。

表16－9　　20×7年年初及年末科目余额　　单位：元

科目名称	年初借方余额	年末借方余额	科目名称	年初贷方余额	年末贷方余额
库存现金	63 000	69 600	其他应交税费	13 000	9 000
银行存款	1 845 000	1 974 000	其他应付款	40 000	22 000
其他货币资金	19 200	17 400	预提费用	10 000	7 000
财政应返还额度	15 000	11 000	应付政府补贴款	217 000	264 000
其他应收款	20 000	92 000	固定资产累计折旧	700 000	725 000
在途物品	25 000	34 000	无形资产累计摊销	40 000	45 000
库存物品	45 000	54 000	长期应付款	110 000	133 100
预付账款	15 000	24 000	预计负债	15 000	14 000
加工物品	15 000	18 000	受托代理负债	165 000	144 000
待摊费用	20 000	15 000	累计盈余	3 980 000	4 724 900
固定资产	2 400 000	2 900 000			
工程物资	30 000	41 000			
在建工程	55 000	84 000			
无形资产	160 000	190 000			
政府储备物资	385 000	404 000			
待处理财产损溢	12 800	16 000			
受托代理资产	165 000	144 000			
合　计	5 290 000	6 088 000	合　计	5 290 000	6 088 000

其中年末长期应付款中有将于20×8年5月到期的款项30 000元。

三、要求　根据以上资料编制行政单位资产负债表。

第四篇　财政总预算会计

第十七章　财政总预算会计资产的核算

学习目标： 通过本章学习，要求了解财政存款的管理原则；理解财政总预算会计资产的特点；掌握财政存款、有价证券、暂付及应收款、预拨经费、应收转贷款和股权投资等的核算。

第一节　财政存款的核算

一、财政存款的管理原则

财政存款是指政府财政部门代表政府管理的存在国库或商业银行的财政资金。包括国库存款、国库现金管理存款和其他财政存款等。

财政存款的支配权属于同级政府财政部门，并由财政总会计负责管理，统一收付。财政总预算会计在管理财政存款中，应当遵循以下原则。

（1）集中资金，统一调度。各种应由财政部门掌管的资金，都应纳入财政总预算会计的存款科目。调度资金应根据事业进度和资金使用情况，保证满足计划内各项正常支出的需求，并充分发挥资金效益，把资金用好用活。

（2）严格控制存款开户。财政部门的预算资金除财政部门有明确规定以外，一律由财政总预算会计在国库或指定的银行开立存款户，不得在国家规定之外将预算资金或其他财政资金任意转存其他金融机构。

（3）按预算或计划拨付资金。财政部门应根据核定的年度预算或季度分月计划拨付资金，不得办理超预算、无计划的拨款。

（4）转账结算。财政总预算会计的各种会计凭证不得用以提取现金。因为财政的职能是分配资金，不直接使用资金，虽然财政机关也经办一部分直接支出，但都不涉及现金结算，这种支出与预算单位花钱办事是有原则区别的。

（5）不能透支。财政预算资金与银行信贷资金是两个不同的资金筹集和分配渠道。财政的各种国库存款，只能在存款余额内支取，银行不能透支垫付。

二、国库存款的核算

国库存款是指政府财政存放在国库单一账户的预算资金存款。

为了核算政府财政存放在国库单一账户的款项，应设置“国库存款”总账科目。它是资产类科目，用来核算各级财政总预算会计在国库的预算资金（包括一般预算资金、基金预算资金和国有资本经营预算）存款。借方登记国库存款的增加数；贷方登记国库存款的减少数。余额在借方表示国库存款的结存数。

【例 17-1】某市政府财政局发生以下业务。

（1）收到国库报来"预算收入日报表"列示本日一般公共预算本级收入为 800 000 元，政府性基金预算本级收入 300 000 元，国有资本经营预算本级收入为 200 000 元。

借：国库存款　　1 300 000
　贷：一般公共预算本级收入　　800 000
　　政府性基金预算本级收入　　300 000
　　国有资本经营预算本级收入　　200 000

（2）开出拨款凭证拨付市卫生局 250 000 元资金用于引进新设备。

借：一般公共预算本级支出　　250 000
　贷：国库存款——一般公共预算存款　　250 000

（3）收到下级县财政按体制结算上解的一般预算收入 150 000 元。

借：国库存款　　150 000
　贷：上解收入　　150 000

（4）为了平衡预算向省财政厅借款 600 000 元。

借：国库存款　　600 000
　贷：与上级往来　　600 000

（5）借给所属县财政局临时周转款项 200 000 元。

借：与下级往来　　200 000
　贷：国库存款　　200 000

三、国库现金管理存款的核算

国库现金管理存款管理是指在确保财政国库支付需要的前提下，以实现国库现金余额最小化和投资收益最大化为目标的一系列财政管理活动，例如商业银行定期存款、买回国债等。其中商业银行定期存款是指将国库现金存放在商业银行，商业银行以国债为质押获得存款并向财政部门支付利息的交易行为。

为了核算政府财政实行国库现金管理业务存放在商业银行的款项，财政总会计应设置"国库现金管理存款"科目。它是资产类科目，用来核算政府财政实行国库现金管理业务存放在商业银行的款项，本科目借方登记国库现金管理存款的增加数；贷方登记国库现金管理存款的减少数。余额在借方，表示国库现金管理存款的实际结存数。

【例 17-2】某市政府财政发生以下业务。

（1）市政府财政实行国库现金管理业务，本期存款额度为 20 000 000 元，存款期限 6 个月。某商业银行通过定期存款业务招投标系统中标，存款年利率 4.25%。财政已开具划款凭证，将款项转入该商业银行。

借：国库现金管理存款　　20 000 000
　贷：国库存款　　20 000 000

（2）上述存款到期，财政收回存款本金和利息，共计 20 425 000 元。

借：国库存款　　20 425 000
　贷：国库现金管理存款　　20 000 000
　　一般公共本级预算收入　　425 000

四、其他财政存款的核算

为了核算财政总预算会计未列入“国库存款”“国库现金管理存款”科目反映的各项存款，应设置“其他财政存款”科目。它是资产类科目，用来核算各级财政总预算会计未列在“国库存款”“国库现金管理存款”科目反映的各项存款，如财政专户资金存款、专用基金存款等。本科目借方登记其他财政存款的增加数；贷方登记其他财政存款的减少数。余额在借方，表示其他财政存款的实际结存数。该科目按交存地点和资金性质设置明细账。

【例17－3】 某市政府财政发生以下业务。

（1）市政府财政收到统一管理的教育收费收入320 000元，存入在工商银行支行开设的专户。

借：其他财政存款——财政专户管理资金　　320 000
　　贷：财政专户管理资金收入　　320 000

（2）市政府财政向某学校拨付财政专户管理的资金110 000元。

借：财政专户管理资金支出　　110 000
　　贷：其他财政存款——财政专户管理资金　　110 000

五、财政零余额账户存款的核算

财政零余额账户是财政部门开设在代理银行，主要用于办理财政直接支付业务，并与国库单一账户进行清算的账户。该账户不得提取现金。

开户时，财政部门向财政直接支付代理银行发出开设财政零余额账户的书面通知，代理银行依据《中国人民银行账户管理办法》的规定，为财政部门开设财政零余额账户。财政零余额账户每日发生的支付，于当日营业终了前由代理银行与国库单一账户清算。

为了核算财政国库支付执行机构在银行办理财政直接支付的业务，财政总预算会计应设置“财政零余额账户存款”科目。它是资产类科目，借方登记当天国库单一账户存款划入的冲销数；贷方登记财政国库支付执行机构当天发生的直接支付数；本科目当日资金清算后，余额为0。

（1）国库执行机构为预算单位直接支付款项时，根据《财政性资金支付凭证》的回执联和《财政直接支付汇总清算通知单》，借记“一般公共预算本级支出——财政直接支付”“政府性基金预算本级支出——财政直接支付”等科目，贷记“财政零余额账户存款”科目。

（2）财政国库支付执行机构每日将按一级预算单位汇总的“预算支出结算单”和“财政直接支付汇总通知单”与中国人民银行的国库划款凭证核对无误后，送总预算会计结算资金，国库支付执行机构借记“财政零余额账户存款”，贷记“已结报支出——财政直接支付”科目；财政总预算会计借记“一般公共预算本级支出——财政直接支付”“政府性基金预算本级支出——财政直接支付”等科目，贷记“国库存款”科目。

（3）年度终了，财政国库支付执行机构将预算支出与财政国库管理部门总预算会计等有关方面核对一致后转账，借记“已结报支出——财政直接支付”科目，贷记“一般公共预算本级支出——财政直接支付”“政府性基金预算本级支出——财政直接支付”等科目。

第二节　在途款与预拨经费的核算

一、在途款的核算

由于库款的报解需要一定的邮递时间，年终就会存在国库经收处或各级国库已经在年前收纳，以及在清理期交纳应属于本年收入的款项，但尚未转到支库或尚未报解到各该上级国库的各种收入，这些款项称为在途款。

为了在年终决算中全面反映各级财政收入总数，解决上下年度间库款结算问题，各级财政总预算会计应设置“在途款”科目。它是资产类科目，用来核算决算清理期和库款报解整理期内发生的上下年度收入、支出业务需要通过本科目过渡处理的资金数。借方登记收到的属于上年度收入数及收回属于上年度拨款或支出数；贷方登记冲转数。该科目一般无余额。

【例 17－4】某政府财政总预算会计发生以下业务。

（1）决算清理期中，县财政收到国库报来预算收入日报表，列示所属上年度的一般预算本级收入为 32 000 元。

在上年度的账上作以下登记。

借：在途款　32 000

　　贷：一般公共预算本级收入　32 000

在本年度新账上作以下登记。

借：国库存款　32 000

　　贷：在途款　32 000

（2）决算清理期中，收回属于上年度的一般公共预算本级支出 45 000 元。

在上年度账上作以下登记。

借：在途款　45 000

　　贷：一般公共预算本级支出　45 000

在本年度新账上作以下登记。

借：国库存款　45 000

　　贷：在途款　45 000

二、预拨经费的核算

预拨经费是指政府财政在年度预算执行中预拨出应在以后各月列支以及会计年度终了前根据“二上”（各部门在财政部门下达的部门预算控制数以内，汇总编报本部门及所属单位年度预算草案，在规定时间内报送财政部门）预算预拨出的下年度预算资金。预拨经费（不含预拨下年度预算资金）应在年度终了前转列支出或清理收回。

为了核算预拨经费，各级财政总预算会计应设置“预拨经费”科目。它是资产类科目，用来核算政府财政预拨给预算单位尚未列为预算支出的款项。借方登记预拨经费的增加数，贷方登记预拨经费的减少数，借方余额反映政府财政年末尚未转列支出或尚待收回的预拨经费数。本科目应当按照预拨经费种类和预算单位等进行明细核算。

对预拨经费应作以下主要账务处理。

（1）拨出款项时，借记本科目，贷记“国库存款”科目。

（2）转列支出或收回预拨款项时，借记“一般公共预算本级支出”“政府性基金预算本级支出”“国库存款”等科目，贷记本科目。

【例17－5】某市政府财政局发生以下业务。

（1）10月市政府财政局根据用款计划预拨给市直属A单位11月一般公共预算经费500 000元。

借：预拨经费——A单位　　500 000
　　贷：国库存款　　500 000

（2）11月将（1）预拨的经费500 000元转列支出。

借：一般公共预算本级支出　　500 000
　　贷：预拨经费——A单位　　500 000

第三节　有价证券与股权投资的核算

一、有价证券的核算

有价证券是指中央财政以信用方式发行的国家公债。它是政府财政总预算会计的一项短期投资资产，属于流动资产。各级财政总预算会计可以用财政结余资金购买有价证券。

为了核算有价证券，各级财政总预算会计应设置“有价证券”科目。它是资产类科目，用来核算各级政府按国家统一规定用各项财政结余资金购买的有价证券及库存数。借方登记有价证券的购入数；贷方登记本金的兑付数。借方余额反映有价证券的实际库存数。

【例17－6】某市政府财政发生以下有关有价证券业务。

（1）按规定用一般公共预算结转结余购买国库券200 000元。

借：有价证券　　200 000
　　贷：国库存款　　200 000

（2）收回以前年度用一般公共预算结转结余购买的国库券本金100 000元，利息3 000元。

借：国库存款　　103 000
　　贷：有价证券　　100 000
　　　　一般公共预算本级收入　　3 000

二、股权投资的核算

进行股权投资是政府进行的权益性投资活动，股权投资是一项长期投资性资产，属于非流动资产。政府股权投资主要包括国际金融组织股权投资、投资基金股权投资和国有企业股权投资等。

为了核算政府的股权投资，财政总预算会计应设置“股权投资”科目。它是资产类科目，用来核算政府持有的各类股权投资的增减变动及结存情况。借方登记股权投资的增加数，贷方登记股权投资的减少数，借方余额反映政府持有的各种股权投资金额。股权投资一般采用权益法进行核算。

本科目应当按照“国际金融组织股权投资”“投资基金股权投资”“企业股权投资”设置一级明细科目，在一级明细科目下，可根据管理需要，按照被投资主体进行明细核算。对每一被投资主体还可按“投资成本”“收益转增投资”“损益调整”“其他权益变动”进行明细核算。

（一）国际金融组织股权投资的核算

（1）政府财政代表政府认缴国际金融组织股本时，按照实际支付的金额，借记“一般公共预算本级支出”等科目，贷记“国库存款”科目；根据股权投资确认相关资料，按照确定的股权投资成本，借记本科目，贷记“资产基金——股权投资”科目。

（2）从国际金融组织撤出股本时，按照收回的金额，借记“国库存款”科目，贷记“一般公共预算本级支出”科目；根据股权投资清算相关资料，按照实际撤出的股本，借记“资产基金——股权投资”科目，贷记本科目。

【例 17－7】 政府财政发生以下有关股权投资业务。

（1）财政代表政府用一般公共预算结转结余认缴国际货币基金组织股本 10 000 000 股，每股面值 1 元，实际支付金额 10 000 000 元。

借：股权投资——国际货币基金组织股权投资（投资成本）　　10 000 000
　　贷：资产基金——股权投资　　10 000 000

同时编制以下会计分录。

借：一般公共预算本级支出　　10 000 000
　　贷：国库存款　　10 000 000

（2）年终，根据国际货币基金组织的当年净利润及股权投资占有份额计算，股权投资增加 300 000 元。

借：股权投资——国际货币基金组织股权投资（损溢调整）　　300 000
　　贷：资产基金——股权投资　　300 000

（二）投资基金股权投资的核算

（1）政府财政对投资基金进行股权投资时，按照实际支付的金额，借记“一般公共预算本级支出”等科目，贷记“国库存款”等科目；根据股权投资确认相关资料，按照实际支付的金额，借记本科目（投资成本），按照确定的在被投资基金中占有的权益金额与实际支付金额的差额，借记或贷记本科目（其他权益变动），按照确定的在被投资基金中占有的权益金额，贷记“资产基金——股权投资”科目。

（2）年末，根据政府财政在被投资基金当期净利润或净亏损中占有的份额，借记或贷记本科目（损益调整），贷记或借记“资产基金——股权投资”科目。

（3）政府财政将归属财政的收益留作基金滚动使用时，借记本科目（收益转增投资），贷记本科目（损益调整）。

（4）被投资基金宣告发放现金股利或利润时，按照应上缴政府财政的部分，借记“应收股利”科目，贷记“资产基金——应收股利”科目；同时按照相同的金额，借记“资产基金——股权投资”科目，贷记本科目（损益调整）。

（5）被投资基金发生除净损益以外的其他权益变动时，按照政府财政持股比例计算应享有的部分，借记或贷记本科目（其他权益变动），贷记或借记“资产基金——股权投资”科目。

（6）投资基金存续期满、清算或政府财政从投资基金退出需收回出资时，政府财政按照实际收回的资金，借记“国库存款”等科目，按照收回的原实际出资部分，贷记“一般公共预算本级支出”等科目，按照超出原实际出资的部分，贷记“一般公共预算本级收入”等科目；根据股权投资清算相关资料，按照因收回股权投资而减少在被投资基金中占有的权益金额，借记“资产基金——股权投资”科目，贷记本科目。

（三）企业股权投资的核算

企业股权投资的账务处理，根据管理条件和管理需要，参照投资基金股权投资的账务处理。

第四节　暂付及应收款项的核算

暂付及应收款项是指政府财政业务活动中形成的债权，包括与下级往来和其他应收款等。暂付及应收款项应当及时清理结算，不得长期挂账。

一、借出款项的核算

借出款项是指政府财政按照对外借款管理相关规定借给预算单位临时急需，并需按期收回的款项。

为了核算各级财政对预算单位借垫形成的债权，应设置“借出款项”科目。它是资产类科目，用来核算各级财政部门借给所属预算单位临时急需的款项。借方登记借出数；贷方登记收回数或转作预算支出数。本科目期末借方余额反映政府财政借给预算单位尚未收回的款项。本科目应当按照借款单位等进行明细核算。

【例 17－8】某市政府财政局发生以下暂付款业务。

（1）市政府财政向市卫生局发放临时借款 150 000 元。

借：借出款项——卫生局	150 000	
贷：国库存款		150 000

（2）经批准将上述借款中的 100 000 元转作对卫生局的拨款支出，其余收回。

借：一般公共预算本级支出	100 000	
国库存款	50 000	
贷：借出款项——卫生局		150 000

二、与下级往来的核算

各级政府财政部门在预算执行过程中，预算收入和预算支出在年度内并不总是平衡的，财政总预算在年度的某个时期有可能出现支出大于收入的情况。这时就需要动用预算后备资金，如果收支仍然不能平衡，下级财政可以向上级财政申请短期借款，上级财政也可以向有结余的下级财政借入款项。这些款项就是上、下级财政之间的往来款项。

另外，在年终决算时，全年上下级财政实际上解款或补助款与应上解款或补助款之间也不完全一致，对此也应在上下级财政之间办理结算，也会发生上下级财政之间的往来款项。

为了核算上下级财政之间的往来款项，应设置“与下级往来”和“与上级往来”科目，这里先介绍“与下级往来”科目。它是资产类科目，用来核算与下级财政的往来结算款项，借方登记借出数；贷方登记收回数或转作补助支出数。借方余额表示下级财政应归还本级财政的款项。需要说明的是，“与下级往来”不单纯是一个资产类科目，而是一个双重性质的结算科目，余额可能出现在借方，也可能出现在贷方，当出现贷方余额时，表示的是本级财政欠下级财政的款项，编制资产负债表时用负数表示。

“与下级往来”科目应及时进行清理结算，应转作补助支出的部分，要在当年内结清，其他未能结清的余额应结转下年。该科目应当按照下级政府财政、资金性质等进行明细核算。

【例 17-9】某市政府财政局发生以下与下级往来业务。

（1）市政府财政局借给所属某县财政一般公共预算资金 240 000 元。

借：与下级往来——某县政府财政　　240 000

　　贷：国库存款　　240 000

（2）将（1）借款中的 140 000 元转作对该县的一般公共预算补助。

借：补助支出——一般公共预算财政补助　　140 000

　　贷：与下级往来——某县政府财政　　140 000

（3）收回县财政的其余欠款 100 000 元。

借：国库存款　　100 000

　　贷：与下级往来——某县政府财政　　100 000

三、应收股利的核算

应收股利是指政府因持有股权投资应当收取的现金股利或利润。

为了核算财政总预算会计应收股利情况，应设置“应收股利”科目。它是资产类科目，用来核算政府因持有股权投资应当收取的现金股利或利润情况，借方登记应上缴财政的应收股利的确认数，贷方登记实际收到的应收股利，期末借方余额反映政府尚未收回的现金股利或利润。本科目应当按照被投资主体进行明细核算。

持有股权投资期间被投资主体宣告发放现金股利或利润的，按应上缴政府财政的部分，借记本科目，贷记“资产基金——应收股利”科目；按照相同的金额，借记“资产基金——股权投资”科目，贷记“股权投资——损益调整”科目。

实际收到现金股利或利润，借记“国库存款”等科目，贷记有关收入科目；按照相同的金额，借记“资产基金——应收股利”科目，贷记本科目。

【例 17-10】某政府财政发生以下有关股权投资业务。

（1）W 投资基金组织宣告发放现金股利，按规定属于政府投资主体政府财政部分为 200 000 元。

借：应收股利——W 投资基金组织　　200 000

　　贷：资产基金——应收股利　　200 000

同时编制以下会计分录。

借：资产基金——股权投资　　200 000

　　贷：股权投资——W 投资基金组织投资（损益调整）　　200 000

（2）政府财政收到 W 投资基金组织发放的现金股利 200 000 元。

借：国库存款　　200 000

　　贷：一般公共预算本级收入——非税收入（国有资本收益）　　200 000

同时编制以下会计分录。

借：资产基金——应收股利　　200 000

　　贷：应收股利——W 投资基金组织　　200 000

四、其他应收款的核算

其他应收款是指政府财政临时发生的其他应收、暂付、垫付款项。它主要包括应收款项、暂付款项和垫付款项，除此之外，还包括政府财政履行担保责任以及为项目单位代垫的外国政府和国际金融组织贷款的本息费用。

为了核算财政总预算会计其他应收款情况，应设置“其他应收款”科目。它是资产类科目，用来核算政府财政临时发生的其他应收及暂付款项和政府因履行担保责任而承担的代偿款项。本科目应当按照资金性质、债务单位等进行明细核算。

对其他应收款应作以下主要账务处理。

（1）发生其他应收款项时，借记本科目，贷记“国库存款”“其他财政存款”等科目。

（2）收回或转作预算支出时，借记“国库存款”“其他财政存款”或有关支出科目，贷记本科目。

（3）政府财政对使用外国政府和国际金融组织贷款资金的项目单位履行担保责任，代偿贷款本息费时，借记本科目，贷记“国库存款”“其他财政存款”等科目。政府财政行使追索权，收回项目单位贷款本息费时，借记“国库存款”“其他财政存款”等科目，贷记本科目。政府财政最终未收回项目单位贷款本息费，经核准列支时，借记“一般公共预算本级支出”等科目，贷记本科目。

【例 17－11】某政府财政发生以下有关其他应收款业务。

（1）W 单位为使用外国政府贷款的项目单位，该单位拖欠外国政府贷款，本级政府财政履行担保责任，为该单位通过国库账户支付贷款和本息共计 1 800 000 元。

借：其他应收款——W 单位	1 800 000	
贷：国库存款		1 800 000

（2）该级政府财政行使追索权，收回为 W 单位支付的外国政府贷款本息费共计 1 500 000 元，其余 300 000 元未收回经批准转列支出。

借：国库存款	1 500 000	
一般公共预算本级支出	300 000	
贷：其他应收款——W 单位		1 800 000

第五节　应收转贷款与待发国债的核算

一、应收转贷款的核算

应收转贷款是指政府财政将借入的资金转贷给下级政府财政的款项，包括应收地方政府债券转贷款和应收主权外债转贷款等，它是本级政府财政向下级政府财政转贷形成的债权。根据《中华人民共和国预算法》的有关规定，省级政府财政可以举借债务筹措资金，省级以下政府财政不允许直接举借债务，但可以通过上级政府财政转贷的方式取得债务资金。

（一）应收地方政府债券转贷款的核算

应收地方政府债券转贷款是指本级政府财政通过发行地方政府债券筹措的资金转贷给下级政府财政形成的债权，包括转贷的地方政府债券本金和利息。

为了核算应收地方政府债券转贷款情况，财政总预算会计应设置“应收地方政府债券转贷款”科目。它是资产类科目，用来核算本级政府财政转贷给下级政府财政的地方政府债券本金和利息。本科目借方登记转贷给下级政府财政的地方债券本金及其利息，贷方登记收回的本金和利息数额，借方余额反映政府财政应收未收的地方政府债券转贷款本金和利息。其下分别设置“应收本金”和“应收利息”两个明细科目，并按照转贷对象进行明细核算。

对应收地方政府债券转贷款应作以下主要账务处理。

（1）向下级政府财政转贷地方政府债券资金时，按照转贷的金额，借记“债务转贷支出”科目，贷记“国库存款”科目；根据债务管理部门转来的相关资料，按照到期应收回的转贷本金金额，借记本科目，贷记“资产基金——应收地方政府债券转贷款”科目。

（2）期末确认地方政府债券转贷款的应收利息时，根据债务管理部门计算出的转贷款本期应收未收利息金额，借记本科目，贷记“资产基金——应收地方政府债券转贷款”科目。

（3）收回下级政府财政偿还的转贷款本息时，按照收回的金额，借记“国库存款”等科目，贷记“其他应付款”或“其他应收款”科目；根据债务管理部门转来的相关资料，按照收回的转贷款本金及已确认的应收利息金额，借记“资产基金——应收地方政府债券转贷款”科目，贷记本科目。

（4）扣缴下级政府财政的转贷款本息时，按照扣缴的金额，借记“与下级往来”科目，贷记“其他应付款”或“其他应收款”科目；根据债务管理部门转来的相关资料，按照扣缴的转贷款本金及已确认的应收利息金额，借记“资产基金——应收地方政府债券转贷款”科目，贷记本科目。

【例 17 - 12】 某省级政府财政发生以下有关地方政府债券转贷业务。

（1）1 月 1 日向 A 市政府财政转贷地方政府债券资金 5 000 000 元，期限两年，年利率为 4.85%，到期一次还本付息。

则省级政府财政总预算会计应编制以下会计分录。

借：债务转贷支出——地方政府一般债务转贷支出（A 市政府财政）　5 000 000

　　贷：国库存款　5 000 000

同时编制以下会计分录。

借：应收地方政府债券转贷款——应收地方政府一般债券转贷款（应收本金）

　　5 000 000

　　贷：资产基金——应收地方政府债券转贷款　5 000 000

（2）12 月 31 日，省级政府财政确认地方政府债券转贷款的应收利息为 242 500 元。

借：应收地方政府债券转贷款——应收地方政府一般债券转贷款（应收利息）

　　242 500

　　贷：资产基金——应收地方政府债券转贷款　242 500

（3）第二年年末省级政府财政收到 A 市政府财政偿还的地方政府债券转贷款本金 5 000 000 元，利息 485 000 元。

则省级政府财政总预算会计应编制以下会计分录。

借：国库存款　5 485 000

　　贷：其他应付款——应付下级政府财政承担的地方政府债券本息　5 485 000

同时编制以下会计分录。

借：资产基金——应收地方政府债券转贷款　5 242 500

　　贷：应收地方政府债券转贷款——应收地方政府一般债券转贷款（应收本金）

　　5 000 000

　　——应收地方政府一般债券转贷款（应收利息）

　　242 500

（二）应收主权外债转贷款

应收主权外债转贷款是指本级政府财政将取得的外国政府和国际金融组织贷款等主权外债转贷给下级地方政府财政而形成的应收款项，包括转贷的主权外债本金和利息。主权外债转贷方通常为中央政府财政，被转贷方一般是省级政府财政及以下级政府财政。

为了核算应收主权外债转贷款情况，财政总预算会计应设置“应收主权外债转贷款”科目。它是资产类科目，用来核算本级政府财政转贷给下级政府财政的外国政府和国际金融组织贷款等主权外债资金的本金及利息。本科目借方登记转贷给下级政府财政的应收主权外债本金及其利息，贷方登记收回的本金和利息数额，期末借方余额反映政府财政应收未收的主权外债转贷款本金和利息。本科目下应当设置“应收本金”和“应收利息”两个明细科目，并按照转贷对象进行明细核算。

对应收主权外债转贷款应作以下主要账务处理。

（1）本级政府财政向下级政府财政转贷主权外债资金，且主权外债最终还款责任由下级政府财政承担的，相关账务处理如下所述。

①本级政府财政支付转贷资金时，根据转贷资金支付相关资料，借记“债务转贷支出”科目，贷记“其他财政存款”科目；根据债务管理部门转来的相关资料，按照实际持有的债权金额，借记本科目，贷记“资产基金——应收主权外债转贷款”科目。

②外方将贷款资金直接支付给用款单位或供应商时，本级政府财政根据转贷资金支付相关资料，借记“债务转贷支出”科目，贷记“债务收入”或“债务转贷收入”科目；根据债务管理部门转来的相关资料，按照实际持有的债权金额，借记本科目，贷记“资产基金——应收主权外债转贷款”科目；同时，借记“待偿债净资产”科目，贷记“借入款项”或“应付主权外债转贷款”科目。

（2）期末确认主权外债转贷款的应收利息时，根据债务管理部门计算出转贷款的本期应收未收利息金额，借记本科目，贷记“资产基金——应收主权外债转贷款”科目。

（3）收回转贷给下级政府财政主权外债的本息时，按照收回的金额，借记“其他财政存款”科目，贷记“其他应付款”或“其他应收款”科目；根据债务管理部门转来的相关资料，按照实际收回的转贷款本金及已确认的应收利息金额，借记“资产基金——应收主权外债转贷款”科目，贷记本科目。

（4）扣缴下级政府财政的转贷款本息时，按照扣缴的金额，借记“与下级往来”科目，贷记“其他应付款”或“其他应收款”科目；根据债务管理部门转来的相关资料，按照扣缴的转贷款本金及已确认的应收利息金额，借记“资产基金——应收主权外债转贷款”科目，贷记本科目。

二、待发国债的核算

待发国债是指为了弥补中央财政预算收支差额，中央财政预计发行国债与实际发行国债之间的差额。

为了核算待发国债情况，财政总预算会计应设置“待发国债”科目。它是资产类科目，用来核算为了弥补中央财政预算收支差额，中央财政预计发行国债与实际发行国债之间的差额。

待发国债的主要账务处理为：年度终了，实际发行国债收入用于债务还本支出后，小于为弥补中央财政预算收支差额中央财政预计发行国债时，按两者的差额，借记本科目，贷记相关科目；实际发行国债收入用于债务还本支出后，大于为弥补中央财政预算收支差额中央财政预计发行国债时，按两者的差额，借记相关科目，贷记本科目；期末借方余额反映中央财政尚未使用的国债发行额度。

本章小结

财政存款是指政府财政部门代表政府管理的存在国库或商业银行的财政资金。它包括国库存款、国库现金管理存款和其他财政存款等。财政存款需要设置“国库存款”“国库现金管理存款”“其他财政存款”等科目核算。

预拨经费是指政府财政在年度预算执行中预拨出应在以后各月列支以及会计年度终了前根据“二上”预算预拨出的下年度预算资金。需要设置“预拨经费”科目核算。

有价证券是指中央财政以信用方式发行的国家公债。它是政府财政总预算会计的一项短期投资资产，属于流动资产；股权投资是一项长期投资性资产，属于非流动资产。政府股权投资主要包括国际金融组织股权投资、投资基金股权投资、国有企业股权投资等。需要设置“有价证券”“股权投资”科目核算。

暂付及应收款项是指政府财政业务活动中形成的债权，包括与下级往来和其他应收款等。借出款项是指政府财政按照对外借款管理相关规定借给预算单位临时急需，并需按期收回的款项；与下级往来是与下级财政的往来结算款项；应收股利是指政府因持有股权投资应当收取的现金股利或利润；其他应收款是指政府财政临时发生的其他应收、暂付、垫付款项。需要设置“借出款项”“与下级往来”“应收股利”“其他应收款”科目核算。

应收转贷款是指政府财政将借入的资金转贷给下级政府财政的款项，包括应收地方政府债券转贷款、应收主权外债转贷款等，它是本级政府财政向下级政府财政转贷形成的债权。

应收地方政府债券转贷款是指本级政府财政通过发行地方政府债券筹措的资金转贷给下级政府财政形成的债权，包括转贷的地方政府债券本金和利息；应收主权外债转贷款是指本级政府财政将取得的外国政府和国际金融组织贷款等主权外债转贷给下级地方政府财政而形成的应收款项，包括转贷的主权外债本金和利息。需要设置“应收地方政府债券转贷款”和“应收主权外债转贷款”科目核算。

待发国债是指为了弥补中央财政预算收支差额，中央财政预计发行国债与实际发行国债之间的差额。需要设置“待发国债”科目核算。

复习思考题

1. 什么是财政存款？它包括哪些内容？
2. 如何核算有价证券？
3. 什么是预拨经费？如何进行核算？
4. 什么是股权投资？它包括哪些内容？
5. 应收转贷款的含义是什么？它包括哪些内容？

练习题

一、目的　练习财政总预算会计资产的核算。

二、资料　某省财政厅201×年度发生以下经济业务。

1. 收到国库报来的预算收入日报表，列示一般公共预算本级收入720 000元，政府性基金预算本级收入 200 000 元，国有资本经营预算本级收入 180 000 元。

2. 收到下级市政府财政上解的一般公共预算收入 300 000 元。

3. 开出一般公共预算拨款凭证以财政直接支付方式为省水利厅拨付 280 000 元资金用于采购新设备一套。已收到预算支出结算凭证，款项已通过财政零余额账户支付。

4. 省政府财政实行国库现金管理业务，本期存款额度为 12 000 000 元，存款期限 9 个月。某商业银行通过定期存款业务招投标系统中标，存款年利率 4.8%。财政已开具划款凭证，将款项转入该商业银行。

5. 用一般公共预算结转结余 300 000 元购入年息为 3.6% 的一年期某期记账式国债。

6. 一年前用一般公共预算结转结余购买的某期记账式国债到期，收回本金 300 000 元，利息 10 800 元。

7. 借给所属甲市政府财政局一般公共预算资金 700 000 元。

8. 收到甲市政府财政局归还借款 400 000 元，余款 300 000 元作为对甲县的预算补助。

9. 在决算清理期和库款报解整理期内收到国库报送的预算收入日报表，列示收到属于上一年度的一般公共预算本级收入为 250 000 元。

10. 7 月 1 日向 A 市政府财政转贷地方政府债券资金 1 000 000 元，期限 1 年，年利率为 4.8%，到期一次还本付息。

11. 12 月 31 日省级政府财政确认向 A 市政府财政转贷的地方政府债券转贷款的应收利息为 24 000 元。

三、要求　根据上述经济业务编制会计分录。

第十八章　财政总预算会计负债的核算

学习目标：通过本章的学习，要求理解财政总预算会计负债的内容；掌握应付国库集中支付结余、应付及暂收款项、应付政府债券、借入款项、应付转贷款、其他负债、应付代管资金等的核算。

第一节　应付及暂收款的核算

应付及暂收款是指政府财政在业务活动中形成的债务，包括与上级往来和其他应付款等。应付款及暂收款项应当及时清理结算。

一、应付国库集中支付结余的核算

应付国库集中支付结余是指国库集中支付中，按照财政部门批复的部门预算，当年未支而需结转下一年度支付的款项采用权责发生制列支后形成的债务。

为了核算应付国库集中支付结余情况，财政总预算会计应设置“应付国库集中支付结余”科目。它是负债类科目，用来核算政府财政采用权责发生制列支，预算单位尚未使用的国库集中支付结余资金。本科目应当根据管理需要，按照政府收支分类科目等进行相应明细核算。

对应付国库集中支付结余核算应作以下主要账务处理。

（1）年末，对当年形成的国库集中支付结余采用权责发生制列支时，借记有关支出科目，贷记本科目。

（2）以后年度实际支付国库集中支付结余资金时，分以下情况处理。

①按原结转预算科目支出的，借记本科目，贷记“国库存款”科目。

②调整支出预算科目的，应当按原结转预算科目作冲销处理，借记本科目，贷记有关支出科目。同时，按实际支出预算科目作列支账务处理，借记有关支出科目，贷记“国库存款”科目。

【例 18－1】某省政府财政厅发生以下有关应付国库集中支付结余业务。

（1）省政府所属预算单位 20×7 年一般公共预算用款额度为 4 000 000 元，当年已经通过国库集中直接支付的数额为 3 800 000 元。2016 年年末省政府财政采用权责发生制列支的数额为 200 000 元。

借：一般公共预算本级支出　　200 000

　　贷：应付国库集中支付结余　　200 000

（2）20×8 年年初，省政府财政运用恢复的预算额度为预算单位直接支付相关费用 200 000 元。

借：应付国库集中支付结余　　200 000

　　贷：国库存款　　200 000

二、与上级往来的核算

与上级往来是指本级政府财政与上级政府财政的往来待结算款项。包括上下级财政之间的资金借贷、补助、上解结算等事项而形成的债务。如本级财政因资金调度困难可以向上级财政借款；在财政体制年终结算中发生本级财政应上解的款项等。

各级财政总预算会计为了核算与上级往来款项，应设置“与上级往来”科目。它是负债类科目，用来核算与上级财政的往来结算款项，贷方登记借入数或体制结算中应上交上级财政款项；借方登记归还数或转作上级补助数。贷方余额表示本级财政欠上级财政的款项；有时为借方余额，表示上级财政欠本级财政的款项，在编制资产负债表时，应以负数表示其借方余额。

【例 18－2】某市政府财政局向省财政厅借款 2 000 000 元存入国库。

借：国库存款	2 000 000	
贷：与上级往来		2 000 000

省财政厅将上述借款中的 1 500 000 元转作对市政府财政的一般公共预算补助，其余 500 000 元归还省财政厅。应编制以下会计分录。

借：与上级往来	2 000 000	
贷：补助收入——一般公共预算补助收入		1 500 000
国库存款		500 000

三、其他应付款的核算

其他应付款是指各级政府财政部门在业务活动中临时发生的应付、暂收款项，如收到的性质不明款项、代征入库的社会保险费和项目单位承担还款责任的外国政府贷款等。

各级财政总预算会计，为了核算其他应付款，应设置“其他应付款”科目。它是负债类科目，用来核算各级政府财政临时发生的暂收、应付和收到的不明性质款项。贷方登记临时发生的应付、暂收和收到不明性质的款项的增加数；借方登记退还或转做收入的数额，贷方余额表示尚未结清的其他应付款数额。该科目应按资金性质、债权单位或款项来源设置明细账。

对其他应付款应作以下主要账务处理。

（1）收到暂存款项时，借记“国库存款”“其他财政存款”等科目，贷记本科目。

（2）将暂存款项清理退还或转作收入时，借记本科目，贷记“国库存款”“其他财政存款”或有关收入科目。

（3）社会保险费代征入库时，借记“国库存款”科目，贷记本科目。社会保险费国库缴存社保基金财政专户时，借记本科目，贷记“国库存款”科目。

（4）收到项目单位承担还款责任的外国政府和国际金融组织贷款资金时，借记“其他财政存款”科目，贷记本科目；付给项目单位时，借记本科目，贷记“其他财政存款”科目。收到项目单位偿还贷款资金时，借记“其他财政存款”科目，贷记本科目；付给外国政府和国际金融组织项目单位还款资金时，借记本科目，贷记“其他财政存款”科目。

【例 18－3】某市政府财政局发生以下其他应付款业务。

（1）市政府财政收到国库报来的收入日报表，性质不明的预算款项为 80 000 元，列作暂存。

借：国库存款　　80 000

　　贷：其他应付款——性质不明款项　　80 000

（2）上述性质不明的款项80 000元为市交通局交来的罚没收入，转作政府性基金预算本级收入。

借：其他应付款——性质不明款项　　80 000

　　贷：政府性基金预算本级收入　　80 000

四、应付代管资金的核算

应付代管资金是指政府财政代为管理的，使用权属于被代管主体的资金。代管资金是政府财政根据职能安排代其他单位管理的资金，应当按照委托单位的要求使用。

财政总预算会计，为了核算应付代管资金，应设置“应付代管资金”科目。它是负债类科目，用来核算政府财政代为管理的、使用权属于被代管主体的资金。本科目期末贷方余额反映政府财政尚未支付的代管资金。本科目应当根据管理需要进行相关明细核算。

对应付代管资金应作以下主要账务处理。

（1）收到代管资金时，借记“其他财政存款”等科目，贷记本科目。

（2）支付代管资金时，借记本科目，贷记“其他财政存款”等科目。

（3）代管资金产生的利息收入按照相关规定仍属于代管资金的，借记“其他财政存款”等科目，贷记本科目。

【例18－4】某市财政局发生以下应付代管资金业务。

（1）政府财政收到一项代管社会公益基金，金额为500 000元，已存入财政专户。

借：其他财政存款　　500 000

　　贷：应付代管资金——代管公益基金　　500 000

（2）政府财政按委托方要求支付公益金300 000元。

借：应付代管资金——代管公益基金　　300 000

　　贷：其他财政存款　　300 000

第二节　借入款项与应付政府债券的核算

一、借入款项的核算

借入款项是指政府财政部门以政府名义向外国政府、国际金融组织等借入的款项，以及通过经国务院批准的其他方式借款形成的负债。

按照预算法的规定，对于一般公共预算中的部分资金，中央政府财政按全国人民代表大会批准的数额可以举借国内和国外债务方式筹措。

为了核算借入款项，财政总预算会计应设置“借入款项”科目。它是负债类科目，用来核算政府财政部门以政府名义向外国政府和国际金融组织等借入的款项，以及经国务院批准的其他方式借入的款项。贷方登记借入数；借方登记偿还数，贷方余额表示尚未偿还的借入款项本金和利息。

本科目下应当设置“应付本金”“应付利息”明细科目，分别对借入款项的应付本金和利息进行明细核算，还应当按照债权人进行明细核算。债务管理部门应当设置相应的辅助账，详细记录每笔借入款项的期限、借入日期、偿还及付息情况等。

对借入款项应作以下主要账务处理。

（1）借入主权外债的账务处理。

①本级政府财政收到借入的主权外债资金时，借记“其他财政存款”科目，贷记“债务收入”科目；根据债务管理部门转来的相关资料，按照实际承担的债务金额，借记“待偿债净资产——借入款项”科目，贷记本科目。

②本级政府财政借入主权外债，且由外方将贷款资金直接支付给用款单位或供应商时，应根据以下情况分别处理。

a. 本级政府财政承担还款责任，贷款资金由本级政府财政同级部门（单位）使用的，本级政府财政部门根据贷款资金支付相关资料，借记“一般公共预算本级支出”等科目，贷记“债务收入”科目；根据债务管理部门转来的相关资料，按照实际承担的债务金额，借记“待偿债净资产——借入款项”科目，贷记本科目。

b. 本级政府财政承担还款责任，贷款资金由下级政府财政同级部门（单位）使用的，本级政府财政部门根据贷款资金支付相关资料及预算指标文件，借记“补助支出”科目，贷记“债务收入”科目；根据债务管理部门转来的相关资料，按照实际承担的债务金额，借记“待偿债净资产——借入款项”科目，贷记本科目。

c. 下级政府财政承担还款责任，贷款资金由下级政府财政同级部门（单位）使用的，本级政府财政部门根据贷款资金支付相关资料，借记“债务转贷支出”科目，贷记“债务收入”科目；根据债务管理部门转来的相关资料，按照实际承担的债务金额，借记“待偿债净资产——借入款项”科目，贷记本科目；同时，借记“应收主权外债转贷款”科目，贷记“资产基金——应收主权外债转贷款”科目。

③期末确认借入主权外债的应付利息时，根据债务管理部门计算出的本期应付未付利息金额，借记“待偿债净资产——借入款项”科目，贷记本科目。

④偿还本级政府财政承担的借入主权外债本金时，借记“债务还本支出”科目，贷记“国库存款”“其他财政存款”等科目；根据债务管理部门转来的相关资料，按照实际偿还的本金金额，借记本科目，贷记“待偿债净资产——借入款项”科目。

⑤偿还本级政府财政承担的借入主权外债利息时，借记“一般公共预算本级支出”等科目，贷记“国库存款”“其他财政存款”等科目；实际偿还利息金额中属于已确认的应付利息部分，还应根据债务管理部门转来的相关资料，借记本科目，贷记“待偿债净资产——借入款项”科目。

⑥偿还下级政府财政承担的借入主权外债的本息时，借记“其他应付款”或“其他应收款”科目，贷记“国库存款”“其他财政存款”等科目；根据债务管理部门转来的相关资料，按照实际偿还的本金及已确认的应付利息金额，借记本科目，贷记“待偿债净资产——借入款项”科目。

⑦被上级政府财政扣缴借入主权外债的本息时，借记“其他应收款”科目，贷记“与上级往来”科目；根据债务管理部门转来的相关资料，按照实际扣缴的本金及已确认的应付利息金额，借记本科目，贷记“待偿债净资产——借入款项”科目。列报支出时，对应由本级政府财政承担的还本支出，借记“债务还本支出”科目，贷记“其他应收款”科目；对应由本级政府财政承担的利息支出，借记“一般公共预算本级支出”等科目，贷记“其他应收款”科目。

⑧债权人豁免本级政府财政承担偿还责任的借入主权外债本息时，根据债务管理部门转来的相关资料，按照被豁免的本金及已确认的应付利息金额，借记本科目，贷记“待偿债净资产——借入款项”科目。

债权人豁免下级政府财政承担偿还责任的借入主权外债本息时，根据债务管理部门转来的相关资料，按照被豁免的本金及已确认的应付利息金额，借记本科目，贷记“待偿债净资产——借入款项”科目；同时，借记“资产基金——应收主权外债转贷款”科目，贷记“应收主权外债转贷款”科目。

（2）其他借入款项的账务处理参照本科目使用说明中借入主权外债业务的账务处理。

【例 18-5】 中央政府财政根据有关规定，从国际货币基金组织借入款项折合人民币为 50 000 000 元。

借：其他财政存款　　50 000 000

　　贷：债务收入——国外债务收入　　50 000 000

同时编制以下会计分录。

借：待偿债净资产——借入款项　　50 000 000

　　贷：借入款项——国际货币基金组织　　50 000 000

二、应付政府债券的核算

应付政府债券是指政府财政采用发行政府债券方式筹集资金而形成的负债，包括应付短期政府债券和应付长期政府债券。

（一）应付短期政府债券的核算

应付短期政府债券是指政府财政部门以政府名义发行的期限不超过 1 年（含 1 年）的债券，包括中央政府发行的短期国债和省级地方政府发行的短期地方政府债券。

为了核算应付短期政府债券，财政总预算会计应设置“应付短期政府债券”科目。它是负债类科目，用来核算政府财政部门以政府名义发行的期限不超过 1 年（含 1 年）的国债和地方政府债券的应付本金和利息。本科目期末贷方余额，反映政府财政尚未偿还的短期政府债券本金和利息。

本科目下应当设置“应付国债”“应付地方政府一般债券”“应付地方政府专项债券”等一级明细科目，在一级明细科目下，再分别设置“应付本金”“应付利息”明细科目，分别核算政府债券的应付本金和利息。债务管理部门应当设置相应的辅助账，详细记录每期政府债券金额、种类、期限、发行日、到期日、票面利率、偿还本金及付息情况等。

对应付短期政府债券应作以下主要账务处理。

（1）实际收到短期政府债券发行收入时，按照实际收到的金额，借记“国库存款”科目，按照短期政府债券实际发行额，贷记“债务收入”科目，按照发行收入和发行额的差额，借记或贷记有关支出科目；根据债券发行确认文件等相关债券管理资料，按照到期应付的短期政府债券本金金额，借记“待偿债净资产——应付短期政府债券”科目，贷记本科目。

（2）期末确认短期政府债券的应付利息时，根据债务管理部门计算出的本期应付未付利息金额，借记“待偿债净资产——应付短期政府债券”科目，贷记本科目。

（3）实际支付本级政府财政承担的短期政府债券利息时，借记“一般公共预算本级支出”或“政府性基金预算本级支出”科目，贷记“国库存款”等科目；实际支付利息金额中属于已确认的应付利息部分，还应根据债券兑付确认文件等相关债券管理资料，借记本科目，贷记“待偿债净资产——应付短期政府债券”科目。

（4）实际偿还本级政府财政承担的短期政府债券本金时，借记“债务还本支出”科目，贷记“国库存款”等科目；根据债券兑付确认文件等相关债券管理资料，借记本科目，贷记“待偿债净资产——应付短期政府债券”科目。

（5）省级财政部门采用定向承销方式发行短期地方政府债券置换存量债务时，根据债权债务确认相关资料，按照置换本级政府存量债务的额度，借记“债务还本支出”科目，贷记“债务收入”科目；根据债务管理部门转来的相关资料，按照置换本级政府存量债务的额度，借记“待偿债净资产——应付短期政府债券”科目，贷记本科目。

【例 18－6】某省政府财政厅发生以下有关应付短期地方政府债券业务。

（1）3 月 1 日发行凭证式付息专项债券筹措资金，期限 60 天，债券发行额 10 000 000 元，票面年利率 1.5%。按相关文件规定，该债券到期应由省政府财政偿还。

借：国库存款	10 000 000	
贷：债务收入——国内债务收入		10 000 000

同时编制以下会计分录。

借：待偿债净资产——应付短期政府债券	10 000 000	
贷：应付短期政府债券——应付地方政府专项债券（应付本金）		10 000 000

（2）上述债券到期，政府财政偿还本金 10 000 000 元，利息 25 000 元。

借：债务还本支出——地方政府债券还本	10 000 000	
一般公共预算本级支出——国内债务付息	25 000	
贷：国库存款		10 025 000

同时编制以下会计分录。

借：应付短期政府债券——应付地方政府专项债券（应付本金）	10 000 000	
贷：待偿债净资产——应付短期政府债券		10 000 000

（二）应付长期政府债券的核算

应付长期政府债券是指政府财政部门以政府名义发行的期限超过 1 年的债券，包括中央政府发行的长期国债和省级地方政府发行的长期地方政府债券。

为了核算应付长期政府债券，财政总预算会计应设置“应付长期政府债券”科目。它是负债类科目，用来核算政府财政部门以政府名义发行的期限超过 1 年的国债和地方政府债券的应付本金和利息。本科目期末贷方余额反映政府财政尚未偿还的长期政府债券本金和利息。

本科目下应当设置“应付国债”“应付地方政府一般债券”“应付地方政府专项债券”等一级明细科目，在一级明细科目下，再分别设置“应付本金”“应付利息”明细科目，分别核算政府债券的应付本金和利息。债务管理部门应当设置相应的辅助账，详细记录每期政府债券金额、种类、期限、发行日、到期日、票面利率、偿还本金及付息情况等。

对应付长期政府债券应作以下主要账务处理。

（1）实际收到长期政府债券发行收入时，按照实际收到的金额，借记“国库存款”科目，按照长期政府债券实际发行额，贷记“债务收入”科目，按照发行收入和发行额的差额，借记或贷记有关支出科目；根据债券发行确认文件等相关债券管理资料，按照到期应付的长期政府债券本金金额，借记“待偿债净资产——应付长期政府债券”科目，贷记本科目。

（2）期末确认长期政府债券的应付利息时，根据债务管理部门计算出的本期应付未付利息金额，借记“待偿债净资产——应付长期政府债券”科目，贷记本科目。

（3）实际支付本级政府财政承担的长期政府债券利息时，借记“一般公共预算本级支出”科目或“政府性基金预算本级支出”科目，贷记“国库存款”等科目；实际支付利息金额中属于已确认的应付利息部分，还应根据债券兑付确认文件等相关债券管理资料，借记本科目，贷记“待偿债净资产——应付长期政府债券”科目。

（4）实际偿还本级政府财政承担的长期政府债券本金时，借记“债务还本支出”科目，贷记“国库存款”等科目；根据债券兑付确认文件等相关债券管理资料，借记本科目，贷记“待偿债净资产——应付长期政府债券”科目。

（5）本级政府财政偿还下级政府财政承担的地方政府债券本息时，借记“其他应付款”科目或“其他应收款”科目，贷记“国库存款”科目；根据债券兑付确认文件等相关债券管理资料，按照实际偿还的长期政府债券本金及已确认的应付利息金额，借记本科目，贷记“待偿债净资产——应付长期政府债券”科目。

（6）省级财政部门采用定向承销方式发行长期地方政府债券置换存量债务时，根据债权债务确认相关资料，按照置换本级政府存量债务的额度，借记“债务还本支出”科目，按照置换下级政府存量债务的额度，借记“债务转贷支出”科目，按照置换存量债务的总额度，贷记“债务收入”科目；根据债务管理部门转来的相关资料，按照置换存量债务的总额度，借记“待偿债净资产——应付长期政府债券”科目，贷记本科目。同时，按照置换下级政府存量债务额度，借记“应收地方政府债券转贷款”科目，贷记“资产基金——应收地方政府债券转贷款”科目。

【例 18－7】某省政府财政厅发生以下有关应付长期地方政府债券业务。

（1）1 月 1 日发行地方政府一般债券筹措资金，期限 3 年，债券发行额 100 000 000 元，票面年利率 3.6%，到期一次还本付息。发行额与面值相同，已经收缴国库。按相关文件规定，该债券到期应由省政府财政偿还。

借：国库存款　　　100 000 000

　　贷：债务收入——国内债务收入　　　100 000 000

同时编制以下会计分录。

借：待偿债净资产——应付长期政府债券　　　100 000 000

　　贷：应付长期政府债券——应付地方政府专项债券（应付本金）　　　100 000 000

（2）年末确认应付长期政府债券本年利息 3 600 000 元。

借：待偿债净资产——应付短期政府债券　　　3 600 000

　　贷：应付长期政府债券——应付地方政府一般债券（应付利息）　　　3 600 000

（3）债券到期，省政府偿还本金 100 000 000 元，利息 10 800 000 元。

借：债务还本支出——地方政府债券还本　　　100 000 000

　　一般公共预算本级支出——国内债务付息　　　10 800 000

　　贷：国库存款　　　110 800 000

同时编制以下会计分录。

借：应付长期政府债券——应付地方政府一般债券（应付本金）　　　100 000 000

　　　　　　　　　　——应付地方政府一般债券（应付利息）　　　10 800 000

　　贷：待偿债净资产——应付长期政府债券　　　110 800 000

第三节　应付转贷款与其他负债的核算

一、应付转贷款的核算

应付转贷款是指地方政府财政向上级政府财政借入转贷资金而形成的负债，包括应付地方政府债券转贷款和应付主权外债转贷款等。

（一）应付地方政府债券转贷款的核算

应付地方政府债券转贷款是指本级政府财政因借入上级政府财政发行的地方政府债券转贷资金而形成的应付款项。

为了核算应付地方政府债券转贷款，财政总预算会计应设置“应付地方政府债券转贷款”科目。它是负债类科目，用来核算地方政府财政从上级政府财政借入的地方政府债券转贷款的本金和利息。本科目期末贷方余额反映本级政府财政尚未偿还的地方政府债券转贷款的本金和利息。

本科目下应当设置“应付地方政府一般债券转贷款”和“应付地方政府专项债券转贷款”一级明细科目，在一级明细科目下再分别设置“应付本金”和“应付利息”两个明细科目，分别对应付本金和利息进行明细核算。

对应付地方政府债券转贷款应作以下主要账务处理。

（1）收到上级政府财政转贷的地方政府债券资金时，借记“国库存款”科目，贷记“债务转贷收入”科目；根据债务管理部门转来的相关资料，按照到期应偿还的转贷款本金金额，借记“待偿债净资产——应付地方政府债券转贷款”科目，贷记本科目。

（2）期末确认地方政府债券转贷款的应付利息时，根据债务管理部门计算出的本期应付未付利息金额，借记“待偿债净资产——应付地方政府债券转贷款”科目，贷记本科目（预计支付未计入支出）。

（3）偿还本级政府财政承担的地方政府债券转贷款本金时，借记“债务还本支出”科目，贷记“国库存款”等科目；根据债务管理部门转来的相关资料，按照实际偿还的本金金额，借记本科目，贷记“待偿债净资产——应付地方政府债券转贷款”科目。

（4）偿还本级政府财政承担的地方政府债券转贷款的利息时，借记“一般公共预算本级支出”或“政府性基金预算本级支出”科目，贷记“国库存款”等科目；实际支付利息金额中属于已确认的应付利息部分，还应根据债务管理部门转来的相关资料，借记本科目，贷记“待偿债净资产——应付地方政府债券转贷款”科目。

（5）偿还下级政府财政承担的地方政府债券转贷款的本息时，借记“其他应付款”或“其他应收款”科目，贷记“国库存款”等科目；根据债务管理部门转来的相关资料，按照实际偿还的本金及已确认的应付利息金额，借记本科目，贷记“待偿债净资产——应付地方政府债券转贷款”科目。

（6）被上级政府财政扣缴地方政府债券转贷款本息时，借记“其他应收款”科目，贷记“与上级往来”科目；根据债务管理部门转来的相关资料，按照实际扣缴的本金及已确认的应付利息金额，借记本科目，贷记“待偿债净资产——应付地方政府债券转贷款”科目。列报支出时，对本级政府财政承担的还本支出，借记“债务还本支出”科目，贷记“其他应收款”科目；对本级政府财政承担的利息支出，借记“一般公共预算本级支出”或“政府性基金预算本级支出”科目，贷记“其他应收款”科目。

（7）采用定向承销方式发行地方政府债券置换存量债务时，省级以下（不含省级）财政部门根据上级财政部门提供的债权债务确认相关资料，按照置换本级政府存量债务的额度，借记“债务还本支出”科目，按照置换下级政府存量债务的额度，借记“债务转贷支出”科目，按照置换存量债务的总额度，贷记“债务转贷收入”科目；根据债务管理部门转来的相关资料，按照置换存量债务的总额度，借记“待偿债净资产——应付地方政府债券转贷款”科目，贷记本科目。同时，按照置换下级政府存量债务额度，借记“应收地方政府债券转贷款”科目，贷记“资产基金——应收地方政府债券转贷款”科目。

【例18－8】某市政府财政局发生以下有关应付地方政府债券转贷款业务。

（1）20×7年7月1日市政府财政局收到省政府财政转贷其发行的地方政府一般债券转贷资金8 000 000元，期限1年，年利率4.8%。

借：国库存款　8 000 000

　　贷：债务转贷收入——地方政府一般债务转贷收入　8 000 000

同时编制以下会计分录。

借：待偿债净资产——应付地方政府债券转贷款　8 000 000

　　贷：应付地方政府债券转贷款——应付地方政府一般债券转贷款（应付本金）

　　8 000 000

（2）20×7年12月31日，确认地方政府债券转贷款的应付利息为192 000元。

借：待偿债净资产——应付地方政府债券转贷款　192 000

　　贷：应付地方政府债券转贷款——应付地方政府一般债券转贷款（应付利息）

　　192 000

（3）20×8年6月30日，市政府财政偿还省政府财政应付地方政府债券转贷本金8 000 000元，利息384 000元。

借：债务还本支出——地方政府债务还本　8 000 000

　　一般公共预算本级支出　384 000

　　贷：国库存款　8 384 000

同时编制以下会计分录。

借：应付地方政府债券转贷款——应付地方政府一般债券转贷款（应付本金）

　　8 000 000

　　——应付地方政府一般债券转贷款（应付利息）

　　192 000

　　贷：待偿债净资产——应付地方政府债券转贷款　8 192 000

（二）应付主权外债转贷款的核算

应付主权外债转贷款是指本级政府财政因借入上级政府财政的主权外债转贷资金而形成的应付款项。

为了核算应付主权外债转贷款，财政总预算会计应设置“应付主权外债转贷款”科目。它是负债类科目，用来核算本级政府财政从上级政府财政借入的主权外债转贷款的本金和利息。本科目期末贷方余额反映本级政府财政尚未偿还的主权外债转贷款本金和利息。

本科目下应当设置“应付本金”和“应付利息”两个明细科目，分别对应付本金和利息进行明细核算。

对应付主权外债转贷款应作以下主要账务处理。

（1）收到上级政府财政转贷的主权外债资金时，借记“其他财政存款”科目，贷记“债务转贷收入”科目；根据债务管理部门转来的相关资料，按照实际承担的债务金额，借记“待偿债净资产——应付主权外债转贷款”科目，贷记本科目。

（2）从上级政府财政借入主权外债转贷款，且由外方将贷款资金直接支付给用款单位或供应商时，应根据以下情况分别处理。

①本级政府财政承担还款责任，贷款资金由本级政府财政同级部门（单位）使用的，本级政府财政根据贷款资金支付相关资料，借记“一般公共预算本级支出”等科目，贷记“债务转贷收入”科目；根据债务管理部门转来的相关资料，按照实际承担的债务金额，借记“待偿债净资产——应付主权外债转贷款”科目，贷记本科目。

②本级政府财政承担还款责任，贷款资金由下级政府财政同级部门（单位）使用的，本级政府财政部门根据贷款资金支付相关资料及预算指标文件，借记“补助支出”科目，贷记“债务转贷收入”科目；根据债务管理部门转来的相关资料，按照实际承担的债务金额，借记“待偿债净资产——应付主权外债转贷款”科目，贷记本科目。

③下级政府财政承担还款责任，贷款资金由下级政府财政同级部门（单位）使用的，本级政府财政部门根据贷款资金支付相关资料，借记“债务转贷支出”科目，贷记“债务转贷收入”；根据债务管理部门转来的相关资料，按照实际承担的债务金额，借记“待偿债净资产——应付主权外债转贷款”科目，贷记本科目；同时，借记“应收主权外债转贷款”科目，贷记“资产基金——应收主权外债转贷款”科目。

（3）期末确认主权外债转贷款的应付利息时，按照债务管理部门计算出的本期应付未付利息金额，借记“待偿债净资产——应付主权外债转贷款”科目，贷记本科目。

（4）偿还本级政府财政承担的借入主权外债转贷款的本金时，借记“债务还本支出”科目，贷记“其他财政存款”等科目；根据债务管理部门转来的相关资料，按照实际偿还的本金金额，借记本科目，贷记“待偿债净资产——应付主权外债转贷款”科目。

（5）偿还本级政府财政承担的借入主权外债转贷款的利息时，借记“一般公共预算本级支出”等科目，贷记“其他财政存款”等科目；实际偿还利息金额中属于已确认的应付利息部分，还应根据债务管理部门转来的相关资料，借记本科目，贷记“待偿债净资产——应付主权外债转贷款”科目。

（6）偿还下级政府财政承担的借入主权外债转贷款的本息时，借记“其他应付款”或“其他应收款”科目，贷记“其他财政存款”等科目；根据债务管理部门转来的相关资料，按照实际偿还的本金及已确认的应付利息金额，借记本科目，贷记“待偿债净资产——应付主权外债转贷款”科目。

（7）被上级政府财政扣缴借入主权外债转贷款的本息时，借记“其他应收款”科目，贷记“与上级往来”科目；根据债务管理部门转来的相关资料，按照被扣缴的本金及已确认的应付利息金额，借记本科目，贷记“待偿债净资产——应付主权外债转贷款”科目。列报支出时，对本级政府财政承担的还本支出，借记“债务还本支出”科目，贷记“其他应收款”科目；对本级政府财政承担的利息支出，借记“一般公共预算本级支出”等科目，贷记“其他应收款”科目。

（8）上级政府财政豁免主权外债转贷款本息时，根据以下情况分别处理。

①豁免本级政府财政承担偿还责任的主权外债转贷款本息时，根据债务管理部门转来的

相关资料，按照豁免转贷款的本金及已确认的应付利息金额，借记本科目，贷记“待偿债净资产——应付主权外债转贷款”科目。

②豁免下级政府财政承担偿还责任的主权外债转贷款本息时，根据债务管理部门转来的相关资料，按照豁免转贷款的本金及已确认的应付利息金额，借记本科目，贷记“待偿债净资产——应付主权外债转贷款”科目；同时，借记“资产基金——应收主权外债转贷款”科目，贷记“应收主权外债转贷款”科目。

二、其他负债的核算

其他负债是指政府财政因有关政策明确要求其承担支出责任的事项而形成的应付未付款项。为了核算其他负债，财政总预算会计应设置“其他负债”科目。它是负债类科目，用来核算政府财政因有关政策明确要求其承担支出责任的事项而形成的应付未付款项。本科目贷方余额反映政府财政承担的尚未支付的其他负债余额。本科目应当按照债权单位和项目等进行明细核算。

对其他负债应作以下主要账务处理。

（1）有关政策已明确政府财政承担的支出责任，按照确定应承担的负债金额，借记“待偿债净资产”科目，贷记本科目。

（2）实际偿还负债时，借记有关支出等科目，贷记“国库存款”等科目，同时，按照相同的金额，借记本科目，贷记“待偿债净资产”科目。

三、已结报支出的核算

已结报支出是指政府财政国库支付执行机构已清算的国库集中支付支出数额。为了核算已结报支出，财政总预算会计应设置“已结报支出”科目。它是负债类科目，用来核算政府财政国库支付执行机构已清算的国库集中支付支出数额。财政国库支付执行机构未单设的地区，不使用该科目。本科目年终转账后无余额。

对已结报支出应作以下主要账务处理。

（1）每日汇总清算后，财政国库支付执行机构会计根据有关划款凭证回执联和按部门分“类”“款”“项”汇总的《预算支出结算清单》，对于财政直接支付，借记“财政零余额账户存款”科目，贷记本科目；对于财政授权支付，借记“一般公共预算本级支出”“政府性基金预算本级支出”“国有资本经营预算本级支出”等科目，贷记本科目。

（2）年终财政国库支付执行机构按照累计结清的支出金额，与有关方面核对一致后转账时，借记本科目，贷记“一般公共预算本级支出”“政府性基金预算本级支出”“国有资本经营预算本级支出”等科目。

本章小结

应付及暂收款是指政府财政在业务活动中形成的债务，包括与上级往来和其他应付款等。应付国库集中支付结余是指国库集中支付中，按照财政部门批复的部门预算，当年未支而需结转下一年度支付的款项采用权责发生制列支后形成的债务；与上级往来是指本级政府财政与上级政府财政的往来待结算款项；其他应付款是指各级政府财政部门在业务活动中临时发生的应付、暂收款项；应付代管资金是指政府财政代为管理的，使用权属于被代管主体的资金。需要分别设置“应付国库集中支付结余”“与上级往来”“其他应付款”“应付代管资金”

等科目进行核算。

借入款项是指政府财政部门以政府名义向外国政府、国际金融组织等借入的款项，以及通过经国务院批准的其他方式借款形成的负债。需要设置“借入款项”科目核算。

应付政府债券是指政府财政采用发行政府债券方式筹集资金而形成的负债，包括应付短期政府债券和应付长期政府债券。需要分别设置“应付短期政府债券”和“应付长期政府债券”科目核算。

应付转贷款是指地方政府财政向上级政府财政借入转贷资金而形成的负债，包括应付地方政府债券转贷款和应付主权外债转贷款等。需要分别设置“应付地方政府债券转贷款”和“应付主权外债转贷款”科目核算。

复习思考题

1. 财政总预算会计的负债包括哪些内容?
2. 什么是应付国库集中支付结余? 如何核算?
3. 什么是与上级往来?“与上级往来”科目如何使用?
4. 其他应付款核算哪些内容?
5. 应付政府债券的含义是什么? 如何进行核算?
6. 应付转贷款的含义是什么? 如何进行核算?

练 习 题

一、目的　练习财政总预算会计负债的核算。

二、资料　201×年度发生以下有关政府财政负债业务。

1. 收到国库报来收入日报表，收到性质不清的预算款为50 000元。

2. 政府所属预算单位201×年一般公共预算用款额度为3 000 000元，当年已经通过国库集中直接支付的数额为2 900 000元。201×年年末省政府财政采用权责发生制列支的数额为100 000元。

3. 政府财政向上级政府财政借款900 000元存入国库。

4. 收到上级政府财政机关文件，批准将上述借款中的400 000元转作对本级政府财政的一般预算补助，其余款项500 000元归还上级政府财政。

5. 中央政府财政根据有关规定，从国际货币基金组织借入款项折合人民币为40 000 000元。

6. 某省政府财政厅1月1日发行凭证式付息专项债券筹措资金，期限30天，债券发行额20 000 000元，票面年利率1.8%。按相关文件规定，该债券到期应由省政府财政偿还。

7. 上述债券到期，政府财政偿还本金20 000 000元，利息30 000元。

8. 1月1日市政府财政局收到省政府财政转贷其发行的地方政府一般债券转贷资金5 000 000元，期限1年，年利率4.5%。

三、要求　根据上述经济业务编制会计分录。

第十九章　财政总预算会计收入的核算

学习目标：通过本章的学习，要求了解一般公共预算本级收入、政府性基金预算本级收入的内容和预算收入的组织机构；理解预算收入的收纳、划分和报解的含义；掌握一般公共预算本级收入、政府性基金预算本级收入、国有资本经营预算本级收入、财政专户管理资金收入、专用基金收入、转移性收入、债务收入、债务转贷收入等的核算。

第一节　预算收入的核算

一、预算收入的内容

收入是指政府财政为实现政府职能，根据法律法规等所筹集的资金。本级预算收入是指由本级政府财政根据法律法规通过一定方式筹集的纳入预算管理的各项收入。本级预算收入包括一般公共预算本级收入、政府性基金预算本级收入和国有资本经营预算本级收入。

（一）一般公共预算本级收入的内容

一般公共预算本级收入是指政府财政筹集的纳入本级一般公共预算管理的税收收入和非税收入。一般公共预算是以税收为主体的财政收入，主要用于安排保障和改善民生、推动经济社会发展、维护国家正常机构运转等方面的支出预算。一般公共预算本级收入主要包括纳入本级一般公共预算管理的税收收入、非税收入。

一般公共预算收入分为"类""款""项""目"四级，"类"下分"款""款"下分"项"，"项"下分"目"。一般公共预算收入分为以下内容。

1. 税收收入

税收收入是政府以征税方式取得的收入，主要内容包括：增值税、消费税、企业所得税、企业所得退税、个人所得税、资源税、城市建设维护税、房产税、印花税、城镇土地使用税、土地增值税、车船税、船舶吨税、车辆购置税、关税、耕地占用税、契税、烟叶税和其他税收收入等。

2. 非税收入

非税收入是指反映各级政府及其所属部门和单位依法利用行政权力、政府信誉、国家资源、国有资产或提供特定公共服务征收、收取、提取、募集的除税收和政府债务收入以外的财政收入，主要内容包括：专项收入、行政事业性收费收入、罚没收入、国有资本经营收入、国有资源（资产）有偿使用收入、捐赠收入、政府住房基金收入和其他收入等。

（二）政府性基金预算本级收入的内容

政府性基金预算本级收入是指政府财政筹集的纳入本级政府性基金预算管理的非税收入。

政府性基金预算收入是反映各级政府及其所属部门和单位依法利用行政权力、政府信誉、国家资源、国有资产或提供特定公共服务征收、收取、提取、募集的除税收和政府债务收入以外的财政收入，主要包括农网还贷资金收入、铁路建设基金收入、民航基础设施建设基金收入、民航机场管理建设费收入、港口建设费收入、新型墙体材料专项基金收入和旅游发展基金收入等。

（三）国有资本经营预算本级收入的内容

国有资本经营预算是政府以所有者的身份依法取得国有资本收益，并对所得收益进行分配的收支预算。国有资本经营预算本级收入是指政府财政筹集的纳入本级国有资本经营预算管理的收入。

国有资本经营预算收入主要分为国有资本经营收入，反映各级人民政府及其部门、机构履行出资人职责的企业（即一级企业）上缴的国有资本收益，主要包括以下内容。

（1）利润收入。它是指国有企业、国有独资公司依法上缴的税后净利润形成的收入。

（2）股利、利息收入。它是指国有控股、参股企业国有股份分配的股利、股息收入。

（3）产权转让收入。它是指转让或出售国有资产股权形成的收入。

（4）清算收入。它是指通过国有独资企业或国有控股、参股企业清算取得的清算收入。

（5）其他国有资本经营收入。它是指除以上内容之外的其他事项取得的国有资本经营预算收入。

二、预算收入的组织机构

在我国，负责组织预算收入的组织机构主要有征收机关和国家金库。

（一）征收机关

征收机关是指负责预算收入的征收管理机关，包括财政机关、税务机关和海关。

（1）财政机关。它负责征收国有资产经营收益、行政性收费及其他收入。

（2）税务机关。它负责征收各项工商税收、企业所得税以及按有关规定由税务机关负责征收的各项其他税收及其他预算收入。

（3）海关。它负责征收关税以及国家指定其负责征收的其他预算收入。

（二）国家金库

预算收入的出纳机构是国家金库（以下简称国库）。它是国家预算资金唯一的收纳、划分、报解的专门机构。一切预算收支都要通过国库进行入库和拨付。

我国国库实行委派国库制，即中国人民银行负责经办国库业务。根据《中华人民共和国国家金库条例》的规定，原则上一级财政设立一级国库。目前我国国库分为总库、分库、中心支库和支库四级。中国人民总行设总库；省、自治区、直辖市设分库；各地（市）中心支行设中心支库；县（市）支行设支库；计划单列市可设分库，其业务受省分库领导。在支行以下的办事处、分理处、营业所设国库经收处。

三、预算收入的缴库、划分和报解

（一）预算收入的缴库方式

预算收入的缴库方式通常有以下三种。

（1）就地缴库。它是指由基层缴款单位或缴款人按征收机关规定的缴款期限直接向当地国库或国库经收处缴款的方式。

(2) 集中缴库。它是指由基层缴款单位将应缴的款项通过银行汇到上级主管部门。由上级主管部门按征收机关规定的缴款期限汇总后向国库或国库经收处缴款的方式。

(3) 自收汇缴。它是指缴款人直接向税务机关或海关缴款，由税务机关或海关将所收到的款项汇总后向国库或国库经收处缴款的方式。

（二）预算收入的划分

预算收入的划分，是指国库在收到预算收入后，应根据预算体制的规定，将预算收入在中央预算和地方预算之间，以及各级地方预算之间进行计算划分。

按照“分税制”财政管理体制的规定，我国预算收入可分为中央预算固定收入、地方预算固定收入、中央与地方预算共享收入三种。

(1) 中央预算固定收入。主要包括关税、海关代征的消费税与增值税、消费税、中央所得税，地方银行与外资银行及非银行金融企业所得税、铁道部门、各银行总行、保险公司等集中缴纳的收入，例如所得税、利润和城市建设维护税等。

(2) 地方预算固定收入。主要包括地方企业所得税（不含上述地方银行和外资银行及非金融企业所得税）、地方企业上缴的利润、个人所得税、城镇土地使用税、城市建设维护税（不含铁道部门、各银行总行、各保险公司集中缴纳的部分）、房产税、车船税、印花税、屠宰税、农牧业税、农业特产税、耕地占用税、契税、遗产税、土地增值税、国有土地有偿使用收入等。

(3) 中央预算与地方预算共享收入。主要包括增值税、资源税、证券交易税等。

（三）预算收入的报解

预算收入的报解是指通过国库向上级财政部门报告预算收入的情况，并将属于上级财政的预算收入解缴到中心支库、分库和总库。“报”就是国库要向各级财政机关报告预算收入的情况，以便各级财政机关掌握预算收入的进度和情况；“解”就是国库要对各级预算收入划分和办理收入分成后，将财政库款解缴到各级财政的国库存款科目上。

四、本级预算收入的核算

（一）本级预算收入核算设置的会计科目

为了反映和监督各级财政部门组织纳入预算的各项收入的执行情况，各级财政总预算会计应设置“一般公共预算本级收入”“政府性基金预算本级收入”和“国有资本经营预算本级收入”科目。

(1)“一般公共预算本级收入”是收入类科目。它是用来核算政府财政筹集的纳入本级一般公共预算管理的税收收入和非税收入。贷方登记国库报来的一般公共预算本级收入数；借方登记年终转入“一般公共预算结转结余”的数额。结转后，本科目无余额。本科目平时贷方余额反映一般公共预算本级收入的累计数。该科目根据《政府收支分类科目》中“一般公共预算收入科目”规定进行明细核算。

(2)“政府性基金预算本级收入”是收入类科目。它是用来核算政府财政筹集的纳入本级政府性基金预算管理的非税收入。贷方登记取得的收入数；借方登记年终转入“政府性基金预算结转结余”科目的数额。结转后，本科目无余额。本科目平时贷方余额反映政府性基金预算本级收入的累计数。本科目应当根据《政府收支分类科目》中“政府性基金预算收入科目”规定进行明细核算。

（3）“国有资本经营预算本级收入”是收入类科目。它是用来核算政府财政筹集的纳入本级国有资本经营预算管理的非税收入。贷方登记取得的收入数；借方登记年终转入“国有资本经营预算结转结余”科目的数额。结转后，本科目无余额。本科目平时贷方余额反映国有资本经营预算本级收入的累计数。本科目应当根据《政府收支分类科目》中“国有资本经营预算收入科目”规定进行明细核算。

（二）本级预算收入核算的账务处理

【例 19－1】某市政府财政局发生以下本级预算收入业务。

（1）市财政收到国库报来预算收入日报表，列示当日纳入一般公共预算本级收入的企业增值税收入 520 000 元；政府性基金预算本级收入的国有土地收益基金收入 450 000 元；国有资本经营预算本级收入的国有企业上缴利润收入 480 000 元。

借：国库存款	1 450 000	
贷：一般公共预算本级收入——税收收入		520 000
政府性基金预算本级收入——国有土地收益基金		450 000
国有资本经营预算本级收入——利润收入		480 000

（2）市财政局收到国库报来预算收入日报表，列示当日纳入一般公共预算本级收入的行政事业性收费收入 400 000 元；纳入政府性基金预算本级收入的城市公用事业附加收入为 350 000 元。

借：国库存款	750 000	
贷：一般公共预算本级收入——非税收入		400 000
政府性基金预算本级收入——城市公用事业附加收入		350 000

（3）年终，将“一般公共预算本级收入”贷方余额 920 000 元转入“一般公共预算结转结余”科目。

借：一般公共预算本级收入	920 000	
贷：一般公共预算结转结余		920 000

（4）年终，将“政府性基金预算本级收入”贷方余额 800 000 元转入“政府性基金预算结转结余”科目。

借：政府性基金预算本级收入	800 000	
贷：政府性基金预算结转结余		800 000

（5）年终，将“国有资本经营预算本级收入”贷方余额 480 000 元转入“国有资本经营预算结转结余”科目。

借：国有资本经营预算本级收入——利润收入	480 000	
贷：国有资本经营预算结转结余		480 000

第二节 转移性收入的核算

一、转移性收入的内容

转移性收入是指在各级政府财政之间进行资金调拨以及在本级政府财政不同类型资金之间调剂所形成的收入，包括补助收入、上解收入、调入资金和地区间援助收入等。其中，补助收入是指上级政府财政按照财政体制规定或因专项需要补助给本级政府财政的款项，包括上级税收返还、转移支付等；上解收入是指按照财政体制规定由下级政府财政上交给本级政府财政的款项；调入资金是指政府财政为平衡某类预算收支、从其他类型预算资金及其他渠道调入的资金；地区间援助收入是指受援方政府财政收到援助方政府财政转来的可统筹使用的各类援助、捐赠等资金收入。

二、转移性收入的核算

（一）补助收入的核算

为了核算补助收入，财政总预算会计应设置“补助收入”科目。它是收入类科目，用来核算上级政府财政按照财政体制规定或因专项需要补助给本级政府财政的款项，包括税收返还、转移支付等。年终结转后，本科目无余额。本科目下应当按照不同的资金性质设置“一般公共预算补助收入”“政府性基金预算补助收入”等明细科目。

对补助收入应作以下主要账务处理。

（1）收到上级政府财政拨入的补助款时，借记“国库存款”“其他财政存款”等科目，贷记本科目。

（2）专项转移支付资金实行特设专户管理的，政府财政应当根据上级政府财政下达的预算文件确认补助收入。年度当中收到资金时，借记“其他财政存款”科目，贷记“与上级往来”等科目；年度终了，根据专项转移支付资金预算文件，借记“与上级往来”科目，贷记本科目。

（3）从“与上级往来”科目转入本科目时，借记“与上级往来”科目，贷记本科目。

（4）有主权外债业务的财政部门，贷款资金由本级政府财政同级部门（单位）使用，且贷款的最终还款责任由上级政府财政承担的，本级政府财政部门收到贷款资金时，借记“其他财政存款”科目，贷记本科目；外方将贷款资金直接支付给供应商或用款单位时，借记“一般公共预算本级支出”，贷记本科目。

（5）年终与上级政府财政结算时，根据预算文件，按照尚未收到的补助款金额，借记“与上级往来”科目，贷记本科目。退还或核减补助收入时，借记本科目，贷记“国库存款”“与上级往来”等科目。

（6）年终转账时，本科目贷方余额应根据不同资金性质分别转入对应的结转结余科目，借记本科目，贷记“一般公共预算结转结余”“政府性基金预算结转结余”等科目。

【例19－2】某市政府财政局发生以下有关补助收入业务。

（1）收到国库报送的预算收入日报表，列示省财政厅拨来的一般公共预算补助款250 000元，政府性基金预算补助款100 000元。

借：国库存款	350 000	
贷：补助收入——一般公共预算补助收入		250 000
——政府性基金预算补助收入		100 000

（2）收到省财政厅通知，将以前所借款项500 000元转作一般公共预算补助。

借：与上级往来	500 000	
贷：补助收入——一般公共预算补助收入		500 000

（3）年终，将“补助收入——一般公共预算补助收入”贷方余额750 000元，“补助收入——政府性基金预算补助收入”贷方余额100 000元，分别转入“一般公共预算结转结余”和“政府性基金预算结转结余”科目。

借：补助收入——一般公共预算补助收入 750 000
——政府性基金预算补助收入 100 000
贷：一般公共预算结转结余 750 000
政府性基金预算结转结余 100 000

（二）上解收入的核算

为了核算上解收入，财政总预算会计应设置“上解收入”科目。它是收入类科目，用来核算按照体制规定由下级政府财政上交给本级政府财政的款项。年终结转后，本科目无余额。本科目平时贷方余额反映上解收入的累计数。本科目下应当按照不同的资金性质设置“一般公共预算上解收入”“政府性基金预算上解收入”等明细科目。同时，还应当按照上解地区进行明细核算。

对上解收入应作以下主要账务处理。

（1）收到下级政府财政的上解款时，借记“国库存款”等科目，贷记本科目。

（2）年终与下级政府财政结算时，根据预算文件，按照尚未收到的上解款金额，借记“与下级往来”科目，贷记本科目。退还或核减上解收入时，借记本科目，贷记“国库存款”“与下级往来”等科目。

（3）年终转账时，本科目贷方余额应根据不同资金性质分别转入对应的结转结余科目，借记本科目，贷记“一般公共预算结转结余”“政府性基金预算结转结余”等科目。

【例 19－3】某市政府财政局发生以下有关上解收入业务。

（1）收到国库报送的预算收入日报表，列示所属乙县财政按体制规定上解的一般公共预算收入款 200 000 元。

借：国库存款 200 000
贷：上解收入——一般公共预算上解收入（乙县财政） 200 000

（2）年终，将“上解收入——一般公共预算补助收入”贷方余额 200 000 元转入“一般公共预算结转结余”科目。

借：上解收入——一般公共预算上解收入（乙县财政） 200 000
贷：一般公共预算结转结余 200 000

（三）地区间援助收入的核算

为了核算地区间援助收入，财政总预算会计应设置“地区间援助收入”科目。它是收入类科目，用来核算受援方政府财政收到援助方政府财政转来的可统筹使用的各类援助、捐赠等资金收入。年终结转后，本科目无余额。本科目平时贷方余额反映地区间援助收入的累计数。本科目应当按照援助地区及管理需要进行相应的明细核算。

对地区间援助收入应作以下主要账务处理。

（1）收到援助方政府财政转来的资金时，借记“国库存款”科目，贷记本科目。

（2）年终转账时，本科目贷方余额全数转入“一般公共预算结转结余”科目，借记本科目，贷记“一般公共预算结转结余”科目。

【例 19－4】某市政府财政局发生以下有关地区间援助收入业务。

（1）收到国库报送的预算收入日报表，列示某援助方政府财政转来对本级政府的补助款 500 000 元。

借：国库存款 500 000
贷：地区间援助收入——某政府财政 500 000

（2）年终，将“地区间援助收入”贷方余额500 000元转入“一般公共预算结转结余”科目。

借：地区间援助收入——某政府财政　　500 000

　　贷：一般公共预算结转结余　　500 000

（四）调入资金的核算

为了核算调入资金，财政总预算会计应设置“调入资金”科目。它是收入类科目，用来核算政府财政为平衡某类预算收支、从其他类型预算资金及其他渠道调入的资金。年终结转后，本科目无余额。本科目平时贷方余额反映调入资金的累计数。本科目下应当按照不同资金性质设置“一般公共预算调入资金”“政府性基金预算调入资金”等明细科目。

对调入资金应作以下主要账务处理。

（1）从其他类型预算资金及其他渠道调入一般公共预算时，按照调入的资金金额，借记“调出资金——政府性基金预算调出资金”“调出资金——国有资本经营预算调出资金”“国库存款”等科目，贷记本科目（一般公共预算调入资金）。

（2）从其他类型预算资金及其他渠道调入政府性基金预算时，按照调入的资金金额，借记“调出资金——一般公共预算调出资金”“国库存款”等科目，贷记本科目（政府性基金预算调入资金）。

（3）年终转账时，本科目贷方余额分别转入相应的结转结余科目，借记本科目，贷记“一般公共预算结转结余”“政府性基金预算结转结余”等科目。

【例19-5】某市政府财政局发生以下有关调入资金业务。

（1）市政府财政为了平衡一般公共预算，从政府性基金预算调出资金400 000元以平衡预算收支。

借：调出资金——政府性基金预算调出资金　　400 000

　　贷：调入资金——一般公共预算调入资金　　400 000

（2）年终，将“调入资金——一般公共预算调入资金”贷方余额400 000元转入“一般公共预算结转结余”科目。

借：调入资金——一般公共预算调入资金　　400 000

　　贷：一般公共预算结转结余　　400 000

（五）动用预算稳定调节基金的核算

动用预算稳定调节基金是指政府财政为弥补本年度预算资金的不足，调用的预算稳定调节基金。它是政府财政设置的用于弥补以后年度预算资金不足的储备资金，如果本年度资金不足，可以调用动用预算稳定调节基金来弥补。

为了核算动用预算稳定调节基金，财政总预算会计应设置“动用预算稳定调节基金”科目。它是收入类科目，用来指政府财政为弥补本年度预算资金的不足，调用的预算稳定调节基金。年终结转后，本科目无余额。本科目平时贷方余额反映动用预算稳定调节基金的累计数。

对动用预算稳定调节基金应作以下主要账务处理。

（1）调用预算稳定调节基金时，借记“预算稳定调节基金”科目，贷记本科目。

（2）年终转账时，本科目贷方余额全数转入“一般公共预算结转结余”科目，借记本科目，贷记“一般公共预算结转结余”科目。

【例19-6】某市政府财政局发生以下有关动用预算稳定调节基金业务。

（1）市政府财政局为了弥补本年度预算资金的不足，经批准调用预算稳定调节基金600 000元。

借：预算稳定调节基金　　600 000

　　贷：动用预算稳定调节基金　　600 000

（2）年终，将“动用预算稳定调节基金”贷方余额600 000元转入“一般公共预算结转结余”科目。

借：动用预算稳定调节基金　　600 000

　　贷：一般公共预算结转结余　　600 000

第三节　债务性收入的核算

一、债务性收入的内容

债务性收入是指政府财政根据国家有关法律法规等规定，通过举借债务的方式筹集资金所取得的收入，包括债务收入和债务转贷收入。根据《中华人民共和国预算法》的规定，各级政府举借债务的形式和内容有所不同，中央政府可以通过发行国债、向国外政府和国际金融组织借款等方式筹集一般公共预算资金；省级政府财政可以通过发行地方政府债券方式筹集建设投资基金；省级以下政府财政不允许直接举借债务，但可以通过上级政府财政转贷的形式取得债务资金。

二、债务性收入的核算

（一）债务收入的核算

债务收入是指政府财政根据法律法规等规定，通过发行债券、向外国政府和国际金融组织借款等方式筹集的纳入预算管理的资金收入。根据《中华人民共和国预算法》的规定，只有省级及以上级政府财政才可以直接举借债务，所以只有中央政府财政和省级政府财政才会产生由于直接举借债务发生的债务收入，即中央政府财政的财政收入主要是通过发行国债、从外国政府和国际金融组织借款等方式筹集，纳入中央政府财政一般公共预算管理；省级政府财政只能通过发行地方政府债券方式筹集，纳入省级政府财政的一般公共预算管理（地方政府一般债券）和政府性基金预算管理（地方政府专项债券）。

为了核算债务收入，财政总预算会计应设置“债务收入”科目。它是收入类科目，用来核算政府财政按照国家法律、国务院规定以发行债券等方式取得的，以及向外国政府、国际金融组织等机构借款取得的纳入预算管理的债务收入。年终结转后，本科目无余额。本科目平时贷方余额反映债务收入的累计数。本科目应当按照《政府收支分类科目》中“债务收入”科目的规定进行明细核算。

对债务收入应作以下主要账务处理。

（1）省级以上政府财政收到政府债券发行收入时，按照实际收到的金额，借记“国库存款”科目，按照政府债券实际发行额，贷记本科目，按照发行收入和发行额的差额，借记或贷记有关支出科目；根据债务管理部门转来的债券发行确认文件等相关资料，按照到期应付的政府债券本金金额，借记“待偿债净资产——应付短期政府债券/应付长期政府债券”科目，贷记“应付短期政府债券”“应付长期政府债券”等科目。

（2）政府财政向外国政府、国际金融组织等机构借款时，按照借入的金额，借记“国库存款”“其他财政存款”等科目，贷记本科目；根据债务管理部门转来的相关资料，按照实际承担的债务金额，借记“待偿债净资产——借入款项”科目，贷记“借入款项”科目。

（3）本级政府财政借入主权外债，且由外方将贷款资金直接支付给用款单位或供应商时，应根据以下情况分别处理。

①本级政府财政承担还款责任，贷款资金由本级政府财政同级部门（单位）使用的，本级政府财政根据贷款资金支付相关资料，借记“一般公共预算本级支出”科目，贷记本科目；根据债务管理部门转来的相关资料，按照实际承担的债务金额，借记“待偿债净资产——借入款项”科目，贷记“借入款项”科目。

②本级政府财政承担还款责任，贷款资金由下级政府财政同级部门（单位）使用的，本级政府财政根据贷款资金支付相关资料及预算指标文件，借记“补助支出”科目，贷记本科目；根据债务管理部门转来的相关资料，按照实际承担的债务金额，借记“待偿债净资产——借入款项”科目，贷记“借入款项”科目。

③下级政府财政承担还款责任，贷款资金由下级政府财政同级部门（单位）使用的，本级政府财政根据贷款资金支付相关资料，借记“债务转贷支出”科目，贷记本科目；根据债务管理部门转来的相关资料，按照实际承担的债务金额，借记“待偿债净资产——借入款项”科目，贷记“借入款项”科目；同时，借记“应收主权外债转贷款”科目，贷记“资产基金——应收主权外债转贷款”科目。

（4）年终转账时，本科目下“专项债务收入”明细科目的贷方余额应按照对应的政府性基金种类分别转入“政府性基金预算结转结余”相应明细科目，借记本科目（专项债务收入明细科目），贷记“政府性基金预算结转结余”科目；本科目下其他明细科目的贷方余额全数转入“一般公共预算结转结余”科目，借记本科目（其他明细科目），贷记“一般公共预算结转结余”科目。

【例 19－7】中央政府财政发生以下有关债务收入业务。

（1）7 月 1 日向社会公开发行某期记账式国债，面值 5 000 000 000 元，票面年率 3.2%，期限 5 年，按年付息。发行手续费为发行额的 0.5%，发行额与面值相同，发行收入 4 975 000 000 元已缴入国库。

借：国库存款	4 975 000 000	
一般公共预算本级支出	25 000 000	
贷：债务收入——中央政府债务收入（中央政府国内债务收入）		5 000 000 000

同时编制以下会计分录。

借：待偿债净资产——应付长期政府债券	5 000 000 000	
贷：应付长期政府债券——应付国债		5 000 000 000

（2）年终，将本科目除“专项债务收入”明细科目的贷方余额下其他明细科目的贷方余额 5 000 000 000 元全数转入“一般公共预算结转结余”科目。

借：债务收入——中央政府债务收入（中央政府国内债务收入）	5 000 000 000	
贷：一般公共预算结转结余		5 000 000 000

（二）债务转贷收入的核算

债务转贷收入是指本级政府财政收到上级政府财政转贷的债务收入，包括地方政府债券转贷收入和其他转贷收入。根据《中华人民共和国预算法》的规定，省级以下政府财政不允许直接举借债务，但可以通过上级政府财政转贷的形式取得债务收入，包括一般债务转贷收入和专项债务转贷收入。其中，一般债务转贷收入纳入地方政府财政一般公共预算管理，专项债务转贷收入纳入地方政府财政政府性基金预算管理。

为了核算债务转贷收入，财政总预算会计应设置“债务转贷收入”科目。它是收入类科目，用来核算省级以下（不含省级）政府财政收到上级政府财政转贷的债务收入。年终结转后，本科目无余额。本科目平时贷方余额反映债务转贷收入的累计数。

对债务转贷收入应作以下主要账务处理。

（1）省级以下（不含省级）政府财政收到地方政府债券转贷收入时，按照实际收到的金额，借记“国库存款”科目，贷记本科目；根据债务管理部门转来的相关资料，按照到期应偿还的转贷款本金金额，借记“待偿债净资产——应付地方政府债券转贷款”科目，贷记“应付地方政府债券转贷款”科目。

（2）省级以下（不含省级）政府财政收到主权外债转贷收入的具体账务处理如下所述。

①本级财政收到主权外债转贷资金时，借记“其他财政存款”科目，贷记本科目；根据债务管理部门转来的相关资料，按照实际承担的债务金额，借记“待偿债净资产——应付主权外债转贷款”科目，贷记“应付主权外债转贷款”科目。

②从上级政府财政借入主权外债转贷款，且由外方将贷款资金直接支付给用款单位或供应商时，应根据以下情况分别处理。

a. 本级政府财政承担还款责任，贷款资金由本级政府财政同级部门（单位）使用的，本级政府财政根据贷款资金支付相关资料，借记“一般公共预算本级支出”科目，贷记本科目；根据债务管理部门转来的相关资料，按照实际承担的债务金额，借记“待偿债净资产——应付主权外债转贷款”科目，贷记“应付主权外债转贷款”科目。

b. 本级政府财政承担还款责任，贷款资金由下级政府财政同级部门（单位）使用的，本级政府财政根据贷款资金支付相关资料及预算文件，借记“补助支出”科目，贷记本科目；根据债务管理部门转来的相关资料，按照实际承担的债务金额，借记“待偿债净资产——应付主权外债转贷款”科目，贷记“应付主权外债转贷款”科目。

（3）下级政府财政承担还款责任，贷款资金由下级政府财政同级部门（单位）使用的，本级政府财政根据转贷资金支付相关资料，借记“债务转贷支出”科目，贷记本科目；根据债务管理部门转来的相关资料，按照实际承担的债务金额，借记“待偿债净资产——应付主权外债转贷款”科目，贷记“应付主权外债转贷款”科目；同时，借记“应收主权外债转贷款”科目，贷记“资产基金——应收主权外债转贷款”科目。下级政府财政根据贷款资金支付相关资料，借记“一般公共预算本级支出”科目，贷记本科目；根据债务管理部门转来的相关资料，按照实际承担的债务金额，借记“待偿债净资产——应付主权外债转贷款”科目，贷记“应付主权外债转贷款”科目。

（4）年终转账时，本科目下“地方政府一般债务转贷收入”明细科目的贷方余额全数转入“一般公共预算结转结余”科目，借记本科目，贷记“一般公共预算结转结余”科目。本科目下“地方政府专项债务转贷收入”明细科目的贷方余额按照对应的政府性基金种类分别转入“政府性基金预算结转结余”相应明细科目，借记本科目，贷记“政府性基金预算结转结余”科目。

【例 19－8】某市政府财政局发生以下有关债务转贷收入业务。

（1）7 月 1 日收到上级省政府财政转来的地方政府一般债券转贷收入 40 000 000 元存入同

级政府国库。

借：国库存款　40 000 000

　　贷：债务转贷收入——地方政府一般债务转贷收入　40 000 000

同时编制以下会计分录。

借：待偿债净资产——应付地方政府债券转贷款　40 000 000

　　贷：应付地方政府债券转贷款——应付地方政府一般债券转贷款　40 000 000

（2）年终，将本科目下“地方政府一般债务转贷收入”明细科目的贷方余额40 000 000元全数转入“一般公共预算结转结余”科目（假设本期无专项债务转贷收入）。

借：债务转贷收入——地方政府一般债务转贷收入　40 000 000

　　贷：一般公共预算结转结余　40 000 000

第四节　专用基金收入与财政专户管理资金收入的核算

一、专用基金收入的核算

专用基金收入是指政府财政总预算会计管理的各项专用基金，如粮食风险基金等。它是政府财政部门按规定设置或取得的专用基金收入。专用基金实行专户管理，专款专用。

为了核算专用基金收入，财政总预算会计应设置“专用基金收入”科目。它是收入类科目，用来核算政府财政按照法律法规和国务院、财政部规定设置或取得的粮食风险基金等专用基金收入。年终结转后，本科目无余额。本科目平时贷方余额反映取得专用基金收入的累计数。本科目应当按照专用基金的种类进行明细核算。

对专用基金收入应作以下主要账务处理。

（1）通过预算支出安排取得专用基金收入转入财政专户的，借记“其他财政存款”科目，贷记本科目；同时，借记“一般公共预算本级支出”等科目，贷记“国库存款”“补助收入”等科目。退回专用基金收入时，借记本科目，贷记“其他财政存款”科目。

（2）通过预算支出安排取得专用基金收入仍存在国库的，借记“一般公共预算本级支出”等科目，贷记“专用基金收入”科目。

（3）年终转账时，本科目贷方余额全数转入“专用基金结余”科目，借记本科目，贷记“专用基金结余”科目。

【例19-9】某市政府财政局发生以下专用基金收入业务。

（1）通过预算支出安排粮食风险基金450 000元，从国库拨出转入农业发展银行财政粮食风险基金专户。

借：其他财政存款　450 000

　　贷：专用基金收入——粮食风险基金　450 000

同时编制以下会计分录。

借：一般公共预算本级支出　450 000

　　贷：国库存款　450 000

（2）年终将“专用基金收入”贷方余额450 000元转入“专用基金结余”科目。

借：专用基金收入　450 000

　　贷：专用基金结余　450 000

二、财政专户管理资金收入的核算

财政专户管理资金收入是指政府财政纳入财政专户管理的教育收费等资金收入。财政专户管理资金是行政事业单位或其他单位为履行或代行政府职能，按照国家有关法律法规收取、提取和安排使用的纳入财政专户管理的财政性资金。按照“收支两条线，财政专户管理”的要求，这部分资金应当由政府财政部门建立统一财政专户进行管理。使用时经过政府财政部门审批，由财政专户核拨。目前，纳入财政专户管理的资金主要是教育收费。

为了核算财政专户管理资金收入情况，财政总预算会计应设置“财政专户管理资金收入”科目。它是收入类科目，用来核算政府财政纳入财政专户管理的教育收费等资金收入。年终结转后，本科目无余额。本科目平时贷方余额反映财政专户管理资金收入的累计数。本科目应当按照《政府收支分类科目》中收入分类科目规定进行明细核算。同时，根据管理需要，按部门（单位）等进行明细核算。

对财政专户管理资金收入应作以下主要账务处理。

（1）收到财政专户管理资金时，借记“其他财政存款”科目，贷记本科目。

（2）年终转账时，本科目贷方余额全数转入“财政专户管理资金结余”科目，借记本科目，贷记“财政专户管理资金结余”科目。

【例 19－10】某市财政局发生以下财政周转金收入业务。

（1）9 月 5 日收到市属某高校交来本年度学生学费收入 2 500 000 元，款项存入财政专户。

借：其他财政存款	2 500 000	
贷：财政专户管理资金收入——行政事业性收费收入（教育收费）		2 500 000

（2）年终将“财政专户管理资金收入”科目贷方余额 2 500 000 元转入“财政专户管理资金结余”科目。

借：财政专户管理资金收入——行政事业性收费收入（教育收费）	2 500 000	
贷：财政专户管理资金结余		2 500 000

本章小结

收入是指政府财政为实现政府职能，根据法律法规等所筹集的资金。本级预算收入是指由本级政府财政根据法律法规通过一定方式筹集的纳入预算管理的各项收入。本级预算收入包括一般公共预算本级收入、政府性基金预算本级收入以及国有资本经营预算本级收入。

一般公共预算本级收入是指政府财政筹集的纳入本级一般公共预算管理的税收收入和非税收入；政府性基金预算本级收入是指政府财政筹集的纳入本级政府性基金预算管理的非税收入；国有资本经营预算本级收入是指政府财政筹集的纳入本级国有资本经营预算管理的收入。核算本级预算收入需要分别设置“一般公共预算本级收入”和“政府性基金预算本级收入”科目。

预算收入的组织机构主要有征税机关和国家金库。征税机关有财政机关、税务机关和海关。预算收入的缴库方式有就地缴库、集中缴库和自收汇缴三种。

转移性收入是指在各级政府财政之间进行资金调拨以及在本级政府财政不同类型资金之间调剂所形成的收入，包括补助收入、上解收入、调入资金和地区间援助收入等；补助收入是指上级政府财政按照财政体制规定或因专项需要补助给本级政府财政的款项；上解收入是指按照财政体制规定由下级政府财政上交给本级政府财政的款项；调入资金是指政府财政为平衡某类预算收支、从其他类型预算资金及其他渠道调入的资金；地区间援助收入是指受援方政府财政收到援助方政府财政转来的可统筹使用的各类援助、捐赠等资金收入。核算转移收入需要分别设置“补助收入”“上解收入”“调入资金”“地区间援助收入”和“动用预算稳定调节基金”科目。

债务性收入是指政府财政按照国家有关法律法规等规定，通过举借债务的方式筹集资金所取得的收入，包括债务收入和债务转贷收入。债务收入是指政府财政根据法律法规等规定，通过发行债券、向外国政府和国际金融组织借款等方式筹集的纳入预算管理的资金收入；债务转贷收入是指本级政府财政收到上级政府财政转贷的债务收入，包括地方政府债券转贷收入和其他转贷收入。核算债务性收入需要设置“债务收入”和“债务转贷收入”科目。

专用基金收入是指政府财政总预算会计管理的各项专用基金，如粮食风险基金等。它是政府财政部门按规定设置或取得的专用基金收入。需要设置“专用基金收入”科目核算。财政专户管理资金收入是指政府财政纳入财政专户管理的教育收费等资金收入。财政专户管理资金是行政事业单位或其他单位为履行或代行政府职能，按照国家有关法律法规收取、提取和安排使用的纳入财政专户管理的财政性资金。需要设置“财政专户管理资金收入”科目核算。

复习思考题

1. 一般公共预算本级收入的含义是什么？它包括哪些内容？
2. 预算收入的组织机构包括哪些？
3. 预算收入有哪几种缴库方式？
4. 转移性收入的含义是什么？它包括哪些内容？
5. 债务性收入的含义是什么？它包括哪些内容？
6. 什么是专用基金收入？如何进行核算？
7. 什么是财政专户管理资金收入？如何核算？

练　习　题

一、目的　练习财政总预算会计收入的核算。

二、资料　政府财政总预算会计201×年度发生以下有关经济业务。

1. 市政府财政收到国库报来的预算收入日报表，纳入一般公共预算本级收入的国有企业增值税税收入650 000元。

2. 市政府财政收到国库报来的预算收入日报表，纳入政府性基金预算本级收入的城市公共事业附加收入450 000元。

3. 市政府财政收到国库报来预算收入日报表，纳入国有资本经营预算本级收入的国有企业上缴利润收入300 000元。

4. 市政府财政收到国库报来预算收入日报表，上级省政府财政厅拨来的基金预算补助款240 000元。

5. 市政府财政收到所属甲县政府财政按体制规定的一般预算上解款120 000元。

6. 市政府财政为平衡一般预算收支，经批准从政府性基金预算本级收入的国有土地收益基金中调入资金230 000元。

7. 市政府财政为弥补本年度预算资金的不足，经批准动用预算稳定调节基金350 000元。

8. 中央政府财政向社会公开发行某期记账式国债，面值800 000 000元，票面年利率为3.15%，5年期，按年付息。发行额与面值相同。发行费为发行额的0.5%，发行收入796 000 000元已缴存国库。

9. 市政府财政收到上级省政府财政转来的地方政府一般债券转贷收入20 000 000元存入同级政府国库。

10. 某市财政局收到市属某高校交来本年度学生学费收入4 800 000元，款项存入财政专户。

11. 市政府财政通过预算支出安排粮食风险基金280 000元，从国库拨出转入农业发展银行财政粮食风险基金专户。

三、要求　根据上述经济业务编制会计分录。

第二十章　财政总预算会计支出的核算

学习目标：通过本章的学习，要求了解财政总预算会计预算支出的内容和办理预算支出的规定；掌握一般公共预算本级支出、政府性基金预算本级支出、国有资本经营预算本级支出、财政专户管理资金支出、专用基金支出、转移性支出、债务还本支出和债务转贷支出等。

第一节　预算支出的核算

一、预算支出及其内容

支出是指政府财政为实现政府职能，对财政资金的分配和使用。财政总预算会计的支出包括本级预算支出、转移性支出、债务性支出、专用基金支出和财政专户管理资金支出。本级预算支出是指政府财政管理的由本级政府使用纳入预算管理的各项支出。财政总预算会计的本级预算支出包括一般公共预算本级支出、政府性基金预算本级支出和国有资本经营预算本级支出。

（一）一般公共预算本级支出

一般公共预算本级支出是指政府财政管理的由本级政府使用的一般公共预算的支出。一般公共预算本级支出按功能支出的不同分类主要包括以下几项内容。

（1）一般公共服务支出。它反映政府提供的公共服务支出。

（2）外交支出。它反映政府外交事务支出，包括外交管理事务、驻外机构与对外援助支出等。

（3）国防支出。它反映政府用于国防方面的支出，包括现役部队与国防科研事业支出等。

（4）公共安全支出。它反映政府用于公共安全方面的支出，包括武装警察、公安、国家安全、检察、法院与司法支出等。

（5）教育支出。它反映政府教育支出，包括教育管理事务、普通教育、职业教育、成人教育、广播电视教育、留学教育与特殊教育支出等。

（6）科学技术支出。它反映政府科学技术方面的支出，包括科学技术管理事务、基础研究、应用研究、技术研究与开发支出等。

（7）文化体育与传媒支出。它反映在文化、文物、体育、广播影视、新闻出版等方面的支出，包括文化、文物、体育、新闻出版与广播电视支出等。

（8）社会保障和就业支出。它反映政府在社会保障与就业方面的支出，包括人力资源和社会保障管理事务、民政管理事务与补充社会保险基金支出等。

（9）医疗卫生与计划生育支出。它反映政府医疗卫生与计划生育管理方面的支出，包括医疗卫生与计划生育管理事务、公立医院、基层医疗卫生机构与公共卫生支出等。

（10）节能环境支出。它反映政府节能环保支出，包括环境保护管理事务、环境监测和监察、污染防治支出等。

（11）城乡社区事务支出。它反映政府城乡社区事务支出，包括城乡社区管理事务、城乡社区规划与管理及城乡社区公共设施支出等。

（12）农林水支出。它反映政府农林水事务支出，包括农业、林业、水利、南水北调与扶贫支出等。

（13）交通运输支出。它反映政府交通运输和邮政业方面的支出，包括公路水路运输、铁路运输与民用航空运输支出等。

（14）资源勘探信息等支出。它反映政府资源勘探、制造业、建筑业、工业信息等方面的支出，包括资源勘探开发、制造业与建筑业支出等。

（15）商业服务业等支出。它反映商业服务业等方面的支出。包括商品流通事务、旅游业管理与服务支出等。

（二）政府性基金预算本级支出

政府性基金预算本级支出是指政府财政管理的由本级政府使用的列入政府性基金预算的支出。政府性基金预算本级支出按功能支出的不同分类主要包括以下几项内容。

（1）科学技术支出。它反映科学技术方面的支出，主要包括核电站乏燃料处理处置基金支出。

（2）文化体育与传媒。它反映在文化、文物、体育、广播影视、新闻出版等方面的支出，包括文化、文物、体育、新闻出版与广播电视支出等，主要指国家电影事业发展专项资金及对应专项债务收入安排的支出。

（3）社会保障和就业。反映政府在社会保障与就业方面的支出。

（4）节能环保支出。反映政府节能环保支出。

（5）城乡社区服务。反映政府城乡社区事务支出。

（6）农林水事务。反映政府农林水事务支出。

（7）交通运输支出。反映交通运输与邮政业方面的支出。

（8）资源勘探信息等支出。反映用于资源勘探、制造业、建筑业与工业信息等方面的支出。

（9）商业服务业等支出。它反映商业服务业等方面的支出。

（三）国有资本经营预算本级支出

国有资本经营预算本级支出是指政府财政管理的由本级政府使用的列入国有资本经营预算的支出。我国设立了国有资本经营预算制度，将国有资本经营纳入政府财政预算管理。国有资本经营本级预算支出按功能支出的不同分类主要包括解决历史遗留问题及改革成本支出、国有企业资本金注入、国有企业政策性补贴支出等。

二、办理预算支出的基本规定

（1）严格执行《中华人民共和国预算法》。办理拨款支出必须以预算为准，预算经费的动用必须经同级人民政府批准，不得列报超预算的支出。

（2）对主管部门（主管会计单位），提出的季度（分月）用款计划及分“款”“项”“目”填制的“预算经费请拨单”，应认真审核。根据经审核批准的拨款申请，结合库款余存情况向用款单位拨款。

(3) 财政总预算会计应根据预算管理的要求和拨款的实际情况分“款”“项”“目”核算，列报当期预算支出。

(4) 主管会计单位应在计划内控制用款，不得随意改变资金用途。“款”“项”“目”之间如需调剂，应填制“科目流用申请书”，报经转列的支出经同级财政部门核准后使用。财政总预算会计凭证核定的流用数调整预算支出。

三、本级预算支出的核算

（一）本级预算支出核算设置的会计科目

为了核算和监督各级财政部门组织的预算支出的执行情况，各级财政总预算会计应设置“一般公共预算本级支出”“政府性基金预算本级支出”和“国有资本经营预算本级支出”会计科目。

一般公共预算本级支出是支出类科目，用来核算政府财政管理的由本级政府使用的列入一般公共预算的支出。年终结转后，本科目无余额。本科目平时借方余额反映一般公共预算本级支出的累计数。本科目应当根据《政府收支分类科目》中支出功能分类科目设置明细科目。同时，根据管理需要，按照支出经济分类科目、部门等进行明细核算。

对一般公共预算本级支出应作以下主要账务处理。

(1) 实际发生一般公共预算本级支出时，借记本科目，贷记“国库存款”“其他财政存款”等科目。

(2) 年度终了，对纳入国库集中支付管理的、当年未支而需结转下一年度支付的款项（国库集中支付结余），采用权责发生制确认支出时，借记本科目，贷记“应付国库集中支付结余”科目。

(3) 年终转账时，本科目借方余额应全数转入“一般公共预算结转结余”科目，借记“一般公共预算结转结余”科目，贷记本科目。

政府性基金预算本级支出是支出类科目，用来核算政府财政管理的由本级政府使用的列入政府性基金预算的支出。年终结转后，本科目无余额。本科目平时借方余额反映政府性基金预算本级支出的累计数。本科目应当按照《政府收支分类科目》中支出功能分类科目设置明细科目。同时，根据管理需要，按照支出经济的分类科目、部门等进行明细核算。

对政府性基金预算本级支出应作以下主要账务处理。

(1) 实际发生政府性基金预算本级支出时，借记本科目，贷记“国库存款”科目。

(2) 年度终了，对纳入国库集中支付管理的、当年未支而需结转下一年度支付的款项（国库集中支付结余），采用权责发生制确认支出时，借记本科目，贷记“应付国库集中支付结余”科目。

(3) 年终转账时，本科目借方余额应全数转入“政府性基金预算结转结余”科目，借记“政府性基金预算结转结余”科目，贷记本科目。

国有资本经营预算本级支出是支出类科目，用来核算政府财政管理的由本级政府使用的列入国有资本经营预算的支出。年终结转后，本科目无余额。本科目平时借方余额反映国有资本经营预算本级支出的累计数。本科目应当按照《政府收支分类科目》中支出功能分类科目设置明细科目。同时，根据管理需要，按照支出经济分类科目、部门等进行明细核算。

对国有资本经营预算本级支出应作以下主要账务处理。

（1）实际发生国有资本经营预算本级支出时，借记本科目，贷记“国库存款”科目。

（2）年度终了，对纳入国库集中支付管理的、当年未支而需结转下一年度支付的款项（国库集中支付结余），采用权责发生制确认支出时，借记本科目，贷记“应付国库集中支付结余”科目。

（3）年终转账时，本科目借方余额应全数转入“国有资本经营预算结转结余”科目，借记“国有资本经营预算结转结余”科目，贷记本科目。

（二）本级预算支出的账务处理

【例 20－1】某市政府财政局发生以下预算支出业务。

（1）市政府财政局开出一般公共预算拨款凭证，以财政直接支付方式为市某高校采购教学研究机器设备一批，实际支付款项 450 000 元。财政总预算会计已经收到国库执行机构报送的预算支出结算凭证，款项已经通过财政零余额账户支付给该设备中标供应商。

借：一般公共预算本级支出——教育支出　　450 000

　　贷：国库存款　　450 000

（2）市政府财政局将上月预拨给市卫生局的本月预拨经费 280 000 元转列支出。

借：一般公共预算本级支出——医疗卫生与计划生育支出　　280 000

　　贷：预拨经费　　280 000

（3）市政府财政局开出一般公共预算拨款凭证，以财政直接支付方式为市公安局采购专项设备一批，实际支付款项 70 000 元。财政总预算会计已经收到国库执行机构报送的预算支出结算凭证，款项已经支付。

借：一般公共预算本级支出——公共安全支出　　70 000

　　贷：国库存款　　70 000

（4）市政府财政局开出政府性基金预算拨款凭证，为某地区地方大中型水库移民后期扶持基金支出拨款 500 000 元。

借：政府性基金预算本级支出——大中型水库移民后期扶持基金支出　　500 000

　　贷：国库存款　　500 000

（5）市政府财政根据国有资本经营预算安排向本市国有 M 食品流通企业拨付 400 000 元国有资本经营预算资金，以调整食品零售价格的上涨。

借：国有资本经营本级预算支出——国有企业政策性补贴　　400 000

　　贷：国库存款　　400 000

（6）年终将“一般公共预算本级支出”借方余额 800 000 元转入“一般公共预算结转结余”科目。

借：一般公共预算结转结余　　800 000

　　贷：一般公共预算本级支出　　800 000

（7）将“政府性基金预算本级支出”借方余额 500 000 元转入“政府性基金预算结转结余”科目。

借：政府性基金预算结转结余　　500 000

　　贷：政府性基金预算本级支出　　500 000

（8）将“国有资本经营预算本级支出”借方余额 400 000 元转入“国有资本经营预算结转结余”科目。

借：国有资本经营预算结转结余　　400 000
　　贷：国有资本经营预算本级支出　　400 000

第二节　转移性支出的核算

一、转移性支出的内容

转移性支出是指在各级政府财政之间进行资金调拨以及在本级政府财政不同类型资金之间调剂所形成的支出，包括补助支出、上解支出、调出资金和地区间援助支出等。其中，补助支出是指本级政府财政按财政体制规定或因专项需要补助给下级政府财政的款项，包括对下级的税收返还、转移支付等；上解支出是指按照财政体制规定由本级政府财政上交给上级政府财政的款项；调出资金是指政府财政为平衡预算收支、从某类资金向其他类型预算调出的资金；地区间援助支出是指援助方政府财政安排用于受援方政府财政统筹使用的各类援助、捐赠等资金支出。

二、转移性支出的核算

（一）补助支出的核算

为了核算补助支出，财政总预算会计应设置"补助支出"科目。它是支出类科目，用来核算本级政府财政按财政体制规定或因专项需要补助给下级政府财政的款项，包括对下级的税收返还、转移支付等。年终结转后，本科目无余额。本科目平时借方余额反映补助支出的累计数。本科目下应当按照不同资金性质设置"一般公共预算补助支出""政府性基金预算补助支出"等明细科目，同时还应当按照补助地区进行明细核算。

对补助支出应作以下主要账务处理。

（1）发生补助支出或从"与下级往来"科目转入时，借记本科目，贷记"国库存款""其他财政存款""与下级往来"等科目。

（2）专项转移支付资金实行特设专户管理的，本级政府财政应当根据本级政府财政下达的预算文件确认补助支出，借记本科目，贷记"国库存款""与下级往来"等科目。

（3）有主权外债业务的财政部门，贷款资金由下级政府财政同级部门（单位）使用，且贷款最终还款责任由本级政府财政承担的，本级政府财政部门支付贷款资金时，借记本科目，贷记"其他财政存款"科目；外方将贷款资金直接支付给用款单位或供应商时，借记本科目，贷记"债务收入""债务转贷收入"等科目；根据债务管理部门转来的相关外债转贷管理资料，按照实际支付的金额，借记"待偿债净资产"科目，贷记"借入款项""应付主权外债转贷款"等科目。

（4）年终与下级政府财政结算时，按照尚未拨付的补助金额，借记本科目，贷记"与下级往来"科目。退还或核减补助支出时，借记"国库存款""与下级往来"等科目，贷记本科目。

（5）年终转账时，本科目借方余额应根据不同资金性质分别转入对应的结转结余科目，借记"一般公共预算结转结余""政府性基金预算结转结余"等科目，贷记本科目。

【例 20－2】某市政府财政局发生以下有关补助支出业务。

（1）市政府财政根据财政体制规定拨付所属丙县财政一般预算补助款 300 000 元。

借：补助支出——一般公共预算补助支出（丙县财政） 300 000
　　贷：国库存款 300 000

（2）市政府财政将所属乙县政府财政原欠的往来款400 000元转作为对该县的政府性基金预算补助。

借：补助支出——政府性基金预算补助支出（乙县财政） 400 000
　　贷：与下级往来——乙县财政 400 000

（3）年终，将“补助支出——一般公共预算补助支出”科目的借方余额300 000元，“补助支出——政府性基金预算补助支出”科目的借方余额400 000元，分别转入“一般公共预算结转结余”科目和“政府性基金预算结转结余”科目。

借：一般公共预算结转结余 300 000
　　政府性基金预算结转结余 400 000
　　贷：补助支出——一般公共预算补助支出 300 000
　　　　　　　——政府性基金预算补助支出 400 000

（二）上解支出的核算

为了核算补助支出，财政总预算会计应设置“上解支出”科目。它是支出类科目，用来核算本级政府财政按照财政体制规定上交给上级政府财政的款项。年终结转后，本科目无余额。本科目平时借方余额反映上解支出的累计数。本科目下应当按照不同资金性质设置“一般公共预算上解支出”“政府性基金预算上解支出”等明细科目。

对上解支出应作以下主要账务处理。

（1）发生上解支出时，借记本科目，贷记“国库存款”“与上级往来”等科目。

（2）年终与上级政府财政结算时，按照尚未支付的上解金额，借记本科目，贷记“与上级往来”科目。退还或核减上解支出时，借记“国库存款”“与上级往来”等科目，贷记本科目。

（3）年终转账时，本科目借方余额应根据不同资金性质分别转入对应的结转结余科目，借记“一般公共预算结转结余”“政府性基金预算结转结余”等科目，贷记本科目。

【例20－3】某市政府财政局发生以下有关上解支出业务。

（1）市政府财政按财政体制结算规定，支付应上解上级省政府财政的一般公共预算上解款项600 000元。

借：上解支出——一般公共预算上解支出 600 000
　　贷：国库存款 600 000

（2）年终，将“上解支出——一般公共预算上解支出”科目的借方余额600 000元全部转入“一般公共预算结转结余”科目。

借：一般公共预算结转结余 600 000
　　贷：上解支出——一般公共预算上解支出 600 000

（三）调出资金的核算

为了核算调出资金，财政总预算会计应设置“调出资金”科目。它是支出类科目，用来核算政府财政为平衡预算收支、从某类资金向其他类型预算调出的资金。年终结转后，本科目无余额。本科目平时借方余额反映调出资金的累计数。本科目下应当设置“一般公共预算调出资金”“政府性基金预算调出资金”和“国有资本经营预算调出资金”等明细科目。

对调出资金应作以下主要账务处理。

（1）从一般公共预算调出资金时，按照调出的金额，借记本科目（一般公共预算调出资金），贷记“调入资金”相关明细科目。

（2）从政府性基金预算调出资金时，按照调出的金额，借记本科目（政府性基金预算调出资金），贷记“调入资金”相关明细科目。

（3）从国有资本经营预算调出资金时，按照调出的金额，借记本科目（国有资本经营预算调出资金），贷记“调入资金”相关明细科目。

（4）年终转账时，本科目借方余额分别转入相应的结转结余科目，借记“一般公共预算结转结余”“政府性基金预算结转结余”和“国有资本经营预算结转结余”等科目，贷记本科目。

【例 20－4】 某市政府财政局发生以下有关调出资金业务。

（1）从政府性基金预算结转结余中调出资金 350 000 元用于平衡一般公共预算收支。

借：调出资金——政府性基金预算调出资金　　　　350 000

　　贷：调入资金——一般公共预算调入资金　　　　350 000

（2）年终将“调出资金——政府性基金预算调出资金”借方余额 350 000 元转入“政府性基金预算结转结余”科目。

借：政府性基金预算结转结余　　　　350 000

　　贷：调出资金——政府性基金预算调出资金　　　　350 000

（四）地区间援助支出的核算

为了核算地区间援助支出，财政总预算会计应设置“地区间援助支出”科目。它是支出类科目，用来核算援助方政府财政安排用于受援方政府财政统筹使用的各类援助、捐赠等资金支出。年终结转后，本科目无余额。本科目平时借方余额反映地区间援助支出的累计数。本科目应当按照受援地区及管理需要进行相应明细核算。

对地区间援助支出应作以下主要账务处理。

（1）发生地区间援助支出时，借记本科目，贷记“国库存款”科目。

（2）年终转账时，本科目借方余额全数转入“一般公共预算结转结余”科目，借记“一般公共预算结转结余”科目，贷记本科目。

【例 20－5】 某市政府财政局发生以下有关地区间援助支出业务。

（1）市政府财政根据政府间的援助安排，向某地甲政府财政支付援助资金 800 000 元。

借：地区间援助支出——甲政府财政　　　　800 000

　　贷：国库存款　　　　800 000

（2）年终，将“地区间援助支出——甲政府财政”的借方余额 800 000 元转入“一般公共预算结转结余”科目。

借：一般公共预算结转结余　　　　800 000

　　贷：地区间援助支出——甲政府财政　　　　800 000

（五）安排预算稳定调节基金的核算

为了核算安排预算稳定调节基金，财政总预算会计应设置“安排预算稳定调节基金”科目。它是支出类科目，用来核算政府财政按照有关规定安排的预算稳定调节基金。年终结转后，本科目无余额。本科目平时借方余额反映安排预算稳定调节基金的累计数。

对安排预算稳定调节基金应作以下主要账务处理。

（1）补充预算稳定调节基金时，借记本科目，贷记“预算稳定调节基金”科目。

（2）年终转账时，本科目借方余额全数转入“一般公共预算结转结余”科目，借记“一般公共预算结转结余”科目，贷记本科目。

【例 20-6】 某市政府财政局发生以下有关安排的预算稳定调节基金业务。

（1）市政府财政根据预算本期执行情况，决定用本年度的超收收入补充预算稳定调节基金 2 000 000 元。

借：安排预算稳定调节基金　　2 000 000

　　贷：预算稳定调节基金　　2 000 000

（2）年终，将“安排预算稳定调节基金”科目的借方余额 2 000 000 元转入“一般公共预算结转结余”科目。

借：一般公共预算结转结余　　2 000 000

　　贷：安排预算稳定调节基金　　2 000 000

第三节　债务性支出的核算

一、债务性支出的内容

债务性支出是指政府财政偿还本级政府承担的债务本金支出和向下级政府财政转贷形成的支出，包括债务还本支出和债务转贷支出。债务还本支出是指政府财政偿还本级政府承担的债务本金支出；债务转贷支出是指本级政府财政向下级政府财政转贷的债务支出。

二、债务性支出的核算

（一）债务还本支出的核算

为了核算债务还本支出，财政总预算会计应设置“债务还本支出”科目。它是支出类科目，用来核算政府财政偿还本级政府财政承担的纳入预算管理的债务本金支出。年终结转后，本科目无余额。本科目平时借方余额反映本级政府财政债务还本支出的累计数。本科目应当根据《政府收支分类科目》中“债务还本支出”有关规定设置明细科目。

对债务还本支出应作以下主要账务处理。

（1）偿还本级政府财政承担的政府债券、主权外债等纳入预算管理的债务本金时，借记本科目，贷记“国库存款”“其他财政存款”等科目；根据债务管理部门转来相关资料，按照实际偿还的本金金额，借记“应付短期政府债券”“应付长期政府债券”“借入款项”“应付地方政府债券转贷款”“应付主权外债转贷款”等科目，贷记“待偿债净资产”科目。

（2）偿还截至 2014 年 12 月 31 日本级政府财政承担的存量债务本金时，借记本科目，贷记“国库存款”“其他财政存款”等科目。

（3）年终转账时，本科目下“专项债务还本支出”明细科目的借方余额应按照对应的政府性基金种类分别转入“政府性基金预算结转结余”相应明细科目，借记“政府性基金预算结转结余”科目，贷记本科目（专项债务还本支出）。本科目下其他明细科目的借方余额全数转入“一般公共预算结转结余”科目，借记“一般公共预算结转结余”科目，贷记本科目（其他明细科目）。

【例 20-7】 某省政府财政厅发生以下有关债务还本支出业务。

（1）省政府财政以前年度发行的某期地方政府一般债券到期，通过国库拨付资金300 000 000元偿还债券本金。

借：债务还本支出——地方政府债券还本（一般债务还本支出）　300 000 000

　　贷：国库存款　300 000 000

同时编制以下会计分录。

借：应付长期政府债券——应付地方政府一般债券　300 000 000

　　贷：待偿债净资产——应付长期政府债券　300 000 000

（2）年终，将“债务还本支出——地方政府债券还本”科目的借方余额300 000 000元转入“一般公共预算结转结余”科目。

借：一般公共预算结转结余　300 000 000

　　贷：债务还本支出——地方政府债券还本（一般债务还本支出）　300 000 000

（二）债务转贷支出的核算

为了核算债务转贷支出，财政总预算会计应设置“债务还贷支出”科目。它是支出类科目，用来核算本级政府财政向下级政府财政转贷的债务支出。年终结转后，本科目无余额。本科目平时借方余额反映债务转贷支出的累计数。

对债务转贷支出应作以下主要账务处理。

（1）本级政府财政向下级政府财政转贷地方政府债券资金时，借记本科目，贷记“国库存款”科目；根据债务管理部门转来的相关资料，按照到期应收回的转贷款本金金额，借记“应收地方政府债券转贷款”科目，贷记“资产基金——应收地方政府债券转贷款”科目。

（2）本级政府财政向下级政府财政转贷主权外债资金，且主权外债最终还款责任由下级政府财政承担的，应作以下相关账务处理。

①本级政府财政支付转贷资金时，根据转贷资金支付相关资料，借记“债务转贷支出”科目，贷记“其他财政存款”科目；根据债务管理部门转来的相关资料，按照实际持有的债权金额，借记“应收主权外债转贷款”科目，贷记“资产基金——应收主权外债转贷款”科目。

②外方将贷款资金直接支付给用款单位或供应商时，本级政府财政根据转贷资金支付相关资料，借记本科目，贷记“债务收入”“债务转贷收入”科目；根据债务管理部门转来的相关资料，按照实际持有的债权金额，借记“应收主权外债转贷款”科目，贷记“资产基金——应收主权外债转贷款”科目；同时，借记“待偿债净资产”科目，贷记“借入款项”、“应付主权外债转贷款”等科目。

（3）年终转账时，本科目下“地方政府一般债务转贷支出”明细科目的借方余额全数转入“一般公共预算结转结余”科目，借记“一般公共预算结转结余”科目，贷记“债务转贷支出（地方政府一般债务转贷支出）”科目。本科目下“地方政府专项债务转贷支出”明细科目的借方余额全数转入“政府性基金预算结转结余”科目，借记“政府性基金预算结转结余”科目，贷记“债务转贷支出（地方政府专项债务转贷支出）”科目。

【例20－8】某省政府财政厅发生以下有关债务转贷支出业务。

（1）省政府财政发行地方政府一般债券筹集资金，通过国库转贷给所属甲市政府财政地方政府债券款项80 000 000元。

借：债务转贷支出——地方政府一般债务转贷支出（甲市政府财政）80 000 000

　　贷：国库存款　80 000 000

同时编制以下会计分录。

借：应收地方政府债券转贷款——应收地方政府一般债券转贷款　　80 000 000

　　贷：资产基金——应收地方政府债券转贷款　　80 000 000

（2）年终，将“债务转贷支出——地方政府一般债务转贷支出”科目的借方余额80 000 000元全部转入“一般公共预算结转结余”科目。

借：一般公共预算结转结余　　80 000 000

　　贷：债务转贷支出——地方政府一般债务转贷支出　　80 000 000

第四节　专用基金支出与财政专户管理资金支出的核算

一、专用基金支出的核算

专用基金支出是政府财政部门用专用基金收入安排的支出。

为了核算专用基金的支出情况，财政总预算会计应设置“专用基金支出”科目。它是支出类科目，用来核算各级财政部门用专用基金收入安排的支出。借方登记发生的专用基金支出；贷方登记年终转入“专用基金结余”科目的数额。平时借方余额反映专用基金支出的累计数，年终转账后，该科目无余额。

本科目应当根据专用基金的种类设置明细科目。同时，根据管理需要，按部门等进行明细核算。

【例 20－9】某市政府财政局发生以下专用基金支出业务。

（1）市政府财政用粮食风险基金安排专用基金支出，向某粮食储备部门拨付粮食储备费用补贴款500 000元。

借：专用基金支出——粮食风险基金　　500 000

　　贷：其他财政存款　　500 000

（2）年终将“专用基金支出”借方余额500 000元转入“专用基金结余”科目。

借：专用基金结余　　500 000

　　贷：专用基金支出　　500 000

二、财政专户管理基金支出的核算

财政专户管理资金支出是指政府财政用纳入财政专户管理的教育收费等资金安排的支出。

为了核算财政专户管理资金的支出情况，财政总预算会计应设置“财政专户管理资金支出”科目。它是支出类科目，用来核算政府财政用纳入财政专户管理的教育收费等资金安排的支出。借方登记支出的财政专户管理资金；贷方登记年终转入“财政专户管理资金结余”的数额。平时借方余额反映财政专户管理资金支出的累计数，年终转账后无余额。本科目应当按照《政府收支分类科目》中支出功能分类科目设置相应明细科目。同时，根据管理需要，按照支出经济分类科目、部门（单位）等进行明细核算。

【例 20－10】某市政府财政局发生以下财政专户管理资金支出业务。

（1）市政府财政运用财政专户管理资金，通过在商业银行开设的专户，向某高校核拨教育经费5 000 000元。

借：财政专户管理资金支出　　5 000 000

　　贷：其他财政存款　　5 000 000

（2）年终，将“财政专户管理资金支出”借方余额5 000 000元转入“财政专户管理资金结余”科目。

借：财政专户管理资金结余　　5 000 000

　　贷：财政专户管理资金支出　　5 000 000

本章小结

预算支出是指政府财政为实现政府职能，对财政资金的分配和使用。财政总预算会计的支出包括本级预算支出、转移性支出、债务性支出、专用基金支出和财政专户管理资金支出。本级预算支出是指政府财政管理的由本级政府使用纳入预算管理的各项支出。财政总预算会计的本级预算支出包括一般公共预算本级支出、政府性基金预算本级支出和国有资本经营本级预算支出。

一般公共预算本级支出是指政府财政管理的由本级政府使用的一般公共预算的支出；政府性基金预算本级支出是指政府财政管理的由本级政府使用的列入政府性基金预算的支出；国有资本经营本级预算支出是指政府财政管理的由本级政府使用的列入国有资本经营预算的支出。核算本级预算支出需要设置“一般公共预算本级支出”“政府性基金预算本级支出”“国有资本经营预算本级支出”科目。

转移性支出是指在各级政府财政之间进行资金调拨以及在本级政府财政不同类型资金之间调剂所形成的支出，包括补助支出、上解支出、调出资金和地区间援助支出等。其中，补助支出是指本级政府财政按财政体制规定或因专项需要补助给下级政府财政的款项，包括对下级的税收返还、转移支付等；上解支出是指按照财政体制规定由本级政府财政上交给上级政府财政的款项；调出资金是指政府财政为平衡预算收支、从某类资金向其他类型预算调出的资金；地区间援助支出是指援助方政府财政安排用于受援方政府财政统筹使用的各类援助、捐赠等资金支出。转移性支出核算需要设置“补助支出”“上解支出”“调出资金”“地区间援助支出”等科目。

债务性支出是指政府财政偿还本级政府承担的债务本金支出和向下级政府财政转贷形成的支出，包括债务还本支出和债务转贷支出。债务还本支出是指政府财政偿还本级政府承担的债务本金支出；债务转贷支出是指本级政府财政向下级政府财政转贷的债务支出。债务性支出核算需要设置“债务还本支出”和“债务转贷支出”科目。

专用基金支出是政府财政用专用基金收入安排的支出。财政专户管理资金支出是指政府财政用纳入财政专户管理的教育收费等资金安排的支出。需要设置“专用基金支出”和“财政专户管理资金支出”科目核算。

复习思考题

1. 预算支出的含义是什么？
2. 预算本级支出包括哪些内容？
3. 转移性支出的含义及内容是什么？
4. 什么是债务性支出？如何进行核算？
5. 什么是财政专户管理资金支出？如何核算？

练　习　题

一、目的　练习财政总预算会计支出的核算。

二、资料　政府财政201×年发生以下有关业务。

1. 某政府财政开出一般公共预算拨款凭证，以实拨资金支付方式拨给某市高校当月经费150 000元。

2. 政府财政开出一般公共预算拨款凭证，以财政直接支付方式为某市公安局采购专项设备一批，实际支付款项70 000元。财政总预算会计已经收到国库执行机构报送的预算支出结算凭证，款项已经支付。

3. 政府财政开出政府性基金预算拨款凭证，通过国库拨付城市建设管理部门廉租房建设资金3 000 000元。

4. 市政府财政按规定通过国库拨给所属乙县财政政府性基金预算补助款200 000元。

5. 市政府财政按规定通过国库上解给上级省政府财政一般公共预算款项280 000元。

6. 市政府财政根据政府间的援助安排，向外地某丙政府财政支付援助资金200 000元。

7. 从国有资本经营预算结余中调出资金180 000元用于平衡一般公共预算收支。

8. 某省政府财政以前年度发行的某期地方政府一般债券到期，通过国库拨付资金100 000 000元偿还债券本金。

9. 市政府财政根据预算本期执行情况，决定用本年度的超收收入补充预算稳定调节基金900 000元。

10. 政府财政运用财政专户管理资金，通过在商业银行开设的专户，向某高校核拨教育经费3 000 000元。

三、要求　根据上述经济业务编制会计分录。

第二十一章　财政总预算会计净资产的核算

学习目标：通过本章的学习，要求了解财政总预算会计净资产的内容；掌握一般公共预算结转结余、政府性基金预算结转结余、国有资本经营预算结转结余、财政专户管理资金结余、专用基金结余、预算稳定调节基金、预算周转金、资产基金和待偿债净资产的核算。

第一节　结转结余的核算

一、结转结余及其内容

结转结余是指预算年度内政府财政预算收支的执行结果及历年滚存的资金余额。包括一般公共预算结转结余、政府性基金预算结转结余、国有资本经营预算结转结余、专用基金结余和财政专户管理资金结余。

（1）一般公共预算结转结余。它是指各级财政一般公共预算收支的执行结果。

（2）政府性基金预算结转结余。它是指各级财政管理的政府性基金预算收支执行结果。

（3）国有资本经营预算结转结余。它是指国有资本经营预算收支的执行结果。

（4）专用基金结余。它是指各级财政总预算会计管理的专用基金收支执行结果。

（5）财政专户管理资金结余。它是指纳入财政专户管理的教育收费等资金收支的执行结果。

各项结转结余每年结算一次，年终各项收入与相应的支出相抵后，即成为该项当年结转结余。当年结转结余加上上年年末结转结余就是本年末滚存结转结余。各项结转结余应分别核算，不得混淆。

二、结转结余核算的账务处理

（一）结转结余核算设置的会计科目

为了核算和监督财政部门的各项结转结余的增减变动及结存情况，各级财政总预算会计应设置“一般公共预算结转结余”“政府性基金预算结转结余”“专用基金结余”和“财政专户管理资金结余”科目。

（1）“一般公共预算结转结余”是净资产类科目，用来核算政府财政纳入一般公共预算管理的收支相抵形成的结转结余。贷方登记年终从“一般公共预算本级收入”“补助收入——一般公共预算补助收入”“上解收入——一般公共预算上解收入”“地区间援助收入”“调入资金——一般公共预算调入资金”“债务收入（一般债务收入）”“债务转贷收入（地方政府一般债务转贷收入）”“动用预算稳定调节基金”等科目转入的数额；借方登记年终从“一般公共预算本级支出”“上解支出——一般公共预算上解支出”“补助支出——一般公共预算补助支出”“地区间援助支出”“调出资金——一般公共预算调出资金”“安排预算稳定调节基金”“债务转贷支出（地方政府一般债务转贷支出）”“债务还本支出（一般债务还本支出）”等科目的转入数以及设置和补充的预算周转金数额。本科目年终贷方余额反映一般公共预算收支相抵后的滚存结转结余。

（2）“政府性基金预算结转结余”是净资产类科目，用来核算各级财政管理的政府性基金收支的年终执行结果。贷方登记年终从“政府性基金预算本级收入”“补助收入——政府性基金预算补助收入”“上解收入——政府性基金预算上解收入”“调入资金——政府性基金预算调入资金”“债务收入——专项债务收入”“债务转贷收入——地方政府专项债务转贷收入”等科目的转入数；借方登记年终从“政府性基金预算本级支出”“上解支出——政府性基金预算上解支出”“补助支出——政府性基金预算补助支出”“调出资金——政府性基金预算调出资金”“债务还本支出——专项债务还本支出”“债务转贷支出——地方政府专项债务转贷支出”等科目的转入数。本科目应当根据管理需要，按照政府性基金的种类进行明细核算。

（3）“国有资本经营预算结转结余”是净资产类科目，用来核算政府财政纳入国有资本经营预算管理的收支相抵形成的结转结余。贷方登记年终从“国有资本经营预算本级收入”等科目的转入数；借方登记年终从“国有资本经营预算本级支出”“调出资金——国有资本经营预算调出资金”等科目的转入数。年终贷方余额反映国有资本经营预算收支相抵后的滚存结转结余。

（4）“专用基金结余”是净资产类科目，用来核算政府财政管理的专用基金收支相抵形成的结余。贷方登记年终从“专用基金收入”科目的转入数；借方登记年终从“专用基金支出”科目的转入数。年终贷方余额反映政府财政管理的专用基金收支相抵后的滚存结余。该科目应按专用基金种类设置明细账。

（5）“财政专户管理资金结余”是净资产类科目，用来核算政府财政纳入财政专户管理的教育收费等资金收支相抵后形成的结余。贷方登记年终从“财政专户管理资金收入”科目的转入数；借方登记年终从“财政专户管理资金支出”等科目的转入数。年终贷方余额反映政府财政纳入财政专户管理的资金收支相抵后的滚存结余。本科目应当根据管理需要，按照部门（单位）等进行明细核算。

（二）结转结余核算举例

【例 21－1】某政府财政年终转账前有关收入和支出科目的余额见表 21－1。

表 21－1　　某政府财政年终转账前收支科目余额　　单位：万元

收入类科目	贷方余额	支出类科目	借方余额
一般公用预算本级收入	5 600	一般公用预算本级支出	5 100
政府性基金预算本级收入	1 300	政府性基金预算本级支出	450
国有资本经营预算本级收入	3 800	国有资本经营预算本级支出	3 200
补助收入	570	补助支出	480
其中：一般公共预算补助收入	300	其中：一般公共预算补助支出	280
政府性基金预算补助收入	270	政府性基金预算补助支出	200

续表

收入类科目	贷方余额	支出类科目	借方余额
上解收入	490	上解支出	520
其中：一般公共预算上解收入	290	其中：一般公共预算上解支出	340
政府性基金预算上解收入	200	政府性基金预算上解支出	180
地区间援助收入	0	地区间援助支出	300
调入资金	800	调出资金	800
其中：一般公共预算调入资金	800	其中：一般公共预算调出资金	0
政府性基金预算调入资金	0	政府性基金预算调出资金	800
		国有资本经营预算调出资金	0
债务收入	900	债务还本支出	720
其中：一般债务收入	500	其中：一般债务还本支出	480
专项债务收入	400	专项债务还本支出	240
债务转贷收入	0	债务转贷支出	960
其中：地方政府一般债务转贷收入	0	其中：地方政府一般债务转贷支出	700
地方政府专项债务转贷收入	0	地方政府专项债务转贷支出	260
动用预算稳定调节基金	60	安排预算稳定调节基金	200
财政专户管理资金收入	250	财政专户管理资金支出	240
专用基金收入	44	专用基金支出	38
合　计	13 814	合　计	13 008

根据表21－1资料进行年终有关收支转账会计处理。

（1）借：一般公共预算本级收入　56 000 000
　　补助收入——一般公共预算补助收入　3 000 000
　　上解收入——一般公共预算上解收入　2 900 000
　　调入资金——一般公共预算调入资金　8 000 000
　　债务收入——一般债务收入　5 000 000
　　动用预算稳定调节基金　600 000
　　贷：一般公共预算结转结余　75 500 000

（2）借：一般公共预算结转结余　74 000 000
　　贷：一般公共预算本级支出　51 000 000
　　　补助支出——一般公共预算补助支出　2 800 000
　　　上解支出——一般公共预算上解支出　3 400 000
　　　地区间援助支出　3 000 000
　　　债务还本支出——一般债务还本支出　4 800 000
　　　债务转贷支出——地方政府一般债务转贷支出　7 000 000
　　　安排预算稳定调节基金　2 000 000

由（1）和（2）可知，本年一般公共预算结转结余为

75 500 000－74 000 000＝1 500 000（元）

（3）借：政府性基金预算本级收入　　13 000 000
　　补助收入——政府性基金预算补助收入　　2 700 000
　　上解收入——政府性基金预算上解收入　　2 000 000
　　债务性收入——专项债务收入　　4 000 000
　　贷：政府性基金预算结转结余　　21 700 000
（4）借：政府性基金预算结转结余　　21 300 000
　　贷：政府性基金预算本级支出　　4 500 000
　　　　补助支出——政府性基金预算补助支出　　2 000 000
　　　　上解支出——政府性基金预算上解支出　　1 800 000
　　　　调出资金——政府性基金预算调出资金　　8 000 000
　　　　债务还本支出——专项债务还本支出　　2 400 000
　　　　债务转贷支出——地方政府专项债务转贷支出　　2 600 000

由（3）和（4）可知，本年政府性基金预算结转结余为

21 700 000 − 21 300 000 = 400 000（元）

（5）借：国有资本经营预算本级收入　　38 000 000
　　贷：国有资本经营预算结转结余　　38 000 000
（6）借：国有资本经营预算结转结余　　32 000 000
　　贷：国有资本经营预算本级支出　　32 000 000

由（5）和（6）可知，本年度国有资本经营预算结转结余为

38 000 000 − 32 000 000 = 6 000 000（元）

（7）借：财政专户管理资金收入　　2 500 000
　　贷：财政专户管理资金结余　　2 500 000
（8）借：财政专户管理资金结余　　2 400 000
　　贷：财政专户管理资金支出　　2 400 000

由（7）和（8）可知，本年度财政专户管理资金结余为

2 500 000 − 2 400 000 = 100 000（元）

（9）借：专用基金收入　　440 000
　　贷：专用基金结余　　440 000
（10）借：专用基金结余　　380 000
　　贷：专用基金支出　　380 000

由（9）和（10）可知，本年专用基金结余为

440 000 − 380 000 = 60 000（元）

第二节　预算周转金与预算稳定调节基金的核算

一、预算周转金的核算

预算周转金是指政府财政为了调剂预算年度内季节性收入与支出的差额，保证及时用款而设置的库款周转资金。

设置必要的预算周转金，是各级政府财政灵活调度预算周转资金的重要保证。预算的收

与支往往是不一致的，虽然全年预算收支平衡，但月份之间、季度之间总是不平衡的，不是收大于支，就是支大于收。而且收入是逐日取得的，每月的支出都是在月初拨付。因此，各级财政为了平衡季节性预算收支，必须设置相应的预算周转金。预算周转金应根据《中华人民共和国预算法》要求设置。

为了核算预算周转金，财政总预算会计应设置“预算周转金”科目。它是净资产类科目，用来核算政府财政设置的用于调剂预算年度内季节性收支差额周转使用的资金。贷方登记设置数或补充数，借方登记调入预算稳定调节基金的数额，贷方余额反映预算周转金的规模。

【例 21－2】 某政府财政发生以下预算周转金业务。

（1）政府财政动用一般公共预算结转结余 540 000 元补充预算周转金。

借：一般公共预算结转结余　　540 000

　　贷：预算周转金　　540 000

（2）政府财政将预算周转金调入预算稳定调节基金 250 000 元。

借：预算周转金　　250 000

　　贷：预算稳定调节基金　　250 000

二、预算稳定调节基金的核算

预算稳定调节基金是指政府财政安排用于弥补以后年度预算资金不足的储备资金。其来源有两个方面，一是用超预算收入的资金安排，二是从预算周转金调入。预算稳定调节基金具有储备资金的性质，用于弥补预算收入不足年份的收支平衡。

为了核算预算稳定调节基金，财政总预算会计应设置“预算稳定调节基金”科目。它是净资产类科目，用来核算政府财政设置的用于弥补以后年度预算资金不足的储备资金。贷方登记用超预算收入或一般公共预算结余补充预算稳定调节基金的数额或将预算周转金调入预算稳定调节基金的数额，借方登记调用预算稳定调节基金的数额，贷方余额反映预算稳定调节基金的规模。

【例 21－3】 政府财政发生以下预算稳定调节基金业务。

（1）某政府财政预算执行情况，用超预算收入的资金补充预算稳定调节基金 900 000 元。

借：安排预算稳定调节基金　　900 000

　　贷：预算稳定调节基金　　900 000

（2）某政府财政将预算周转金调入预算稳定调节基金 100 000 元。

借：预算周转金　　100 000

　　贷：预算稳定调节基金　　100 000

第三节　资产基金与待偿债净资产的核算

一、资产基金的核算

资产基金是指政府财政持有的债权和股权投资等资产（与其相关的资金收支纳入预算管理）在净资产中占用的金额。为了兼顾反映预算收支与政府占有资产的情况，财政总预算会计对一些资产的核算采取了“双分录”的核算方法。与预算资金收支密切相关的债权和股权投资，例如“应收地方政府债券转贷款”“应收主权外债转贷款”“股权投资”和“应收股利”四个资产类科目在核算时就采取“双分录”的方法。即取得债权或股权投资时，增加资产及其对应的资产基金；收回债权及股权投资时，再冲减其对应的资产基金。

为了核算资产基金，财政总预算会计应设置“资产基金”科目。它是净资产类科目，用来核算政府财政持有的应收地方政府债券转贷款、应收主权外债转贷款、股权投资和应收股利等资产（与其相关的资金收支纳入预算管理）在净资产中占用的金额。贷方登记因增加债权或股权投资而增加的资产基金；借方登记因减少或收回债权或股权投资而减少的资产基金，贷方余额反映政府财政持有应收地方政府债券转贷款、应收主权外债转贷款、股权投资和应收股利等资产（与其相关的资金收支纳入预算管理）在净资产中占用的金额。

本科目下应当设置“应收地方政府债券转贷款”“应收主权外债转贷款”“股权投资”“应收股利”等明细科目，进行明细核算。

【例21－4】政府财政发生以下资产基金业务。

（1）M投资基金组织宣告发放现金股利，按规定属于政府投资主体的政府财政部分为600 000元。

借：应收股利——M投资基金组织　　600 000
　　贷：资产基金——应收股利　　600 000

同时编制以下会计分录。

借：资产基金——股权投资　　600 000
　　贷：股权投资——M投资基金组织投资（损溢调整）　　600 000

（2）政府财政发行地方政府一般债券筹集资金，通过国库转贷给所属甲市政府财政地方政府债券款项5 000 000元。

借：债务转贷支出——地方政府一般债务转贷支出（甲市政府财政）　5 000 000
　　贷：国库存款　　5 000 000

同时编制以下会计分录。

借：应收地方政府债券转贷款——应收地方政府一般债券转贷款　　5 000 000
　　贷：资产基金——应收地方政府债券转贷款　　5 000 000

二、待偿债净资产的核算

待偿债净资产是指政府财政承担应付短期政府债券、应付长期政府债券、借入款项、应付地方政府债券转贷款、应付主权外债转贷款、其他负债等负债（与其相关的资金收支纳入预算管理）而相应需在净资产中冲减的金额。为了兼顾反映预算收支与政府承担负债的情况，财政总预算会计对一些负债的核算也采取了“双分录”的核算方法。与预算资金收支密切相关的债务，例如“应付短期政府债券”“应付长期政府债券”“借入款项”和“应付地方政府债券转贷款”“应付主权外债转贷款”和“其他负债”六个负债类科目在核算时也采取“双分录”的方法。即发生上述负债时，增加负债，同时确认其冲减的对应待偿债净资产；偿还债务时，要转回其所对应的待偿债净资产。

为了核算待偿债净资产，应设置“待偿债净资产”科目。它是净资产类科目，用来核算政府财政因发生应付政府债券、借入款项、应付地方政府债券转贷款、应付主权外债转贷款、其他负债等负债（与其相关的资金收支纳入预算管理）相应需在净资产中冲减的金额。借方登记政府财政承担应付政府债券、借入款项、应付地方政府债券转贷款、应付主权外债转贷款和其他负债等负债（与其相关的资金收支纳入预算管理）增加而相应需冲减净资产的金额；贷方登记上述有关负债因归还等减少而相应需转回净资产的金额，期末借方余额反映政府财政承担应付政府债券、借入款项、应付地方政府债券转贷款、应付主权外债转贷款和其他负债等负债（与其相关的资金收支纳入预算管理）而相应需冲减净资产的金额。

本科目下应当设置“应付短期政府债券”“应付长期政府债券”“借入款项”“应付地方政府债券转贷款”“应付主权外债转贷款”“其他负债”等明细科目，进行明细核算。

【例 21－5】政府财政发生以下有关待偿债净资产业务。

（1）中央政府财政根据有关规定，从国际货币基金组织借入款项折合人民币为 20 000 000 元。

借：其他财政存款　　20 000 000

　　贷：债务收入——国外债务收入　　20 000 000

同时编制以下会计分录。

借：待偿债净资产——借入款项　　20 000 000

　　贷：借入款项——国际货币基金组织　　20 000 000

（2）某省政府财政厅 1 月 1 日发行地方政府一般债券筹措资金，期限 3 年，债券发行额 300 000 000 元，票面年利率 3.6%，到期一次还本付息。发行额与面值相同，已经收缴国库。按相关文件规定，该债券到期应由省政府财政偿还。

借：国库存款　　300 000 000

　　贷：债务收入——国内债务收入　　300 000 000

同时编制以下会计分录。

借：待偿债净资产——应付长期政府债券　　300 000 000

　　贷：应付长期政府债券——应付国债（应付本金）　　300 000 000

本章小结

财政净资产是指资产减去负债的差额，包括结转结余、预算稳定调节基金、预算周转金、资产基金和待偿债净资产。

结转结余是指预算年度内政府财政预算收支的执行结果及历年滚存的资金余额。包括一般公共预算结转结余、政府性基金预算结转结余、国有资本经营预算结转结余、专用基金结余和财政专户管理资金结余。需要设置“一般公共预算结转结余”“政府性基金预算结转结余”“国有资本经营预算结转结余”“专用基金结余”“财政专户管理资金结余”科目核算。

预算周转金是指政府财政为了调剂预算年度内季节性收入与支出的差额，保证及时用款而设置的库款周转资金。需要设置“预算周转金”科目核算。

预算稳定调节基金是指政府财政安排用于弥补以后年度预算资金不足的储备资金。需要设置“预算稳定调节基金”科目核算。

资产基金是指政府财政持有的债权和股权投资等资产（与其相关的资金收支纳入预算管理）在净资产中占用的金额。需要设置“资产基金”科目核算。

待偿债净资产是指政府财政承担应付短期政府债券、应付长期政府债券、借入款项、应付地方政府债券转贷款、应付主权外债转贷款、其他负债等负债（与其相关的资金收支纳入预算管理）而相应需在净资产中冲减的金额。需要设置“待偿债净资产”科目核算。

复习思考题

1. 什么是财政总预算会计的净资产？它包括哪些内容？
2. 什么是预算周转金？为什么要设置预算周转金？
3. 什么是预算稳定调节基金？如何核算？
4. 什么是资产基金？它包括哪些内容？
5. 什么是待偿债净资产？如何核算？

练　习　题

习题一

一、目的　练习财政总预算会计净资产的核算。

二、资料　某政府财政201×年度发生以下有关业务。

1. 按规定，政府财政从一般公共预算结转结余中补充预算周转金130 000元。

2. 政府财政根据预算执行情况，用超预算收入的资金补充预算稳定调节基金500 000元。

3. 政府财政发行地方政府一般债券筹集资金，通过国库转贷给所属甲市政府财政地方政府债券款项2 000 000元。

4. 省政府财政厅7月1日发行地方政府一般债券筹措资金，期限3年，债券发行额400 000 000元，票面年利率3.15%，到期一次还本付息。发行额与面值相同，已经收缴国库。按相关文件规定，该债券到期应由省政府财政偿还。

5. 政府财政将预算周转金调入预算稳定调节基金80 000元。

三、要求　根据上述经济业务编制会计分录。

习题二

一、目的　练习财政总预算会计各项结转结余的核算。

二、资料　某市财政局201×年度转账前各有关收入和支出科目的余额见表21－2。

表21－2　　某政府财政年终转账前收支科目余额　　单位：万元

收入类科目	贷方余额	支出类科目	借方余额
一般公用预算本级收入	7 800	一般公用预算本级支出	6 300
政府性基金预算本级收入	2 500	政府性基金预算本级支出	1 450
国有资本经营预算本级收入	5 800	国有资本经营预算本级支出	5 100
补助收入	680	补助支出	570
其中：一般公共预算补助收入	400	其中：一般公共预算补助支出	310
政府性基金预算补助收入	280	政府性基金预算补助支出	260
上解收入	680	上解支出	580
其中：一般公共预算上解收入	360	其中：一般公共预算上解支出	380
政府性基金预算上解收入	320	政府性基金预算上解支出	200
地区间援助收入	0	地区间援助支出	400
调入资金	600	调出资金	600

续表

收入类科目	贷方余额	支出类科目	借方余额
其中：一般公共预算调入资金	600	其中：一般公共预算调出资金	0
政府性基金预算调入资金	0	政府性基金预算调出资金	600
		国有资本经营预算调出资金	0
债务收入	900	债务还本支出	820
其中：一般债务收入	500	其中：一般债务还本支出	500
专项债务收入	400	专项债务还本支出	320
债务转贷收入	0	债务转贷支出	850
其中：地方政府一般债务转贷收入	0	其中：地方政府一般债务转贷支出	640
地方政府专项债务转贷收入	0	地方政府专项债务转贷支出	210
动用预算稳定调节基金	90	安排预算稳定调节基金	300
财政专户管理资金收入	380	财政专户管理资金支出	350
专用基金收入	210	专用基金支出	192
合　　计	19 640	合　　计	17 512

三、要求

1. 根据上述资料编制年终转账的会计分录。
2. 计算本年度各项结转结余数额。

第二十二章　财政总预算会计报表

学习目标： 通过本章的学习，要求了解财政总预算会计报表的种类和编制要求；理解年终清理结算和年终结账的内容；掌握资产负债表、收入支出表、一般公共预算执行情况表、政府性基金预算执行情况表、国有资本经营预算执行情况表、财政专户管理资金收支情况表、专用基金收支情况表等会计报表的编制。

第一节　财政总预算会计报表概述

一、财政总预算会计报表的种类

财政总预算会计报表，是反映政府财政预算执行结果和财务状况的书面文件。财政总预算会计报表包括以下分类。

（1）财政总预算会计报表按经济内容不同可以分为资产负债表、收入支出表、一般公共预算执行情况表、政府性基金预算执行情况表、国有资本经营预算执行情况表、财政专户管理资金收支情况表、专用基金收支情况表等会计报表和附注。

（2）财政总预算会计报表按编制时间不同可以分为旬报、月报和年报。

（3）财政总预算会计报表按编制单位不同可以分为本级报表和汇总报表。

二、财政总预算会计报表的编制要求

各级政府财政总预算会计报表要做到数字真实、内容完整、格式符合要求并及时报送。

（1）财政总预算会计应当根据财政总预算会计制度编制并提供真实、完整的会计报表，切实做到账表一致，不得估列代编、弄虚作假。

（2）财政总预算会计要严格按照统一规定的种类、格式、内容、计算方法和编制口径填制会计报表，以保证全国统一汇总和分析。汇总报表的单位，要把所属单位的报表汇集齐全，防止漏报。

（3）财政总预算会计报表要在规定的时间内报出，以便于主管部门和财政部门及时汇总。

三、财政总预算会计的年终清理和结账

各级政府财政部门编制年度决算报表前必须按规定及时进行年终清理结算和年终结账，以便及时、准确、完整地编制年度决算报表。

（一）年终清理

年终清理主要包括以下事项。

（1）核对年度预算。预算是预算执行和办理会计结算的依据。年终前，总会计应配合预

算管理部门将本级政府财政全年预算指标与上、下级政府财政总预算和本级各部门预算进行核对，及时办理预算调整和转移支付事项。本年预算调整和对下转移支付一般截至11月底；各项预算拨款，一般截至12月25日。

（2）清理本年预算收支。认真清理本年预算收入，督促征收部门和国家金库年终前如数缴库。应在本年预算支领列报的款项，非特殊原因，应在年终前办理完毕。

清理财政专户管理资金和专用基金收支。凡属应列入本年的收入，应及时催收，并缴入国库或指定财政专户。

（3）组织征收部门和国家金库进行年度对账。

（4）清理核对当年拨款支出。总会计对本级各单位的拨款支出应与单位的拨款收入核对无误。属于应收回的拨款，应及时收回，并按收回数相应冲减预算支出。属于预拨下年度的经费，不得列入当年预算支出。

（5）核实股权、债权和债务。财政部门内部相关资产、债务管理部门应于12月20日前向总会计提供与股权、债权、债务等核算和反映相关的资料。总会计对股权投资、借出款项、应收股利、应收地方政府债券转贷款、应收主权外债转贷款、借入款项、应付短期政府债券、应付长期政府债券、应付地方政府债券转贷款、应付主权外债转贷款、其他负债等余额应与相关管理部门进行核对，记录不一致的要及时查明原因，按规定调整账务，做到账实相符、账账相符。

（6）清理往来款项。政府财政要认真清理其他应收款、其他应付款等各种往来款项，在年度终了前予以收回或归还。应转作收入或支出的各项款项，要及时转入本年有关收支账。

（7）进行年终财政结算。财政预算管理部门要在年终清理的基础上，于次年1月底前结清上下级政府财政的转移支付收支和往来款项。总会计要按照财政管理体制的规定，根据预算结算单，与年度预算执行过程中已补助和已上解数额进行比较，结合往来款和借垫款的情况，计算出全年最后应补或应退数额，填制“年终财政决算结算单”，经核对无误后，作为年终财政结算凭证，据以入账。

另外，财政总预算会计对年终决算清理期内发生的会计事项，应当划清会计年度。属于清理上年度的会计事项，记入上年度会计账；属于新年度的会计事项，记入新年度会计账，防止错记漏记。

（二）年终结账

经过年终清理，把各项结算收支入账后，即可办理年终结账。年终结账工作一般分为年终转账、结清旧账和记入新账三个步骤，依次做账。

（1）年终转账。计算出各科目12月合计数和全年累计数，结出12月末余额，编制结账前的“资产负债表”，再根据收支余额填制记账凭证，将收支分别转入“一般公共预算结转结余”“政府性基金预算结转结余”“国有资本经营预算结转结余”“专用基金结余”“财政专户管理资金结余”等科目冲销。

【例22－1】某政府财政年终转账前有关收支科目的余额见表22－1，有关资产、负债、净资产科目的余额见表22－2。

表 22-1　　某政府财政年终转账前有关收支科目余额　　单位：万元

收入类科目	贷方余额	支出类科目	借方余额
一般公用预算本级收入	7 800	一般公用预算本级支出	6 300
政府性基金预算本级收入	2 500	政府性基金预算本级支出	1 450
国有资本经营预算本级收入	5 800	国有资本经营预算本级支出	5 100
补助收入	680	补助支出	570
其中：一般公共预算补助收入	400	其中：一般公共预算补助支出	310
政府性基金预算补助收入	280	政府性基金预算补助支出	260
上解收入	680	上解支出	580
其中：一般公共预算上解收入	360	其中：一般公共预算上解支出	380
政府性基金预算上解收入	320	政府性基金预算上解支出	200
地区间援助收入	0	地区间援助支出	400
调入资金	600	调出资金	600
其中：一般公共预算调入资金	600	其中：一般公共预算调出资金	0
政府性基金预算调入资金	0	政府性基金预算调出资金	600
		国有资本经营预算调出资金	0
债务收入	900	债务还本支出	820
其中：一般债务收入	500	其中：一般债务还本支出	500
专项债务收入	400	专项债务还本支出	320
债务转贷收入	0	债务转贷支出	850
其中：地方政府一般债务转贷收入	0	其中：地方政府一般债务转贷支出	640
地方政府专项债务转贷收入	0	地方政府专项债务转贷支出	210
动用预算稳定调节基金	90	安排预算稳定调节基金	300
财政专户管理资金收入	380	财政专户管理资金支出	350
专用基金收入	210	专用基金支出	192
合　　计	19 640	合　　计	17 512

表 22-2　　某政府财政年终转账前有关资产、负债和净资产科目余额　　单位：万元

资产类科目	借方余额	负债与净资产类科目	贷方余额
国库存款	29 800	应付短期政府债券	5 800
国库现金管理存款	4 600	应付国库集中支付结余	1 072
其他财政存款	3 200	与上级往来	0
财政零余额账户存款	0	其他应付款	210
有价证券	1 240	应付代管资金	350
在途款	0	应付长期政府债券	4 900
预拨经费	1 360	借入款项	0

续表

资产类科目	借方余额	负债与净资产类科目	贷方余额
借出款项	1 280	应付地方政府债券转贷款	4 800
应收股利	160	应付主权外债转贷款	0
与下级往来	0	其他负债	0
其他应收款	570	负债合计	17 132
应收地方政府债券转贷款	6 500	一般公共预算结转结余	11 600
应收主权外债转贷款	0	政府性基金预算结转结余	9 400
股权投资	2 900	国有资本经营预算结转结余	9 900
代发国债	0	财政专户管理资金结余	570
		专用基金结余	5 800
		预算稳定调节基金	470
		预算周转金	550
		资产基金	9 560
		应收地方政府债券转贷款	6 500
		应收主权外债转贷款	0
		股权投资	2 900
		应收股利	160
		待偿债净资产	－15 500
		应付短期政府债券	－5 800
		应付长期政府债券	－4 900
		应付地方政府债券转贷款	－4 800
		净资产合计	32 350
合　　计	51 610	合　　计	49 482

根据年转账前有关科目的余额编制结账前的资产负债表进行试算平衡（结账前的资产负债表略），本例中资产（51 610）＋支出（17 512）＝负债（17 132）＋净资产（32 350）＋收入（19 640），等式左右相等，均为69 122（万元），试算平衡。因此根据表22－1资料进行年终转账，编制以下会计分录。

①借：一般公共预算本级收入　　78 000 000
　　补助收入——一般公共预算补助收入　　4 000 000
　　上解收入——一般公共预算上解收入　　3 600 000
　　调入资金——一般公共预算调入资金　　6 000 000
　　债务收入——一般债务收入　　5 000 000
　　动用预算稳定调节基金　　900 000
　　贷：一般公共预算结转结余　　97 500 000

②借：一般公共预算结转结余	88 300 000	
贷：一般公共预算本级支出		63 000 000
补助支出——一般公共预算补助支出		3 100 000
上解支出——一般公共预算上解支出		3 800 000
地区间援助支出		4 000 000
债务还本支出——一般债务还本支出		5 000 000
债务转贷支出——地方政府一般债务转贷支出		6 400 000
安排预算稳定调节基金		3 000 000
③借：政府性基金预算本级收入	25 000 000	
补助收入——政府性基金预算补助收入	2 800 000	
上解收入——政府性基金预算上解收入	3 200 000	
债务性收入——专项债务收入	4 000 000	
贷：政府性基金预算结转结余		35 000 000
④借：政府性基金预算结转结余	30 400 000	
贷：政府性基金预算本级支出		14 500 000
补助支出——政府性基金预算补助支出		2 600 000
上解支出——政府性基金预算上解支出		2 000 000
调出资金——政府性基金预算调出资金		6 000 000
债务还本支出——专项债务还本支出		3 200 000
债务转贷支出——地方政府专项债务转贷支出		2 100 000
⑤借：国有资本经营预算本级收入	58 000 000	
贷：国有资本经营预算结转结余		58 000 000
⑥借：国有资本经营预算结转结余	51 000 000	
贷：国有资本经营预算本级支出		51 000 000
⑦借：财政专户管理资金收入	3 800 000	
贷：财政专户管理资金结余		3 800 000
⑧借：财政专户管理资金结余	3 500 000	
贷：财政专户管理资金支出		3 500 000
⑨借：专用基金收入	2 100 000	
贷：专用基金结余		2 100 000
⑩借：专用基金结余	1 920 000	
贷：专用基金支出		1 920 000

（2）结清旧账。将各个收入和支出科目的借方、贷方结出全年总计数。对年终有余额的科目，在“摘要”栏内注明“结转下年”字样，表示转入新账。

（3）记入新账。根据年终转账后的总账和明细账余额编制年终“资产负债表”和有关明细表（不需填制记账凭证），将表列各科目余额直接记入新年度有关总账和明细账年初余额栏内，并在“摘要”栏注明“上年结转”字样，以区别新年度发生数。

决算经本级人民代表大会常务委员会（或人民代表大会）审查批准后，如需更正原报决算草案收入、支出时，则要相应调整有关账目，重新办理结账事项。

第二节 财政总预算会计报表的编制

一、资产负债表

（一）资产负债表及其格式

资产负债表是反映政府财政在某一特定日期财务状况的报表。资产负债表应当按照资产、负债和净资产分类、分项列示。

资产负债表的格式见表22－3。

表22－3　　资产负债表　　会财政01表

编制单位：＿＿＿＿　　＿＿年＿＿月＿＿日　　单位：万元

资产	年初余额	期末余额	负债和净资产	年初余额	期末余额
流动资产：	略		流动负债：	略	
国库存款		29 800	应付短期政府债券		5 800
国库现金管理存款		4 600	应付利息		0
其他财政存款		3 200	应付国库集中支付结余		1 072
有价证券		1 240	与上级往来		0
在途款		0	其他应付款		210
预拨经费		1 360	应付代管资金		350
借出款项		1 280	一年内到期的非流动负债		0
应收股利		160	流动负债合计		7 432
应收利息		0	非流动负债：		
与下级往来		0	应付长期政府债券		4 900
其他应收款		570	借入款项		0
流动资产合计		42 210	应付地方政府债券转贷款		4 800
非流动资产：			应付主权外债转贷款		0
应收地方政府债券转贷款		6 500	其他负债		0
应收主权外债转贷款		0	非流动负债合计		9 700
股权投资		2 900	负债合计		17 132
待发国债		0	一般公共预算结转结余		12 520
非流动资产合计		9 400	政府性基金预算结转结余		9 860

续表

资产	年初余额	期末余额	负债和净资产	年初余额	期末余额
			国有资本经营预算结转结余		10 600
			财政专户管理资金结余		600
			专用基金结余		5 818
			预算稳定调节基金		470
			预算周转金		550
			资产基金		9 560
			减：待偿债净资产		-15 500
			净资产合计		34 478
资产总计		51 610	负债和净资产总计		51 610

（二）资产负债表的编制

资产负债表按照"资产=负债+净资产"的平衡公式设置。左方为资产类，右方为负债类和净资产类。资产负债表应当至少按年度编制。

资产负债表各项目的填列：表22-3"年初余额"栏内各项数字，应当根据上年年末资产负债表"期末余额"栏内数字填列。如果本年度资产负债表规定的各个项目的名称和内容同上年度不相一致，应对上年年末资产负债表各项目的名称和数字按照本年度的规定进行调整，填入本表"年初余额"栏内。"期末余额"栏各项目的内容和填列方法如下所述。

1. 资产类各项目填列方法

（1）"国库存款"项目，反映政府财政期末存放在国库单一账户的款项金额。本项目应当根据"国库存款"科目的期末余额填列。

（2）"国库现金管理存款"项目，反映政府财政期末实行国库现金管理业务持有的存款金额。本项目应当根据"国库现金管理存款"科目的期末余额填列。

（3）"其他财政存款"项目，反映政府财政期末持有的其他财政存款金额。本项目应当根据"其他财政存款"科目的期末余额填列。

（4）"有价证券"项目，反映政府财政期末持有的有价证券金额。本项目应当根据"有价证券"科目的期末余额填列。

（5）"在途款"项目，反映政府财政期末持有的在途款金额。本项目应当根据"在途款"科目的期末余额填列。

（6）"预拨经费"项目，反映政府财政期末尚未转列支出或尚待收回的预拨经费金额。本项目应当根据"预拨经费"科目的期末余额填列。

（7）"借出款项"项目，反映政府财政期末借给预算单位尚未收回的款项金额。本项目应当根据"借出款项"科目的期末余额填列。

（8）"应收股利"项目，反映政府期末尚未收回的现金股利或利润金额。本项目应当根据"应收股利"科目的期末余额填列。

（9）"应收利息"项目，反映政府财政期末尚未收回的应收利息金额。本项目应当根据

“应收地方政府债券转贷款”科目和“应收主权外债转贷款”科目下“应收利息”明细科目的期末余额合计数填列。

（10）“与下级往来”项目，正数反映下级政府财政欠本级政府财政的款项金额；负数反映本级政府财政欠下级政府财政的款项金额。本项目应当根据“与下级往来”科目的期末余额填列，期末余额如为借方则以正数填列；如为贷方则以“－”号填列。

（11）“其他应收款”项目，反映政府财政期末尚未收回的其他应收款的金额。本项目应当根据“其他应收款”科目的期末余额填列。

（12）“应收地方政府债券转贷款”项目，反映政府财政期末尚未收回的地方政府债券转贷款的本金金额。本项目应当根据“应收地方政府债券转贷款”科目下“应收本金”明细科目的期末余额填列。

（13）“应收主权外债转贷款”项目，反映政府财政期末尚未收回的主权外债转贷款的本金金额。本项目应当根据“应收主权外债转贷款”科目下的“应收本金”明细科目的期末余额填列。

（14）“股权投资”项目，反映政府期末持有的股权投资的金额。本项目应当根据“股权投资”科目的期末余额填列。

（15）“待发国债”项目，反映中央政府财政期末尚未使用的国债发行额度。本项目应当根据“待发国债”科目的期末余额填列。

2. 负债类各项目填列方法

（1）“应付短期政府债券”项目，反映政府财政期末尚未偿还的发行期限不超过1年（含1年）的政府债券的本金金额。本项目应当根据“应付短期政府债券”科目下的“应付本金”明细科目的期末余额填列。

（2）“应付利息”项目，反映政府财政期末尚未支付的应付利息金额。本项目应当根据“应付短期政府债券”“借入款项”“应付地方政府债券转贷款”“应付主权外债转贷款”科目下的“应付利息”明细科目期末余额，以及属于分期付息到期还本的“应付长期政府债券”的“应付利息”明细科目期末余额计算填列。

（3）“应付国库集中支付结余”项目，反映政府财政期末尚未支付的国库集中支付结余金额。本项目应当根据“应付国库集中支付结余”科目的期末余额填列。

（4）“与上级往来”项目，正数反映本级政府财政期末欠上级政府财政的款项金额；负数反映上级政府财政欠本级政府财政的款项金额。本项目应当根据“与上级往来”科目的期末余额填列，如为借方余额则以“－”号填列。

（5）“其他应付款”项目，反映政府财政期末尚未支付的其他应付款的金额。本项目应当根据“其他应付款”科目的期末余额填列。

（6）“应付代管资金”项目，反映政府财政期末尚未支付的代管资金金额。本项目应当根据“应付代管资金”科目的期末余额填列。

（7）“一年内到期的非流动负债”项目，反映政府财政期末承担的1年以内（含1年）到偿还期的非流动负债。本项目应当根据“应付长期政府债券”“借入款项”“应付地方政府债券转贷款”“应付主权外债转贷款”“其他负债”等科目的期末余额及债务管理部门提供的资料分析填列。

（8）“应付长期政府债券”项目，反映政府财政期末承担的偿还期限超过1年的长期政府债券的本金金额及到期一次还本付息的长期政府债券的应付利息金额。本项目应当根据“应付长期政府债券”科目的期末余额分析填列。

（9）“应付地方政府债券转贷款”项目，反映政府财政期末承担的偿还期限超过1年的地方政府债券转贷款的本金金额。本项目应当根据“应付地方政府债券转贷款”科目下“应付本金”明细科目的期末余额分析填列。

（10）“应付主权外债转贷款”项目，反映政府财政期末承担的偿还期限超过1年的主权外债转贷款的本金金额。本项目应当根据“应付主权外债转贷款”科目下“应付本金”明细科目的期末余额分析填列。

（11）“借入款项”项目，反映政府财政期末承担的偿还期限超过1年的借入款项的本金金额。本项目应当根据“借入款项”科目下“应付本金”明细科目的期末余额分析填列。

（12）“其他负债”项目，反映政府财政期末承担的偿还期限超过1年的其他负债金额。本项目应当根据“其他负债”科目的期末余额分析填列。

3. 净资产类各项目填列方法

（1）“一般公共预算结转结余”项目，反映政府财政期末滚存的一般公共预算结转金额。本项目应当根据“一般公共预算结转结余”科目的期末余额填列。

（2）“政府性基金预算结转结余”项目，反映政府财政期末滚存的政府性基金预算结转结余金额。本项目应当根据“政府性基金预算结转结余”科目的期末余额填列。

（3）“国有资本经营预算结转结余”项目，反映政府财政期末滚存的国有资本经营预算结转结余金额。本项目应当根据“国有资本经营预算结转结余”科目的期末余额填列。

（4）“财政专户管理资金结余”项目，反映政府财政期末滚存的财政专户管理资金结余金额。本项目应当根据“财政专户管理资金结余”科目的期末余额填列。

（5）“专用基金结余”项目，反映政府财政期末滚存的专用基金结余金额。本项目应当根据“专用基金结余”科目的期末余额填列。

（6）“预算稳定调节基金”项目，反映政府财政期末预算稳定调节基金的余额。本项目应当根据“预算稳定调节基金”科目的期末余额填列。

（7）“预算周转金”项目，反映政府财政期末预算周转金的余额。本项目应当根据“预算周转金”科目的期末余额填列。

（8）“资产基金”项目，反映政府财政期末持有的应收地方政府债券转贷款、应收主权外债转贷款、股权投资和应收股利等资产在净资产中占用的金额。本项目应当根据“资产基金”科目的期末余额填列。

（9）“待偿债净资产”项目，反映政府财政期末因承担应付短期政府债券、应付长期政府债券、借入款项、应付地方政府债券转贷款、应付主权外债转贷款、其他负债等负债相应需在净资产中冲减的金额。本项目应当根据“待偿债净资产”科目的期末借方余额以“－”号填列。

【例22－2】 根据例22－1的资料编制的年终资产负债表见表22－3。

二、收入支出表

（一）收入支出表及其格式

收入支出表是反映政府财政在某一会计期间各类财政资金收支余情况的报表。收入支出表根据资金性质按照收入、支出、结转结余的构成分类、分项列示。

收入支出表的格式见表22－4。

表 22－4　　收入支出表　　会财政 02 表

编制单位：________　　________年____月　　单位：元

项目	一般公共预算		政府性基金预算		国有资本经营预算		财政专户管理资金		专用基金	
	本月数	本年累计数	本月数	本年累计数	本月数	本年累计数	本月数	本年累计数	本月数	本年累计数
年初结转结余										
收入合计										
本级收入										
其中：来自预算安排的收入	—	—	—	—	—	—	—	—		
补助收入					—	—	—	—	—	—
上解收入					—	—	—	—	—	—
地区间援助收入			—	—	—	—	—	—	—	—
债务收入					—	—	—	—	—	—
债务转贷收入					—	—	—	—	—	—
动用预算稳定调节基金			—	—	—	—	—	—	—	—
调入资金					—	—	—	—	—	—
支出合计										
本级支出										
其中：权责发生制列支							—	—	—	—
预算安排专用基金的支出			—	—	—	—	—	—	—	—
补助支出					—	—	—	—	—	—
上解支出					—	—	—	—	—	—
地区间援助支出			—	—	—	—	—	—	—	—
债务还本支出					—	—	—	—	—	—
债务转贷支出					—	—	—	—	—	—
安排预算稳定调节基金			—	—	—	—	—	—	—	—
调出资金							—	—	—	—
结余转出			—	—	—	—	—	—	—	—
其中：增设预算周转金			—	—	—	—	—	—	—	—
年末结转结余										

注：“—”标识单元格不需填列。

（二）收入支出表的编制

1. “本月数”与“本年累计数”栏的内容和填列

“本月数”栏反映各项目的本月实际发生数。在编制年度收入支出表时，应将本栏改为“上年数”栏，反映上年度各项目的实际发生数；如果本年度收入支出表规定的各个项目的名称和内容同上年度不一致，应对上年度收入支出表各项目的名称和数字按照本年度的规定进行调整，填入本年度收入支出表的“上年数”栏。

“本年累计数”栏反映各项目自年初起至报告期末止的累计实际发生数。编制年度收入支出表时，应当将本栏改为“本年数”。

2. “本月数”栏各项目的内容和填列方法

（1）“年初结转结余”项目，反映政府财政本年初各类资金结转结余金额。其中，一般公共预算的“年初结转结余”应当根据“一般公共预算结转结余”科目的年初余额填列；政府性基金预算的“年初结转结余”应当根据“政府性基金预算结转结余”科目的年初余额填列；国有资本经营预算的“年初结转结余”应当根据“国有资本经营预算结转结余”科目的年初余额填列；财政专户管理资金的“年初结转结余”应当根据“财政专户管理资金结余”科目的年初余额填列；专用基金的“年初结转结余”应当根据“专用基金结余”科目的年初余额填列。

（2）“收入合计”项目，反映政府财政本期取得的各类资金的收入合计金额。其中，一般公共预算的“收入合计”应当根据属于一般公共预算的“本级收入”“补助收入”“上解收入”“地区间援助收入”“债务收入”“债务转贷收入”“动用预算稳定调节基金”和“调入资金”各行项目金额的合计填列；政府性基金预算的“收入合计”应当根据属于政府性基金预算的“本级收入”“补助收入”“上解收入”“债务收入”“债务转贷收入”和“调入资金”各行项目金额的合计填列；国有资本经营预算的“收入合计”应当根据属于国有资本经营预算的“本级收入”项目的金额填列；财政专户管理资金的“收入合计”应当根据属于财政专户管理资金的“本级收入”项目的金额填列；专用基金的“收入合计”应当根据属于专用基金的“本级收入”项目的金额填列。

（3）“本级收入”项目，反映政府财政本期取得的各类资金的本级收入金额。其中，一般公共预算的“本级收入”应当根据“一般公共预算本级收入”科目的本期发生额填列；政府性基金预算的“本级收入”应当根据“政府性基金预算本级收入”科目的本期发生额填列；国有资本经营预算的“本级收入”应当根据“国有资本经营预算本级收入”科目的本期发生额填列；财政专户管理资金的“本级收入”应当根据“财政专户管理资金收入”科目的本期发生额填列；专用基金的“本级收入”应当根据“专用基金收入”科目的本期发生额填列。

（4）“补助收入”项目，反映政府财政本期取得的各类资金的补助收入金额。其中，一般公共预算的“补助收入”应当根据“补助收入”科目下的“一般公共预算补助收入”明细科目的本期发生额填列；政府性基金预算的“补助收入”应当根据“补助收入”科目下的“政府性基金预算补助收入”明细科目的本期发生额填列。

（5）“上解收入”项目，反映政府财政本期取得的各类资金的上解收入金额。其中，一般公共预算的“上解收入”应当根据“上解收入”科目下的“一般公共预算上解收入”明细科目的本期发生额填列；政府性基金预算的“上解收入”应当根据“上解收入”科目下的“政府性基金预算上解收入”明细科目的本期发生额填列。

（6）“地区间援助收入”项目，反映政府财政本期取得的地区间援助收入金额。本项目应当根据“地区间援助收入”科目的本期发生额填列。

（7）“债务收入”项目，反映政府财政本期取得的债务收入金额。其中，一般公共预算的“债务收入”应当根据“债务收入”科目下除“专项债务收入”以外的其他明细科目的本期发生额填列；政府性基金预算的“债务收入”应当根据“债务收入”科目下的“专项债务收入”明细科目的本期发生额填列。

(8)“债务转贷收入”项目，反映政府财政本期取得的债务转贷收入金额。其中，一般公共预算的“债务转贷收入”应当根据“债务转贷收入”科目下“地方政府一般债务转贷收入”明细科目的本期发生额填列；政府性基金预算的“债务转贷收入”应当根据“债务转贷收入”科目下的“地方政府专项债务转贷收入”明细科目的本期发生额填列。

(9)“动用预算稳定调节基金”项目，反映政府财政本期调用的预算稳定调节基金金额。本项目应当根据“动用预算稳定调节基金”科目的本期发生额填列。

(10)“调入资金”项目，反映政府财政本期取得的调入资金金额。其中，一般公共预算的“调入资金”应当根据“调入资金”科目下“一般公共预算调入资金”明细科目的本期发生额填列；政府性基金预算的“调入资金”应当根据“调入资金”科目下“政府性基金预算调入资金”明细科目的本期发生额填列。

(11)“支出合计”项目，反映政府财政本期发生的各类资金的支出合计金额。其中，一般公共预算的“支出合计”应当根据属于一般公共预算的“本级支出”“补助支出”“上解支出”“地区间援助支出”“债务还本支出”“债务转贷支出”“安排预算稳定调节基金”和“调出资金”各行项目金额的合计填列；政府性基金预算的“支出合计”应当根据属于政府性基金预算的“本级支出”“补助支出”“上解支出”“债务还本支出”“债务转贷支出”和“调出资金”各行项目金额的合计填列；国有资本经营预算的“支出合计”应当根据属于国有资本经营预算的“本级支出”和“调出资金”项目金额的合计填列；财政专户管理资金的“支出合计”应当根据属于财政专户管理资金的“本级支出”项目的金额填列；专用基金的“支出合计”应当根据属于专用基金的“本级支出”项目的金额填列。

(12)“补助支出”项目，反映政府财政本期发生的各类资金的补助支出金额。其中，一般公共预算的“补助支出”应当根据“补助支出”科目下的“一般公共预算补助支出”明细科目的本期发生额填列；政府性基金预算的“补助支出”应当根据“补助支出”科目下的“政府性基金预算补助支出”明细科目的本期发生额填列。

(13)“上解支出”项目，反映政府财政本期发生的各类资金的上解支出金额。其中，一般公共预算的“上解支出”应当根据“上解支出”科目下的“一般公共预算上解支出”明细科目的本期发生额填列；政府性基金预算的“上解支出”应当根据“上解支出”科目下的“政府性基金预算上解支出”明细科目的本期发生额填列。

(14)“地区间援助支出”项目，反映政府财政本期发生的地区间援助支出金额。本项目应当根据“地区间援助支出”科目的本期发生额填列。

(15)“债务还本支出”项目，反映政府财政本期发生的债务还本支出金额。其中，一般公共预算的“债务还本支出”应当根据“债务还本支出”科目下除“专项债务还本支出”以外的其他明细科目的本期发生额填列；政府性基金预算的“债务还本支出”应当根据“债务还本支出”科目下的“专项债务还本支出”明细科目的本期发生额填列。

(16)“债务转贷支出”项目，反映政府财政本期发生的债务转贷支出金额。其中，一般公共预算的“债务转贷支出”应当根据“债务转贷支出”科目下“地方政府一般债务转贷支出”明细科目的本期发生额填列；政府性基金预算的“债务转贷支出”应当根据“债务转贷支出”科目下的“地方政府专项债务转贷支出”明细科目的本期发生额填列。

(17)“安排预算稳定调节基金”项目，反映政府财政本期安排的预算稳定调节基金金额。本项目根据“安排预算稳定调节基金”科目的本期发生额填列。

（18）“调出资金”项目，反映政府财政本期发生的各类资金的调出资金金额。其中，一般公共预算的“调出资金”应当根据“调出资金”科目下“一般公共预算调出资金”明细科目的本期发生额填列；政府性基金预算的“调出资金”应当根据“调出资金”科目下“政府性基金预算调出资金”明细科目的本期发生额填列；国有资本经营预算的“调出资金”应当根据“调出资金”科目下“国有资本经营预算调出资金”明细科目的本期发生额填列。

（19）“增设预算周转金”项目，反映政府财政本期设置和补充预算周转金的金额。本项目应当根据“预算周转金”科目的本期贷方发生额填列。

（20）“年末结转结余”项目，反映政府财政本年末的各类资金的结转结余金额。其中，一般公共预算的“年末结转结余”应当根据“一般公共预算结转结余”科目的年末余额填列；政府性基金预算的“年末结转结余”应当根据“政府性基金预算结转结余”科目的年末余额填列；国有资本经营预算的“年末结转结余”应当根据“国有资本经营预算结转结余”科目的年末余额填列；财政专户管理资金的“年末结转结余”应当根据“财政专户管理资金结余”科目的年末余额填列；专用基金的“年末结转结余”应当根据“专用基金结余”科目的年末余额填列。

三、一般公共预算执行情况表

（一）一般公共预算执行情况表及其格式

一般公共预算执行情况表是反映政府财政在某一会计期间一般公共预算收支执行结果的报表，按照《政府收支分类科目》中一般公共预算收支科目列示。

一般公共预算执行情况表的格式见表22－5。

表22－5 一般公共预算执行情况表 会财政03－1表

编制单位：________ ____年___月___旬 单位：元

项目	本月（旬）数	本年（月）累计数
一般公共预算本级收入		
101　税收收入		
10101　增值税		
1010101　国内增值税		
……		
一般公共预算本级支出		
201　一般公共服务支出		
20101　人大事务		
2010101　行政运行		
……		

（二）一般公共预算执行情况表的编制

（1）“一般公共预算本级收入”项目及所属各明细项目，应当根据“一般公共预算本级收入”科目及所属各明细科目的本期发生额填列。

（2）“一般公共预算本级支出”项目及所属各明细项目，应当根据“一般公共预算本级支出”科目及所属各明细科目的本期发生额填列。

四、政府性基金预算执行情况表

（一）政府性基金预算执行情况表及其格式

政府性基金预算执行情况表是反映政府财政在某一会计期间政府性基金预算收支执行结果的报表，按照《政府收支分类科目》中政府性基金预算收支科目列示。

政府性基金预算执行情况表的格式见表22－6。

表22－6　　政府性基金预算执行情况表　　会财政03－2表

编制单位：＿＿＿＿＿　　＿＿＿＿年＿＿月＿＿旬　　单位：元

项目	本月（旬）数	本年（月）累计数
政府性基金预算本级收入		
10301　政府性基金收入		
1030102　农网还贷资金收入		
103010201　中央农网还贷资金收入		
……		
政府性基金预算本级支出		
206　科学技术支出		
20610　核电站乏燃料处理处置基金支出		
2061001　乏燃料运输		
……		

（二）政府性基金预算执行情况表的编制

（1）“政府性基金预算本级收入”项目及所属各明细项目，应当根据“政府性基金预算本级收入”科目及所属各明细科目的本期发生额填列。

（2）“政府性基金预算本级支出”项目及所属各明细项目，应当根据“政府性基金预算本级支出”科目及所属各明细科目的本期发生额填列。

五、国有资本经营预算执行情况表

（一）国有资本经营预算执行情况表及其格式

国有资本经营预算执行情况表是反映政府财政在某一会计期间国有资本经营预算收支执行结果的报表，按照《政府收支分类科目》中国有资本经营预算收支科目列示。

国有资本经营预算执行情况表的格式见表22－7。

表 22－7　　国有资本经营预算执行情况表　　会财政 03－3 表

编制单位：________　　________年____月____旬　　单位：元

项目	本月（旬）数	本年（月）累计数
国有资本经营预算本级收入		
10306　国有资本经营收入		
1030601　利润收入		
103060103　烟草企业利润收入		
……		
国有资本经营预算本级支出		
208　社会保障和就业支出		
20804　补充全国社会保障基金		
2080451　国有资本经营预算补充社保基金支出		
……		

（二）国有资本经营预算执行情况表的编制

（1）“国有资本经营预算本级收入”项目及所属各明细项目，应当根据“国有资本经营预算本级收入”科目及所属各明细科目的本期发生额填列。

（2）“国有资本经营预算本级支出”项目及所属各明细项目，应当根据“国有资本经营预算本级支出”科目及所属各明细科目的本期发生额填列。

六、财政专户管理资金收支情况表

（一）财政专户管理资金收支情况表及其格式

财政专户管理资金收支情况表是反映政府财政在某一会计期间纳入财政专户管理的财政专户管理资金全部收支情况的报表，按照相关《政府收支分类科目》列示。

财政专户管理资金收支情况表见表 22－8。

表 22－8　　财政专户管理资金收支情况表　　会财政 04 表

编制单位：________　　________年____月　　单位：元

项目	本月数	本年累计数
财政专户管理资金收入		
财政专户管理资金支出		

（二）财政专户管理资金收支情况表的编制

（1）“财政专户管理资金收入”项目及所属各明细项目，应当根据“财政专户管理资金收入”科目及所属各明细科目的本期发生额填列。

（2）“财政专户管理资金支出”项目及所属各明细项目，应当根据“财政专户管理资金支出”科目及所属各明细科目的本期发生额填列。

七、专用基金收支情况表

（一）专用基金收支情况表及其格式

专用基金收支情况表是反映政府财政在某一会计期间专用基金全部收支情况的报表，按照不同类型的专用基金分别列示。

专用基金收支情况表的格式见表 22－9。

表 22－9 **专用基金收支情况表** 会财政 05 表

编制单位：____________ ________年____月 单位：元

项目	本月数	本年累计数
专用基金收入		
粮食风险基金		
……		
专用基金支出		
粮食风险基金		
……		

（二）专用基金收支情况表的编制

（1）“专用基金收入”项目及所属各明细项目，应当根据“专用基金收入”科目及所属各明细科目的本期发生额填列。

（2）“专用基金支出”项目及所属各明细项目，应当根据“专用基金支出”科目及所属各明细科目的本期发生额填列。

八、附注

附注是指对在会计报表中列示项目的文字描述或明细资料，以及对未能在会计报表中列示项目的说明。

总会计报表附注应当至少披露以下内容。

（1）遵循《财政总预算会计制度》的声明。

（2）本级政府财政预算执行情况和财务状况的说明。

（3）会计报表中列示的重要项目的进一步说明，包括其主要构成和增减变动情况等。

（4）或有负债情况的说明。

（5）有助于理解和分析会计报表的其他需要说明的事项。

本章小结

财政总预算会计报表是反映政府财政预算执行结果和财务状况的书面文件。财政总预算会计报表包括资产负债表、收入支出表、一般公共预算执行情况表、政府性基金预算执行情况表、国有资本经营预算执行情况表、财政专户管理资金收支情况表、专用基金收支情况表等会计报表和附注。

资产负债表是反映政府财政在某一特定日期财务状况的报表。资产负债表应当按照资产、负债和净资产分类、分项列示。

收入支出表是反映政府财政在某一会计期间各类财政资金收支余情况的报表。收入支出表根据资金性质按照收入、支出、结转结余的构成分类、分项列示。

一般公共预算执行情况表是反映政府财政在某一会计期间一般公共预算收支执行结果的报表，按照《政府收支分类科目》中一般公共预算收支科目列示。

政府性基金预算执行情况表是反映政府财政在某一会计期间政府性基金预算收支执行结果的报表，按照《政府收支分类科目》中政府性基金预算收支科目列示。

国有资本经营预算执行情况表是反映政府财政在某一会计期间国有资本经营预算收支执行结果的报表，按照《政府收支分类科目》中国有资本经营预算收支科目列示。

财政专户管理资金收支情况表是反映政府财政在某一会计期间纳入财政专户管理的财政专户管理资金全部收支情况的报表，按照相关政府收支分类科目列示。

专用基金收支情况表是反映政府财政在某一会计期间专用基金全部收支情况的报表，按照不同类型的专用基金分别列示。

附注是指对在会计报表中列示项目的文字描述或明细资料，以及对未能在会计报表中列示项目的说明。

复习思考题

1. 财政总预算会计报表的含义是什么？它包括哪些种类？
2. 编制财政总预算会计报表有哪些要求？
3. 财政总预算会计报表的年终清理主要包括哪些工作？
4. 什么是年终结账？它包括哪些环节？
5. 财政总预算会计报表的附注一般需要披露哪些内容？

练　习　题

一、目的　练习资产负债表的编制。

二、资料　某政府财政201×年年终转账前各有关科目余额见表22－10和表22－11。

表22－10　　**某政府财政年终转账前收支科目余额表**　　单位：万元

收入类科目	贷方余额	支出类科目	借方余额
一般公用预算本级收入	5 600	一般公用预算本级支出	5 100
政府性基金预算本级收入	1 300	政府性基金预算本级支出	450
国有资本经营预算本级收入	3 800	国有资本经营预算本级支出	3 200

续表

收入类科目	贷方余额	支出类科目	借方余额
补助收入	570	补助支出	480
其中：一般公共预算补助收入	300	其中：一般公共预算补助支出	280
政府性基金预算补助收入	270	政府性基金预算补助支出	200
上解收入	490	上解支出	520
其中：一般公共预算上解收入	290	其中：一般公共预算上解支出	340
政府性基金预算上解收入	200	政府性基金预算上解支出	180
地区间援助收入	0	地区间援助支出	300
调入资金	800	调出资金	800
其中：一般公共预算调入资金	800	其中：一般公共预算调出资金	0
政府性基金预算调入资金	0	政府性基金预算调出资金	800
		国有资本经营预算调出资金	0
债务收入	900	债务还本支出	720
其中：一般债务收入	500	其中：一般债务还本支出	480
专项债务收入	400	专项债务还本支出	240
债务转贷收入	0	债务转贷支出	960
其中：地方政府一般债务转贷收入	0	其中：地方政府一般债务转贷支出	700
地方政府专项债务转贷收入	0	地方政府专项债务转贷支出	260
动用预算稳定调节基金	60	安排预算稳定调节基金	200
财政专户管理资金收入	250	财政专户管理资金支出	240
专用基金收入	44	专用基金支出	38
合　　计	13 814	合　　计	13 008

表 22－11　　某政府财政年终转账前资产、负债和净资产科目余额表　　单位：万元

资产类科目	借方余额	负债与净资产类科目	贷方余额
国库存款	27 800	应付短期政府债券	3 800
国库现金管理存款	5 600	应付国库集中支付结余	3 072
其他财政存款	5 200	与上级往来	0
财政零余额账户存款	0	其他应付款	210
有价证券	3 240	应付代管资金	350
在途款	0	应付长期政府债券	5 900
预拨经费	1 360	借入款项	0
借出款项	1 280	应付地方政府债券转贷款	5 800
应收股利	660	应付主权外债转贷款	0
与下级往来	0	其他负债	0

续表

资产类科目	借方余额	负债与净资产类科目	贷方余额
其他应收款	570	负债合计	19 132
应收地方政府债券转贷款	5 000	一般公共预算结转结余	10 900
应收主权外债转贷款	0	政府性基金预算结转结余	9 432
股权投资	3 900	国有资本经营预算结转结余	10 800
代发国债	0	财政专户管理资金结余	670
		专用基金结余	7 800
		预算稳定调节基金	560
		预算周转金	450
		资产基金	9 560
		应收地方政府债券转贷款	5 000
		应收主权外债转贷款	0
		股权投资	3 900
		应收股利	660
		待偿债净资产	-15 500
		应付短期政府债券	-3 800
		应付长期政府债券	-5 900
		应付地方政府债券转贷款	-5 800
		净资产合计	34 672
合计	54 610	合计	53 804

三、要求

1. 根据上述资料进行201×年年终结账前的试算平衡。
2. 按规定编制201×年年终转账会计分录，进行年终转账。
3. 编制年终转账后的资产负债表。

参 考 文 献

[1] 财政部．政府会计准则——基本准则［M］．上海：立信会计出版社，2015.
[2] 财政部．政府会计准则第1号——存货，2016.
[3] 财政部．政府会计准则第2号——投资，2016.
[4] 财政部．政府会计准则第3号——固定资产，2016.
[5] 财政部．政府会计准则第4号——无形资产，2016.
[6] 财政部．政府会计制度——行政事业单位会计科目和报表，2017.
[7] 财政部．政府会计准则第5号——公共基础设施，2017.
[8] 朱久霞，唐文．政府与非营利组织会计［M］．北京：北京大学出版社，2015.
[9] 杨洪．政府与非营利组织会计［M］．北京：机械工业出版社，2014.